广西经济金融智库系列项目

GUANGXI ZIBEN SHICHANG
QIANYAN BAOGAO 2019

广西资本市场前沿报告 2019

总　编　周建胜　蔡　幸
主　编　叶安照　聂　勇
副主编　黄荣哲　甘海源　赖国勋

中国金融出版社

责任编辑：吕　楠
责任校对：孙　蕊
责任印制：程　颖

图书在版编目（CIP）数据

广西资本市场前沿报告2019／周建胜，蔡幸总编．—北京：中国金融出版社，2019.11
ISBN 978－7－5220－0372－6

Ⅰ.①广…　Ⅱ.①周…②蔡…　Ⅲ.①资本市场—研究报告—广西—2019
Ⅳ.①F832.767

中国版本图书馆CIP数据核字（2019）第263455号

广西资本市场前沿报告2019
Guangxi Ziben Shichang Qianyan Baogao 2019

出版
发行　中国金融出版社
社址　北京市丰台区益泽路2号
市场开发部　（010）63266347，63805472，63439533（传真）
网上书店　http：//www.chinafph.com
　　　　　（010）63286832，63365686（传真）
读者服务部　（010）66070833，62568380
邮编　100071
经销　新华书店
印刷　保利达印务有限公司
尺寸　185毫米×260毫米
印张　22
字数　481千
版次　2019年11月第1版
印次　2019年11月第1次印刷
定价　68.00元
ISBN 978－7－5220－0372－6
如出现印装错误本社负责调换　联系电话(010)63263947

前言

2018年党中央、国务院要求对外开放"宜早不宜迟，宜快不宜慢"。资本市场是金融开放的重要领域。2018年中央经济工作会议不仅明确提出了资本市场改革的方向和目标，即"规范、透明、开放、有活力、有韧性"，而且要求在上海证券交易所设立科创板，并试点公司上市注册制。其中，完善资本市场基础性制度是实现资本市场目标的关键。2018年国内资本市场在制度建设方面取得新进展。例如，全国人民代表大会常务委员会颁布修订后的《中华人民共和国公司法》，证监会联合财政部、国资委共同发布《关于支持上市公司回购股份的意见》，证监会公布《外商投资期货公司管理办法》《关于完善上市公司股票停复牌制度的指导意见》以及《关于修改〈关于改革完善并严格实施上市公司退市制度的若干意见〉的决定》等。科创板是资本市场的增量改革之一。它对于提高科技创新企业的直接融资能力，增强市场包容性，都具有非常重要的意义。此外，沪伦通制度设计出炉。资本市场的开放速度明显加快。

2018年广西建设面向东盟的金融开放门户已经上升为国家战略。未来几年，广西在面向东盟的跨境投资方面将会取得新突破。根据战略规划，国家将鼓励广西探索合格境内投资者境外投资试点（QDIE）。研究开展直接投资、外债和境外上市资本项目外汇收入结汇支付便利化试点。加强与东盟地区证券、期货及衍生品交易合作。鼓励金融机构规范运用政府和社会资本合作（PPP）模式，支持社会资本参与铁路、公路等重大项目建设。鼓励社会资本设立绿色基金。支持广西期货经营机构依法合规代理东盟投资者参与中国特定品种期货交易，支持期货交易所在广西或东盟设立交割仓库，在综合保税区等海关特殊监管区域推动期货保税交割业务。支持符合条件的东盟金融机构到广西设立合资证券公司、基金公司、期货公司，面向东盟开展跨境投融资、资产管理和财富管理业务。推动境内外交易所市场连接，推进与东盟地区证券交易所品种互认。

为推进广西建设面向东盟的金融开放门户国家战略的实施，加快构建

"南向、北联、东融、西合"全方位开放新格局,广西需要对战略规划做出深入细致的研究。本书主要包含三个部分,即主题报告(1篇)、专题报告(6篇)和附录。其中,主题报告《广西上市公司经营效率报告》由甘海源副教授执笔完成,《广西资本市场发展报告》由莫小东博士、副教授执笔完成。专题报告《广西资本市场服务现代产业发展报告》由陈修谦博士、副教授执笔完成,《广西上市公司绿色绩效报告》由梁刚博士、高级工程师执笔完成,《广西企业债务违约风险报告》由黄巍华讲师执笔完成,《广西政府产业引导基金发展报告》由洪忠诚博士、高级经济师执笔完成,《广西地方政府债务风险防范报告》由田长海博士、经济师执笔完成。

2019年6月

目录

第一部分 主题报告

1. 广西资本市场发展报告 ……………………………………………… 3
    一、广西资本市场发展回顾 …………………………………………… 3
    二、近年广西资本市场重大政策、监管和改革发展状况 …………… 5
    三、广西资本市场发展现状和问题分析 ……………………………… 32
    四、广西资本市场未来发展重要影响因素分析 ……………………… 46
    五、广西培育发展资本市场的总体思路 ……………………………… 51
    六、广西培育发展资本市场的政策建议 ……………………………… 55

第二部分 专题报告

2. 广西上市公司经营效率报告 …………………………………………… 65
    一、经营效率的内涵及分析指标选择 ………………………………… 66
    二、广西上市公司经营效率财务分析 ………………………………… 69
    三、广西上市公司经营效率实证动态分析 …………………………… 114
    四、结论与建议 ………………………………………………………… 117

3. 广西资本市场服务现代产业发展报告 ……………………………… 121
    一、现代产业及其体系建设的现实意义 ……………………………… 121
    二、资本市场服务现代产业发展的机制分析 ………………………… 122
    三、资本市场服务广西现代产业发展的现状与问题分析 …………… 125
    四、促进资本市场服务广西现代产业发展的对策建议 ……………… 155

4. 广西上市公司 ESG 绩效报告 ……………………………………… 158
    一、国际 ESG 责任投资现状 …………………………………………… 158
    二、中国 ESG 整体表现 ………………………………………………… 167

三、广西ESG绩效的总体表现 ……………………………………… 169
　　四、广西上市公司ESG绩效评估方法研究 …………………………… 207
　　五、ESG绩效分类评级体系设计及评估模型构建 …………………… 208
　　六、结论 …………………………………………………………………… 224
5. 广西企业债务违约风险报告 ………………………………………………… 227
　　一、市场概况 ……………………………………………………………… 227
　　二、特征分析 ……………………………………………………………… 229
　　三、案例分析 ……………………………………………………………… 245
　　四、违约预警 ……………………………………………………………… 262
　　五、财务预警 ……………………………………………………………… 272
　　六、结论 …………………………………………………………………… 274
6. 广西政府产业引导基金发展报告 …………………………………………… 276
　　一、产业基金的发展现状 ………………………………………………… 277
　　二、国内外政府产业基金发展特点 ……………………………………… 280
　　三、广西产业基金发展存在的问题 ……………………………………… 292
　　四、广西产业基金主要发展思路 ………………………………………… 294
　　五、广西产业基金发展的对策与建议 …………………………………… 302
7. 广西地方政府债务风险防范报告 …………………………………………… 311
　　一、关于地方政府债务与风险 …………………………………………… 311
　　二、我国地方政府债务的现状 …………………………………………… 314
　　三、广西地方政府债务情况的分析 ……………………………………… 320
　　四、对策建议 ……………………………………………………………… 328

第三部分　附录

中国GDP增长贡献率（工业） ………………………………………………… 335
广西工业经济增长率 …………………………………………………………… 335
广西海洋生产总值占地区生产总值的比重 …………………………………… 336
中国国际收支的资本账户差额 ………………………………………………… 336
全国国有企业净资产收益率 …………………………………………………… 337
广西国有企业年末从业人员数 ………………………………………………… 337
全国规模以上工业增加值同比增长率 ………………………………………… 338
PPI定基指数（2015年=100） ………………………………………………… 338
中国进出口金额 ………………………………………………………………… 339

广西高新技术产品出口金额占全国比重 ……………………………… 339
广西外商投资企业数 ……………………………………………………… 340
广西外商投资企业的投资额 ……………………………………………… 340
中国服务外包的新增从业人员 …………………………………………… 341
广西实际利用外商直接投资额 …………………………………………… 341
广西非金融类对外直接投资流量 ………………………………………… 342
广西对外承包工程合同金额 ……………………………………………… 342
广西PPP（政府与社会资本合作）项目数 ……………………………… 343
广西零售业法人企业数 …………………………………………………… 343

广西资本市场前沿报告2019

第一部分 主题报告

1. 广西资本市场发展报告

党的十九大报告指出，多层次资本市场的健康发展对于深化金融体制改革，增强金融服务实体经济的能力，促进经济结构转型和创新发展具有重要作用。自从我国在 20 世纪 90 年代建立资本市场以来，广西资本市场跟随全国资本市场的发展步伐，从无到有也取得了一定的成绩，体现在市场规模逐步扩大、市场的结构有所优化、市场监管日渐规范、投资者队伍不断壮大等方面。在此过程中，广西资本市场的投融资功能、资源配置功能逐渐得以显现，在促进本地经济发展和产业结构转型等方面的重要性日渐明显。但当前广西资本市场的发展显著落后于全国的平均发展水平，甚至相对广西在全国的经济地位而言也是显著滞后的，突出表现为上市公司数量稀少、上市公司的规模/质量/效益不高、有潜力的上市后备资源匮乏、中介服务机构实力较弱、投资者市场参与度低下等方面。

总体来说，目前，广西资本市场的作用远未得到充分发挥，推进其稳定健康发展的任务仍十分艰巨。在此背景下，就如何加快构建与广西经济社会发展水平相适应的，规模/结构合理、市场要素完整、功能完善的本地多层次资本市场体系，以更好地发挥资本市场服务本地实体经济，尤其是对经济结构转型升级的作用等问题进行深入研究具有重大的理论和现实意义。

一、广西资本市场发展回顾

广西资本市场的发展是随着我国资本市场的建立和发展逐渐发展起来的。20 世纪 90 年代初，我国相继建立了上海和深圳两个股票交易市场，资本市场在消失了近半个世纪后重返中国，此后，全国各地的企业上市的浪潮开始出现，截至 2018 年底我国上市公司数量已经达到 3584 家。广西第一家上市公司是 1993 年在深交所上市的桂柳工，由此拉开了广西本地公司上市的序幕，截至 2018 年末，广西上市公司家数达到 37 家。广西资本市场（以股票市场为主要分析对象）跟随全国资本市场的发展，大致可分为以下几个发展阶段：

（一）摸索起步和快速发展阶段（1993—2000 年）

随着 20 世纪 90 年代初我国资本市场的建立，企业上市如火如荼地展开。广西资本市场在 1993—1995 年属于摸索起步的阶段，1993 年 11 月桂柳工在深交所上市，广西资本市场实现了上市公司零的突破。这一时期我国股票发行采取计划经济思维下的上市额度指标分配制度，即每年上市公司家数实行额度限制，上市指标分配按各个行业主管部门和省级政府进行人为分配，由其推荐企业上市。这段时间，广西总共安排17家企业上市，平均每年有2.13家公司上市。其中1993年、1995年各上市1家，1998年、1999年各有2家企业上市，1996年、1997年各有3家企业上市，上市家数最多的是2000年，共有5家公司在该年上市。

（二）股权分置改革的规范发展阶段（2001—2008年）

这一时期的发展主线是解决对我国资本市场健康发展构成重大阻碍的股权分置问题。所谓股权分置，指的是上市公司的社会公众股东持股可以上市流通，而国家和社会法人股东持股暂时不可上市流通的安排。同股不同权、同股不同利的"股权分置"安排在我国经济转轨过程中有其历史合理性，但也存在重大的弊端。这种制度安排下，股价的涨跌与国家股东社会法人股东这些非流通股东的利益关系不大，造成大股东不关心与社会公众股东切身利益最相关的股价，反而通过各种手段掏空上市公司，损害社会公众股东的利益；国家股法人股不可流通也不利于通过股权交易进行兼并重组发挥资产市场优化资源配置的功能。

2000年前后，为了满足推进国有企业改革的资金需求和补充社会保障资金缺口，国家开始尝试进行国有股减持。国有股减持使流通股东和非流通股东的矛盾迅速激化，市场陷入长期低迷。为推进资本市场稳定发展，作为一项重大制度性变革的股权分置改革被提上日程。此后，经过各界对各种解决方案的长期的研究和争论，2005年8月证监会、国资委、财政部、中国人民银行、商务部联合发布了《关于上市公司股权分置改革的指导意见》、同年9月证监会又发布了《上市公司股权分置改革管理办法》，此后我国资本市场花了三年时间基本完成了股权分置改革，剔除了阻碍我国资本市场健康发展的一个重大的制度缺陷。

这一时期广西资本市场根据证监会的统一政策安排，按时完成了本省上市公司的股权分置改革问题。如：广西最早上市的柳工股份的股权分置改革方案是流通股东向非流通股东每10股送3股；南宁糖业的股改方案是10股送3.3股；北部湾港的股改方案则为10股送3.2股等。在这段期间，广西总共有8家公司上市，受长期暂停IPO影响，上市速度明显放慢，平均每年仅有1家公司上市。其中，2001年和2003年各有2家上市，2004年有1家上市，2007年则有3家上市。到2008年末广西上市公司家数25家，仅占同期全国上市公司家数1604家的1.56%，远低于全国平均的3.23%。这应该与广西经济发展滞后于全国尤其是东部发达地区水平有关，在20世纪80年代中期到90年代，东部沿海地区以及内地一些省份就纷纷开始大规模地进行国企的股份制改造，而广西由于受到落后的经济发展观念和经济体制的影响，经济改革动作迟缓，造成了满足上市条件的公司资源匮乏。

（三）深化改革艰难寻求突破的发展阶段（2009年至今）

2008年美国次贷危机爆发继而演变为全球性金融和经济危机，与此同时，中国经济经历了2001年加入世界贸易组织带来的近十年的黄金阶段后，开始进入调整，此前依靠外部需求爆发的红利消耗殆尽。原有的经济发展模式难以为继，经济面临艰难的转型升级。股票市场在前一阶段完成股权分置改革的政策利好驱动下，于2007年6124点见顶，此后也开始步入慢慢熊途。这一时期,中国资本市场对外开放水平日益提高,除了QFII额度日渐提高外,2014年和2016年分别开通了沪港通和深港通,A股股票2018年正式被纳入明晟MSCI指数。与此同时,中国股票市场长期存在的一些痼疾也使得市场矛盾日益凸显,包括:计划思维下的IPO审批制和缺乏严格的退市制度造就了市场高估值成为常态,市场正确定价功能几乎完全失效,严重影响了社会财富分配的公平正义;法制环境的迟迟无法建立,造成对上市公司造假、信息欺诈、市场操纵盛行,中小投资者利益受到严重损害等。这一切使市场指数长期陷入低迷,2008年金融危机后已过去10年,A股指数仍在3000点下方运行,与之形成对比的是金融危机中心美国股票市场早已比2008年涨了好几倍。毫无疑问,中国资本市场已经进入了改革的深水区,需要以巨大的政治勇气推动改革。深化资本市场改革在2018年末获得重大突破,习近平总书记宣布要在上海股票交易所主板之外另外开设科创板,实行真正的注册制改革。

这一时期,广西总共有12家公司实现上市,平均每年上市家数1.2家,其中2009年、2010年、2012年、2016年、2018年均只有1家公司上市,2011年、2014年分别有2家公司上市,2015年则有3家公司上市,2013年和2017年上市公司数为0。这一时期末,广西上市公司总数达到37家(截至2018年末),占同期全国上市公司家数3584家的1.03%,该数字比上一时期数字明显下滑,表明广西资本市场发展水平与全国平均水平的距离在进一步拉大。

二、近年广西资本市场重大政策、监管和改革发展状况

(一)近年来广西资本市场的重大政策和改革措施

与西方成熟资本主义国家政府干预很少而由市场自由演进为主的发展模式不同,中国发展资本市场遵循的是政府自上而下推动与市场自我发育相结合的有控制的市场化改革发展道路。近年来,资本市场发展对区域经济发展的重要作用日益受到广西壮族自治区人民政府重视,由此区政府推出了一系列促进广西区域资本市场发展的政策举措。

(1)《广西壮族自治区人民政府关于进一步促进资本市场健康发展的实施意见》的发布

为应对市场多年的持续低迷,2014年国家印发了《国务院关于进一步促进资本市场健康发展的若干意见》。为贯彻落实以上国家文件精神,促进广西本地资本市场发展,2016年3月广西壮族自治区人民政府印发了《关于进一步促进资本市场健康发展的实施意见》(以下简称《实施意见》)。

《实施意见》首先提出了2020年本区域资本市场发展的总体目标为:"显著提升我区证券化比率,基本建成与我区经济社会发展相适应的要素健全、结构合理、功能完善的多层次资本市场体系,形成投融资工具丰富、风险防控管理完备、直接融资与间接融资平衡发展的格局。"

其次,《实施意见》从①加快建设多层次资本市场;②推进上市(挂牌)公司再融

资和并购重组;③丰富直接融资方式;④发展和规范要素市场;⑤私募市场引导培育;⑥证券期货业服务水平提升;⑦良好资本市场发展环境的营造等七大方面提出了纲领性的意见。2016 年是"十三五"的开局之年,《实施意见》为广西区域资本市场未来 5 年改革和发展奠定了基础。表 1-1 梳理了该政策文件的主要内容。

表 1-1 《实施意见》的内容梳理

事项	事项细分	《实施意见》的具体内容	细分事项具体量化目标
多层次资本市场建设的措施	促进企业上市(挂牌)的措施	1. 加强与沪深港交易所、全国中小企业股份转让系统的合作,积极与国家股票注册制改革工作对接,大力支持各类满足条件的公司按自身的发展阶段/需求/条件,在境内外交易所和第三板实现上市或挂牌。 2. 促进国有企业实施股份制改造,引入战略投资者,为企业上市提供后备资源。 3. 建立区级后备上市(挂牌)企业资源库。一方面需明确后备资源入库标准;另一方面需建立规范的管理机制和支持政策。 4. 建立后备上市资源培育机制。要以企业需求为主,政府引导和中介机构参与为辅。 5. 全省各级政府应在以下方面制定支持企业上市的配套优惠政策:对拟上市企业募投项目在土地、厂房、税收、环保等方面,开设"绿色通道"制度,简化程序,明确责任;产业支持政策上:对本省拟上市挂牌后备企业凡符合国家和本省产业支持政策的投资项目,优先纳入省统筹推进的重大项目;对于区级、市级和县级规划的重点公共建设项目,其他条件等同情况下,优先选择省内拟上市挂牌或已上市挂牌公司为投资合作方;对上市挂牌企业和拟上市挂牌企业,在补助资金安排、申报高新技术企业以及创新示范企业申报等方面给予支持	全区截至 2020 年目标为:境内外交易所上市公司至少达 60 家;在第三板挂牌的公司数量至少 180 家;后备企业库(含上市和挂牌)的公司数量达 200 家以上
	已上市(挂牌)公司再融资和并购重组的支持政策	1. 对已上市挂牌公司,鼓励其采取增发、配股及发行公司债等多种方式进行再融资,鼓励提高再融资规模,扩大全区上市公司再融资水平。 2. 采取多种措施切实提高上市公司质量,争取早日形成一批有核心竞争力的行业龙头企业。包括:鼓励通过重组并购提高行业集中度;鼓励进入和发展战略性新兴产业,实现资源向新兴产业转移和配置。 3. 并购重组的资金来源方面,支持通过发行优先股、可转债的方式融资。 4. 支持国有控股上市企业和非上市企业利用资本市场实现并购重组,支持采用混合所有制形式实现并购。具体地,鼓励具有产业优势的上市公司实现跨地域、跨所有制的并购;积极引导经营绩效不佳、主业不突出的上市公司通过重组兼并等形式,注入优质资产增强公司的可持续发展能力	截至 2020 年底,全省上市挂牌企业再融资次数不少于 200 家次,再融资金额不低于 2000 亿元

续表

事项	事项细分	《实施意见》的具体内容	细分事项具体量化目标
多层次资本市场建设的措施	区域性股权市场建设的支持政策	大力支持本省区域性股权市场建设。 1. 对拟到交易所、第三板上市的企业，鼓励其先在本省区域性股权市场进行挂牌和托管，提高经营的规范性和公司经营质量。 2. 支持服务于本省区域性股权市场的中介机构的发展，如推动设立区域性的小微证券公司服务本省企业到区域性股权市场挂牌。 3. 加强区域性股权市场的人才队伍建设，打造一支专业化的具有积极创新开拓意识的专业团队，大力提高在股权托管、挂牌转让、发行证券及其他创新类投融资工具方面的业务水平，真正把区域股权市场发展成为本地区有较强影响力的中小微企业投融资综合服务平台。 4. 推动本省非上市股份制企业、区上市挂牌后备资源库的企业到区域性股权市场集中登记托管，探索区域性股权市场挂牌企业的股权质押融资模式和其他创新融资模式。 5. 全省各地政府要制定本地支持政策，积极支持本地企业到本省区域性股权市场进行股权托管和挂牌；自治区的各行业主管部门制定的产业扶持政策要向在区域性股权市场挂牌的企业倾斜，工商等行政管理部门要为区域性股权市场股权登记托管和转让变更提供便利	到 2017 年要实现全省非上市股份制企业的股权集中登记和托管；全省在广西北部湾股权交易所挂牌企业 2020 年达到 1000 家以上
直接融资方式多元化的举措	企业融资结构的多元化	鼓励企业积极拓宽融资渠道，充分利用银行间市场和交易所提供的各种直接融资渠道，争取在我区先行先试直接融资创新工具的国家政策支持。 1. 对符合条件的企业积极鼓励其运用企业债、公司债、可转债、短期融资券、集合债、私募债、区域集优直接债、集合票据、中期票据、资产证券化等多元化的债务融资工具扩大融资。 2. 支持沿边金改区内的企业和实体到境外发行人民币债券融资。 3. 发展地方性的法人金融机构，支持其获取债务融资工具承销商资格，促使其发挥债券承销机构的主动性，促进承销机构和有需求企业对接。 4. 鼓励地方法人金融机构及非金融机构积极加入全国银行间市场开展投融资业务，大力支持金融机构发行金融债和开展资产证券化业务。 5. 大力支持具有资格的农村金融机构以优先股和二级资本工具融资，为涉农企业的发债提供支持，提高金融"三农"服务能力	全省直接融资金额 2020 年后每年不少于 1000 亿元
	充分利用好地方政府自行发债试点政策	把支持棚户区改造、城镇基础设施、产业园建设、保障房建设等作为重点支持项目。 1. 对符合条件的棚户区改造和保障房建设企业的债务融资提供大力支持。 2. 积极提升城镇基础设施建设。 3. 大力支持通过信贷资产证券化等形式盘活存量资产。	

续表

事项	事项细分	《实施意见》的具体内容	细分事项具体量化目标
支持要素市场发展的举措	期货市场发展举措	1. 争取早日组建地方法人期货公司。 2. 大力吸引期货公司到本省建立分支营业机构。 3. 支持地方法人期货机构提高服务水平，做大规模。 4. 强化与全国各期货交易所的合作，争取将本省特色农产品、有色金属产品等纳入储备期货品种，争取交易所在本地设立交割仓库。 5. 加大期货及金融衍生品知识的宣传、教育和推广力度。促使企业认识衍生品管理风险的重要作用，使其提高合理利用期货及其他衍生品市场管理自身经营风险的意识。 6. 放松对国有企业参与期货交易进行套期保值的限制，简化套期保值交易的审批决策流程	
	发展本地交易场所的举措	1. 对现有的规模较大的要素平台的发展进行规范管理。通过对交易品种进行科学论证、确定合理的交易模式、完善交易规则、强化市场监督，严厉打击欺诈行为等措施，建立规范化的交易场所。 2. 促使大宗商品交易所在电子交易、供应链融资、现代物流等全产业链过程提供高水平的服务。 3. 规范文化、产权、环境能源等各类权益交易市场的发展，探索排污权交易、节能减排等创新类产品的开发。 4. 支持成立交易所自律协会，充分发挥行业自治协会的自律、互助、服务和协调功能。 5. 收集各类要素市场的品种和交易信息数据，据此编制和发布各类要素的市场交易价格指数，加强本省在要素市场的定价能力。 6. 促进期货市场与大宗商品交易市场的联动，力争建设一批运作规范又具有鲜明特色的专业性大宗商品交易市场，在区域甚至全国形成具有较强影响力的商品定价中心，充分发挥其服务地方实体经济的能力	
私募市场发展的引导培育措施	发展创业投资和股权投资的鼓励措施	1. 大力支持各类社会资本在本省设立创业投资和股权投资基金、发行私募股权投资工具、设立私募基金产业园等。推动创业投资和股权投资基金与公司有机结合，大力扶持创新型、初创型企业的发展。 2. 省发改委、科技、工业和信息、农林等部门以及各高新区、工业园区等要共同建立项目库，为私募股权投资基金提供充足投资资源。 3. 大力支持外商股权投资企业及其管理机构到广西沿边金改区设立分支机构，各部门要为其设立独资、合资股权基金开通绿色服务通道	

续表

事项	事项细分	《实施意见》的具体内容	细分事项具体量化目标
私募市场发展的引导培育措施	促进私募基金服务实体经济的举措	1. 以区域性股权市场投融资平台为基础，大力推动股权投资基金和中小微企业实现对接，为股权投资基金调研提供便利，为其投资、跟投、合作投资、退出乃至股权投资信用体系提供平台。 2. 构建私募基金投资上市挂牌后备企业的对接机制，形成私募股权投资的良性循环，以此带动地方产业升级和经济结构转型	力争到2020年全省在中国证券投资基金业协会备案的私募股权投资基金达到100只，资金规模400亿元以上
	通过互联网金融创新促进资本市场发展的举措	大力推动互联网金融创新与本省多层次资本市场的融合。 1. 支持普惠金融的发展，探索股权和债权众筹融资模式，鼓励符合条件的中介机构开展众筹融资试点。 2. 对众筹平台加强监管和引导，促使其为初创型企业和创新型企业发挥积极作用。 3. 鼓励地方商业银行、各类非银行金融机构、资管机构和特殊金融服务组织利用IT技术创新产品和服务乃至交易方式，深化资本市场服务实体经济的广度和深度	
促进证券期货业服务水平提升的措施	推进证券期货机构深化改革	1. 促使本省证券期货法人机构在增强服务实体经济能力和提升经济效益上下功夫，通过改革管理体制、优化决策流程、创新激励机制等举措，稳步实现专业化、差异化和特色化发展，大幅提高行业地位和区域影响力。 2. 鼓励证券期货经营主体努力扩大业务规模，不断探索新型融资方法和融资工具，开拓互联网金融为代表的新型金融业务。 3. 监督证券期货经营机构以客户利益为中心，严守职业道德的底线，严防系统性风险，并履行企业的社会责任。 4. 强化证券期货人才对外建设。为吸引各类证券期货人才来本区发展积极创造良好氛围和条件，鼓励有条件的院校开设金融类专业，并加强师资队伍建设，大力培养本土金融专业人才。在人才使用上，要建立合理的人才使用、评价和激励机制，充分发挥证券期货人才的能动性，逐步形成和培养起一支符合本省资本市场发展需求的高端人才队伍	
	支持证券期货业扩大开放的举措	1. 大力推进合资证券公司筹组准备工作，推进合资证券投资咨询机构的设立，同时规范其发展壮大。 2. 鼓励国海证券实施拓展东盟市场的"走出去"发展战略。 3. 支持证券公司、期货公司、基金管理公司到本省设立区域总部或分支机构。 4. 大力吸引会计师事务所、律师事务所、资产评估机构、征信机构等中介机构来本省执业，增强行业实力。 5. 大力发展和培育本土的会计、审计、资产评估、信用评级及法律等专业服务机构，并促使其提高市场竞争力和行业影响力	

续表

事项	事项细分	《实施意见》的具体内容	细分事项具体量化目标
创造资本市场发展良好环境的措施	强化资本市场监管水平	1. 功能监管、业务监管和机构监管相结合，强化和引导资本市场的监督管理，大力提高各地的资本市场监管水平和效率。 2. 敦促资本市场各类主体完善投资者适当性管理制度，加强投资者教育，严守信息披露的法律规定，逐步建立覆盖广泛的风险监控平台。 3. 高度重视舆论引导和新闻宣传工作，大力规范资本市场信息传播秩序。 4. 构建资本市场突发事件即时反应机制和地方维稳体系进行有机融合，切实维护投资者合法权益，为资本市场健康稳定发展创造良好环境	
	多层次资本市场风险防范机制的完善	1. 大力构建并完善与资本市场发展相适应的信用体系。大力推动政府部门、金融机构、行业组织等有效整合各类信用信息，发挥信用体系在资本市场发展中的基础性作用。 2. 使用好信用信息在企业价值评估、债券融资风险定价中的作用。将资本市场违规失信信息纳入省金融风险监管预警数据统筹管理，强化对失信行为的惩戒力度，充分利用市场机制促使企业规范运营，为其利用好资本市场奠定坚实的基础。 3. 惩戒和防范并举。对内幕交易、市场操纵和非法证券期货业务活动严厉查处，对参与非法证券活动的市场主体严厉打击。各级政府金融监管部门和中央驻桂金融监管部门应建立会商制度，加强合作监管，形成互动高效、信息共享的协同监管体系，增强市场风险防范和市场突发事件的处理能力	
	前瞻性的安排	详细梳理本区域财政金融政策，为今后出台支持我区资本市场发展的全面性、系统性、针对性的政策打好基础	

(2)《关于撬动资本市场资源服务实体经济发展的通知》的发布

为了充分利用资本市场资源服务实体经济，支持企业进一步扩大直接融资的力度，根据2017年全国金融工作会议、全区金融工作会议精神，在《广西壮族自治区人民政府关于进一步促进资本市场健康发展的实施意见》精神的基础上，2018年1月广西壮族自治区地方金融监督管理局发布了《广西壮族自治区财政厅关于撬动资本市场资源服务实体经济发展的通知》（以下简称《通知》）。

《通知》从供给和需求两个方面提出了促进广西资本市场发展得非常具体和完全具有可操作性的政策举措。在资本市场供给方面的鼓励政策包括：鼓励股改的奖励政策；鼓励企业上市、融资的奖励政策；鼓励企业场外上市、融资的奖励政策；鼓励债券融资的奖励政策；鼓励政府加大推动工作力度的奖励政策等。而在资本市场需求方面的鼓励政策包括：鼓励股权投资的奖励政策。除了各类具体奖励政策外，《通知》还对奖励资金的申报、审核、资金拨付、监督管理等工作流程作出了具体规定。

现将《通知》的内容框架和具体条目分别总结在图1-1和表1-2中。从表1-2可以看到，与2016年的《实施意见》多为原则性的纲领性条目不同，《通知》对资本市场的支持政策完全是量化和可操作的，可看成是对《实施意见》的实际操作守则，可预见将对广西资本市场今后的发展产生较为深远的影响。

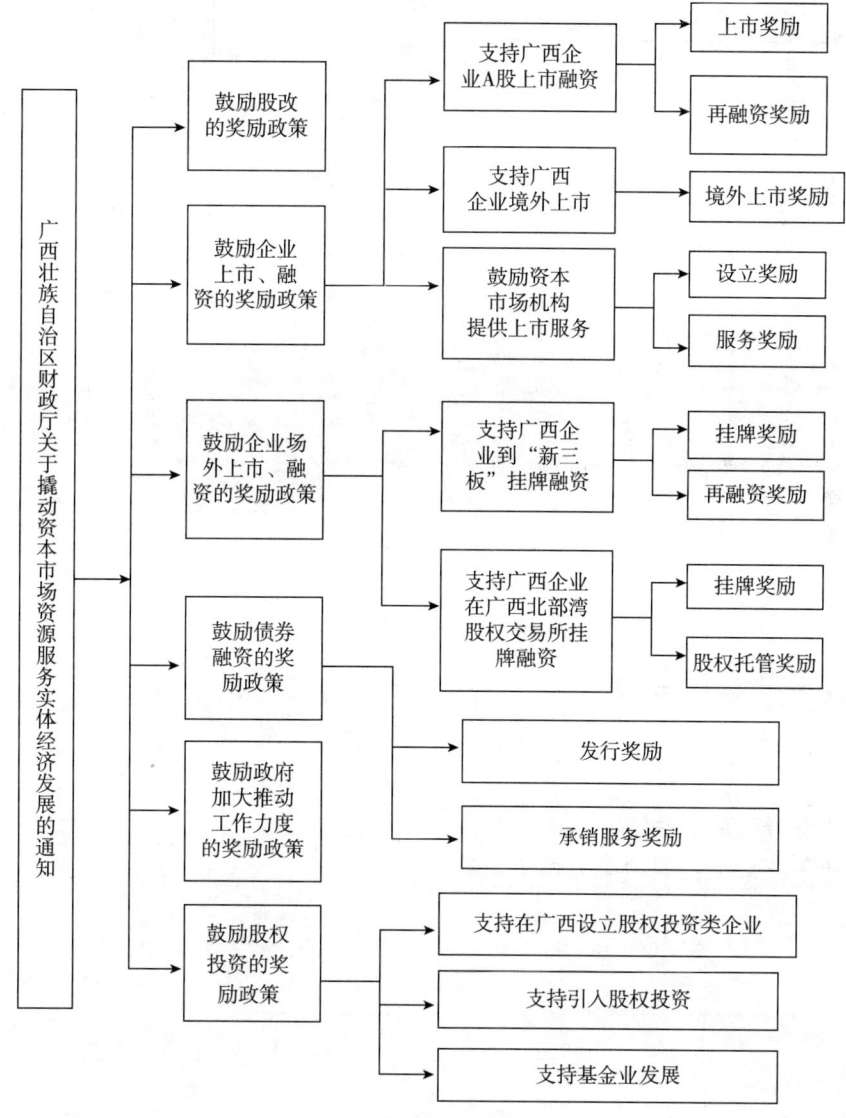

图1-1 《通知》的内容框架

表1-2 《通知》的主要内容

鼓励事项	事项细分（一级）	事项细分（二级）	鼓励需满足的前提条件	鼓励内容	鼓励资金指定用途
鼓励企业改制			对拟在境内上市的后备企业：改制成功，与保荐机构签订上市辅导协议、在广西证监局办理上市辅导备案登记	自治区财政给予一次性改制经费补助100万元	补助经费主要用于企业改制时的确权、评估、审计、法律手续等费用
鼓励企业上市	支持广西企业A股上市融资	上市奖励	拟上市企业首次公开发行股票申请材料获上市审批部门正式受理	自治区财政给予一次性奖励100万元	补助经费主要用于上市前的辅导、保荐、评估、审计、法律手续等费用
			拟上市企业在上海证券交易所、深圳证券交易所实现首次公开发行股票上市	自治区财政给予一次性奖励300万元	
		再融资奖励	区外上市（含并购重组）公司注册地迁至广西	自治区财政按照融资额的0.5%给予奖励，年内单户企业奖励最高不超过100万元	
			上市公司在上海证券交易所、深圳证券交易所通过定向增发、配股等股权融资方式进行再融资		
	支持广西企业境外上市	设立奖励	广西企业在境外证券交易所实现首次公开发行股票并上市	自治区财政给予一次性奖励200万元	
鼓励资本市场机构提供上市服务		服务奖励	新设立、具有法人资格、注册地在广西总部级证券机构	注册资本在2亿元（含）以上的，一次性奖励500万元；2亿元以下、1亿元（含）以上的，一次性奖励200万元	
			为拟上市企业提供服务的证券机构、以及提供服务的会计师事务所、律师事务所、资产评估所、财务顾问机构，所服务的企业实现上市	自治区财政分别给予一次性奖励10万元	

续表

鼓励事项	事项细分（一级）	事项细分（二级）	鼓励需满足的前提条件	鼓励内容	鼓励资金指定用途
鼓励场外融资	支持广西企业到"新三板"挂牌融资	挂牌奖励	在全国中小企业股份转让系统成功挂牌的企业	自治区财政给予一次性奖励50万元	
		再融资奖励	挂牌公司在全国中小企业股份转让系统通过定向增发、配股等股权融资方式实现再融资	自治区财政按照融资额的0.5%给予奖励，年内单户企业奖励最高不超过100万元	
	支持广西企业在广西北部湾股权交易所挂牌融资	挂牌奖励	广西北部湾股权交易所每成功新增挂牌1家依法设立且存续满两年的股份公司	自治区财政给予广西北部湾股权交易所挂牌公司一次性奖励10万元，给予广西北部湾股权交易所挂牌服务补贴1万元	
		股权托管奖励	在广西北部湾股权交易所进行股权登记托管的依法设立的股份公司	自治区财政给予一次性奖励10万元	
鼓励债券融资		债券发行成功奖励	广西企业成功在境内外债券市场发行公司债、企业债、短期融资券、超短期融资券、中期票据、中小企业集合票据、项目收益票据等非金融企业债务融资工具以及资产证券化产品	按年度累计发行金额的0.01%给予奖励，每个金融机构奖励金额最高不超过100万元	
		债券承销服务奖励	金融机构为广西企业发行股票及债务融资工具提供主承销服务	按年度实际发行金额的1.5%给予奖励，年内单户企业奖励最高不超过100万元	
鼓励加大推动工作力度			各市人民政府每推动1家批在境内上市企业完成股份制改造并与保荐机构签订上市辅导协议且在广西证监局办理上市辅导备案登记，每成功培育1家企业完成"新三板"挂牌	自治区财政给予一次性奖励10万元	奖励资金用于补充地方政府推动企业股份制改造，上市（挂牌）等相关工作经费
			每成功培育1家境内外上市企业	自治区财政给予一次性奖励50万元	奖励资金用于补充地方政府推动企业股份制改造，上市（挂牌）等相关工作经费

续表

鼓励事项	事项细分（一级）	事项细分（二级）	鼓励需满足的前提条件	鼓励内容	鼓励资金指定用途
鼓励股权投资	支持在广西设立股权投资类企业		在广西设立并取得独立法人资格，按照《私募投资基金管理人登记和基金备案办法（试行）》（中基协发〔2014〕1号）完成备案登记的股权投资管理企业，年度累计募集到位资金2亿元（含）以上，且超过60%投资在广西	自治区财政给予一次性奖励10万元（获得广西政府投资引导资金参股的除外）	
	支持引入股权投资		支持广西企业引入股权投资，特别是引入保险资金、年金、基本养老保险基金等长期性资金按规定进行股权投资。对获得股权投资基金1000万元（含）以上投资且资金到位的广西企业	自治区财政给予一次性奖励10万元（获得广西政府投资引导基金参股的除外）	
	支持基金业发展		对在广西新设立、具有法人资格、注册资本在1亿元（含）以上的总部级基金管理公司。基金管理公司是指依照《证券投资基金管理办法》（中国证监会令第84号），经中国证监会批准，在广西设立并取得独立法人资格，从事证券投资基金管理业务和中国证监会许可的其他业务的企业	自治区财政给予一次性补助500万元	

(3) 全区企业上市（挂牌）"三大工程"的启动实施

2018年初发布《通知》后，自治区政府又发布了《广西壮族自治区人民政府办公厅关于印发全区企业上市（挂牌）"三大工程"实施方案的通知》（桂政办电〔2018〕215号），在同年5月紧锣密鼓地启动了企业（挂牌）培育、企业上市攻坚、上市公司质量提升的全区企业上市（挂牌）"三大工程"。为此，自治区专门成立了资本市场工作领导小组统筹协调"三大工程"工作，并由区金融办负责建立和完善督察推进以及绩效考核机制，力推"三大工程"任务目标的完成。

"三大工程"具体内涵为：①上市（挂牌）企业培育工程。推动设立资本市场培训基金，大力开展企业上市（挂牌）、资产证券化与公司债等业务培训。优化上市（挂牌）后备企业资源库及动态调整机制，筛选优质企业重点培育。进一步完善落实企业上市（挂牌）扶持政策措施，降低企业上市（挂牌）成本，引导和推动上市（挂牌）后备企业进行股份制改造、对接资本市场。强化对各设区市工作考核，形成"培育一批、挂牌一批、辅导一批、申报一批、上市一批"的良性梯次结构。②企业上市（挂牌）攻坚工程。以民营企业为突破口，引导券商、会计师事务所、律师事务所等中介机构做好服务推动工作。③上市公司质量提升工程。引导上市公司开展再融资或并购重组，不断提高上市公司质量。

"三大工程"中的前两项上市企业培育和企业上市攻坚方面，如我们前面梳理的自治区已经出台了多项支持政策。对企业股份化改制，在沪深交易所和海外上市、新三板挂牌、北部湾股权交易所挂牌托管、基金业发展，乃至有贡献的中介机构等均有明确的奖励方案。

上市公司质量提升工程是"三大工程"的一个亮点，改变了过去只重上市，忽视上市质量、忽视投资者利益的政策盲点，在资本市场发展观念上是一个明显的进步。正如自治区副主席、党委常委秦如培指出的：企业上市是手段而非目的，公司上市的终极目标应该是通过在资本市场融资，借助社会资本转变企业运营机制提升企业治理水平，实现企业的可持续健康发展，而在企业壮大的同时，实现行业转型升级，促使区域经济结构由劳动密集型向科技密集型转型、由低附加值向高附加值、由低端向高端顺利实现转型。

作为资本市场的地方监管主体，广西证监局也对提升自治区上市公司质量提出了具体建议：一是鼓励上市公司与地方发展规划相融合，对于地方适于市场化运作的重大产业发展迅猛，优先以本省上市公司为市场合作主体；二是力推本地国企混合所有制改革，鼓励企业进行跨地域和跨所有制的并购重组，放宽对优质国企上市公司并购的限制；三是支持上市公司以股权激励或员工持股计划等方案吸引和留住高端人才；四是防范和化解公司风险，对陷入财务困境的高风险上市公司，要推动公司进行重组等。

根据自治区金融办披露的信息，"三大工程"启动时，广西共有境内上市公司37家、境外上市公司7家，IPO排队企业1家，IPO辅导备案企业5家（见表1-3）。这意味着要完成"三大工程"的量化目标，今后2～3年每年需要完成两到三家公司在境内外股票市场上市。

表1-3　　　　　　广西辖区拟首次公开发行公司辅导进展情况表

序号	辅导企业	保荐机构	辅导备案时间	辅导进展状态	备注
1	柳州双英股份有限公司	申万宏源证券承销保荐有限责任公司	2017.03.27	已报送终止辅导备案报告	已于2018年12月终止辅导备案
2	广西天山电子股份有限公司	申万宏源证券承销保荐有限责任公司	2017.05.05	已报送第6期辅导报告	
3	广西五一管业股份有限公司	申万宏源证券承销保荐有限责任公司	2017.12.21	已报送辅导总结报告	
4	田野创新股份有限公司	华龙证券股份有限公司	2018.03.09	已报送第4期辅导报告	
5	广西凤翔集团股份有限公司	招商证券股份有限公司	2018.09.30	已报送第1期辅导报告	

资料来源：广西证监局网站。

说明：辅导进展状态分为"首次辅导备案""已报送第×期辅导报告""已报送辅导总结报告""终止辅导"。"首次辅导备案"指向广西证监局报送了首次辅导备案报告；"已报送第×期辅导报告"指保荐机构分阶段向广西证监局报送辅导期内第×期辅导报告；"已报送辅导总结报告"指保荐机构内核通过后，拟向证监会申报IPO材料，并向证监局提交了辅导工作的总结报告；"终止辅导"指保荐机构不再对拟上市公司进行辅导。

目前，广西有些企业具备较好的基础，且有较强烈的上市意愿。自治区金融办对这些企业的整体上市规划、需求和面临的困难进行了详细调研，并对其提供了上市指导服务。

2018年9月，自治区资本市场工作领导小组根据"三大工程"实施方案的要求通报了第一批重点拟上市企业名单（见表1-4）。通报要求各设区市、各有关部门需对列入名单的企业实行重点帮扶，并将有关帮扶情况向自治区金融办通报。帮扶措施涉及：①落实重点拟上市企业领导联系推进责任制，构建企业上市服务体系；②将重点拟上市企业的项目立项、环评、土地、税收、社会保障等工作，视同我区重大项目建设审批，开辟绿色通道，采取"一企一策""一事一议"等直通式、定制式办法，简化流程、优化服务，明确专人、及时办理；③在依法依规的基础上，帮助拟上市企业出具客观真实的相关证明文件等方面。

表1-4　　　　　　广西第一批重点拟上市企业基本情况表

序号	名称	注册地	所属行业	保荐机构	会计师事务所	律师事务所
1	桂林西麦食品股份有限公司	桂林	食品制造业	招商证券	立信会计师事务所	广东信达律师事务所
2	广西壮族自治区花红药业股份有限公司	柳州	医药制造业	国海证券股份有限公司	大信会计师事务所（特殊普通合伙）	北京韬观律师事务所

续表

序号	名称	注册地	所属行业	保荐机构	会计师事务所	律师事务所
3	田野创新股份有限公司	北海	农副食品加工业	华龙证券股份有限公司	中兴华会计师事务所（特殊普通合伙）	北京天驰君泰律师事务所
4	柳州双英股份有限公司	柳州	汽车制造业	申万宏源证券承销保荐有限责任公司	北京中兴财光华会计师事务所（特殊普通合伙）	北京海润律师事务所
5	广西天山电子股份有限公司	钦州	计算机、通信和其他电子设备制造业	申万宏源证券承销保荐有限责任公司	天健会计师事务所（特殊普通合伙）	上海锦天城律师事务所
6	广西五一管业股份有限公司	梧州	橡胶和塑料制品业	申万宏源证券承销保荐有限责任公司	大华会计师事务所（特殊普通合伙）	上海锦天城律师事务所

资料来源：广西壮族自治区金融管理局网站。

（二）广西多层次资本市场建设中区域性股权市场的发展

在面对差异化的企业规模、产业结构以及投融资主体需求特性时，多层次的资本市场体系能最大限度地满足资本供需匹配需求。完善的资本市场层次，可以使投融资主体根据便捷性和对成本效益权衡的结果进行相机抉择，从而实现资本配置的高效率。从区域融资结构角度看，在当前宏观经济下行的背景下，广西企业融资结构过度依赖银行贷款的风险凸显，通过构建多层次资本市场为企业提供更多融资渠道，提高直接融资比例，改善全社会融资结构有利于区域经济的健康发展；从促进区域产业结构优化调整角度看，广西当前产业结构仍以传统行业为主，传统产业特征是资源消耗大、附加值低、环境污染严重，这些问题严重制约广西区域经济持续健康发展，而目前广西新兴产业仍处于培育和发展阶段，需要大量的投入。无论是传统产业的转型升级还是新兴产业的培育都离不开资本的支持。构建区域多层次资本市场对拓宽融资渠道，促进广西产业结构加快调整升级，实现区域经济可持续发展意义重大。

我国的多层次资本市场由沪深交易所市场（含主板、中小板和创业板）和场外市场组成。其中场外市场又可细分为全国性的新三板和区域性的第四板市场（区域性股权市场）。不同层级资本市场的准入标准差异明显。数量最庞大的中小微企业基本无法满足交易所市场的高标准获得融资，这就是场外市场存在和发展的客观基础，特别是对准入门槛最低的区域性股权交易市场。从地方政府的角度来看，在多层次资本市场建设中，只有区域性股权交易市场是其唯一能够完全加以掌控的领域。

目前广西中小微企业数量占全省企业总数99%以上，产出占全省50%以上，提供了全省80%以上的就业和43%以上的税收，中小微企业已经成为广西经济的重要组成部分。然而，由于服务成本高、缺乏抵押品等各种原因，中小微企业很难获得银行信贷融资，如前所述，其也很难在股票交易所实现融资，甚至无法满足场外中的第三板市场的挂牌融资条件，此时挂牌要求最低的区域性股权交易市场的存在变得尤为必要。通过区域性股权交易市场建设，一方面为中小微企业打通资本市场资金融通渠道，另一方面为投资者寻找企业股权、债权投资机会。通过为本省中小微企业提供创新直接融资通道，有利于促进中小微企业创新成果转化为实实在在的经济成果，从这个意义上看，发展广西区域资本市场具有重要战略意义。

证监会在2012年8月《关于规范证券公司参与区域性股权交易市场的指导意见》中指出，区域股权市场是我国多层次资本市场的重要组成环节，明确了支持各地区域性股权市场规范发展的态度。该意见分别从市场定位、参与主体、转板机制以及审批监管等方面对区域性股权交易市场做了详尽规定，为区域性股权交易市场的健康发展提供了制度保障。

根据《国务院关于清理整顿各类交易场所切实防范金融风险的决定》《国务院办公厅关于清理整顿各类交易场所的实施意见》等文件精神和国家对交易场所进行清理整顿的统一要求和部署，广西对辖区内的广西北部湾产权交易所、广西北部湾股权托管交易所、广西联合产权交易所、广西联合股权托管中心等资本市场交易平台进行了清理整顿。2014年9月，在对广西北部湾股权托管交易所增资扩股的基础上，成立了广西北部湾股权交易所。此后，广西北部湾股权交易所2018年4月以1.2亿元从南宁金融投资集团手中收购了南宁股权交易中心100%股权，将其更名为"广西北部湾股权登记结算有限责任公司"。目前，广西北部湾股权交易所是广西唯一合法的区域股权市场运营机构，也是经自治区政府批准设立的唯一的自治区级股权交易所，主要业务是为广西中小企业提供挂牌展示、股权登记托管、股权融资、债权融资及金融综合服务。截至2018年末，北部湾股交所挂牌企业达1300多家，托管企业240多家，逐步发展为广西区内中小微企业培育和规范平台、中小微企业综合金融服务平台。此外，另一家一直在报批的省级市场平台南宁股权交易所仍未获得批准。

为鼓励本省区域股权交易市场发展，自治区政府2017年12月发布了《关于促进区域性股权市场规范发展的实施意见》（桂政办发〔2017〕178号，以下简称"178号文"）的政策文件。该实施意见从市场发展的总体要求、功能定位、规范要求、鼓励措施、监督管理等五个方面提出纲领性意见，为今后一段时间广西区域资本市场的健康发展奠定了基础。

"178号文"制定的本省区域性股权市场发展的总体要求为：区域股权市场要以服务实体经济为己任，逐步扩大为中小微企业融资的规模，为解决中小微企业融资难提供助力；要为创新驱动发展战略提供动力，重点支持创新型、科技成长型的中小微企业和战略新兴行业企业的发展，推动我区产业转型升级；创新发展要与规范发展并重，一方面把创新作为市场发展的原动力，另一方面把规范作为市场健康可持续发展的保障，强化对市场的监管，防范和化解各类市场风险；坚持统筹规划、循序渐进，不断发挥市场功能，稳步建成投融资功能完善、服务方式多样、运行规范、投资者权益保护水平高的区域性股权市场。

"178号文"对广西区域股权市场发展的功能定位是：在中国证监会和自治区人民政府的监督指导下，侧重服务于我省中小微企业的私募股权市场，作为多层次资本市场体系的重要环节，担任省级政府扶持中小微企业各类政策措施的一个综合运用平台，负责全省的区域性股权市场的组织活动，并协助培育IPO（新三板挂牌）的后备企业资源，此外对市场参与者进行自律管理，维持市场规范平稳运行。

为规范市场发展，"178号文"从五个方面提出了具体的规范意见，内容梳理如表1-5所示。

表1-5 《关于促进区域性股权市场规范发展的实施意见》的规范要求

规范事项	规范内容
监管方面的规范要求	区域股权市场必须遵守中国法律法规、证监会的业务监管规则、本省人民政府监管机构制定的监管办法等。1. 在区域股权市场发行和转让的证券，仅限于股票、可转债及国务院部委按规定认可的其他证券，不可发行或转让私募债券；2. 发行证券不得采用广告或公开劝诱等方法促销，不可以任何方式非法集资；3. 不可使用集中竞价、连续竞价或做市商等交易方式实现证券转让，投资人买入卖出证券的时间间隔不可少于5个交易日；4. 同一证券的投资者累计人数不可超过法律法规规定的私募债券持有者数量上限，法律法规另有规定的除外，不可通过代持或拆分等方式变相超出单只私募证券持有人数量上限；5. 证券投资者名录和登记注册记录必须真实、完整、准确，不得伪造、隐匿、损毁或篡改
合格投资者的规范条件	1. 区域性股权市场需建立合格投资者认定制度（合格投资者应以是否符合国办发〔2017〕11号或证监会令第132号文件规定的投资者为准），培育和筛选一批具有较强风险承受能力的合格投资者；2. 强化投资者风险教育工作，积极引导省内外各类符合条件的投资者入场交易
规范信息披露和风险提示	1. 区域性股权市场应完善挂牌企业信息披露制度，及时向各市场参与主体发布挂牌企业及私募证券的有关信息，减少市场的信息不对称促进市场发育；2. 需向各市场主体详细披露交易方式、各方的权利和义务，并充分提示可能存在的各类风险
规范区域股权市场的信息系统	1. 区域性股权市场的信息系统建设需符合我国法律法规和证监会的信息技术管理规范；2. 经营机构、开立投资者账户和办理登记结算的机构必须按证监会和省人民政府的规定按时报送有关信息，信息系统要与证监会指定的信息监管系统进行对接
规范跨区域经营	1. 本省区域性股权市场不得为省外的企业私募证券或股权融资/转让提供服务；2. 外省的区域性股权市场也不可为我省企业私募证券或股权融资/转让提供服务。3. 对于已进行了相关业务的，必须按国办发〔2017〕11号文件要求，由省级人民政府指定的金融监管部门加以及时清理和妥善处置，对潜在风险加以防范和化解

为促进市场快速发展，"178号文"从十个方面提出了鼓励措施，内容梳理如表1-6所示。

表 1-6　《关于促进区域性股权市场规范发展的实施意见》的鼓励措施

鼓励事项	鼓励内容
完善市场基础设施建设	由区域性股权市场运营机构出资设立的广西股权登记结算中心，统一进行股权托管登记结算，不以营利为目的。广西股权登记结算中心办理我区区域性股权市场股权及金融产品的托管、登记和结算等业务，为我区各类权益产品的确权、转让、质押和交易结算提供专业服务。在完善相关业务制度及软硬件建设的基础上，广西股权登记结算中心要充分运用现代化信息技术，为股权托管企业及其股东提供规范、便捷、高效的服务。建立完善与资本市场发展相适应的信用体系，持续推进金融信用信息基础数据库建设，进一步推动政府部门、金融机构、行业组织等各领域信用信息的互联共享，健全资本市场诚信制度，培育资本市场诚信文化，更好地激励和支持合格守信的区域性股权市场挂牌企业融资。金融、发改、工商、国资、人民银行、银监、证监和保监等相关单位要建立联合协调机制，推动开展全区除适用《关于修改〈非上市公众公司监督管理办法〉的决定》（证监会令第96号）以外的非上市股份公司、地方金融机构股权登记托管的规范化，推动股权质押融资业务发展，引导和鼓励银行业金融机构加强与区域性股权市场合作，共同开发股权质押融资产品，拓宽融资渠道
大力培育挂牌企业	各地要加强对挂牌企业资源的筛选与培育，积极引导和鼓励辖区内优质企业到区域性股权市场挂牌、托管和融资。到2018年底，实现自治区上市（挂牌）后备企业资源库在库企业统一在我区区域性股权市场托管和挂牌，由区域性股权市场为在库企业提供相关专业服务。在我区区域性股权市场挂牌的股份公司，符合自治区上市（挂牌）后备企业资源库入库标准的，可由区域性股权市场直接推荐入库。大力支持区域性股权市场发展，对在区域性股权市场进行股权托管、挂牌的股份制企业和区域性股权市场运营机构按照自治区人民政府的相关规定给予奖励。已在区外区域性股权市场运营机构进行股权托管、挂牌的企业成功转到我区区域性股权市场运营机构的，享受同等奖励
采取措施降低企业挂牌融资成本	各地政府根据本地实际情况，可对在区域股权市场挂牌的企业在股份化改造、直接融资等活动中给予一定的财务支持；对于已经在区域性股权市场上通过发行股票或可转债融资的企业，也可酌情给予适当的奖励
优化工商登记服务	自治区工商行政管理部门可与区域性股权市场运营机构或股权托管登记中心建立信息共享和工作协调机制。区域性股权市场运营机构或股权托管登记中心应提供托管、挂牌、融资等"绿色通道"，确保企业相关事项及时、准确办理。鼓励新设立的非上市股份公司工商登记后到区域性股权市场登记、托管。非上市股份公司在工商行政管理部门办理股权出质登记时，出质双方可委托区域性股权市场或股权托管登记中心按有关规定代办出质登记手续
大力发展中介服务	鼓励区域性股权市场运营机构按自律管理要求，积极扩大中介机构队伍，为企业挂牌和融资提供全方位服务，形成完备的市场生态体系。鼓励证券公司、商业银行等金融机构及符合条件的中介机构按照国家相关法律法规和政策要求积极参与区域性股权市场业务，为企业提供信息披露、尽职调查、辅导和推荐挂牌等服务；支持会计师事务所、律师事务所及资产评估所等中介机构为企业挂牌和融资提供审计、法律、资产评估等服务；支持各类融资性担保机构尤其鼓励地方国有担保机构为企业融资提供担保服务

续表

鼓励事项	鼓励内容
丰富投资主体和融资模式	鼓励符合条件的法人机构、合伙企业、银行、资产管理公司、保险公司、信托公司、风投公司等各类投融资机构参与市场交易活动。支持行业骨干企业、创业孵化器、产业（技术）创新中心、保险公司等机构投资者投资区域性股权市场的挂牌企业。有序发展投贷联动、投保联动、投债联动等新产品。发挥政策性融资担保机构在企业融资中的作用，鼓励广西中小企业信用担保公司、广西再担保有限公司及广西农业信贷担保公司等自治区级及有实力的区级以下担保机构参与区域性股权市场业务，强化政策性担保职责，向担保客户收取的平均年化担保综合费率原则上不高于同期银行贷款基准利率的50%；健全风险分担机制，由政府性融资担保机构、广西再担保有限公司、银行业金融机构以及融资担保业务发生地设区市或县级财政按照4∶3∶2∶1的比例分担代偿责任；开拓探索"税融通"为代表的创新业务，对符合相关条件的挂牌企业，鼓励担保机构按近两年平均纳税额度1到5倍核定融资担保额，以此缓解中小微企业融资难、融资贵问题
丰富拓展服务功能	支持非上市国有企业到区域性股权市场集中开展股权托管、登记，发挥区域性股权市场在企业股权价值发现、保护国有资产安全等方面的优势，支持其参与我区国企深化改革工作。支持区域性股权市场牵头建设综合金融服务平台，设立基金管理公司、资产管理公司、咨询服务公司等专业服务机构，支持合作设立主要服务于区域性股权市场的小额贷款公司、融资性担保公司、融资租赁、商业保理等机构，创新开发区域股权市场与信贷、保险、担保、基金联动的融资产品，为挂牌、托管企业提供更丰富的融资服务
推动各类政府性资金支持区域性股权市场发展	鼓励相关部门通过设立产业基金、各类股权投资基金参与区域性股权市场投融资，支持中小微企业发展，实现资金高效精准的流向。鼓励已获得专项资金支持的企业以及通过我区政府性担保体系的担保获得融资的企业（不含上市公司及新三板挂牌企业）在我区区域性股权市场挂牌。区域性股权市场对挂牌企业的信息披露，要求真实、准确、完整，保证专项资金管理的公开、透明，提高专项资金投入的效率和效益，同时通过对挂牌企业的培育和辅导，促进企业的孵化和融资
支持加大区域性股权市场的宣传力度	各地要积极引导社会舆论，加大对我区域性股权市场宣传力度，提升企业对股权市场的认知度，营造支持区域性股权市场发展的良好社会氛围
强化部门协调配合	自治区发展改革委、科技厅、司法厅、财政厅、环境保护厅、水利厅、农业厅、林业厅、商务厅、工商局等有关部门，要结合各自职责和资源优势，研究制定支持我区区域性股权市场发展的产业规划、财税扶持、工商管理、挂牌企业培育等政策措施，营造扶持培育挂牌企业发展的外部环境

最后，"178号文"还对市场的监督管理职责进行了明确的分工。可以预见，在今后一段时期内，"178号文"将成为广西区域股权市场健康发展的指导性文件。

（三）广西资本市场的规范和监管

（1）广西地方金融监督管理局对广西资本市场规范所做的工作

近年来金融办对广西资本市场的规范发展作出了许多有益的工作，主要包括：对相关人员进行业务培训和优化地方金融生态环境等方面，具体内容见表1－7。

表1－7　　　　广西地方金融监督管理局规范广西资本市场发展的工作

年份	规范事项	规范工作内容
2014	法律法规的起草制定	经自治区人民政府同意，以自治区防范化解涉企金融风险指导小组名义印发了《广西壮族自治区防范化解涉企金融风险指导小组关于防范化解当前涉企金融风险的意见》（桂防涉企金险发〔2014〕1号）；与自治区财政厅联合制定印发了《自治区中小企业债券融资贴息资金管理办法》《落实财政引导金融支持实体经济发展实现稳增长目标实施方案》等政策文件
2014	优化金融生态环境	一是积极开展非法集资风险专项排查活动，进一步摸清辖区内非法集资风险情况，增强客观判断非法集资形势的准确性、主动性和前瞻性。同时，针对排查出现的风险和存在问题，积极处置、整改，完善各项规章制度，建立非法集资风险防控长效机制，从头上加强防范非法集资行为，切实维护正常的经济金融秩序和社会稳定。二是深入开展防范和打击非法集资宣传月活动，进一步净化舆论环境，巩固宣传成果，强化社会公众风险意识和防范能力，有效遏制非法集资案件高发势头，推动全区金融生态环境得到不断净化、优化
2014	金融业务知识培训	年内，举办了2期融资性担保公司高级管理人员业务培训班，培训总人数达109人；举办了1期全区"新三板"暨区域性股权交易市场挂牌业务培训，培训总人数达200人
2015	优化金融生态环境	一是开展非法集资风险专项排查。2月，制定印发了《关于切实做好防范化解非法集资风险有关工作的通知》，并于6月将排查情况上报国家处非联席办。二是明确地方处置金融风险责任。6月，向自治区人民政府报送了《关于明确地方金融监管职责和风险处置责任的意见》，并于7月以自治区政府名义印发。三是指导各地开展涉企金融风险化解工作。11月前，研究上报了广西有色集团债务危机化解方案，指导柳州市做好正菱集团债务风险处置和化解，指导南宁市做好永凯集团债务风险处置和化解
2015	金融业务知识培训	召开了防范和打击非法集资暨涉企金融风险防范电视电话会议，学习传达范围与县一级；举办了1期融资性担保公司高级管理人员业务培训班，培训总人数达143人；举办了1期全区资本市场直接融资培训，培训总人数达182人
2016	法律法规的起草制定	组织制订并提请自治区政府下发了《广西壮族自治区交易场所管理暂行办法》（桂政办发〔2016〕12号），制定了《广西壮族自治区交易场所监督管理操作指引（试行）》（桂金办发〔2016〕19号），同时对辖区内17家交易场所开展规范整顿工作，规范交易场所经营业务及规则

续表

年份	规范事项	规范工作内容
2016	优化金融生态环境	举行打击和处置非法集资宣传月启动仪式暨"5·15"打击防范经济犯罪宣传日活动,组织制订并提请自治区人民政府下发了《关于进一步做好防范和处置非法集资工作的实施意见》(桂政发〔2016〕42号),积极配合外省及国家有关部门做好泛亚、E租宝等重大案件善后处置工作,及时妥善处理一些案件引发的集体上访问题。开展互联网金融风险整治。按照国务院开展互联网金融风险专项整治工作"1+6+1"的总部署,制定了1个专项整治总体方案和6个分领域专项整治工作实施方案及1个处置互联网金融风险应急预案;协调有关部门对1275家互联网金融平台进行了排查,发现问题的从业机构28家,其中P2P网络借贷22家、股权众筹类机构2家、第三方支付机构4家,目前正按照方案要求开展整治工作。积极开展广西沿边金融综合改革试验区金融生态评估的准备工作。我办与人民银行南宁中心支行联合制订了《金融生态体系》(市级、县域两套指标体系)并已上报自治区人民政府,争取明年开始在沿边金改试验区实施
2017	法律法规的起草制定	组织起草了《广西壮族自治区网络借贷信息中介机构业务活动管理暂行办法实施细则(征求意见稿)》《广西壮族自治区网络借贷信息中介机构备案登记管理实施细则(征求意见稿)》等。出台《非法集资举报奖励暂行办法》《非法集资案件统计信息员制度》等,进一步健全防范处置非法集资工作机制
2017	优化金融生态环境	加强交易所监管。坚持审慎原则,严格审批。根据国家要求,全面停止交易场所的新设审批工作,先后退回7家新设申请。深入开展各类交易场所清理整顿"回头看"工作,督促加强日常监管,切实防范风险。建立"黑名单"制度,加强风险提示,对符合"黑名单"特征的经营主体,坚决列入自治区交易场所"黑名单",并公开发布。 大力打击非法集资。组织开展企业集资风险摸底化解、非法集资风险专项排查、预付卡领域非法集资风险专项排查等一系列专项摸排整治活动和涉嫌非法集资广告资讯信息排查清理以及防范非法集资宣传月等活动,非法集资高发蔓延势头得到有效遏制;按照自治区人民政府《关于进一步做好防范和处置非法集资工作的实施意见》(桂政发〔2016〕42号)要求,切实落实行业主管和属地管理职责,加强监测预警,加大陈案处置力度,最大限度化解存量,防范增量,推动防范、打击、处置非法集资工作取得实实在在效果。加快推进非法集资监测预警系统建设。 扎实推进互联网金融风险专项整治。加强部门协同配合,聚焦重点对象、重点地区,持续保持高压态势,注重营造舆论氛围,抓紧出台P2P监督管理和备案登记的实施细则,探索建设风险监测预警机制和行业自律机制,促进互联网金融规范健康发展;在互联网金融风险整治深入开展过程中,稳妥有序推进清理整顿工作,年内下发各项工作文件30份,确定了5家重点监测对象
	金融业务知识培训	研究制定干部教育培训方案,做好干部教育培训规划。举办领导干部财政金融培训、资本市场直接融资培训、企业泛市值管理专题培训、企业上市(挂牌)融资培训等多形式、多内容、多人次的培训,提升队伍业务能力和管理水平

续表

年份	规范事项	规范工作内容
2018	法律法规的起草制定	研究起草《广西区域性股权市场监督管理实施细则》，进一步促进区域性股权市场规范发展和提升综合服务功能，稳步增加挂牌企业数量。加快推动两家区域性股权市场整合。继续引导、支持各类金融机构和机构投资者参与区域性股权市场业务服务活动
	优化金融生态环境	组织开展防范非法集资宣传月活动，提高公众防范识别能力，引导社会公众树立正确的投融资理念。深入开展非法集资广告资讯信息排查清理活动，封堵涉嫌非法集资资讯信息。推动全区贯彻落实《广西非法集资举报奖励暂行办法》，建立健全属地管理、群众举报、新闻媒体监督、行业主监管部门日常监管相结合的防范非法集资预警机制。推动设立、完善非法集资监测预警系统，逐步整合有关部门的信息资源，提高预警精准度和时效性。开展全区打击和处置非法集资专题培训，不断提高工作人员能力水平。持续开展非法集资风险排查和专项整治，加强对重点行业和地区的风险排查，实现早期预防处置。推动加大打击和案件处置力度，有效化解非法集资风险，维护社会稳定。 有序推进互联网金融风险专项整治。推动出台《广西壮族自治区网络借贷信息中介机构业务活动管理暂行办法实施细则》和《广西壮族自治区网络借贷信息中介机构备案登记管理实施细则》，将现有和新申办互联网金融企业全部纳入监管视野，严格落实第三方存管、互联网经营本质、服务小微和实体经济职能等要求和使命。加快接入互联网金融行业监测大数据系统，建立"一企一档"风险管理档案。加强社会信息采集，积极发挥群众工作优势和专项整治举报奖励办法作用，建立立体化、全方位的风险监测预警体系。争取中国互联网金融协会指导，加快成立广西互联网金融协会，通过行业自律管理和会员服务，规范从业机构市场行为，保护行业合法权益，引导行业规范健康运行。继续推进互联网金融专项整治，开展金融法制教育、警示宣传，加强投资者金融知识和金融风险教育，提升全社会对互联网金融的认知度和风险防范意识。 加快推进广西地方金融立法工作，推动出台地方金融条例，让地方金融监管有法可依。研究制定广西金融生态环境建设评价体系。更好发挥债委会作用，推进化解玉柴重工等金融债务问题。配合司法机关加大对金融逃废债打击力度。配合开展社会信用体系建设，推动中央驻桂金融监管部门和政府行政管理、执法部门的信用信息互联互通，提高开放和共享程度。推动出台《广西壮族自治区引进和培养高层次金融人才暂行办法》，配合做好高端金融人才引进工作

资料来源：广西地方金融监督管理局网站。

（2）广西证监局对广西资本市场的监管绩效

跟随全国资本市场监管的逐步进步和完善，广西资本市场监管也在逐步得到改善和协调。2003年广西成立了上市公司董事会秘书联席会议制度，根据证监会信息披露规则对广西上市公司的信息披露实施严格自律；自治区金融办2006年会同工商局、国资委和公安等部门共同建立了资本市场联席会议制度，利用政府部门的有形之手对资本市场进行全面监管；人民银行南宁中心支行和广西证监局2008年签署了《信息分享与合作备忘录》，为全省辖区内资本市场的综合监管体系的建立提供信息共享服务。

2017年4月广西证监局在南宁召开了全省机构监管工作会议，对监管面临的宏观经济金融形势进行了分析，会议对加强监管提高监管效率进行了安排。首先，狠抓上市公司的外部审计。在宏观经济下行明显的背景下，以问题为导向，广西证监局通过强化风险预研预判，启动了辖区上市公司的年报外部审计，工作内容有：首先制订年报外部审计工作计划，着重排查上市公司的潜在风险；要求审计机构尽职尽责实施审计程序，严格执行审计监管等方面的要求，在审计报告中绝不隐瞒审计对象存在的问题和潜在风险；大力强化本部门会计专业技术小组的技术实力，对上市公司年报审计的监管工作进行统筹协调和技术指导。

其次，强化监管工作的法制化。法律是资本市场监管的重要基础。为使广西资本市场监管的法制工作逐渐步入正轨，广西证监局高度重视资本市场监管过程中的法制建设。采取的措施包括：一是大力完善内部法制基础设施建设，以此作为推动广西资本市场监管法制化的基础。对包括《广西证监局投诉事项处理工作规程》《广西证监局法律审查工作规程》在内的八项内部工作制度进行了修订，以此作为广西资本市场监管工作的依据；二是建立控制风险机制，实现把广西资本市场监管执法风险归口管理；三是在辖区内大力开展普法宣传活动。措施包括对有关执法人员定期进行依法行政培训，提高执法监管人员的法制水平，大力促进广西金融法学会设立并力推自治区与省外金融法专家的沟通交流。

最后，利用网络大数据技术加强资本市场监管的精准度。随着IT技术的发展，网络大数据的取得成为可能，精准的资本市场监管有了新的技术手段。通过网络监管部门可以对资本市场数据进行实时监测，及时发现市场的风险区域或风险点，从而提高监管的效率。互联网可提供实时全面的综合大数据，非常有利于提高资本市场监管的效率。随着自治区资本市场法制化水平的推进，提高对互联网技术的运用水平将确保监管更加有法律依据。

在自治区金融办、广西证监局等监管部门的努力下，近年来广西资本市场监管取得了一些成效，总结如表1-8所示。

表1-8　　　　　　　　　　近年广西资本市场监管成效表

年份	监管具体事项	证监局的监管执法执行情况
2015	市场违法违规行为的打击	以加强事中和事后监管为手段，通过现场和非现场监管相结合，监管部门大力强化监管执法力度，提升监管执法效率。查办案件全年11起创历史新高，协查案件达7起；行政处罚3起，行政处罚完成执行的5项罚没额达455万元；采取对市场主体的行政监管措施7起，同比增幅75%。总体上，市场监管成效明显，向市场传递了严厉打击资本市场违法违规行为、建设规范市场的信号，对稳定资本市场、修复投资者信心起到了良好作用

续表

年份	监管具体事项	证监局的监管执法执行情况
2015	提高投资者权益保护水平	1. 资本市场回报投资者的重大制度安排就是给投资者提供稳定可期的分红，监管部门把其作为保护投资者权益的重要内容。本年广西上市公司的现金分红比率稳步提升，回报股东意识有所增强。本年有21家实现现金分红，金额达28亿元。过去五年区内上市公司现金分红家数年均增长22.73%，金额增长年均27.01%，累计分红总额比上一个五年增长47.49亿元，增幅113%。2. 实现投资者纠纷投诉案件分类处理，大幅提高处理效率。本年监管部门共处理105件投诉举报事项，投资者满意度明显提高。3. 打击非法集资的宣传以及"公平在身边"等专项投资者教育活动顺利开展，投资者自我保护意识得以不断加强。4. 以"预防为先，发现为早，处置及时"为原则，大力打击非法证券期货交易，根据统一部署开展区域交易场所的清理整顿，不断规范市场主体的经营活动
2016	市场违法违规行为的打击	不断强化监管力度，全面依法依规实现监管，促使市场参与者合规经营，维护公平合理的市场秩序。1. 全年开展现场检查54家次，施行行政监管措施12次，及时对市场主体的不合规行为进行了纠正，行政处罚金额创历史新高。2. 对违法违规零容忍，依法查处了各类违法违规案件，其中主办案件10起，协查6起，协助境外监管案件2起。3. 坚持防范地方资本市场风险的底线，及时处理上市公司风险个案，如及时妥善处理了广西债券公司作为业务的突发风险事件，对市场风险防范和处置起到良好作用
2016	提高投资者权益保护水平	1. 辖区内上市公司回报股东意识显著增强。全年现金分红上市公司家数19家，比例达到54.29%，合计总分红金额30.18亿元；2. 分类处理投资者投诉纠纷制度及资本市场纠纷多元化处置机制试点取得成效。全年处理各类投诉举报110起，投资者满意度显著提高。3. 资本市场经营机构切实落实投资者适当性管理机制和账户实名制，并以"了解你的客户"为原则，将投资者保护融入各项业务中。4. 继续开展投资者教育活动，重点提高投资者对各类新型非法证券期货交易的警惕性和投资者的自我保护意识。5. 区政府各有关部门将非法证券期货交易活动纳入非法集资的处置工作范围，构建了涉非信息媒体的全省覆盖建成机制，此外地方违规交易场所得到有效清理整顿
2017	市场违法违规行为的打击	监管机构坚持依法监管，主动防范市场风险，妥善处理了多起风险事件。1. 新开展了互联网金融风险专项整治活动，将涉嫌非法集资或诈骗的2家公司移送公安处理。2. 稽查执法保持高压态势。全年处理案件17起，比上年增加5成，其中成功查处ST慧球"1001项议案"为代表的一批大要案件。移送处理案件达7起，其中5起最终施行了行政处罚，金额达2280万元，大大提高了监管权威维护了法律尊严。本年各类现场监管66家次，施行行政监管9家次，发出监管函29份。3. 对非法证券期货活动严厉打击。移送相关案件线索1起，答复非法证券期货咨询9次。4. 区政府及各部门继续推进各类交易场所的清理整顿，对各类交易场所、区域性股权市场进行了4家次现场检查，维护了本区域资本市场的良好秩序和生态环境

续表

年份	监管具体事项	证监局的监管执法执行情况
2017	提高投资者权益保护水平	1. 全面实施《证券期货投资者适当性管理办法》，要求各相关机构对比相关规定，全面整改存在问题。2. 建成 2 家省级证券期货投资者教育基地，不断强化投资者教育。由广西证券期货业协会联合各金融机构开展私募基金投资者权益保护宣传教育、投资者适当性管理、投资者保护——明规则、识风险专项宣传等系列投资者教育活动。3. 广西上市公司协会举行区内上市公司投资者集体接待活动。4. 广西证券期货业协会与中证中小投资者服务中心合作设立调解工作站，共建调解专家团队；包括区内 1 家证券公司、137 家证券分支机构和 10 家期货营业部及投资者服务中心在内的机构签署了调解备忘录，建立起证券期货争端快速调解机制，促成了全国首例证券期货市场纠纷调解案件的处理。全年共处理各类投诉举报事件 108 项，投资者满意度不断提升。
2018	提高投资者权益保护水平	区证监局与广西证券期货业协会、南宁市处非领导小组、民建南宁市委等合作开展了长达半年的"投资者保护与宣传教育进社区活动"。南宁各区县政府、开发区管委会、80 多家银行和非银行机构等响应号召，发挥贴近投资者贴近市场的专业优势，深入乡镇和社区开展了防非宣传教育，将非法证券咨询专项治理和防非教育结合，探索出一系列新型宣传方法，活动受到群众热烈欢迎。1. 宣传手段上，发挥各类金融机构的主观能动性，组织投资人及其家庭参与中秋 DIY 月饼、迎接国庆游园、民族特色文艺表演等活动，在活动过程中融入防范非法证券期货交易和非法集资知识的宣传，这些活动有效打开了宣传覆盖面。2. 宣传对象上，注重提高精准度。如老年人是非法证券期货交易、非法集资的重点受害人群，各金融机构就走进老年人集聚的旧城区老社区，联合社区医院把义诊活动和防非宣传有机融合，节省了双方的时间。3. 在宣传范围上，深入农村，采取多样化的宣传方式方法，针对农村文化生活贫乏的特点，把防非宣传与丰富农村文化生活相结合，举办诸如"金融夜校大讲堂"这类活动，将村民集中到村公共服务处，向其讲解金融安全知识，其中穿插知识点有奖问答，以此提高村民对非法证券期货交易和非法集资的防范心理。宣教活动覆盖南宁 50 多个社区、70 多个村落，发放的宣传资料达上万份，宣传展板和广告达 100 多张，现场咨询人数达 6000 多人次，活动成效显著

资料来源：广西证监局。

说明：截至本文写作时间 2018 年市场违法违规行为的打击数据尚未公布。

（四）广西资本市场的对外开放合作

广西资本市场对外开放合作近年取得了一定进展。其中，2015 年，广西金融办向自治区政府上报了《设立广西人民币国际投贷基金方案》，组织开展了 1 次广西企业境外融资专项辅导，联合有关单位制定印发了《设立外商投资股权投资类企业工作指引》；搭建与东盟和东亚国家金融交流平台。4 月，在韩国首尔举办了"中国广西投资商机、沿边金融综合改革暨中国—东盟博览会推介会"，会上，自治区人民政府副秘书长、金融办主任金坚强推介了广西沿边金融综合改革的有关政策措施,韩国韩华 QECLLS 集团与中国工商银行广西分行、首尔分行签订了三方战略合作协议。9 月,在第十二届中国—东盟博览会、商务与投资峰会期间举办了第 7 届中国—东盟金融合作与发展领袖论坛,本次论坛的规模、层次、影响创历届之最,有近 200 家金融部门、金融机构和企业共 800 多名嘉宾出席,其中包括中国、柬埔寨、老挝、缅甸、泰国等国中央银行领导;论坛期间,自治区人民政府、中国农业发展银行、上海黄金交易所、北部湾港务集团、国海证券等单位举行了一系列的签约、授牌、揭牌活动。11 月,自治区金融办副主任李正友受邀赴韩国济州岛参加首届中韩金融合作高峰论坛,并在会上做了题为《以人民币国际化为契机,务实推进中韩金融合作》的主题演讲,会后还与全球韩国交易所、韩国预托决计院就推介广西企业赴韩国上市、发行债券等进行了交流探讨。

2016 年,签订了《广西壮族自治区与香港特别行政区金融合作协议》,广西交通投资集团以此借助香港通道成功发行债券 3 亿美元,是广西首笔企业公募发行的美元债。

2017 年,完善《广西壮族自治区与香港特别行政区金融合作协议书》,加强落实桂港金融合作交流机制,新增一批桂港金融合作重点项目,加大引入香港金融机构工作力度,加快筹建桂港合资证券公司、桂港合资基金管理公司,支持广西企业通过贷款、债券等多种方式从香港融入本外币资金。办好第 9 届中国—东盟金融合作与发展领袖论坛。落实广西金融代表团出访老挝、柬埔寨、越南三国央行达成的共识,加强对"一带一路"沿线国家央行或货币当局的出访交流,探索建立与东盟国家多层次、多渠道、常态化的金融交流合作机制,加大金融机构"走出去"力度,加强跨境金融产品和服务创新,推动构建广西参与"一带一路"建设的金融服务保障体系。

2018 年,推动设立广西—东盟"一带一路"基金,加快基金设立并发挥支持"一带一路"重大项目建设的作用。持续跟进中国—东盟(南宁)金融服务平台建设和南宁跨境金融信息服务基地建设。用好 CEPA 先行先试政策,深化与港澳金融合作,落实桂港金融合作协议,推动建立桂澳金融合作常态化机制,办好第 10 届中国—东盟金融合作与发展领袖论坛。

(五)广西资本市场的脱贫攻坚工作

近年来,党中央、国务院把扶贫脱贫作为国家发展的一项重要战略任务,于 2015 年发布了《中共中央、国务院关于打赢脱贫攻坚战的决定》。证监会高度重视扶贫工作,2016 年发布了《中国证监会关于发挥资本市场作用服务国家脱贫攻坚战略的意见》。

广西资本市场大力落实《中国证监会关于发挥资本市场作用服务国家脱贫攻坚战略的意见》,积极支持并推动省内贫困地区企业利用资本市场融资加快发展。根据 2017 年数据,广西上市公司投入扶贫资金累计达 3 亿元,6 家贫困地区企业已实现在新三板挂牌,通过定向增发其中 4 家企业累计实现融资 1.62 亿元,另 1 家企业通过重组实现 4.89 亿元的资产注入。证券期货经营机构开展与广西国家级贫困县"一司一县"结对帮扶活动,有 6 家证券期货公司分别与靖西、宁明、马山、德保、资源、巴马等贫困县签订协议,确立帮扶关系。区证监局也深入开展定点帮扶工作,到定点扶贫村多次调研慰问,引入帮扶资金达50.6万元。

在前述文件精神的指引下,结合本省的《中共广西壮族自治区委员会 广西壮族自治区人民政府关于服务实体经济防控金融风险深化金融改革的实施意见》(桂发〔2018〕5号)的文件精神,区金融办2018年5月发布了《关于发挥多层次资本市场作用服务脱贫攻坚战略的通知》(桂金办资〔2018〕18号)。该文件从广西资本市场服务国家脱贫攻坚战略的总体要求、推进措施和保障措施三大方面制定了详细规划。

文件指出广西资本市场服务国家脱贫攻坚战略的总体要求是:深入学习领会党中央、国务院精准扶贫、精准脱贫基本方略的深刻内涵,充分利用资本市场功能作用,紧紧抓住国家资本市场扶贫政策的窗口期,以我区贫困地区实体经济需求为导向,以资本市场服务产业脱贫为重点,优先支持贫困地区企业利用资本市场资源,拓宽直接融资渠道,不断增强贫困地区自我发展的能力。

该文件对广西资本市场服务国家脱贫攻坚战略的量化目标是:实施贫困地区企业上市(挂牌)行动计划,力争到"十三五"期末,有贫困县的设区市均新增境内外上市公司或新三板挂牌企业1家以上,每个贫困县在区域性股权市场挂牌股份公司不少于5家。

文件还从加强资本市场宣传培育工作、开展后备企业资源库建设、支持企业股份制改造等十三个方面提出了推进资本市场服务脱贫战略的措施(见表1-9)。文件最后从强化组织领导、交流协作以及责任监督三方面制定了相应的保障措施。

表1-9 广西资本市场服务广西脱贫攻坚战略的推进措施

推进事项	推进措施内容	量化目标
加强资本市场宣传培育	贫困地区各级各有关部门要根据培训对象工作需要将证券市场知识和政策纳入干部培训课程,提高各级政府人员运用金融知识和资本市场的能力。自治区金融办、广西证监局和各设区市人民政府积极协调证券交易所、全国中小企业股份转让系统、资本市场中介机构、上市公司和区域性股权市场等资本市场主体开展企业上市挂牌专题培训,重点是提高贫困地区企业上市挂牌的意识和积极性。省级各类政府媒体要加大企业上市挂牌和资本市场融资工作的宣传,努力营造我区资本市场良好发展的外部氛围	
开展后备企业资源库建设	加强对贫困地区企业上市(挂牌)的辅导培育和孵化力度,自治区金融办会同发改、工信、科技、财政、农业、林业、证监等部门,要抓住本地资源、产业的优势和特色,不断完善上市挂牌企业后备资源库并实行动态调整。要组织专业队伍指导贫困地区培育筛选传统优势产业和战略性新兴产业不同发展阶段的优质企业,对进入上市挂牌企业后备资源库的贫困地区企业需定期遴选淘汰,对入库的优质企业要给予重点扶持	"十三五"期末上市挂牌企业后备库中来自贫困地区家数不低于15%

续表

推进事项	推进措施内容	量化目标
企业股份制改造	实施上市（挂牌）后备企业资源库有限公司制企业全面股份制改造行动计划。自2018年起，对已进入自治区上市（挂牌）后备企业资源库或拟在区域性股权市场挂牌的贫困地区企业，要对其股份制改造大力支持。推动各类股权基金参与改制，发挥外部投资者在资本筹集、治理规范化、促进创新等方面的正面作用。通过改制和规范化，明晰产权，治理结构合理，财务核算规范，并处理好历史遗留问题，达成"人员、财务、财产、机构、业务"五独立，建成规范的法人实体，具备与资本市场对接的条件，夯实贫困地区企业上市挂牌的基础	
支持企业上市（挂牌）	充分利用贫困地区企业新三板挂牌、A股IPO审核"绿色通道"等政策优惠，特别支持贫困地区挖掘、引入和培育企业挂牌上市。对具备条件的企业，大力支持其在境内外交易所上市；对优秀的创新和特色企业，支持其到第三板挂牌；对其他暂时不具备到全国证券市场上市（挂牌）条件的中小微企业，引导到区域性股权市场挂牌孵化成长	
支持企业并购重组	支持贫困地区有实力的企业参与上市公司并购重组，支持和鼓励境内外上市公司和新三板挂牌企业并购我区贫困地区的企业。支持国有资本和民营资本发起设立企业并购重组基金，积极参与贫困地区企业的并购重组、产业链整合。鼓励贫困地区企业自行联合和行业整合，实现规模效应，重组上市（挂牌）。对贫困地区注册的上市公司和新三板挂牌企业在开展并购时发生的政策、法律和财务等问题，地方政府要配合协调解决	
支持企业开展直接融资	对贫困地区有需求并具备条件的上市（挂牌）企业，支持通过其进行再融资；支持贫困地区企业在债券市场以包括公司债、企业债、非金融企业等多元化债务工具进行融资；区域性股权市场挂牌的贫困地区企业支持其通过发行股票、可转债、股权质押融资等方式融资，不断壮大企业实力，助力脱贫攻坚	
推动发展新型融资方式	紧抓绿色债政策提供的机遇，鼓励本省地方金融机构法人发行绿色债支持贫困地区发展，对符合条件的企业发行绿色债给予引导。鼓励贫困地区符合条件的企业发行扶贫票据用于精准扶贫项目建设、偿还精准扶贫项目借款或者补充精准扶贫项目的运营资金。鼓励具备条件的创新创业公司、创投公司大胆探索创新创业公司债的发行，优化创新创业企业的资本来源，增加创新创业的融资供给。支持贫困地区采用资产证券化盘活现有资产，为交通、农田水利、能源、林区、水务等基础设施和重大规划建设提供财务支持	

续表

推进事项	推进措施内容	量化目标
加快区域性股权市场建设	构建和完善区域性股权市场规则，充分发挥其功能，建立工商登记部门和区域性股权市场的股权登记对接机制，完善挂牌企业的所有权登记托管制度，为股权交易、过户等提供服务，为股权质押提供便利。建立完善与资本市场发展相适应的信用体系，对全区各领域信用信息进行有效整合。研究设立贫困地区特色板块和专项融资产品，认真筛选一批具有产业扶贫效应、研发创新能力强及符合绿色经济产业特征的企业挂牌；支持创设股权投资基金、"基金通"等金融服务模式，为挂牌企业提供多样化的金融服务，推动企业发展规范化，加快上市速度	
增强中介机构服务能力	努力推进"一司一县"结对帮扶，将证券期货基金公司参与扶贫纳入金融机构支持地方经济发展考核范围。支持资本市场中介公司为贫困地区企业上市挂牌提供保荐、财务、法律等服务。对成功保荐（推荐）区内贫困地区企业上市、新三板挂牌、区域性股权市场挂牌并完成股份制改造的中介机构，自治区财政给予一次性奖励。企业实现在沪深交易所和境外交易所上市的，给予提供保荐服务的证券机构奖励30万元，分别给予提供服务的会计师事务所、律师事务所、资产评估所、财务顾问机构奖励10万元；企业实现新三板挂牌的，给予提供保荐服务的证券机构奖励10万元；企业在区域性股权市场挂牌并完成股份制改造的，给予推荐机构奖励1万元	
引进和培育各类投资基金	按照市场化原则，发挥政府引导基金撬动作用，吸引区内外社会资本设立各类产业基金投资贫困地区产业，助力贫困地区产业转型升级。建立贫困地区企业上市（挂牌）资本对接平台，根据企业不同的成长阶段，吸收私募股权投资和创业投资投向贫困地区上市（挂牌）后备企业。引导鼓励社会资本设立扶贫公益基金。推动上市公司联合金融机构发起设立扶贫产业基金，通过产业资本和金融资本相结合的模式，推动贫困县产业发展，服务脱贫攻坚战略	
增强期货市场带动作用	推动广西早日组建法人期货公司，鼓励有实力的期货公司到我区设立分公司。强化与期货交易所的合作，争取将我区特色农、矿产品纳入期货储备品种，鼓励有条件的企业申请设立交易所交割仓库。鼓励和培训贫困地区企业利用期货市场进行风险管理，为其提供仓单质押、仓单回购合作套保等专业服务。鼓励期货/保险公司来我区开展"保险＋期货"试点，提高涉农企业和农民专业合作社等各类农业实体化解市场风险的能力	

续表

推进事项	推进措施内容	量化目标
强化政策支持和奖励	1. 贫困地区企业在境内成功上市的：主板奖励400万元，中小板、创业板奖励350万元；在境外交易所成功上市的奖励350万元；在新三板成功挂牌的奖励100万元；通过并购重组实现上市的贫困地区企业或区外上市公司注册地迁至我省贫困地区的奖励300万元。奖励金额由省级财政与发生县各承担50%。2. 对在区域性股权市场挂牌或进行股权登记托管的贫困地区企业，省财政给予一次性奖励10万元。3. 贫困地区企业到本省区域性股权市场托管、挂牌、融资的实行"专人对接、专项审核"，给予"即报即审、即审即挂"便利，并减免其首次挂牌费用。4. 已在区外区域股权市场进行股权托管、挂牌的企业转到本省区域性股权市场并将注册地迁至贫困地区的，同等享受上述政策。5. 贫困地区企业由于上市挂牌、股份制改造等产生的税收，地方财政应按留成部分给予等额奖励	
加强风险防范工作	完善金融监管机构与区政府相关部门和单位间的联动工作机制，严厉打击各类金融违法违规行为。构建债市信息沟通和风险处置机制，防范化解金融风险。根据"谁审批、谁主管、谁负责"及属地管理原则，不断完善资本市场突发事件快速反应、应急处置的长效风险防控机制，确保杜绝重大区域性市场风险。大力保护投资者合法权益，根据责任主体原则，认真落实证券期货纠纷多元化解机制和中小投资者损害救济机制。督导金融中介机构规范经营，发挥其发现和预警重大风险的作用	

注：上表所指的贫困县包括马山县、上林县、隆安县、融安县、三江侗族自治县、融水苗族自治县、龙胜各族自治县、资源县、田阳县、田东县、德保县、那坡县、凌云县、乐业县、田林县、隆林各族自治县、西林县、昭平县、富川瑶族自治县、罗城仫佬族自治县、环江毛南族自治县、东兰县、巴马瑶族自治县、凤山县、都安瑶族自治县、大化瑶族自治县、金秀瑶族自治县、忻城县、大新县、天等县、宁明县、龙州县等。

三、广西资本市场发展现状和问题分析

（一）资本市场整体规模发育不足，结构比例有待完善

（1）直接融资数额少，占比低

2013年至2018年广西资本市场直接融资额如图1-2所示。其中，2013年广西资本市场直接融资额为263亿元；最高值出现在2014年为581亿元，此后两年逐渐下降，2017年突然大幅下滑至近五年最低点的41.55亿元；近五年广西资本市场直接融资额年平均金额为326亿元。

图1-2还同时显示了同期广西全省社会融资的数额，很明显直接融资在广西社会融

资中所占的比重不高。图1-3对比显示出了全国平均直接融资占比和广西直接融资占比的关系。近五年,广西资本市场直接融资占社会融资额比重在1%~19%间大幅波动,除2014年短暂高出全国平均水平2%外,其他时间都比全国平均值低;该数值2014年和2015年见顶后,趋势性下滑,与绝对金额一样在2017年出现最低值(1%),2018年出现反弹,但仅有5%,远低于全国平均15%的水平。

数据来源:Wind资讯。

图1-2 广西资本市场直接融资额

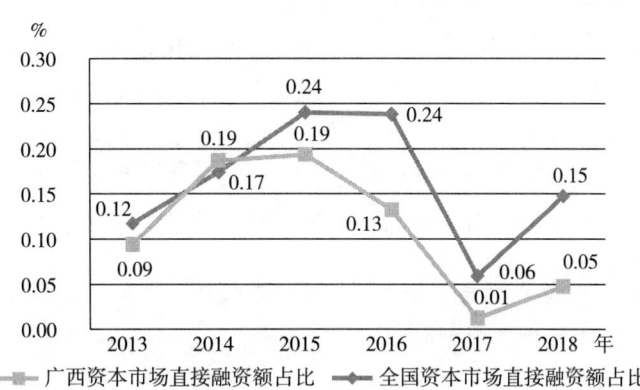

数据来源:Wind资讯。

图1-3 资本市场直接融资额占比

再从结构上看(如图1-4所示),广西直接融资的构成中,债券占据了绝对比重,股票融资在其中占比极低。从图1-4可以看到,2013年到2016年,股票融资占比有一个向上的趋势,从2013年的2.66%升至最高的42.83%,此后回落到18%左右波动;五年间平均占比为17.79%。

总体而言,广西资本市场直接融资的绝对规模小,全社会融资仍严重依赖银行贷款,对资本市场的运用仍处于较低水平;在内部结构上则存在结构失衡,股票融资占比不足20%,大大落后于债券的融资规模。

数据来源：Wind 资讯。

图 1-4　广西直接融资额的构成情况

（2）证券化比率显著低于全国平均水平

证券化率是另一个从整体上度量一国或地区资本市场发展水平的指标①。图 1-5 同时显示了 2011—2018 年全国和广西的证券化比率。可以看到，过去 8 年间广西的证券化比率在 9%~24% 间波动，其中，2013—2015 年呈上升趋势，2015 年达到最高点，此后持续出现下滑，2018 年跌到近五年最低点 12%。

与全国的证券化比率比较来看，广西证券化比率变化趋势与全国情况高度相关，如都在 2013 年出现最低点，也同在 2015 年出现最高点，同样在 2013 年到 2015 年出现上升，2015 年以后出现持续下降等。但无论哪一年的数字，广西证券化比率都远低于全国平均水平，最近的 2018 年广西证券化率 12% 仅达到全国平均水平的四分之一，与 2011 年的 10% 相比也没有明显的提升。显然，从证券化比率指标来看，广西资本市场的发展水平在全国处于明显落后状态。

---

① 证券化率的计算方法为：一国或一地区各类证券总市值与该国或该地区国民生产总值的比率；考虑数据的可得性，常用股市总市值与 GDP 总量的比值度量。证券化率水平越高，意味着证券市场在该国或地区经济体系中的地位越重要，资本市场的发展越成熟。

1. 广西资本市场发展报告

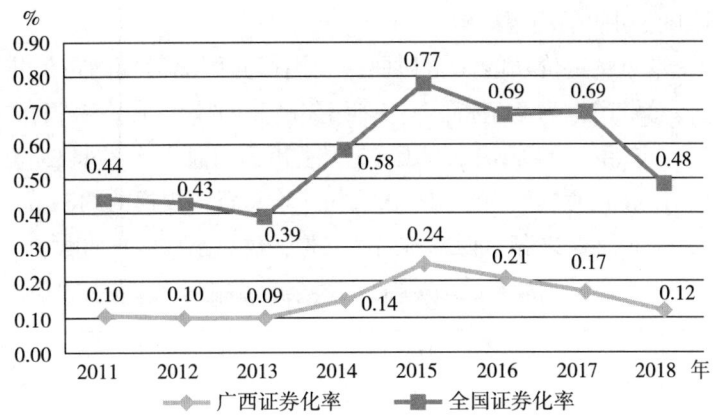

数据来源：Wind 资讯。

图 1-5　全国和广西的证券化率比较

（二）上市公司发展的现状和问题

（1）广西上市公司数量少

近 5 年广西上市公司数量如图 1-6 所示。从图中可以看到，2013—2018 年，广西上市公司数从 30 家增加到 37 家，平均每年上市公司增加数量不足 2 家，增加速度非常缓慢，尤其是近 3 年广西上市公司数仅增加了一家，2017 年上市公司数为 0，考虑到近 3 年证监会大力推动公司上市拥堵问题解决，平均几乎每天都有新的公司发行新股这个事实，广西公司上市的成绩可谓非常惨淡。在从广西上市公司全国占比来看，近 5 年广西上市公司数量在全国的占比始终在一点几的低水平，近 4 年广西上市公司占比甚至不升反降，从 2015 年的 1.2% 跌至 2018 年的 1.01%。截至 2018 年末，广西沪深 A 股上市公司总数 37 家，在全国 31 个省（自治区、直辖市）中排名第 22 位，在西部 12 个省（自治区、直辖市）中排第 6 位。广西上市公司数量全国占比仅 1.01%，这与广西经济在全国的排位极不相称（2018 年广西 GDP 全国排第 18 位）。

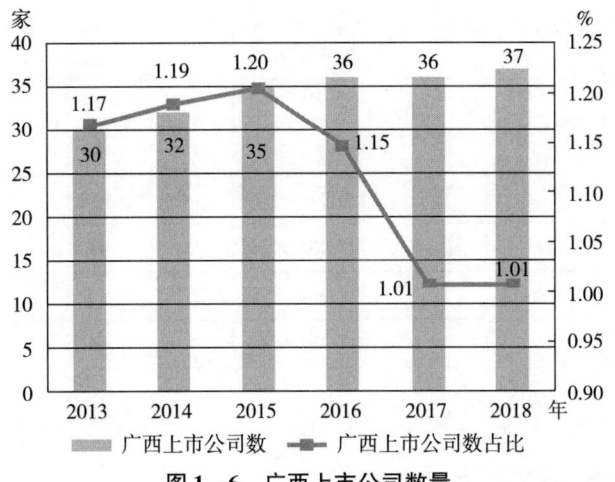

图 1-6　广西上市公司数量

（2）广西上市公司的平均规模较小

考虑到我国资本市场定价功能完全扭曲，我们摒弃国际通用的市值指标作为规模的度量，而采用公司总资产作为衡量指标。广西上市公司平均总资产全国排名情况如表1－10所示：截至2018年第三季度末①，广西37家上市公司总资产3764.27亿元，每家上市公司平均总资产101.74亿元，仅为全国上市公司平均总资产规模的约三分之一，广西上市公司的平均规模全国排名第28位，西部排名第9位，仅高于甘肃、西藏、宁夏三省。

表1－10　　　　　　　广西上市公司平均总资产全国排名

序号	省份	上市公司资产总计（截至2018年第三季度）（万元）	股票家数（家）	单家上市公司平均总资产（亿元）
1	北京	13902866616.84	316	4399.64
2	上海	2636843356.55	321	821.45
3	福建	845214912.81	132	640.31
4	广东	2760920451.67	605	456.35
5	新疆	219781228.46	54	407.00
6	贵州	88580406.66	29	305.45
7	河北	161809817.60	58	278.98
8	内蒙古	71240860.98	27	263.86
9	山西	92039586.80	39	236.00
10	云南	64264351.93	33	194.74
11	江苏	753554064.25	400	188.39
12	天津	90143690.42	51	176.75
13	河南	139098097.01	79	176.07
14	重庆	88740829.34	51	174.00
15	黑龙江	60707893.71	37	164.08
16	青海	19113174.80	12	159.28
17	辽宁	119993774.93	78	153.84
18	四川	173131469.92	120	144.28
19	湖南	149177936.40	104	143.44
20	湖北	145953327.85	102	143.09
21	陕西	65196835.79	47	138.72
22	山东	248538469.69	198	125.52

---

① 表中数字均为截至2018年第三季度报告数据。

续表

序号	省份	上市公司资产总计（截至2018年第三季度）（万元）	股票家数（家）	单家上市公司平均总资产（亿元）
23	海南	43296673.74	35	123.70
24	浙江	525077203.23	431	121.83
25	安徽	126564651.65	107	118.28
26	吉林	45385482.39	42	108.06
27	江西	44116466.04	42	105.04
28	广西	37642742.14	37	101.74
29	甘肃	28831576.32	33	87.37
30	宁夏	6579743.11	13	50.61
31	西藏	7468543.96	17	43.93
全国平均				346.83

数据来源：Wind 资讯。

（3）上市公司的结构不合理

首先，从行业分布上看。广西37家上市公司分属9大门类，其中：制造业最大18家，占比48.65%；其次是信息传输、软件和信息技术服务业6家，占比16.22%；批发和零售业，电力、热力、燃气及水生产和供应业各有3家并列第三，占比8.11%。从行业大类来看，广西上市公司行业分属25个行业大类，行业分布极为分散，化学原料及化学制品制造业和软件和信息技术服务业为最大的行业大类，但也都仅有4家公司。

广西上市公司大多集中在传统制造业/服务业，公用事业和农业等行业，如食品、机械、钢铁、医药等，其他行业则较为分散，新兴的生物科技、人工智能、机器人、高端装备制造、新能源、新材料、电动汽车乃至新兴服务业等几乎没有涉及，不同产业失衡现象比较明显。此外，广西上市公司行业聚集度不明显，未能突出区域资源优势，对于已有一定基础的产业，如有色金属行业未能在资本市场得到反映。

表1-11　　　　　　　　　广西上市公司行业分布情况

行业门类	行业大类	所包括的上市公司名单	数量	比例（%）
制造业（18家）	电气机械及器材制造业	银河生物	1	48.65
	黑色金属冶炼及压延加工	柳钢股份	1	
	化学纤维制造业	恒逸石化	1	
	化学原料及化学制品制造业	ST河化、两面针、ST南化、*ST柳化	4	
	木材加工及木、竹、藤、棕、草制品业	丰林集团	1	

续表

行业门类	行业大类	所包括的上市公司名单	数量	比例（%）
制造业（18家）	农副食品加工业	南宁糖业	1	48.65
	汽车制造业	八菱科技、福达股份	2	
	食品制造业	黑芝麻、皇氏集团	2	
	医药制造业	莱茵生物、桂林三金、中恒集团	3	
	造纸及纸制品业	粤桂股份	1	
	专用设备制造业	柳工	1	
信息传输、软件和信息技术服务业（6家）	电信、广播电视和卫星传输服务	广西广电	1	16.22
	互联网和相关服务	东方网络	1	
	软件和信息技术服务业	天夏智慧、润建通信、ST慧球、新智认知	4	
水利、环境和公共设施管理业（2家）	公共设施管理业	桂林旅游	1	5.41
	生态保护和环境治理业	博世科	1	
批发和零售业（3家）	零售业	南宁百货	1	8.11
	批发业	国发股份、柳药股份	2	
农、林、牧、渔业（1家）	渔业	百洋股份	1	2.70
金融业（1家）	资本市场服务	国海证券	1	2.70
交通运输、仓储和邮政业（2家）	道路运输业	五洲交通	1	5.41
	水上运输业	北部湾港	1	
房地产业（1家）	房地产业	阳光股份	1	2.70
电力、热力、燃气及水生产和供应业（3家）	电力、热力生产和供应业	桂冠电力、桂东电力	2	8.11
	水的生产和供应业	绿城水务	1	

数据来源：Wind资讯。

注：分类采用证监会行业分类法。

其次，从地域分布上看。图1-7给出了广西上市公司的地域分布情况，图中每个地市显示两个数字，前一个数字是该地市上市公司家数，后一个数字是该地上市公司家数占全省比例。在广西总共21个地市中只有9个地市有上市公司，余下12个地市上市公司数为0。而在这9个地市中，上市公司的分布也很不平衡，南宁以14家上市公司占全省上市公司家数的38%，其次是桂林和北海各拥有6家上市公司，合计占广西上市公司家数的32%，广西工业中心的柳州市上市公司仅5家，占13%，余下5个地市占剩下的17%。地域分布不均衡情况十分明显。值得注意的是，在上市公司数量上南宁周边城市未出现首府城市的辐射现象，钦州、崇左、百色、防城港等城市均无上市公司；此外，部分上市公司仅注册地在当地，实际业务却在他处，对当地产业的带动作用不强。

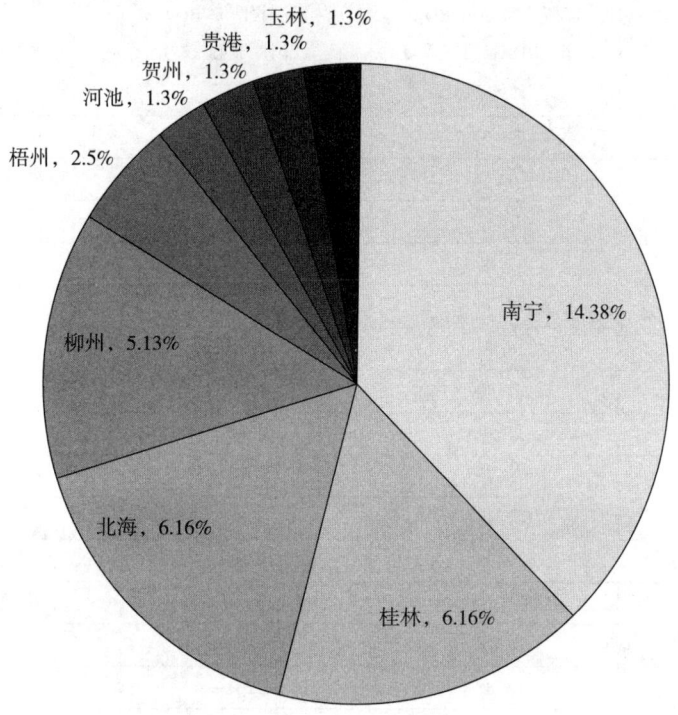

图1-7 广西上市公司地域分布

最后，从所有制结构来看，广西上市公司中非公有制企业占比较小，反映出广西民营经济发育迟缓；以国有企业为主的上市公司构成，使得资本市场对广西产业结构调整产业转型升级的影响力、带动力十分有限。

（4）上市公司质量差

第一，从公司规范管理的角度看，相当部分广西上市公司与资本市场严格监管的要求有明显差距。近年来，据区证监局统计，广西上市公司被证监会做出行政处罚决定多达20多次，被市场禁入的人数4人次。此外，还有多家公司被证监会通报批评、公开谴责或者出具监管函。据统计广西上市公司有违规记录的超过一半。

第二，从盈利能力来看，广西上市公司总体盈利能力较弱，整体质量不高。据2017年报，广西37家上市公司中有4家出现亏损，比例10.81%，高于全国8.02%的均值；扣除非经常性利润后3年连续亏损的公司有8家，即超过20%持续经营存在困难；2017年广西上市公司营业收入少于1亿元的占比超过60%，净利润低于1000万元的超过70%。而据截至2018年第三季度报告的最新数据，广西上市公司净资产收益率超过10%的仅7家，亏损的达到10家，亏损面显著扩大，ST的有3家，*ST的有1家。当然，企业盈利状况显著恶化与我国当前宏观经济面临下行周期有关。

表1-12　　　　　　　　　广西上市公司盈利能力

证券简称	净资产收益率ROE 截至2018年第三季度（%）	总资产报酬率ROA 截至2018年第三季度（%）	净利润 截至2018年第三季度（万元）
柳钢股份	39.75	17.53	325441.90
恒逸石化	16.75	8.47	261415.56
桂冠电力	14.08	8.41	231181.22
柳工	7.66	4.62	76369.45
北部湾港	7.06	6.05	55960.94
中恒集团	8.45	7.18	47766.12
柳药股份	10.78	6.29	41351.26
桂林三金	13.49	13.01	36682.65
五洲交通	8.75	5.64	28874.26
新智认知	7.70	5.86	27356.78
绿城水务	7.03	4.60	21963.95
博世科	13.39	5.51	17265.44
国海证券	0.94	—	16152.05
广西广电	3.88	2.01	14284.76
润建通信	7.46	5.58	13977.22
百洋股份	5.84	4.20	13776.84
天夏智慧	2.42	2.39	13561.51
丰林集团	4.92	4.17	11144.82
粤桂股份	3.58	3.97	9321.41
福达股份	3.82	3.46	7953.16
莱茵生物	7.17	3.63	7747.20
桂林旅游	5.12	4.24	6867.64
黑芝麻	1.89	2.11	4681.93
ST南化	18.42	9.49	4054.50
桂东电力	0.51	2.52	3622.79
八菱科技	0.66	0.56	1327.55
阳光股份	-0.20	2.16	1071.90
国发股份	-0.88	-1.14	-599.32
两面针	0.12	0.50	-720.72
ST慧球	-19.16	-12.79	-1418.65
皇氏集团	-1.62	1.15	-2585.54
南宁百货	-3.60	-1.20	-3758.11
*ST柳化	-94.42	-2.05	-8596.06

续表

证券简称	净资产收益率 ROE 截至 2018 年第三季度（%）	总资产报酬率 ROA 截至 2018 年第三季度（%）	净利润 截至 2018 年第三季度（万元）
ST 河化	—	-11.55	-9759.41
东方网络	-10.64	-4.16	-11495.77
银河生物	-5.68	-2.53	-12518.30
南宁糖业	-60.12	-5.69	-66098.21

数据来源：Wind 资讯。

（5）上市后备资源不足

当前，广西进入 IPO 排队待审的拟上市公司仅 1 家，与贵州、甘肃、宁夏、海南、黑龙江、山西等 6 省并列，仅排在内蒙古和青海前；进入辅导备案程序的拟上市企业仅 5 家，在全国乃至西部均排名靠后，而国内发达省份往往有多达上百家的企业辅导备案。据了解，大多数广西上市后备资源库中的企业与上市标准差距仍较大，去年以来资本市场持续低迷也给公司上市带来很大的不确定性，推动公司发行上市工作任重道远。除了经济发展落后，民营经济不发达的桎梏之外，广西上市后备资源少的另一个原因是在思想认识观念上，许多企业仍习惯于依赖银行贷款等传统融资渠道，缺乏对资本市场的足够认识；而一些具有相对优势的企业安于现状，加上缺乏熟悉资本市场规则专门人才，看到上市很难、上市代价很高的报道就缺乏信心和决心，听说上市要等很久就缺乏耐心。

（三）证券期货公司等中介机构综合竞争实力较弱

截至 2018 年末，广西共有 1 家证券公司法人机构，1 家基金公司法人机构，29 家证券分公司，191 家证券营业部。由于国海证券是在 2011 年借壳桂林集琦上市的，注册地改为桂林，造成号称建设区域性国际金融中心的南宁既无证券公司法人机构，也无期货公司法人机构，是全国唯一没有注册证券公司的省会城市。所有 29 家证券分公司都设在南宁，191 家证券营业部分布则相对分散（见图 1-8）。图 1-8 显示的两个数字前一个是该市营业部数量，后一数字是该市营业部数量全省占比，显然广西证券公司营业部主要分布在少数几个大城市，南宁、桂林、柳州三个城市就占超过 60%。

国海证券仍是目前广西唯一的法人证券公司，其财务数字见表 1-13。从规模上看，截至 2018 年中报，在 78 家已上市证券公司中，资产总额排第 25 位，净资产排第 34 位，总体在中偏上的位置；而再从盈利能力上看，截至 2018 年中报，在 78 家已上市证券公司中，营收排第 37 位，净利润排第 47 位，处于中偏下的位置，最后从经营活动现金流净额来看，亏损约 6.4 亿元，排第 57 位。

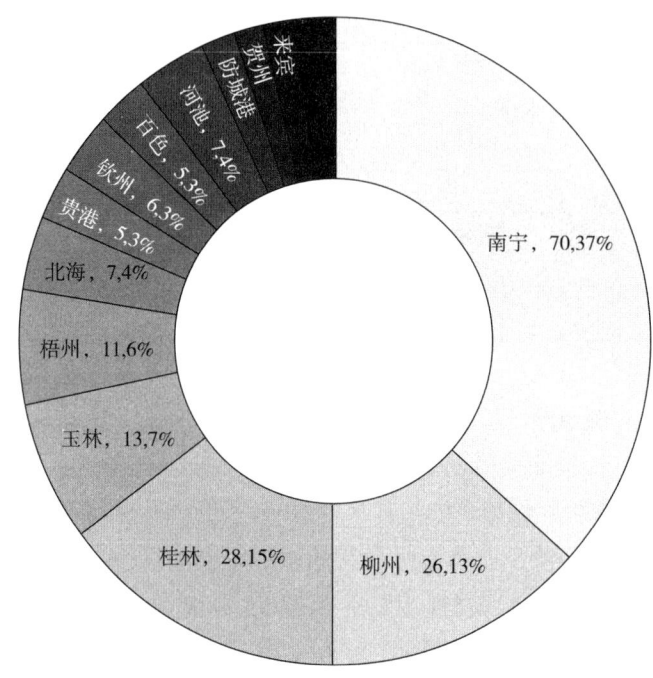

数据来源:广西证监局网站。

图 1-8　广西证券公司营业部分布情况

表 1-13　　　　国海证券主要财务数字（截至 2018 年）

项目	金额（万元）	备注
营业收入	98688.15668	
营业利润	16190.48079	
利润总额	16113.76742	
净利润	12345.66224	
资产总计	6556047.35	
股本（万股）	421554.1972	
所有者权益合计	1403786.591	
净资本	1517895.112	
经营活动产生的现金流量净额	-63569.78938	

数据来源：Wind 资讯。

期货公司方面，截至 2018 年末，广西尚无期货公司法人机构，期货分公司 3 家，32 家期货营业部，营业部分布如图 1-9 所示。显然期货公司营业部分布比证券公司营业部的分布更集中，南宁一地就占了全省 69% 的数量。

总的来说，广西证券公司数量少、规模中等，盈利能力差，业务创新能力相对较弱；期货市场发展滞后，虽然经过多年努力，至今仍无法在本地建立期货公司，是全国唯一有主产期货品种却无期货法人单位的省份。此外，证券市场的一些辅助型中介机构，如：有证券从业资格的律师事务所、会计师事务所以及资产评估机构等为证券市场服务的专业中介法人机构数量严重不足。

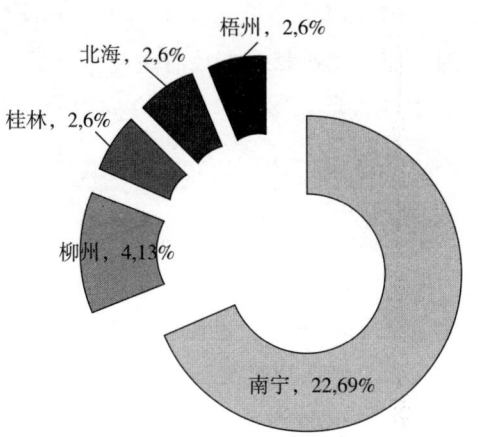

图 1-9 广西期货公司营业部数量

(四) 债券运用种类不全面、发行主体结构失衡

相对于银行贷款融资,债券融资具有规模大、期限相对较长及资金使用灵活等优点,是企业优化其资本结构的一种重要融资方式。广西近五年融资期限一年以上债券发行情况如图 1-10 所示。可以看到,近年广西每年债券发行融资金额平均在 500 亿元左右,2014 年到 2016 年发行融资额逐渐从 493.8 亿元攀升到近年高点 813.67 亿元,2017 年则有较大下跌,发行额萎缩到 393.26 亿元,2018 年又回升至 521.58 亿元。广西债券的发行融资额全国占比极低,徘徊在 0.5%~1.5% 之间,2018 年债券融资额仅占全国 0.69%。

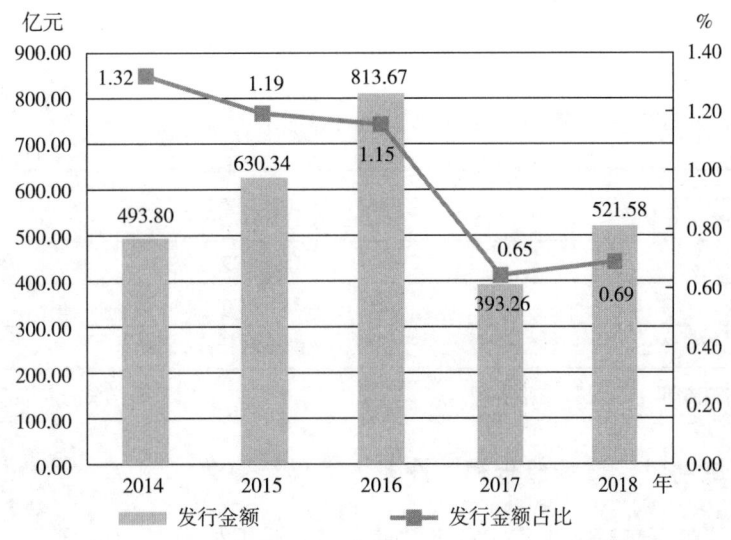

数据来源:Wind 资讯。

图 1-10 广西债券发行情况

从结构上看：首先，广西对各类债券融资工具的利用较为单一，比如可转债 2008 年以来就未再出现过，而可交换债和可分离债从未发行过；其次，广西发债主体失衡，民营企业发债规模占比小，国有控股企业和地方政府融资平台类企业发债占比占绝对大头，一方面说明广西民营企业未能得到充分发展，另一方面说明民营企业利用债券融资的意识和能力都有待提高，当然这也与多层次资本市场体系发育不健全有关。

（五）新三板挂牌企业数量少、规模小

新三板是仅次于国内沪深交易所市场的场外交易市场，相对沪深主板和创业板准入标准较低，为创新中小企业服务是新三板的定位。目前，由于创新型产业发展迟缓，产业结构调整不到位，广西满足新三板挂牌条件的企业较少。截至 2018 年末的广西新三板挂牌情况如表 1-14 所示，总挂牌家数 76 家，家数全国占比仅占微不足道的 0.71%。总资产 165.56 亿元，净资产 90.28 亿元，每家平均净资产 1.19 亿元，每家平均净利润 445.75 万元。

表 1-14　　　　　　　　　广西公司新三板挂牌情况

所属地域	广西（NEEQ）
总挂牌家数(家)	76
家数占比(%)	0.71
做市转让家数(家)	9
竞价转让家数	—
新增挂牌家数	—
股份总量(万股)	507588.76
可交易股份数量(万股)	304986.98
资产合计(万元)	1655578.99
总资产均值(万元)	21783.93
净资产合计(万元)	902811.04
净资产均值(万元)	11879.09
营业收入合计(万元)	1171637.95
营业收入均值(万元)	15416.29
净利润合计(万元)	33877.36
净利润均值(万元)	445.75

数据来源：Wind 资讯。

（六）区域性股权市场起步晚，许多方面仍待完善

广西北部湾股权交易所截至 2018 年中报的挂牌情况如表 1-15 所示。可以看到，广西北部湾股权交易所总挂牌公司家数 1311 家，总资产 320.68 亿元，净资产合计 142.26 亿元；单家公司平均规模较小，利润极低，平均净资产 1085.15 万元，平均利润仅 3.44

万元。横向与国内发展较好的北京四板市场、上海股权托管交易中心、天津股权交易所相比,无论是挂牌企业数、总资产、净资产还是平均净资产、平均净利润等水平都较低,发展相对滞后。

表 1-15　　　　　　　广西北部湾股权交易所公司挂牌情况

交易所	广西北部湾股权交易所
挂牌家数(家)	1311
资产合计(万元)	3206786.58
总资产均值(万元)	2446.06
净资产合计(万元)	1422634.91
净资产均值(万元)	1085.15
营业收入合计(万元)	64621.89
营业收入均值(万元)	49.29
净利润合计(万元)	4510.57
净利润均值(万元)	3.44

数据来源:Wind 资讯。

区域性股权市场是多层次资本市场建设的重要组成部分。从省区角度看,绝大多数企业尤其是中小微企业不可能到沪深主板上市,甚至不可能到第三板上市,这就要靠区域性股权市场给这部分企业提供融资可选择渠道。区域性股权市场也是地方政府扶持中小微企业、民营企业的政策措施的实施运用平台。目前广西北部湾股权交易所挂牌企业中,完成股份化改造的只有 52 家(占比仅为 1.9%),仍需下大力气推动挂牌公司进行股份制改造。从市场广度看,全省中小微企业数量远超万家,而已经在北部湾股权交易所挂牌企业数仅千余家,其中获得融资的企业仅百余家,市场融资功能仍较弱。从市场深度看,北部湾股权交易所提供的服务绝大多数是股权转让和股权融资,而在并购重组、担保增信、政策运用等综合金融服务功能尚未得到充分体现。此外,当前广西区域性股权交易所的转板机制尚未建立,与场内交易市场的连接渠道也未能打开。

(七) 政策支持体系存在欠缺

目前,广西对资本市场的支持政策主要集中在企业上市(挂牌)、再融资等方面,而在财政政策、税收政策、产业政策、土地政策和人才政策等方面政策配合存在不足。比如,在企业股份化改制过程中,纳税、社保、环境保护、用地等方面缺乏减免、优惠或补贴措施,使企业可能需要补交大量各种各类费用,一旦企业上市不成功,就会付出巨大的机会成本,造成企业上市畏难情绪。又如,对通过发行债券融资的支持政策相对较少;对创业投资基金、股权投资基金的注册鼓励、税收优惠等方面力度不足,仅在2015 年发布的《关于加大财政扶持力度推动股权投资基金行业加快发展的通知》中有对在桂新设亿元级基金管理公司总部进行财政补助,税收优惠方面仅有钦州中马产业园对基金落户有一些税收优惠,但与其他地区股权投资机构的落户补贴、投资风险补偿、免企业所得税、租赁办公地点补贴、高管免除个人所得税等政策相比力度明显不足。

(八) 广西资本市场的自律监管组织功能有待发挥

目前，广西已有包括广西债券期货业协会、广西上市公司协会等一些资本市场行业协会组织。资本市场的监管除了依靠政府部门（以证监会及各省证监局为主）主导外，行业协会的自律监管也是构成有效监管的重要环节。然而，广西目前的证券类行业协会还缺乏自主性和独立性，很难发挥行业自律监管功能。一方面，这受行业协会的会员自身素质不高的制约；另一方面，行业协会组织内部工作人员素质也是重要制约因素，受到意识和能力问题的影响，其对于督促整个行业遵循行业职业道德操守的意识和动力均不足，这需要在未来做出必要的改变。

(九) 普遍缺乏金融人才，尤其是高端金融人才

受教育机构发展水平、居民受教育程度、地理位置以及经济发展水平等综合因素影响，广西金融人才缺乏，主要表现为金融人才总量少、层次低，整体素质有待提高。在当前广西经济向工业化中后期迈进，对外开放水平日渐提高的背景下，尤其缺乏那些能符合金融创新需求的金融科技、金融风险管理、国际结算、金融法律等方面的高端复合型知识背景的金融人才。对于广西建设面向东盟的金融开放门户的要求而言，也缺乏熟练掌握东盟国家语言、熟悉东盟国家金融发展状况以及了解东盟国家文化、历史能满足对东盟合作要求的金融人才。

四、广西资本市场未来发展重要影响因素分析

(一) 广西资本市场发展具有的有利因素

（1）经过多年发展，广西资本市场已有一定的发展基础

经过二十多年的发展，广西已经构建起较为完整的多层次的资本市场框架体系，在各级政府的努力下资本市场的运行机制也逐步得以健全，市场效率从线性角度看也有较为明显的提高，市场的影响力、承载力和服务能力显著增强，证券和金融投资的意识日益被越来越多的居民接受，而广西各界对大力发展资本市场重要性的共识也不断形成和深化，这为在新起点上加快发展广西资本市场创造了极为有利的条件。此外，通过近几年的资本市场领域的改革攻坚和风险集中处置，广西资本市场运行的内在基础得以进一步夯实，发生重大风险的隐患被排除，市场主体规范的意识显著提高，市场的自我约束机制初步形成，在资本市场运行将持续保持平稳的基础上，广西资本市场已经具备进一步加快发展的基础。

（2）资本市场发展的良好经济基础

当前，全球经济治理机制进入转型阶段，我国宏观经济则步入深度调整期，一段时

间以来我国经济发展不平衡、不协调、整体效益不高的内在矛盾得以充分暴露，但我国经济维持中高速增长的动力仍在。2018年我国经济仍维持6.6%的增长速度，超额完成6.5%的发展目标。人均GDP则达到9785美元。在经济增速下滑的背景下，我们也该看到经济结构在不断优化，产业转型和创新产业发展成绩明显。总体来看，未来一段时期，随着十九大的胜利召开，我国经济社会发展仍然面临重要的战略机遇期，经济基本面长期向好的趋势不变，作为全球第一贸易和外汇储备大国的地位不变，市场化、城镇化、工业化、信息化和国际化仍在向纵深发展，随着深化改革各项措施的持续推进和经济增长方式的转型加速，无论是在产业重整组合、科技创新成果转化，还是发展节约能源、绿色经济乃至保护环境等方面，都对资本市场直接融资提出了巨大的需求。我国宏观经济的上述运行特征从供给和需求两方面为资本市场的稳定发展提供了基础和强大动力。

地方经济层面，近年广西经济发展的综合实力显著增强，经济发展的质量也明显提高，为广西资本市场的发展提供了日益深厚的土壤和广阔空间。随着北部湾城市群建设上升为国家战略、中央明确新增财力和地方政府专项债券总体向西部地区倾斜，以及"十三五"时期是广西实施三大定位①、深化"富民强桂"新跨越战略、全面建成小康社会、全社会扶贫实现脱贫的关键时期，全省的城镇化、工业化步伐将大踏步赶上全国平均水平，西部开发大战略的深入开展，省内"两区一带"②建设、十四个千亿元规划产业的发展、十个战略性新兴产业的培育、推进文化产业繁荣等将孕育出巨大的社会需求。此外，广西东兴和凭祥国家重点开发开放试验区、广西壮族自治区内三个中越跨境经济合作区、自由贸易区工作的推动以及中国—东盟信息港的建设，也将助推广西资本市场的发展。

在保持经济平稳增长的基础上，广西将力推动产业优化升级，在新技术、新能源、新材料及公路、铁路、通信等一批重大产业和基建项目的引领和拉动下，同时随着生态文明建设和民生工程的深度推进，新一轮"加工贸易倍增计划"的实施，消费优化升级的加快等都将对广西资本市场的发展构成支撑。经济对外开放合作方面，随着中国—东盟自由贸易区升级版协议的达成和实施，以及泛北部湾经济区、大湄公河次区域合作、越南"两廊一圈"经济区的建设不断深化发展，也为广西经济发展注入额外的生机和活力。所有这些广西经济发展的有利因素也都将为广西资本市场的发展奠定良好的基础。

（3）资本市场发展的支持政策

当前，广西资本市场面临着政策上的良好发展机遇。从国家层面看，2014年国务院印发了《国务院关于进一步促进资本市场健康发展的若干意见》（国发〔2014〕17号），将发展资本市场提到国家发展战略的高度。国家的"十三五"规划纲要中也明确提出要大幅度提高直接融资在社会融资结构中的比重，加快场外市场、债券市场建设的意见等，更加明确了资本市场在国家经济发展中的重要地位。

---

① "三大定位"指：面向东盟的国际大通道、西南中南地区开放发展的战略支点、"一带一路"有机衔接的重要门户。

② "两区一带"指：北部湾经济区、桂西资源富集区和西江经济带。

地方政策层面，近几年来广西壮族自治区政府和自治区地方金融监督管理局等部门出台了《广西壮族自治区人民政府关于进一步促进资本市场健康发展的实施意见》（桂政发〔2016〕15号）、《关于促进区域性股权市场规范发展的实施意见》（桂政办发〔2017〕178号）、《广西壮族自治区财政厅关于撬动资本市场资源服务实体经济发展的通知》（桂金办资〔2018〕3号）、《广西壮族自治区人民政府办公厅关于印发全区企业上市（挂牌）"三大工程"实施方案的通知》（桂政办电〔2018〕215号）等一系列支持广西资本市场发展的政策文件，这些政策文件从总体规划、组织部署、政策实施等多方面对广西资本市场的发展做出了安排，为广西资本市场的发展奠定了基础。

（4）资本市场改革创新提供了新的巨大发展机遇

党的十九大报告明确提出加快构建和健全多层次资本市场体系，适时推进股票发行注册制改革，规范并大力发展债券市场，提高直接融资的比重。国家层面的强大改革政策支持，资本市场的发展迎来了新一轮的发展机遇。目前我国资本市场仍处在新兴加转轨阶段，依然存在相当多影响市场健康发展的体制、机制性问题，需要通过改革打开未来发展的空间。2019年1月，习近平总书记宣布将在上海股票交易所设立科创板，实行股票发行的注册制改革，多年来市场一直期盼的注册制这一股票市场根本制度建设终于落下改革实现路径的靴子。近年来，证监会持续推动资本市场改革创新发展，陆续推出优先股、绿色债、中小企业私募债、永久债等证券创新品种，资本市场各项改革创新举措的效应不断释放。

广西壮族自治区层面，2013年获批广西沿边金融综合改革试验区；2018年12月又获批"建设面向东盟的金融开放门户"；加上根据李克强总理的"把广西打造成为西南中南地区开放发展新的战略支点"的重要指示，自治区政府正在研究推进的南宁区域性国际金融中心建设在内的各种政策优势叠加，许多资本市场领域的改革创新举措都可以在广西进行先行先试，这为广西资本市场的改革创新发展提供了重大的机遇。比如：广西证券经营机构的跨境经营业务可能会取得突破，广西企业赴东盟国家上市也成为可能，广西资本市场的跨境重组业务可能增多，广西资本市场的国际影响力将得到提高，等等。

（5）独特的区位优势和区域发展战略为资本市场发展拓展空间

2013年国家推出建设"一带一路"的倡议。"一带一路"建设的强力推进，将对我国与东南亚、中亚、南亚的周边国家乃至欧亚国家之间的经济贸易关系产生深刻影响，将深化区域经济的交流合作，进一步扩大对外开放水平。东盟是"一带一路"建设倡议的重点地区，中国将与其围绕"政策沟通、设施联通、贸易畅通、货币流通、民心相通"五大方面深化交流与合作。广西具有与东盟国家陆海相连的独特优势区位优势，"一带一路"建设倡议中央对广西的定位是21世纪海上丝绸之路与丝绸之路经济带有机衔接的重要门户，这必将为广西资本市场与东盟国家金融业的加深合作拓展发展空间。

此外，广西地理上还处于我国东、中、西部三个地带的交汇区域，是我国华南经济圈、西南经济圈和中南经济圈的结合部，独特的区位优势，有利于广西资本市场参与国内多个区域的资本市场合作，扩大发展空间。独特的区位特点使得广西可以获得多重优惠政策叠加，可通过加快推动早日建成国际区域合作新高地和沿海经济发展新一极来有力地推动广西资本市场的跨越式发展。比如：随着中国与东盟开放合作的不断深入，广西资本市场的对外开放合作面临新的发展机遇，特别是中国—东盟自由贸易区的建成和升级，为广西证券期货等金融机构国际化创造了良好的条件，也为更多东盟国家金融机构进入广西创造了条件，必将推动"引金入桂"战略进入一个新的阶段，对广西证券期货等金融机构进一步完善组织体系、提升开放水平、深化合作层次、增强整体实力也具有极大的推动作用。

（6）发展绿色金融和资本市场扶贫带来的特殊机遇

近年来，随着国家力推绿色发展战略和推动金融扶贫，资本市场的发展迎来了新的特殊发展机遇。其中，进入新时代以来，国家高度重视绿色发展、环保观念日益深入人心；2015年开始，在习近平总书记的大力倡导下，扶贫脱贫也成为"十三五"全面实现小康社会的重要组成部分。2016年证监会发布了《关于发挥资本市场作用服务国家脱贫攻坚战略的意见》和《关于实施〈中国证监会关于发挥资本市场作用服务脱贫攻坚战略的意见〉的分工方案》等政策文件，正式拉开了资本市场服务脱贫攻坚的战略。

作为欠发达地区，广西有33个贫困县具有享受资本市场绿色通道的资格，这为广西资本市场迎来了难得的特殊发展良机。广西壮族自治区金融办2018年5月发布了《关于发挥多层次资本市场作用服务脱贫攻坚战略的通知》（桂金办资〔2018〕18号）对区内资本市场扶贫工作作出了规划和安排。广西贫困地区政府和企业可以并且应该利用好资本市场服务脱贫攻坚的政策，将产业扶贫密切结合本地资源优势以公司为单位来开展生产经营活动，一方面解决当地就业、改善当地财政带动本地经济发展，另一方面利用相应政策支持通过绿色通道争取在沪深主板、新三板或广西北部湾股权交易所实现上市或挂牌，拓宽自身的直接融资渠道，加快自身发展，形成具有本地资源优势特色的龙头企业进而带动当地经济社会进步。

（二）广西资本市场发展面临的不利因素

（1）宏观经济下行的压力

近年来，全球经济进入后金融危机的深度调整期，国际金融市场的不确定因素明显增多。世界主要发达经济体的货币政策出现分化，美国进入加息周期，日本和欧盟的货币政策持续保持宽松。此外，各种区域经济合作组织不断组建、分裂和重组，区域经济竞争与合作趋于复杂化；特朗普政府上台后，强力推动对其所认为的不公平的全球贸易规则进行重塑，对全球贸易增长构成挑战。经济增长速度方面，世界总体呈低速复苏态势，发达成熟经济体维持低速增长，但似乎增长后劲不足，新兴经济体整体维持较快增速，但面临巨大的经济下行压力。

国内经济方面。进入"十三五"时期以来，我国经济发展中长期积累的一些深层次矛盾和问题未得到根本解决，与此同时经济运行中又出现了新的矛盾和问题，而新的经济增长动能迟迟无法在经济结构中起到主导作用，多重问题叠加使我国经济运行面临的风险和隐患不断凸显，近年经济增速持续下滑。尤其是进入2018年后，美国贸易保护主义抬头，全力推行全球贸易规则重塑，我国作为现有贸易规则的最大受益国首当其冲，美国与中国从2018年3月起陷入实际的贸易战状态，国内经济的不确定性进一步增强。

随着国内经济进入增速换挡的新常态，广西经济持续下行压力较大。广西经济除了存在产业结构不合理等全国性经济因素的影响外，还存在自身的一些特有矛盾和问题的困扰，如：投资消费不协调、城乡区域发展不平衡、市场机制发育不健全、社会保障体系不完善等问题，这些都可能从需求方面影响广西资本市场的快速发展。广西近年经济增速也在不断下滑，2018年经济增速6.8%，仅比全国平均的6.6%快0.2个百分点，全国排第15位。在可预见的未来，广西经济依然会受同样的不利因素影响，维持较低的经济增速，宏观经济下行的压力必然对广西资本市场的发展长期构成不利影响。此外，随着经济增速的放缓及产业结构的调整，广西金融业集聚的风险也开始凸显，如：广西银行业贷款中长期化趋势强化、期限错配问题加剧；贷款集中度风险依然突出；由企业资金链断裂引发的风险可能集中爆发；地方法人银行业金融机构不良贷款增幅较大、备付金水平下降；新型农村金融机构发展不规范，潜在风险逐步加大；跨境资金流动风险等问题均对广西资本市场发展构成制约。

（2）相对落后的经济基础

长期以来，广西都属于全国经济发展较为落后的地区，近年来经济发展取得了一些成效，但总的来说广西经济发展水平仍明显落后于全国平均水平。从总量上看，2018年广西GDP总量20352亿元，在全国排第十八位，处在全国中游偏下的位置；但从人均水平看，广西2017年人均GDP仅为38102元，全国倒数第四，落后于西藏，仅高于云南、贵州和甘肃。在三大产业对比上，广西第一、第二、第三产业的比例分别为14.8%、39.7%和45.5%，其中，第一产业占比比全国平均水平的7.2%高出一倍多，是全国第一产业占比第二高的省份（仅低于海南20.7%的占比，全国第一产业占比高于10%的只有7个省份），第二产业占比略低于全国平均的40%，第三产业占比则显著低于全国平均的52.2%。具体产业结构上看，除了制糖、热带水果等少数产业外广西缺乏明显的优势产业和特色产业，产业构成也以传统产业为主，新兴的新能源、新材料、互联网、人工智能等创新产业均未能有效发展起来。此外，广西还有大量的贫困人口，据统计全省有54个贫困县、5000个贫困村，共计452万的农村贫困人口，占全省人口近10%。落后的第二、第三产业无法为资本市场提供充足的能满足资本市场融资要求的公司资源，人均收入水平的低下无法为资本市场提供足够的投资者，这些是广西资本市场发展的严重制约因素。

（3）对资本市场思想认识滞后，主动运用资本市场观念仍待形成

随着资本市场在国民经济发展中的作用日益显现，广西壮族自治区政府和几个主要的大城市南宁、桂林、柳州对发展资本市场比较重视，但从广西全省和具体的企业的角度看，资本市场的重要性认识仍存在明显不足，全社会尚未形成大力发展资本市场的共识。据调研显示，政府部门在推进广西资本市场建设过程中，还存在政府重视而主要的受益主体公

司不重视、上一层级的政府重视而下一层级的政府不够重视的现象。主要表现为：有些地市对资本市场在现代经济中的地位和作用认识不足，对资本市场的功能缺乏准确地了解，在推进企业上市融资过程中有畏难情绪并缺乏主动配合精神，有上市需求的公司无法及时获得有效的帮助；有的企业对资本市场认识有误区，对于成为上市公司需要定时披露企业内部经营状况，接受投资者和媒体的监督有抵触情绪，缺乏主动寻求上市的欲望。

还有的部门对上市存在片面理解。以为发展资本市场仅等同于推进企业上市，"重企业上市轻上市企业"的思想普遍存在，对上市后公司的后续高质量发展的重要性缺乏认识，造成利用资本市场并购重组整合区域经济资源、证券金融机构推进本区域居民财富资本化、利用期货市场扶持优势产业发展等资本市场功能都没能得到充分发挥，结果就是资本市场促进经济转型升级的任务未能在广西有效落地。

五、广西培育发展资本市场的总体思路

（一）指导思想

以习近平新时代中国特色社会主义思想为指导，全面贯彻党的十九大和十九届二中、三中全会精神，深入贯彻习近平总书记系列讲话重要精神，牢固树立和落实创新、协调、绿色、开放、共享发展新理念，围绕中央赋予广西的"三大定位"新使命和"两个建成"目标[①]，着眼金融服务供给侧结构性改革，以建设面向东盟的金融开放门户为突破口；同时全面深化金融改革，按照自治区关于经济社会发展规划的总体部署，聚焦自治区党委和政府确定的经济工作重点，立足广西经济社会发展的新阶段、新要求，紧紧围绕资本市场服务实体经济发展，按照以市场化、法治化、国际化为导向，坚持合理规划、政府引导、政策扶持；坚持抓重点、补弱项、强短板；并以体制机制改革创新为一切工作的根本推动力，紧抓上市公司后备资源培育，积极参与构建多层次资本市场体系，组织推动公司根据自身条件选择不同层次的资本市场挂牌、上市、交易、再融资和重组；大力拓展资本市场的广度和深度，与此同时高度关注资本市场风险防范，最终实现广西资本市场规模扩大结构优化，发挥资本市场服务实体经济、促进经济转型升级和社会和谐发展的作用。

（二）主要原则

（1）市场主导和政府推动相结合。既要充分发挥市场在资本资源配置中的决定性作用，又要发挥政府政策、服务和监管对资本市场发展的保障和促进作用，引导更多资本市场资源投向广西特色优势产业和新兴创新产业。

---

① 广西"两个建成"目标是指：实现与全国同步全面建成小康社会，基本建成西南中南地区开放发展新的战略支点。

（2）统筹全局和重点突出相结合。既要统筹规划全区资本市场发展，结合各地优势，明确定位，突出各地特色，又要集中力量建设重点资本市场基础设施平台、项目和组织。

（3）优化环境和防范风险相结合。一方面需全面完善资本市场健康发展生态环境，另一方面也要健全资本市场风险防范体系，维护区域资本市场稳定运行。

（4）改革创新和先行先试相结合。资本市场建设过程中，一切工作以改革创新为动力，同时利用《云南省 广西壮族自治区建设沿边金融综合改革试验区总体方案》和《广西壮族自治区建设面向东盟的金融开放门户总体方案》给予的各项先行先试的优惠政策，全面推进和深化本省资本市场领域的改革创新。

（5）目标导向与服务实体经济发展相结合。一切促进资本市场发展的工作、政策都应坚持以目标是否实现为导向，特别要以是否达成金融服务实体经济发展作为判断工作成效的标准。

（三）目标体系

（1）总体定性目标

到2025年，全省的证券化比率和直接融资比重明显提升，境内外上市公司、挂牌公司的数量稳定增长，上市公司质量得到显著改善，证券业的服务水平全面提升，有利于资本市场发展的生态环境基本形成，资本市场服务实体经济的能力显著增强，基本建成与广西经济社会发展水平基本相适应的规模适当、结构合理、要素健全、功能完善的多层次资本市场体系。

（2）分类量化目标

①公司上市（挂牌）方面。到沪深主板、中小板、创业板及境外股票市场上市的公司达到60家以上（平均每年上市公司数量3家以上，力争不要出现上市公司数量为0的年份），重点培育的拟上市企业不少于50家；到第三板（全国中小企业股份转让系统）挂牌的公司达到150家以上，重点后备企业100家以上。

②上市（挂牌）公司再融资方面。上市（挂牌）公司再融资次数累计不低于230家次，再融资金额累计不少于3000亿元。

③在广西区域性股权市场发展方面。全省在广西北部湾股权交易所挂牌企业4500家以上，其中股份公司超过1000家。

④证券化率方面。力争证券化率达到50%。

⑤直接融资比率方面。直接融资额年复合增长10%以上，直接融资金额累计力争达到5000亿元，其中股权融资额力争超过1000亿元，直接融资比例达到或接近全国平均水平。

（四）主要任务

通过健全资本市场组织体系，充分发挥资本市场资源配置功能、深化资本市场领域改革和扩大对外双向开放，建成灵活高效的多层次资本市场体系。

（1）培育并推动企业上市挂牌融资

首先，需大力推动企业上市融资。对于实力雄厚、具有良好发展前景的优质大型企业均应推动其在境内外股票市场上市。同时要高度重视对高成长的中小型企业的培育和扶持，争取推动其到即将成立的实行注册制的上海科创板或全国中小企业股份转让系统挂牌上市。此外，需大力发展广西本地的区域股权交易市场（北部湾股权交易所），努力做大市场规模，使其为本地众多的中小微企业融资服务。应根据需要，建立本地股权交易所与沪深主板、新三板、科创板之间的紧密联系和通畅的转板机制，将符合条件的本地中小微企业推到更高层级的资本市场上市（挂牌）。需进一步强化对区域资本市场的推广和扶持力度，构建券商、中介机构和投资者便利化的参与机制，争取在不长的一段时间内，尽快扩大挂牌企业的数量，并深入研究扩大市场的融资能力，使其真正成为我区的中小微企业的重要直接融资渠道。对于现有的已上市公司，应通过增发、配股、优先股、公司债、可转债等多种方法实现再融资，充分利用资本市场的融资功能实现做大做强；对于行业发展面临天花板的和陷入经营困境的上市公司，应推进其利用资本市场积极开展兼并重组，通过兼并重组将广西本地的区位优势和资源优势整合进上市公司中，一方面为公司寻求新的发展空间和走出困境的路径，另一方面将广西的各方面优势真正转化为产业优势和经济优势。在公司上市培训机制方面，一方面要强化法律法规守法意识培训，另一方面需灌输公司上市遵循"区域股权市场—新三板—沪深交易所"的层级化选择上市市场的良好意识。

（2）大力发展债券市场

积极支持企业通过企业债和公司债筹集发展资金。推动企业采用可转换债、可赎回债、可续期公司债券、市政公司债、并购私募债、非金融企业债等丰富多样的债务融资工具进行融资；支持证券公司设计绿色公司债券、创新创业债券、中小企业私募债等创新型债务融资品种；支持企业到境外，如东盟国家发行人民币或非人民币债券；修订和完善债券融资扶持补贴办法，特别是需将新型债券融资纳入扶持补贴范围，切实降低企业尤其是中小企业债券融资成本，提高企业利用债券市场融资的积极性。

（3）推动股权投资类基金的发展

采取措施推动本地产业投资基金和创业投资基金的快速发展。需在税收优惠和减免、补贴奖励、简化行政审批服务等方面制定系统全面的优惠政策，力促股权投资类基金的设立和运营。对已有政府产业发展引导基金需力推其业务开展的步伐；需为创业投资基金建立合理的风险补偿和高效的退出机制，让其为广西优势产业和战略性新兴产业的发展提供强大助力。

（4）大力发展证券期货经营结构

继续争取早日设立拥有全经营牌照的合资证券公司、合资证券投资咨询公司。争取设立广西本地的期货法人经营机构，大力支持为广西具有优势的农林、金属产品设立上市期货品种，并争取各期货交易所将其大宗商品交割仓库设在广西。利用面向东盟的金融开放门户，考虑设立主要服务于东盟地区的创新型证券期货经营机构，开展跨境承销与保荐、资产管理、经纪、咨询等业务。重点支持本地唯一的证券和基金公司国海证券、国海富兰克林基金公司的做大做强。完善本地区域性股权交易市场，重点支持建设好广西北部湾股权交易所，鼓励设立专门服务于广西北部湾股权交易所的地方小微证券公司，为本地中小企业挂牌提供专业化的优质服务。

（5）加强资本市场对外开放合作

强化与港澳及东盟国家资本市场的沟通与合作，建立双方在机构、人才、资金、信息及业务等领域的交流合作机制，推进公司资本市场的区域化、国际化步伐。深化引金入桂战略，继续大力引进符合条件的港澳东盟国家的证券经营机构（可采取合资形式）到广西设立分支机构，也支持本地法人证券经营机构积极创新开展国际业务或到海外设立分支机构；支持公司和企业到港澳东盟等地发行证券融资等。

（6）完善市场信用体系建设

在市场信用制度和信用体系建设过程中，政府需发挥组织、引导、推动和示范带头作用。需继续推动部门和行业信用信息的集中整合，继续推进更多的机构接入信用信息数据库，完善和充分发挥广西信用信息共享平台的作用。小微企业的信用信息数据库建设需高度重视，以市区为主体收集小微企业信用信息，为小微企业的融资提供信用基础。力推应收账款融资平台和动产融资统一登记系统在广西的应用。积极引入和培育信用中介机构为资本市场服务。

（7）加强资本市场法制建设

加强和完善区域资本市场监管规则，引导挂牌公司、中介机构和投资者依法依规参与市场各种活动。推动成立专业化的金融案件审判法庭，促进公平、公正和高效地解决金融案件的审判。加强投资者权益保护，健全投资者诉讼、纠纷调解、仲裁等机制。建立健全地方政府与司法、证券监管执法部门间的法制沟通协调机制。继续严厉打击非法集资、金融诈骗、操纵市场、内幕交易、洗钱、非法证券期货交易等非法金融活动。

（8）防范和化解资本市场风险

加强资本市场领域风险预警和管理，建立并完善各类风险调控机制。加强对证券期货业金融风险的监测和评估，以地方法人金融机构为抓手对其业务经营中的重点风险点和风险领域进行集中监测和评估。明确证券公司期货公司交易所等金融机构在风险防范中的主体责任，督促其健全内控机制，提升其内部风险识别、评估和管理水平。按照国家的法律法规和统一部署，大力规范互联网金融的发展，减少互联网金融泡沫破裂对社会产生的冲击。充分利用证券期货行业协会的作用，强化其会员自律机制。

（9）普及资本市场知识教育

建立起由金融办、证监局等资本市场主管部门主导、金融机构积极支持、社会广泛参与的资本市场知识普及工作机制，深入开展资本市场知识进企业、社区、农村的普及活动。通过专家咨询、发放金融知识读本（传单）、主题活动、媒体宣传等丰富多样的形式，不断提高资本市场消费者的金融意识和金融素养，帮助其树立正确的风险收益观念，自觉抵制金融诈骗，并及时了解层出不穷的新金融工具和新金融业态。

(10) 加强金融人才队伍建设

制定和完善有利于金融人才引进、培养和使用的机制。需大力从区外引进一批证券、期货、基金等领域的高端人才,要打造适合其成长发展的外部环境,在住房、子女教育、职务晋升等方面制定奖励机制和优惠政策,保证不但招得到人还能留得住人并把人用好。要重视本地金融人才的教育和培训。应建立专门的金融人员定期培训机制,大力支持金融人才赴国内外著名学府深造,不断提高本土金融人才的水平和素质。充分利用本地高校、研究机构的人才培养作用,大力支持在本地高教、地方法人金融机构、地方大型金融机构投资国企建立博士后工作站,培养更多的高端金融人才。

六、广西培育发展资本市场的政策建议

今后一段时期是广西资本市场实现快速发展的重要战略机遇期。广西应立足资本市场现有发展基础,配合国家和自治区经济发展战略,大力推动资本市场领域改革创新,抓住机遇、应对挑战,力争通过以下几个方面的努力,建成与本省经济社会发展水平相适应的高效率的多层次资本市场体系。

(一) 大力培育企业上市梯队,充实企业上市资源库

围绕广西的主导产业和相对优势产业(如一些农业龙头企业、现代商贸流通企业以及有大量基础设施建设订单的基建企业等),对具有一定规模和较好盈利能力或盈利前景的企业进行全面梳理,并按现有盈利能力和业务规模排序,分别纳入面对不同层级资本市场的上市挂牌培育计划中。首先对未实行股份制的企业进行股份化改造,然后,对标场内场外不同层级资本市场的差异化的要求,推动企业采取措施争取尽快达到相应市场的上市(挂牌)要求,政府在此过程中需给予帮助和指导(如对资本金不达标的,可引导股权投资机构参与股改充实资本金等),为企业到相应层级资本市场上市挂牌做好准备。

此外,应通过加大对上市挂牌知识的宣传推介和辅导培训,不断深化企业经营管理层对多层次资本市场的思想认识,大力解释支持政策并对疑难问题进行细心解答,化解相当部分企业由于对资本市场的不了解而产生的"不敢想、不想上、不会上"问题,激发企业上市融资加快发展的内在动力,为广西上市挂牌资源库提供后备队伍。

(二) 为企业上市提供优质高效服务,大力提高主板上市通过率

对于经过筛选进入沪深交易所上市后备库的企业,需统筹推进、突出重点,通过突出抓好辅导备案,编制申报材料、中介机构进场、券商内核、辅导验收、提交申报材料等多个重点流程和环节,推动工作逐项取得进展。对上市冲刺阶段的企业需从投资项目取得、银行信贷、专项补贴、税收优惠等方面加大政策扶持的力度。对于服务公司上市的证券承销商、律师事务所、会计师事务所、资产评估事务所等金融中介服务机构,也

应制定奖励政策给予鼓励。

(三) 大力提高已上市公司的质量,帮助其做大做强

公司上市不是终点而是未来加快发展的起点。已上市企业是广西利用资本市场资源的重要实体,需全力支持公司上市后的可持续发展。在公司的发展战略制定、投资项目选择、客户心智定位等方面对上市公司提供服务和指导。对于主业仍有发展空间的上市公司,应帮助其快速壮大主营业务规模、提高技术水平和建立强大品牌声誉,培养起可长期持续的核心竞争力,给予长期投资者良好的投资回报,树立广西上市公司在资本市场的良好形象。对于主业进入发展瓶颈,面临发展行业天花板的上市公司应在其培育新的增长点方面给予帮助,方式上可鼓励其利用资本市场进行跨所有制、跨区域、跨领域的并购重组实现上下游产业链整合或进入新的领域,最终拓展出新的发展空间;对业绩陷入亏损的企业,鼓励省内企业对其进行兼并重组,通过借壳上市等方式,有选择性地注入优质资产和优质投资项目帮助其走出困境。

(四) 努力推进上市公司结构向合理方向转变

第一,对于沪深交易所广西上市公司地域分布不合理的问题,应大力推进区域经济结构调整和改革,促进各区域经济各具特色协调发展,为培育本区域的拟上市公司提供可能性。

第二,对于广西上市公司过度集中于沪深主板的问题,可鼓励广西沪深主板上市公司适当引进合格境外机构投资者进行股权混合改革,如鼓励已上市公司考虑发行B股、H股等;对有直接到境外上市意向的公司,应鼓励其大胆走出去,充分利用境外上市限制相对少的有利条件,避免境内上市审批烦琐上市前景不确定性高给企业造成的困扰。应充分考虑利用香港资本市场,可组织拟上市企业赴香港联交所上市的辅导培训,鼓励引导我区企业到香港上市。

第三,对于广西上市公司行业分布过于集中在传统产业发展前景受限的问题,一方面,应结合公司实际情况,有计划、有步骤地通过技术改造或者兼并、重组其他企业等方式实现转型升级;另一方面,应大力推动本省产业结构的转型,大力支持高新技术产业和商业模式创新产业发展,为广西板块提供更多具有创新元素的后备上市企业资源。在创新产业的发展方面,应加大对设立创业投资基金的扶持力度,通过创业投资基金以市场化的方式推动本地创新企业的发展。此外,还可利用广西毗邻东盟的区位优势,引进东盟创业投资基金的资金为区内企业提供早期融资,促使本地创新技术企业加快发展。

(五) 大力发展债券市场和期货市场

应努力完善债券信用评级制度,规范信用评级机构,加强对企业参与债券市场的宣传和引导力度,鼓励广西壮族自治区内金融机构利用银行间债券市场。应研究出台对企业利用债券市场融资给予贴息补贴的支持政策,大力推进省内中小企业私募债发行。鼓

励从债券的期限和特殊条款等方面进行积极创新，探索企业资产证券化债券、企业可转换债券、永续债等丰富多样的债券品种的推广和应用，多方拓展企业利用债券市场融资的方式和降低债务融资的成本。

期货市场方面，广西具有特色的亚热带农业和有色金属产业为期货市场的发展提供了天然的潜在客户，应加大各种衍生品知识的普及宣传，让潜在客户充分理解衍生品在管理其产品和原材料价格风险方面的积极作用，努力争取将潜在客户转变为现实客户。应结合我区实际情况和产业优势，积极推动地方具有相对优势的产品成为全国期货市场的创新交易品种，利用期货市场吸引金融资本流入广西实体经济，促进广西的资源优势转化为经济优势、竞争优势。

（六）大力推进区域资本市场建设，完善多层次资本市场的底层支撑

（1）当前广西区域资本市场建设已经成功完成广西北部湾股权交易所和南宁股权交易中心的整合，应充分利用好地方政府对区域股权交易市场的主导建设能力，进一步做好市场规范建设工作。在出台《广西区域性股权市场监督管理实施细则》[①]的基础上，应严格执行，并收集执行过程中反馈的问题进行及时修订完善。区域性资本市场建设，应通过大力提高企业信息披露水平，引入合格投资者，加强对中介服务机构合规经营的指导，建立机构会员管理制度等，确保各方主体依法依规参与市场运营，实现为本地中小微企业融资服务的功能。

（2）应建立畅通的对接机制。一方面需探索与地方工商管理部门就股权出质登记构建对接机制，对股权的工商登记信息进行实时共享，为企业到区域性股权市场进行登记、托管、挂牌和融资、再融资等提供便利，这将有助于全省各类公司股权在区域性股权市场的集中托管和挂牌，届时政府各类扶持中小微企业的政策措施即可方便地通过区域性股权市场平台加以实施运用。另一方面，需探索建立一套培育转板机制，通过在区域性股权市场挂牌规范运营，在区域股权市场的指导和规范下，为实力较强的企业早日达成到新三板和场内市场挂牌和上市提供专业的服务，将区域性股权市场建设成为更高层级资本市场输送优质挂牌和上市企业的后备资源库平台。

（3）应大胆改革创新，努力提升区域股权市场的融资能力。当前，广西区域股权市场融资能力较弱，无法完全满足挂牌企业的融资需求，这是市场发展的主要瓶颈之一。应利用好其是多层次资本市场体系中地方政府唯一能够起到主导作用的市场层次，大胆改革创新，提升市场的融资能力。市场融资能力大小取决于投资者是否愿意投入资金，第一，可以通过规范市场，为投资者提供及时全面的信息，减少投资者所面临的信息不对称；第二，可考虑支持培养一批优质的服务于区域股权交易市场的股权交易经纪公司，为投资者提供优质服务，提高市场的流动性，减少投资者的流动性风险疑虑；第三，应发挥政府的引领示范作用，可考虑探索成立以广西区域性股权市场为投资对象的股权投

[①] 《广西区域性股权市场监督管理实施细则（暂行）》已于2019年1月由自治区政府发布实施。

资基金;第四,基于南宁区域性国际金融中心的定位,应继续争取尽快设立南宁股权交易所。南宁是中国—东盟国际博览会的永久举办城市,广西建设面向东盟的金融开放门户的中心城市,自治区政府在《广西金融业发展的"十三五"规划》又提出要将南宁打造成为依托广西、立足西南中南、服务中国—东盟自贸区及"一带一路"互联互通的区域性国际金融中心的定位,因此有必要争取自治区政府尽快批准设立南宁股权交易所。一方面,从广西中小微企业对股权融资的需求角度看,存在庞大的社会需求无法得到充分满足,客观上可容纳一家以上的区域股权交易市场平台;另一方面,省内同时存在两家以上的区域性股权交易市场平台,既可以给广西中小微企业提供更多的股权融资选择机会,也有利于两个平台通过竞争实现完善,为各市场主体的参与提供更优质的服务和更多的创新融资工具和融资模式,从而更好地推动广西区域性股权交易市场为广西实体经济发展服务。当然,在此过程中,需要研究好两个市场的差异化的定位,尽量避免重复建设和同质化竞争,如:可以考虑将南宁股权交易所建设为主要面向省内高新科技创新企业提供投融资的初级股权交易场所。

(七) 高度重视和改善资本市场发展生态环境建设

从长期来看,市场发育的好坏根本上取决于是否存在有利于其发展的生态环境,因此应高度重视并持续改善本区域多层次资本市场发展的生态环境。

(1) 完善发展本地资本市场的扶持政策体系

首先,财政和税收政策方面。考虑设立支持企业上市(挂牌)的专项基金,选择上市后备企业库的重点公司进行股权投资并支持已上市企业的再融资和购并重组。按照公司利用资本市场的方式、进度设立不同的奖励方案,已有的需加强奖励力度。构建财政资金的补贴机制,通过税收补贴、利息补贴等多种形式对企业到第三板、区域股权市场挂牌、融资和再融资等进行激励。在行政性收费方面,应针对性地减免资产过户费、产权过户费等相关费用,努力降低企业上市、重组等的成本。

其次,产业政策方面。为支持上市公司发展,可考虑将列入自治区、各个市县的重点规划建设项目,在其他条件类同的情况下优先选择上市公司或进入上市后备库的企业作为项目的实施方;对此类企业应优先安排给予贷款和补助;对上市挂牌和拟上市挂牌企业在申请开办高新技术企业或者商业模式创新类企业以及技术改造、技术创新项目等方面均应开设绿色通道给予支持。

最后,企业用地政策方面。对企业股份制改造前历史形成的土地纠纷、土地确权等问题应妥善帮助处理;对股份制改制上市过程中通过划拨、拍卖等所获得的土地,应适当扩大土地政策的包容性,给予企业在土地用途方面更多的弹性;对上市挂牌和拟上市挂牌企业设立子(分)公司,建设新的计划投资项目等按项目的类型、科技含量和对就业的贡献等给予不同的用地政策优惠,对创新型强的、科技含量高的、绿色环保的以及提供更多就业机会的项目应优先报批、优先供给土地,地价尽可能按低标准执行。

（2）提高政府行政效率，建立服务资本市场发展的绿色通道

应继续加大行政审批体制改革力度，进一步大力简化行政审批流程，提高行政效率，强化服务意识、服务能力和服务水平。在涉及资产、股权、产权重组等的资本市场审批环节，应开启绿色通道、特事特办。可考虑设立筹组包括证券公司、律师、会计师、税务专家等在内的企业上市专业服务团队，为上市后备企业库中的企业提供全面的上市条件会诊；对已上市企业，应关注企业可持续健康发展，大力帮助企业协调解决其面临的典型和突出问题，建设好已有上市公司将使其对潜在上市资源发挥引领示范作用。应构建地方政府、企业、投资者以及中介机构的畅通沟通平台，使资本、企业和投资项目能力高效实现对接。

在促进政府为资本市场提供高效服务方面，一方面需高度重视不同部门的协同配合。应召开全区资本市场工作推进会议，省、市领导亲自参与，由党政高层领导亲自指挥、协调政府各部门的行政服务，一对一地为企业上市排除难点，在工作手段上应进行创新提高效率，研究构建企业上市挂牌信息平台，通过平台整合不同部门数据信息，实现企业基本情况，政府资本市场支持政策、办事流程、行政监督管理等信息的互联互通。另一方面，需设计合理的考核激励机制。在服务资本市场建设方面应明确政府各部门的工作职责，避免扯皮，应出台企业上市工作的考核办法，明确企业上市在干部工作考核中所占的权重，可考虑将公司上市列入招商引资考核指标中，以此充分调动各级各有关部门领导和干部对推动企业上市工作的积极性。

（3）加强资本市场信用体系建设，建立资本市场诚信文化

加快构建和完善覆盖全省企事业单位、自然人、非营利组织的社会信用体系框架和运行机制。进一步完善全省信用信息共享数据库平台建设，加强多部门多单位数据录入的协调和整合，真正实现信用信息跨地区、跨部门的实时共享。需力推地方社会信用体系建设的立法工作，确立对守信、失信行为的奖惩机制并严格执行。提高资本市场参与者的诚信意识、法制意识，努力培养起健康、理性的资本市场文化。具体地，在资本市场领域，中国人民银行南宁中心支行、区证监局、区保监局应贯彻《信息共享和备忘录》，实现广西资本市场信息平台的共享；上市公司方面，要结合《广西上市公司诚信公约》重点对域内上市公司的信息披露展开诚信监管工作，同时根据此诚信公约建立广西上市公司的诚信评价体系和诚信档案等。

（4）加强资本市场监管，坚决防控系统性的资本市场风险

第一，需建立和完善多部门协调的合作监管工作机制。各地区各部门要与自治区金融办、证监局加强信息沟通和协同配合。证监局和金融办应持续加强检查执法力度，严厉惩罚各种违反资本市场法律法规的行为，促进投资者、证券经营机构等合法合规参与市场。应大力规范各类区域性交易场所，继续严厉打击各种非法集资、非法证券期货交易活动，严防资本市场系统性风险的酝酿和爆发。在资本市场对外开放过程中，应注意做好证监局、银行、海关等部门的协调配合监管，严防外部金融风险向境内传播。

第二，要重视行业自律与外部监管相结合。当前广西资本市场行业组织的自律监管

能力相对薄弱,为从整体上尽快提高广西证券业协会等行业自律组织的自我监管能力,应推动广西资本市场自律组织一方面加强与会员的联系和沟通,另一方面定期进行法律法规培训和合规经营等法律意识教育,以从市场参与主体内部做好自我监管。

(5) 大力普及资本市场投融资知识,提高居民证券投资意识

广西居民对资本市场参与度在全国来看是比较低的,这从市场需求方面制约了广西资本市场,尤其是区域股权市场的发展。这一现象一方面受居民平均收入水平低这个因素的影响,另一方面也与居民平均受教育程度低、缺乏资本市场投融资的知识有关,结果造成居民投资意识普遍缺乏、投资意愿低。应该由政府推动在全省范围展开资本市场投融资知识的普及工作,同时鼓励各证券期货经营机构加强对居民和潜在客户进行投资理财知识、利用金融衍生品对冲各种风险的知识的培训教育。内容上针对不同需求的对象,既要注意普及一般性的资本市场投融资基础知识,也要注意投融资风险防范基础知识和技能的传授,以此提高居民整体的投融资意识。只有更多的人愿意把存在商业银行中的资金投入到资本市场中,才能形成广西资本市场中的买方。

(6) 促进各类资本市场中介服务机构的发展

应充分利用建立面向东盟的金融开放门户的各项先行先试优惠政策,加快培育和发展本地的证券公司、期货公司、基金公司、信托公司、保险公司,促使其为广西企业的股份制改造、重组并购、发行股权债权融资以及项目投资等提供辅导承销、资产管理、项目融资等高效的资本市场服务。对于专门服务于区域性股权交易市场的中介机构,可考虑降低市场准入门槛。针对至今尚无广西本地注册的期货公司的局面,一方面应结合广西食糖、热带水果和有色金属产业的相对优势,进一步争取在广西设立期货交割仓库等期货市场基础设施;另一方面继续为设立本土的期货公司创造有利条件,如加强期货知识教育,使更多的公司厂商学会利用期货市场套期保值避险等。

具有上市公司证券业务资格的律师事务所、会计师事务所、信用评级机构等的缺乏,是广西资本市场发展的又一个短板,应采取措施鼓励更多本土的律师事务所、会计师事务所努力取得证券业务资质,全面优化广西资本市场中介机构的构成。应鼓励具有证券业务资质的律师事务所、会计师事务所、评估机构等到我区落户,鼓励其至我区设立区域性总部或分支机构。此外,对于执业水平高的中介机构,支持其优先参与我区上市后备企业、拟发债企业及其他将在资本市场投融资企业提供专业服务。

(八) 加快发展绿色金融

基于广西的制糖、热带水果等农林产业在全国具有独特优势,多处未受传统工业化过程污染的森林、大海、河流、湖泊、湿地等,广西具有发展绿色金融的相对好的基础。应抓住国家大力发展绿色生态文明建设的机遇,加快广西绿色金融的发展步伐。应大力推动绿色债券、绿色投资、绿色信贷资产证券化,引导资本市场资源向减排、节能、降耗、资源再利用、废物处理等环保产业倾斜。鼓励各行业协会及金融机构建立设立绿色评价体系,成立自发性的绿色发展组织。努力探索绿色资源和资本市场资源对接的创新

机制，探索建立有效的绿色金融统计指标体系，推进绿色信用评级机制。鼓励资本市场金融机构创新绿色金融产品，大力推进对低碳、环保、节能等领域的金融服务。探索成立由地方政府和社会资本共同投入的区域性绿色发展基金，支持本区域绿色产业的发展。

（九）推动科技金融的发展

推动建立科技金融综合信息服务数据库，为证券期货金融机构通过大数据发掘客户、加强风险防控提供信息支撑。推动建立科技金融市场体系，建立知识产权交易市场。创新由政府引导基金带头，创业投资基金、股权投资基金和天使投资基金积极参与的资本市场科技投融资体系。推动资本市场金融机构围绕促进科技成果转化、风险分担、风险分散等方面开发创新金融产品和服务。充分发挥区域性股权市场的作用，为科技创新企业提供多样化的融资渠道选择。

（十）积极探索资本市场参与脱贫攻坚战的路径

为实现全面小康社会，近年国家发起了精准扶贫、脱贫攻坚战略。中国证监会也响应国家号召，发布了《发挥资本市场作用服务国家脱贫攻坚战略的意见》。广西有三十多个国家级贫困县，是国家扶贫脱贫战略的重点区域。应抓住国家脱贫攻坚的政策机遇，积极探索寻求有效的资本市场参与扶贫脱贫的实现机制。如：利用国家对贫困地区脱贫的支持政策，鼓励贫困地区的优势企业先到区域性股权市场挂牌，打通资本市场融资渠道，规范并做强做大后再考虑推向更高层次的资本市场；还可以建立给予上市公司到贫困地区投资的优惠政策，以广西西部贫困县聚集地带为例，这些地方是广西的资源富集区，可以鼓励相关上市公司以投资带动当地经济发展实现脱贫。

参考文献

[1] 邹嫄. 东盟各国资本市场比较以及对广西的启示 [J]. 区域经济，2014（2）：21-24.

[2] 万钧. 2017年广西资本市场回顾及2018年展望 [J]. 区域金融研究，2018（1）：13-15.

[3] 万钧. 2016年广西资本市场回顾及2017年展望 [J]. 区域金融研究，2017（1）：15-17.

[4] 万钧. 2015年广西资本市场回顾及2016年展望 [J]. 区域金融研究，2016（1）：14-17.

[5] 龚固，黄丽丽，廖烈勇. 广西多层次资本市场发展现状研究 [J]. 财政金融，2014（4）：71-72+82.

[6] 李国凤. 广西沿边金融综合改革试验区多层次资本市场构建的研究 [J]. 区域经济，2016（4）：22-24+51.

[7] 金钢. 广西证券业发展现状、问题及对策 [J]. 时代金融, 2016 (9): 122-123.

[8] 李世泽, 周艳. 破解广西资本市场发展瓶颈问题研究 [J]. 区域金融研究, 2018 (9): 70-74+80.

[9] 石荣, 李国英. 实现广西经济跨越式发展的资本市场监管研究 [J]. 时代金融, 2017 (11): 83+86.

[10] 李秉恒. 2013年广西证券期货业发展回顾及2014年展望 [J]. 区域金融研究, 2014 (1): 13-18.

[11] 李秉恒. 广西证券期货业2011年回顾及2012年展望 [J]. 区域金融研究, 2012 (1): 15-19.

(执笔人：莫小东)

广西资本市场前沿报告2019

第二部分 专题报告

2. 广西上市公司经营效率报告

世界贸易受中美经贸摩擦的影响不确定性不断增加，使得全球经济、贸易增长呈现放缓的态势，而中国经济增长的困难和挑战凸显，不断探索经济高质量发展路径与办法。坚持贯彻新发展理念，以供给侧结构性改革为主线，不断实施大规模减税降费等积极政策，为激发微观主体活力提供有效支持。

当前广西已由高速增长阶段转向高质量发展阶段。经过多年的建设使得我国资本市场不断发展壮大，广西上市公司数量亦不断增长，质量稳步提升，在服务广西供给侧结构性改革和经济高质量发展中，发挥着日益重要的作用。作为广西现代企业制度和公司治理规范，广西上市公司引领作用、现代化示范作用不断增强。

通过资本市场，广西上市公司不断融通资金发展壮大成为区域经济发展的骨干力量；另一方面能够凭借其资金、组织及体制优势，对广西产业结构优化升级，推动产业发展进程，同时能够提升产品质量及其经营效率。据 Wind 数据统计显示，2017 年，广西 37 家 A 股上市公司合计实现营业收入 1950.03 亿元，同比增长 31.22%；实现归属于上市公司股东的净利润 129.87 亿元，同比增长 63.31%%。值得一提的是，有 33 家公司实现盈利，占比达 89%，同时，20 家公司净利润同比增长超过 15%，占比达 54%。

从营收规模来看，2017 年，营业收入最高的前五家上市公司和 2016 年相比并无区别，分别为恒逸石化、柳钢股份、柳工、桂东电力和柳药股份，其营收分别为 642.84 亿元、415.57 亿元、112.64 亿元、102.45 亿元和 94.47 亿元。这五家公司营收规模合计达到 1367.97 亿元，占广西所有 A 股上市公司营收总额的 70.15%。同时，营业收入同比增长幅度最高的前三名分别是 ST 南化、新智认知和恒逸石化，分别同比增长 198.51%、173.01% 和 98.29%。

从净利润角度来看，桂冠电力、柳钢股份和恒逸石化仍是当之无愧的盈利大户，净利润分别达到 28.05 亿元、26.46 亿元和 18.44 亿元，和其他公司拉开了十亿级的差距。值得一提的是，南宁百货、ST 慧球、阳光股份、桂林旅游、ST 河化、国发股份、*ST 柳化均在 2017 年成功实现扭亏为盈。其中与 2016 年相比增长较为明显的是，2017 年，*ST 柳化和阳光股份分别实现净利润 6155.15 万元和 19018.80 万元。此外，从上市公司净利润同比增长幅度来看，ST 南化、两面针、五洲交通等 23 家上市公司均实现了翻倍增长，表现十分突出。

但是近年来有部分广西上市公司在发展进程中却出现了一些问题，如资产规模扩张遇到"瓶颈"，主营业务萎缩，多元化经营风险涌现，经营业绩两极分化且程度不断加剧，经营质量不佳，整体盈利能力下滑等，这些暴露的问题已经对广西上市公司的竞争能力产生不良影响。因此，开展本课题研究，对广西上市公司经营效率进行评价分析，探索如何提升经营质量，以进一步激发广西上市公司的市场活力和竞争力、增强内生动力、释放发展潜力。

综上所述，广西上市公司的整体实力较弱，存在数量少、规模小、业绩差、整体实力不强等问题。通过对影响经营效率的财务分析进行动静态分析，在此基础上，选择相关指标，采用 DEA 分析方法进行技术效率评价的同时，在静态 DEA 模型的基础上，结合横纵两个方面对广西上市公司经营效率进行评价，从而探索进一步提高广西上市公司的经营效率的对策。

一、经营效率的内涵及分析指标选择

（一）经营效率的内涵界定

经济学上通常将效率认为是产出与投入的比率。现代经济理论对效率已形成较为系统深入的研究，对效率的概念和结构有较为清晰的界定。从经济部门的角度来看，广义的效率是指任意投入、产出部门的投入产出比。从分析应用的时间特征来看，一般采用生产率和效率来反映。生产率侧重经济主体跨期的动态变化，效率侧重经济主体同期的静态比较分析。从企业经营目标和要求出发定义的企业效率概念称为企业经营效率[①]。

对于"经营效率"（Operational Efficiency）或"公司经营效率"，普遍是对公司的财务分析而得出的结果。它是企业利用资源的效率，即依据投入产出机理，对公司资源配置与利用情况的客观评价[②]。也就是说，经营效率是基于公司层面来讲的效率。另外，经营效率既包括可以从各项财务会计报表上显示的经营业绩，也包括其他不能在财务会计报表上进行财务分析的经营成果，是公司采购、生产、营销、服务等一系列经营活动综合竞争实力的体现，表示对所有投入产出项目进行综合评价的结果[③]。经营效率是运用资源的能力，将人力、物力、财力及时间作最佳分配，它强调资源投入与产出间的比率。

现代通常通过构建基于投入或产出角度的 DEA 模型来分析企业经营效率。运用 DEA 方法来分析企业经营效率，包括综合技术效率、规模效率和纯技术效率，其中综合技术效率可以通过进一步分解成纯技术效率及规模效率。原理是决策单元的输出或输入保持不变，将每个决策单元投射到生产前沿，通过数学规划和统计数据来确定相对有效的生产边界，然后比较决策单元与边界的偏离程度，评估其相对有效性。

DEA（Data Envelopment Analysis）模型包括多种模型，其中 CCR 模型、BCC 模型最

---

① 王国顺. 企业经营效率：概念、来源及关系 [J]. 中南工业大学学报（社会科学版），2002.
② 张晓岚，李强，吴勋. 持续经营审计判断的改进：经营效率证据的引入 [J]. 会计研究，2007.
③ 马莉. 中国信托业经营效率研究 [D]. 甘肃：兰州大学，2011，22-29.

为常见,主要区别在于 CCR 模型假设决策单元在规模报酬不变的条件下运营,而 BCC 模型假设规模报酬是可变的。本文采用模型为 BCC 模型,即

$$PTE（纯技术效率）\times SE（规模效率）= TE（综合技术效率）$$

增加对权重 λ 的约束条件为 $\sum_{j=1}^{n}\lambda_j = 1$,建立基于投入的规模报酬可变的 BCC 模型为:

$$\begin{cases} min[\theta - \varepsilon(e_m^T S^- + e_r^T S^+)] \\ s.t. \sum_{j=1}^{n}\lambda_j X_{ij} + S^- = \theta X_{jn} \\ \sum_{j=1}^{n}\lambda_j Y_{rj} - S^+ = Y_r n \\ \lambda_j \geq 0; j = 1,2,3\cdots n; s^- \geq 0; s^+ \geq 0 \\ \sum_{j=1}^{n}\lambda_j = 1 \end{cases}$$

其中,设有 n 个公司经营决策 DMU_j ($j = 1, 2, 3, \cdots n$),每个公司都有 m 个投入指标和 r 个产出指标,其中第 j 个公司的 DMU 的投入和产出向量分别为 $X_j = (X_{1j}, X_{2j}, \cdots, X_{mj})$ 和 $Y_j = (Y_{1j}, Y_{2j}, \cdots, Y_{rj})$,$j = 1, 2, 3, \cdots, n$,$e_m^T = (1, 1\cdots, 1)\epsilon e_m$,$e_r^T = (1, 1, \cdots, 1)\epsilon e_r$,$s^+$ (≥ 0) 和 s^- (≥ 0) 为松弛变量,ε 为阿基米德无穷小变量,θ 为效率值,满足 $0 \leq \theta \leq 1$。

设该模型最优解为 $(\lambda^*, s^{+*}, s^{-*}, \theta^*)$,则:

若 $\theta^* = 1$,且 $s^{+*} = 0$,$s^{-*} = 0$,则 k 公司的 DMU_k 纯技术有效;

若 $\theta^* = 1$,且 s^{+*}、s^{-*} 至少有一个不为 0,则 k 公司的 DMU_k 弱技术有效;

若 $\theta^* < 1$,则 k 公司的 DMU_k 非技术有效。

去掉约束条件 $\sum_{j=1}^{n}\lambda_j = 1$,求解得到综合技术效率 θ,则有:

$$s^* = \theta/\theta^*$$

若 $s^* = 1$,即 $\theta = \theta^*$,则 k 公司的规模报酬不变;

若 $s^* < 1$,即 $\theta < \theta^*$,则 k 公司的规模报酬递增;

若 $s^* > 1$,即 $\theta > \theta^*$,则 k 公司的规模报酬递减。

(二) 广西上市公司经营效率的分析指标选择

进行广西上市公司效率评价的前提是科学的选取指标,从侧重于生产要素投入和产品收益产出的研究视角出发,选择相关的评价指标体系对样本对象经营效率进行深入探讨。综合多方因素,本文认为涉及资金流动能力、盈利能力、偿债能力、资本投入能力以及投入产出相关环境变量等方面能较全面地反映上市公司经营效率的情况。从科学合理、数据规范等角度出发,形成了对广西上市公司经营效率分析的指标体系,利用该指标体系对上市公司进行财务分析,为构建 DEA 模型实证分析提供依据。具体指标体系见表 2 - 1:

表 2-1　　　　　　　　　经营效率财务分析指标体系

序号	指标名称		公式
1	资金流动能力	经营现金净流量占销售收入比率（%）	（经营活动现金流入－经营活动现金流出）/销售收入
2		资产的经营现金流量回报率（%）	（经营活动现金流入－经营活动现金流出）/总资产
3		经营现金净流量占负债比率（%）	（经营活动现金流入－经营活动现金流出）/总负债
4		现金流量比率（%）	（经营活动现金流入－经营活动现金流出）/期末流动负债
5	盈利能力	总资产利润率（%）	利润总额/资产平均总额
6		主营业务利润率（%）	（主营业务收入－主营业务成本－主营业务税金及附加）/主营业务收入
7		成本费用利润率（%）	利润总额/成本费用总额
8		营业利润率（%）	营业利润/全部业务收入
9		销售净利率（%）	净利润/销售收入
10		净资产报酬率（%）	息税前利润总额/净资产平均总额
11		资产报酬率（%）	息税前利润总额/平均资产总额
12		净资产收益率（%）	税后利润/所有者权益
13	偿债能力	流动比率（%）	流动资产合计/流动负债合计
14		速动比率（%）	速动资产/流动负债
15		现金比率（%）	（货币资金＋交易性金融资产）/流动负债
16		固定资产净值率（%）	固定资产净值/固定资产原值
17	资本投入能力	产权比率（%）	负债总额/股东权益
18		固定资产比重（%）	固定资产/总资产
19		资产负债率（%）	总负债/总资产
20		负债与所有者权益比率（%）	负债/所有者权益
21	其他投入	固定资产净值	—
22		员工工资	—
23		资产负债率（%）	总负债/总资产
24		主营业务成本	—
25	其他产出	主营业务收入	—
26		净利润	—
27		总资产周转率（次）	—
28	环境指标	股权集中度	前十大股东持股数/总股数
29		净资产收益率（%）	税后利润/所有者权益
30		上市年限	—

二、广西上市公司经营效率财务分析

(一) 资金流动能力分析

1. 静态分析

(1) 经营现金净流量占销售收入比率

经营现金净流量占销售收入比率是经营现金净流量与销售收入的比值。一般来说,经营现金净流量占销售收入比率数值越大越好,表明企业的收入质量越好,资金利用效果越好。2017年对广西37家上市公司的经营现金净流量占销售收入比率里,最高为高速公路行业的五洲交通,达到了76.66%,最低为券商信托行业的国海证券,仅为-210.54%。2017年广西上市公司的经营现金净流量占销售收入比率的平均值为7.47%,其中超过平均值的有22家公司,占比为59.46%,有15家公司低于平均值,占比为40.54%。

从图2-1来看,广西上市公司的经营现金净流量占销售收入比率不高,仅有3家公司超过50%,甚至有10家为负值。其中高速公路行业的五洲交通、房地产行业的ST慧球、电力行业的桂冠电力排名为前3,指标值分别为76.66%、69.18%、67.75%。食品饮料行业的南宁糖业、化肥行业的ST河化、券商信托行业的国海证券排名为后3,指标值分别为-29.63%、-150.76%、-210.54%。

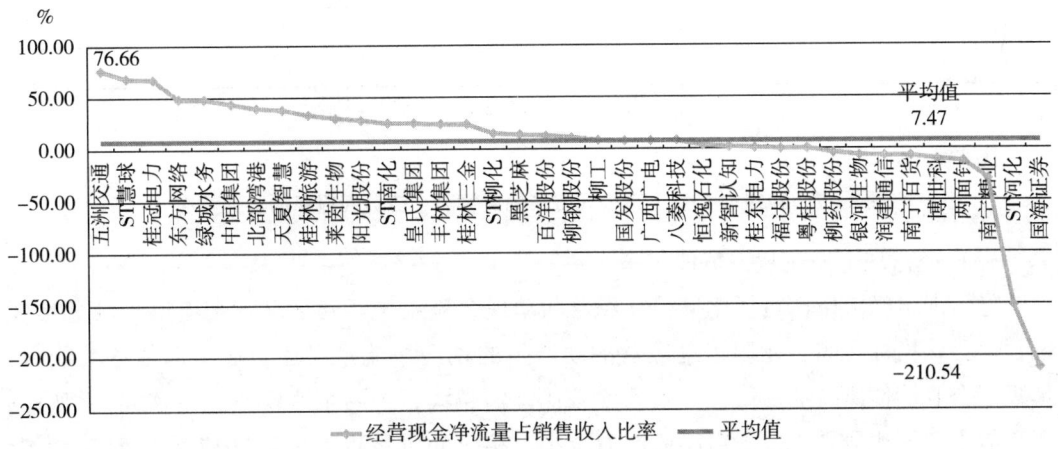

资料来源:Wind资讯。

图2-1 2017年广西上市公司经营现金净流量占销售收入比率的排列情况

(2) 资产的经营现金流量回报率

经营现金流量回报率计算为(经营活动现金流入-经营活动现金流出)/总资产,该指标反映了每一元资产通过流动所能形成的现金净流入,一般来说该指标越高,表明企业资产综合管理水平越高。2017年对广西37家上市公司资产的经营现金流量回报率分析发现，平均值为4.20%，最高为房地产行业的ST慧球达到了36.21%，最低为化肥行业的ST河化仅为-40.72%。其中超过平均值的公司数量为20家，占比54.05%；低于平均值的公司数量为17家，占比为45.95%。

从图2-2可知，广西上市公司经营现金流量回报率有10家公司为负值数据，但总体数值不高，超过10%的仅有8家，表明广西上市公司经营现金流量回报率总体不高。房地产行业的ST慧球、钢铁行业的柳钢股份、木业家具行业的丰林集团排名为前3，经营现金流量回报率分别为36.21%、19.99%、13.67%。券商信托行业的国海证券、食品饮料行业的南宁糖业、化肥行业的ST河化排名为后3，指标值分别为-8.48%、-11.66%、-40.72%。表明在资产的经营现金流量回报率上，ST慧球、柳钢股份、丰林集团表现的资金流动能力较强，国海证券、南宁糖业、ST河化表现的资金流动能力较差。

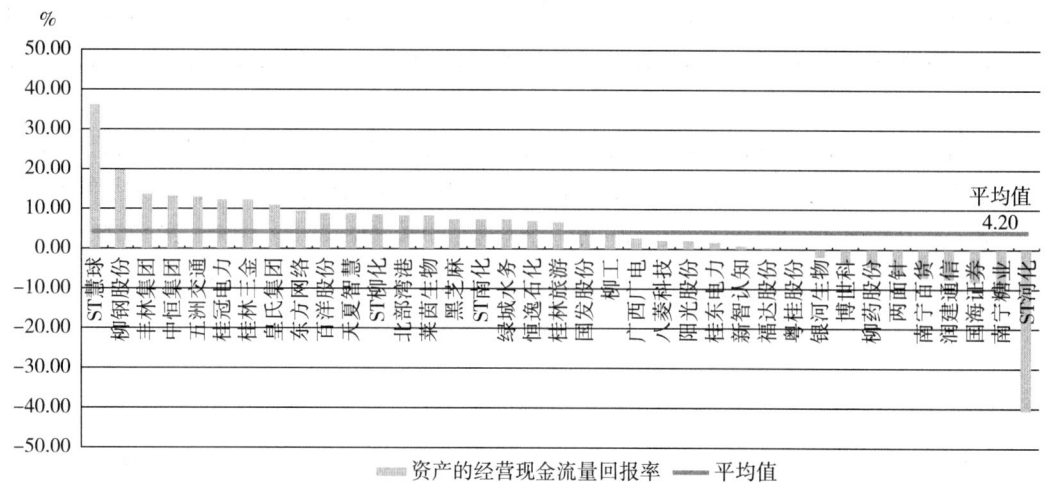

资料来源：Wind资讯。

图2-2 2017年广西上市公司资产的经营现金流量回报率的排列情况

（3）经营现金净流量占负债比率

经营现金净流量占负债比率是（经营活动现金流入-经营活动现金流出）与总负债的比值，该指标表明企业用年度经营活动产生的现金净流量偿还企业全部债务的能力，体现了企业偿债风险的高低，一般来说该比率值越大，说明企业偿债能力越大，相应的风险越小；该比值越小，表明偿债能力越小，相应的风险越大。对2017年广西37家上市公司的经营现金净流量占负债比率分析，平均值为7.07%，其中最高为房地产行业的ST慧球达到了95.49%，最低为化肥行业的ST河化为-41.94%。超过平均值的公司有22家，占比59.46%；低于平均值的有15家，占比为40.54%。

从图2-3可以发现，总体上看，广西上市公司经营现金净流量占负债比率出现两极分化，其中为负值有10家公司。房地产行业的ST慧球、木业家具行业的丰林集团、医药制造行业的中恒集团排名为前3，经营现金净流量占负债比率分别是95.49%、

76.52%、70.51%。通信行业的润建通信、化工行业的两面针、化肥行业的ST河化排名为后3，经营现金净流量占负债比率分别是 -15.71%、-18.04%、-41.91%。表明与负债水平相比较，ST慧球、丰林集团、中恒集团表现的资金流动能力较好，润建通信、两面针、ST河化表现的资金流动能力较差。

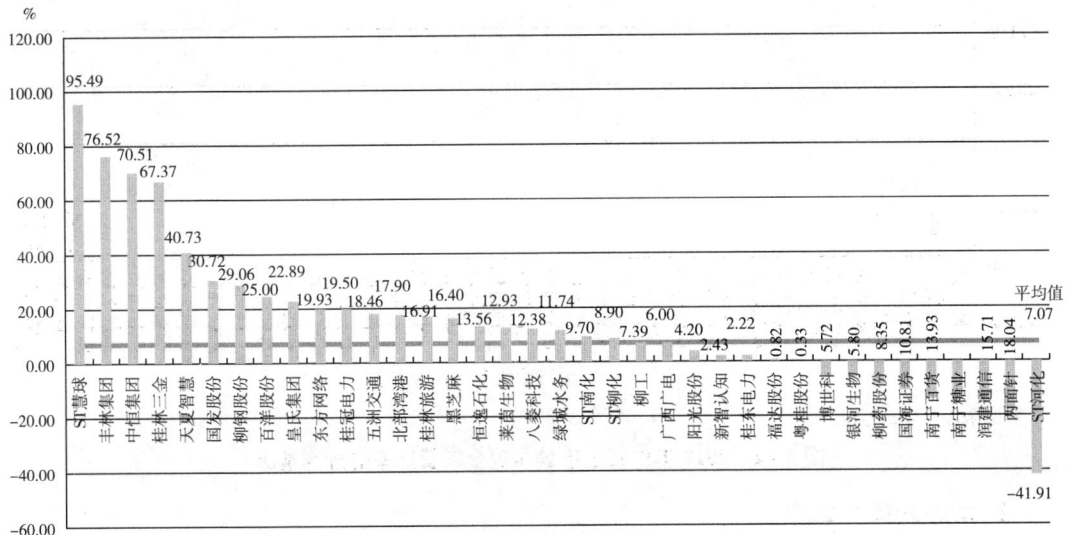

资料来源：Wind资讯。

图2-3 2017年广西上市公司经营现金净流量占负债比率的排列情况

（4）现金流量比率

现金流量比率是经营现金净流量与期末流动负债的比值，该指标用于衡量企业经营活动所产生的现金流量可以抵偿流动负债的程度，一般来说比率越高，说明企业的财务弹性越好。对2017年广西37家上市公司的现金流量比率分析发现平均值为14.40%，最高的现金流量比率为高速公路行业的五洲交通1229.58%，最低为化肥行业的ST河化 -42.10%。其中，现金流量比率超过平均值的公司有17家，占比45.95%；低于平均值的有20家，占比54.05%。

从图2-4发现，现金流量比率达到100%以上的有3家公司，五洲交通公司达到了1229.58%，其他公司数据差距并不大，指标值为负值的有10家。高速公路行业的五洲交通、木业家具行业的丰林集团、房地产行业的ST慧球排名为前3，现金流量比率分别是1229.58%、147.43%、102.90%。食品饮料行业的南宁糖业、化工行业的两面针、化肥行业的ST河化排名为后3，现金流量比率分别是 -20.96%、-23.09%、-42.10%。表明从现金流量比率来看，南宁糖业、两面针、ST河化表现的资金流动能力较差。

从上述四个指标来看，广西上市公司间资金流动能力差距较大，且四个指标2017年数值均出现了多个负值，说明2017年广西上市公司资金流动能力不平衡，总体水平不高。

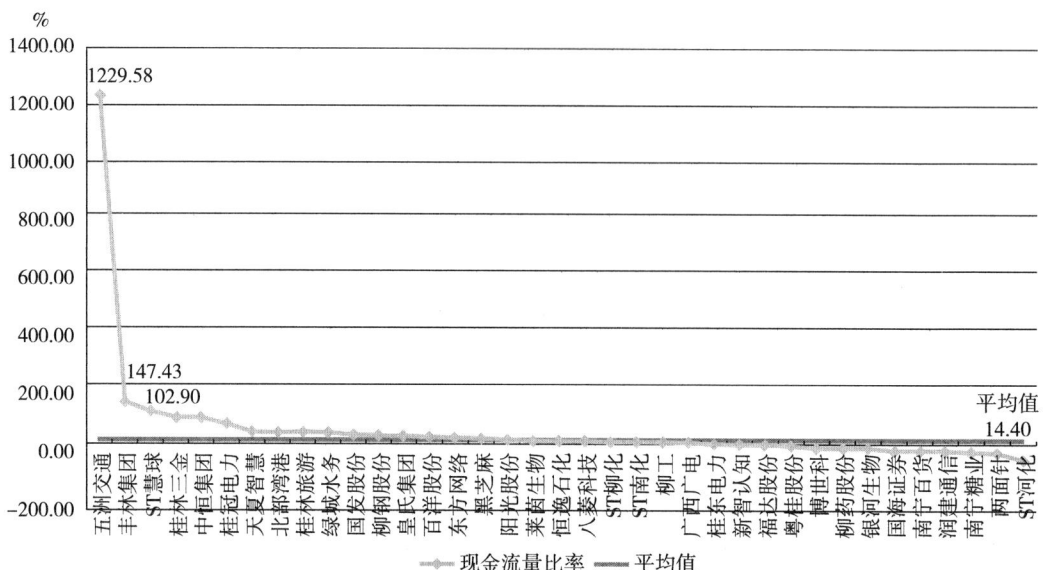

资料来源：Wind 资讯。

图 2-4　2017 年广西上市公司现金流量比率的排列情况

2. 动态分析

（1）经营活动净流量占销售收入比率

对 2013—2017 年广西上市公司经营活动净流量对销售收入比率进行动态分析，从图 2-5 可以发现，2013—2017 年广西上市公司经营活动净流量对销售收入比率有一定的起伏，但低点不断抬高，由 2013 年的 5.71% 逐步提高到 2017 年的 7.47%。图 2-6 则反映了 2013—2017 年广西上市公司经营活动净流量对销售收入比率平均值的增长速度起伏较大，2014 年增长速度最快达到了 170.66%。2013—2017 年该数据的平均增长速度为 6.95%。

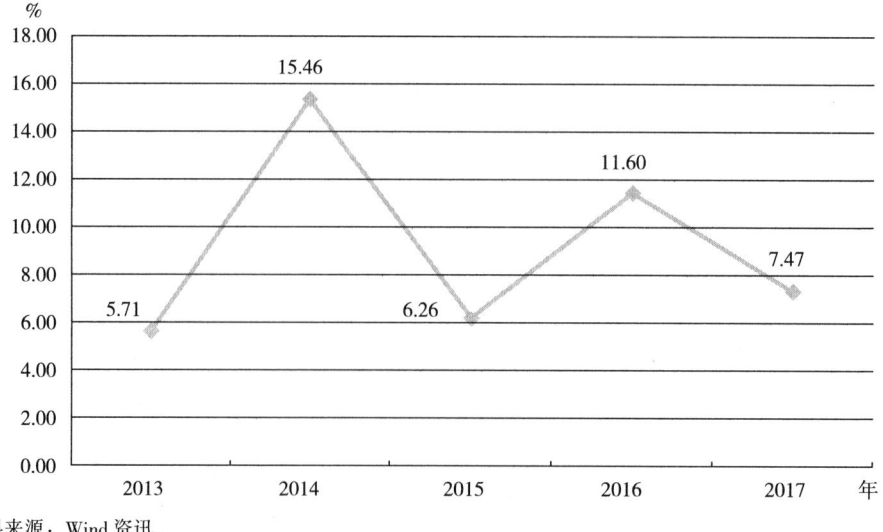

资料来源：Wind 资讯。

图 2-5　2013—2017 年广西上市公司经营活动净流量对销售收入比率平均值

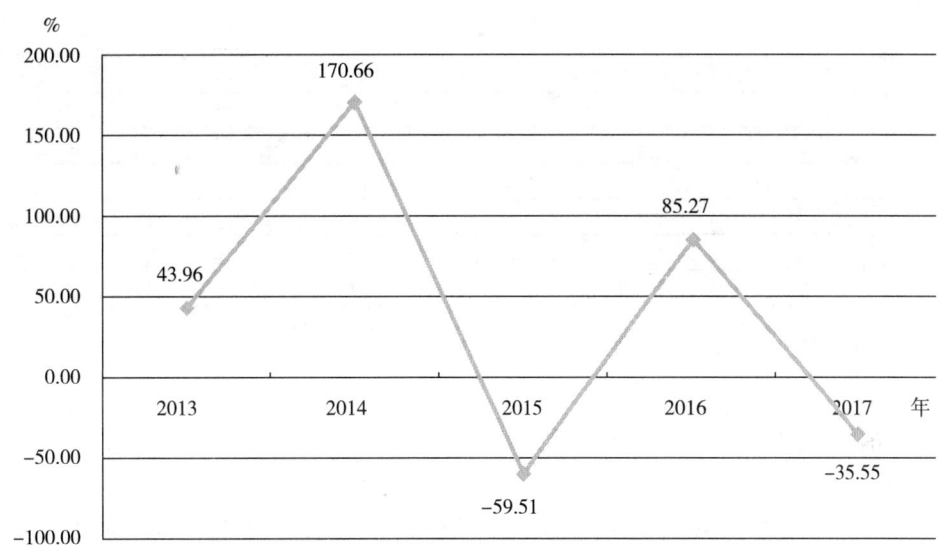

资料来源：Wind 资讯。

图 2-6　2013—2017 年广西上市公司经营活动净流量占销售收入比率增长速度

（2）资产的经营现金流量回报率

2013—2017 年广西上市公司资产的经营现金流量回报率稳步提升，如图 2-7、图 2-8 所示，2014 年资产的经营现金流量回报率最高，达到 7.97%，增速也最快，为 113.59%。除 2015 年外，2014 年、2016 年、2017 年该数据平均值均超过 2013 年。2013—2017 年广西上市公司资产的经营现金流量回报率平均增长速度为 3.00%。

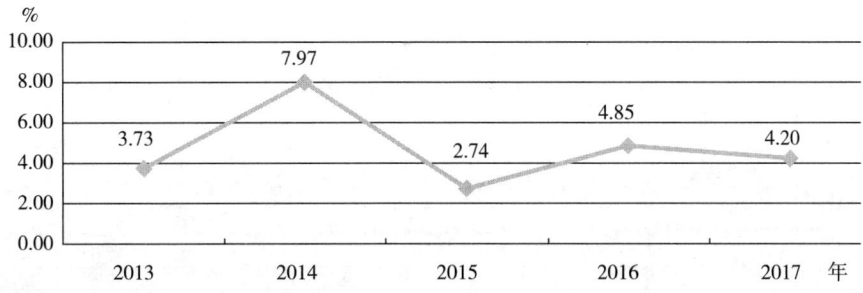

资料来源：Wind 资讯。

图 2-7　2013—2017 年广西上市公司资产的经营现金流量回报率平均值情况

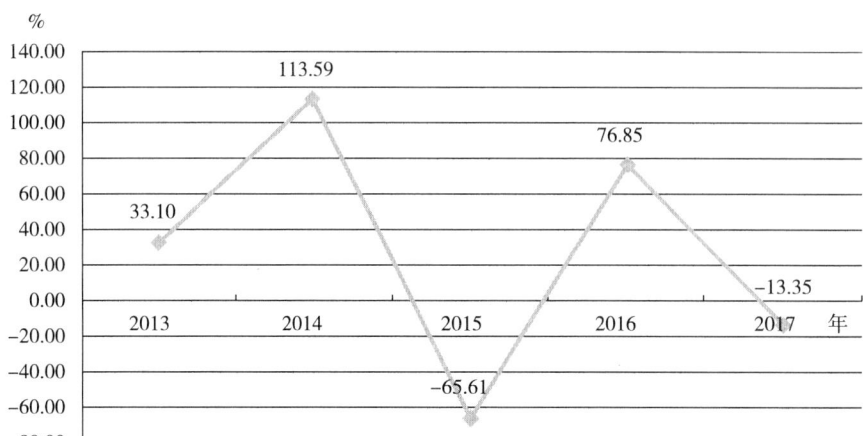

资料来源：Wind 资讯。

图 2-8　2013—2017 年广西上市公司资产的经营现金流量回报率增长速度情况

（3）经营现金净流量对负债比率

对 2013—2017 年广西上市公司经营现金净流量对负债比率进行动态分析，如图 2-9、图 2-10 所示，2014 年广西上市公司经营现金净流量对负债比率平均值最高，突破 12.25%，同时其同比增速也最快，达到 107.41%；2015 年该指标有所回落，平均值为 4.41%，增速降至 -64.00%。2015—2017 年，广西上市公司经营现金净流量对负债比率平均值又呈现上升趋势。2013—2017 年广西上市公司经营现金净流量对负债比率平均增速为 4.59%，表明广西上市公司经营现金净流量对负债比率水平得到提高，资金流动能力变强。

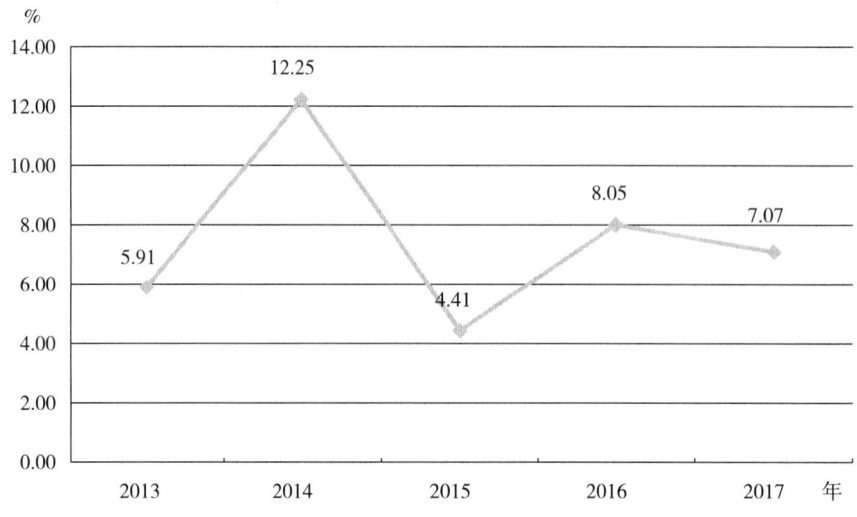

资料来源：Wind 资讯。

图 2-9　2013—2017 年广西上市公司经营现金净流量对负债比率平均值情况

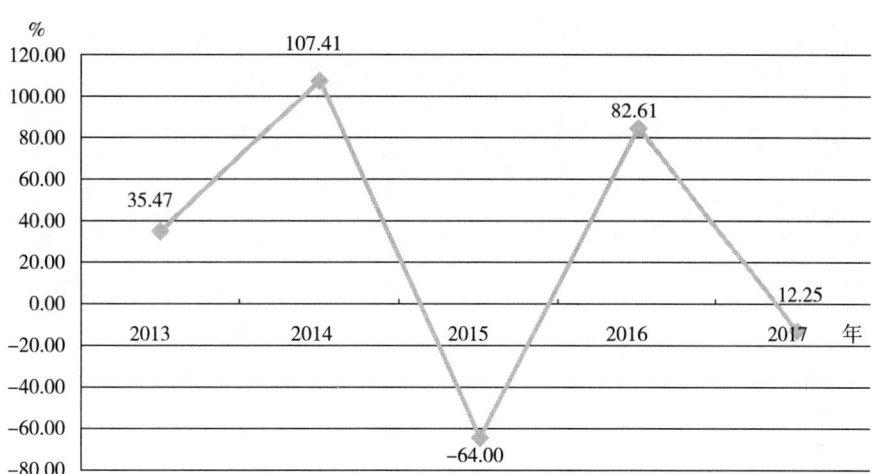

资料来源：Wind 资讯。

图 2-10　2013—2017 年广西上市公司经营现金净流量对负债比率增长速度

（4）现金流量比率

对 2013—2017 年广西上市公司现金流量比率进行动态分析，如图 2-11、图 2-12 所示，2014 年广西上市公司的现金流量比率平均值最高，达到 23.92%，2015 年该指标平均值最低，为 8.93%。同时，2014 年、2016 年、2017 年现金流量比率平均值均超过 2013 年，2014 年、2016 年的增长速度突破 100%，分别为 129.65%、107.22%。2013—2017 年广西上市公司现金流量比率的平均增长速度为 8.44%，由此可见，广西上市公司的现金流量比率总体是增长的。

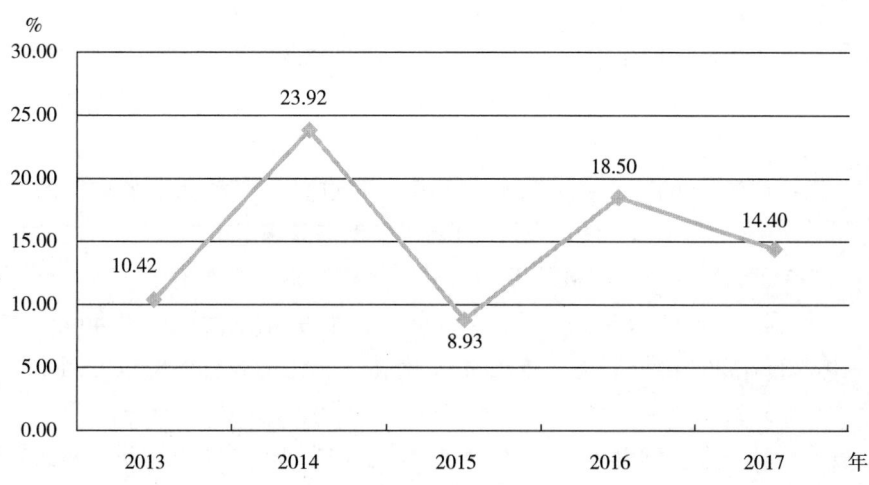

资料来源：Wind 资讯。

图 2-11　2013—2017 年广西上市公司现金流量比率平均值情况

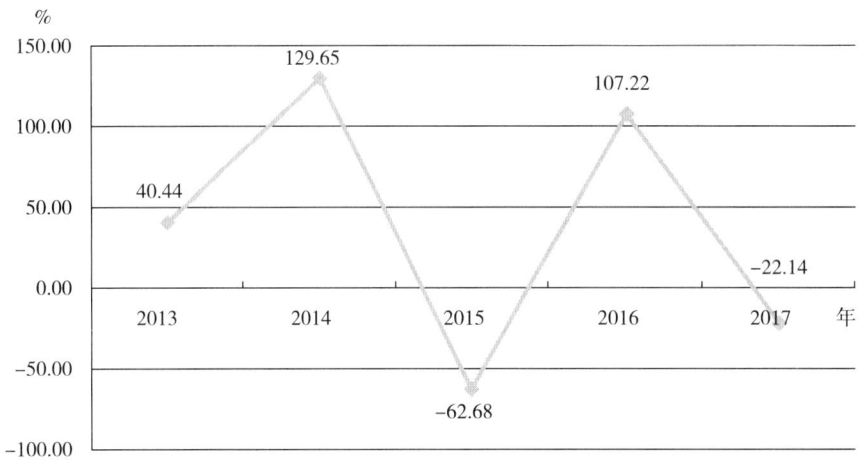

资料来源：Wind 资讯。

图 2-12　2013—2017 年广西上市公司现金流量比率增长速度情况

结合上述 4 个指标，不难发现在资金流动能力动态分析方面，各指标的折线图形状一致，总体来说也都是上升的趋势，但呈现增速放缓的特点。与静态分析结论相结合，可得出广西上市公司资金流动能力缓步向稳，逐步增强的结论。

(二) 盈利能力方面经营效益分析

1. 静态分析

(1) 总资产利润率

总资产利润率是利润总额与资产平均总额的比值，该指标代表了企业利用资金进行盈利活动的基本能力。一般来说，该指标越高，表明企业的资产利用效益越好，整个企业盈利能力越强，经营管理水平越高。对 2017 年广西 37 家上市公司的总资产利润率分析发现平均值为 4.65%，最高的总资产利润率为医药制造行业的桂林三金 18.46%，最低为文化传媒行业的东方网络 -11.33%。其中，超过总资产利润率平均值的公司有 16 家，占比 43.24%；低于平均值的公司有 21 家，占比 56.76%。

从图 2-13 可看出，各公司数值差距较大。医药制造行业的桂林三金、钢铁行业的柳钢股份、通信行业的润建通信排名为前 3，指标值分别是 18.46%、13.84%、13.28%。化工行业的两面针、化工行业的 ST 南化、文化传媒行业的东方网络排名后 3，指标值分别是 -5.22%、-7.92%、-11.33%。指标值为负值的公司有 4 家。从总资产利润率来看，桂林三金、柳钢股份、润建通信公司表现的盈利能力较强，两面针、ST 南化、东方网络表现的盈利能力较差。

(2) 主营业务利润率

主营业务利润率是企业一定时期主营业务利润同主营业务收入的比率，该比率代表了企业每单位主营业务收入能带来多少主营业务利润，反映了企业主营业务的获利能力。一般来说，该指标值越高，说明企业主营业务收入获取利润能力越强，市场竞争力越强。对 2017 年

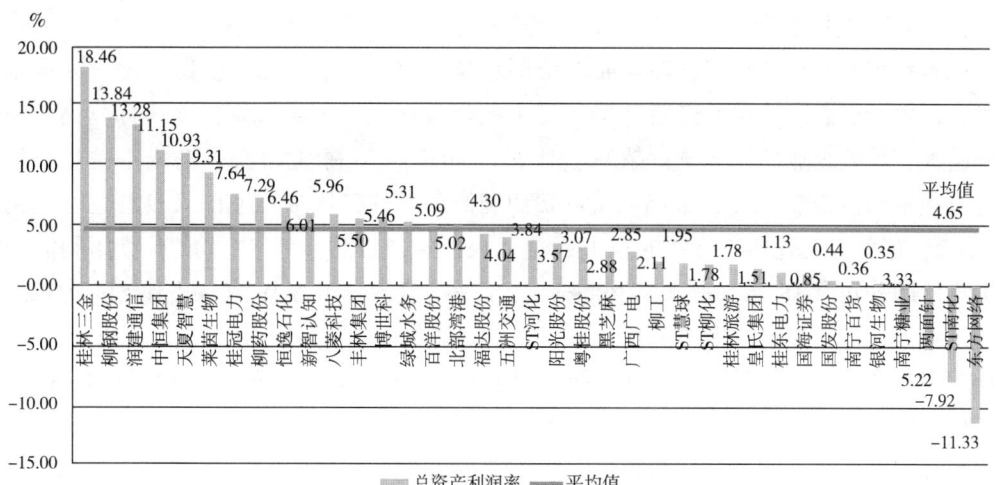

图 2-13 2017 年广西上市公司总资产利润率的排列情况

广西 37 家上市公司的主营业务利润率分析发现平均值为 15.79%，最高的主营业务利润率是券商信托行业的国海证券 99.05%，最低是化肥行业的 ST 河化 -2.27%。其中，超过主营业务利润率平均值的有 26 家公司，占比 7.27%；低于平均值的有 11 家公司，占比 29.73%。

从图 2-14 可以看出，主营业务利润率超过 50% 的公司有 5 家，指标值为负值的有 1 家。券商信托行业的国海证券、医药制造行业的中恒集团、医药制造行业的桂林三金排名为前 3，指标值分别是 99.05%、78.90%、73.56%。化工行业的恒逸石化、文化传媒行业的东方网络、化肥行业的 ST 河化排名为后 3，指标值分别是 3.6%、3.56%、-2.27%。表明在主营业务利润率里，国海证券、中恒集团、桂林三金三家公司表现的盈利能力较强，恒逸石化、东方网络、ST 河化表现的盈利能力较差。

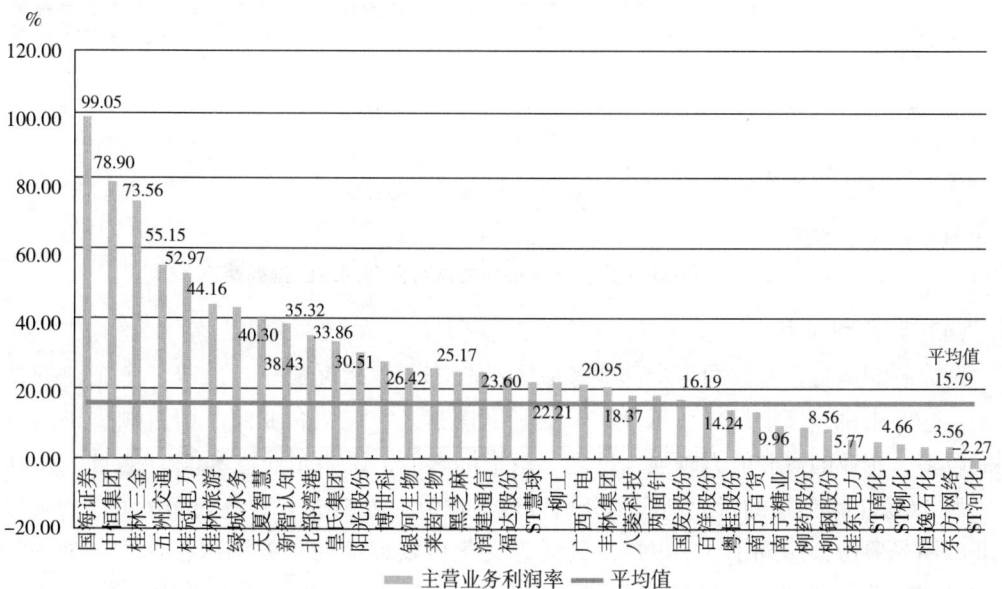

资料来源：Wind 资讯。

图 2-14 2017 年广西上市公司主营业务利润率的排列情况

(3) 成本费用利润率

成本费用利润率是利润总额与成本费用总额的比率，该指标表明每付出一元成本费用可获得多少利润，体现了经营耗费所带来的经营成果。一般来说，该指标越高，表明利润越大，反映企业的经济效益越好。对2017年广西37家上市公司的成本费用利润率分析发现平均值为8.46%，最高的成本费用利润率为软件服务行业的天夏智慧，达到了63.72%，最低为文化传媒行业的东方网络，仅为-38.14%。其中，成本费用利润率超过平均值的公司有18家，占比48.65%；低于平均值的公司有19家，占比51.35%。

从图2-15可知，成本费用利润率超过50%的公司有4家，指标值为负值的有4家。软件服务行业的天夏智慧、电力行业的桂冠电力、医药制造行业的中恒集团排名为前三，指标值分别是63.72%、61.06%、56.55%。化工行业的两面针、化工行业的ST南化、文化传媒行业的东方网络排名为后三，指标值分别为-9.43%、-24.17%、-38.14%。从成本费用利润率来分析，天夏智慧、桂冠电力、中恒集团表现的盈利能力较优；两面针、ST南化、东方网络表现的盈利能力较差。

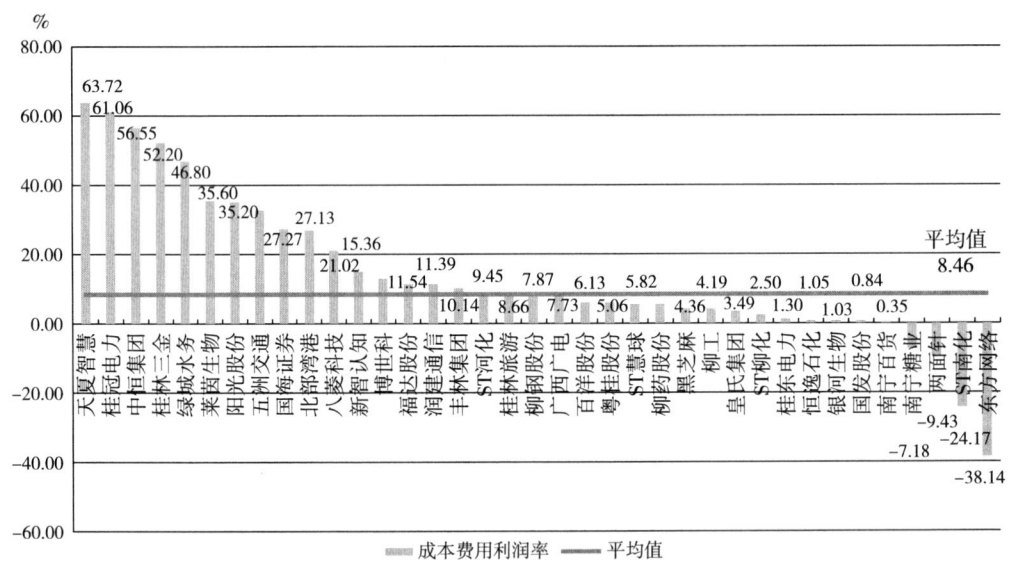

资料来源：Wind资讯。

图2-15 2017年广西上市公司成本费用利润率的排列情况

(4) 营业利润率

营业利润率是营业利润与全部业务收入的比率，该指标能综合反映一个企业的营业效率。一般来说，该指标越高越好。营业利润率越高，说明企业商品销售额提供的营业利润越多，企业的盈利能力越强；反之，该指标越低，说明企业盈利能力越弱。对2017年广西37家上市公司的营业利润率分析发现平均值为7.51%，营业利润率最高的是房地产业的阳光股份，达到了54.49%，最低为文化传媒行业的东方网络，仅为-68.95%。其中，超过营业利润率平均值的公司有18家，占比48.65%；低于平均值的公司有19家，占比51.35%。

从图 2-16 可知，指标值为负值的公司有 6 家。房地产业的阳光股份、软件服务行业的天夏智慧、电力行业的桂冠电力排名为前三，指标值分别为 54.49%、41.48%、39.27%。化工行业的 ST 南化、化肥行业的 ST 柳化、文化传媒行业的东方网络排名为后三，指标值分别为 -31.77%、-33.71%、-68.95%。从营业利润率来看，阳光股份、天夏智慧、桂冠电力的盈利能力较强；ST 南化、ST 柳化、东方网络的盈利能力较差。

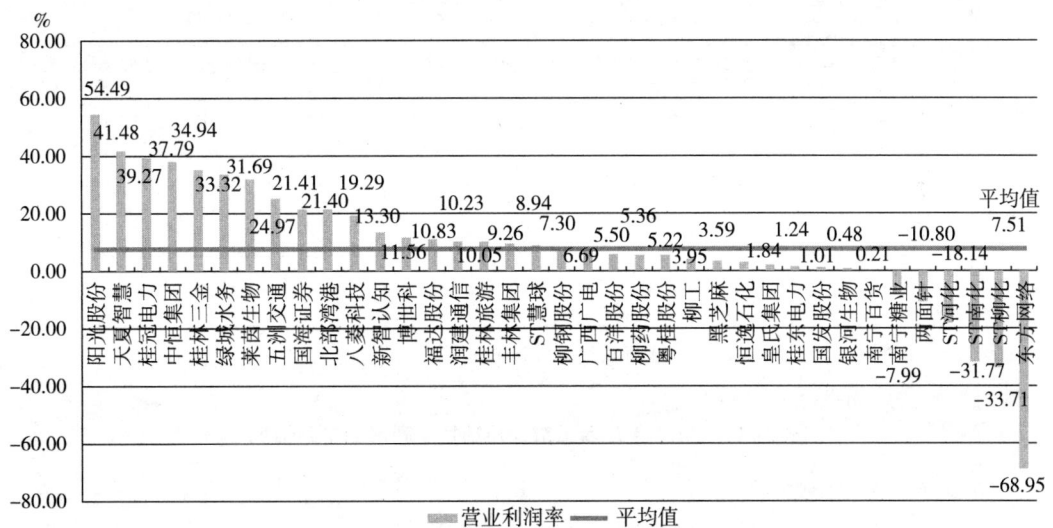

资料来源：Wind 资讯。

图 2-16　2017 年广西上市公司营业利润率的排列情况

（5）销售净利率

销售净利率是净利润与销售收入的比率。该指标反映了销售收入的收益水平。一般来说，该指标越大，说明企业销售的盈利能力越强，但衡量企业销售净利率好坏的标准，主要是和行业水平相比。对 2017 年广西 37 家上市公司的销售净利率分析发现平均值为 6.66%，销售净利率最高的是房地产业的阳光股份，达到了 35.59%，最低为文化传媒行业的东方网络，仅为 -67.65%。其中超过销售净利率平均值的公司有 19 家，占比 51.35%；低于平均值的公司有 18 家，占比 48.65%。

从图 2-17 可知，该指标为负值的公司有 4 家。房地产业的阳光股份、软件服务行业天夏智慧、电力行业桂冠电力排名为前三，指标值分别为 35.59%、34.48%、29.54%。化工行业两面针、化工行业 ST 南化、文化传媒东方网络排名为后三，指标值分别是 -11.18%、-31.85%、-67.65%。从销售净利率来看，阳光股份、天夏智慧、桂冠电力的盈利能力较好；两面针、ST 南化、东方网络的盈利能力较差。

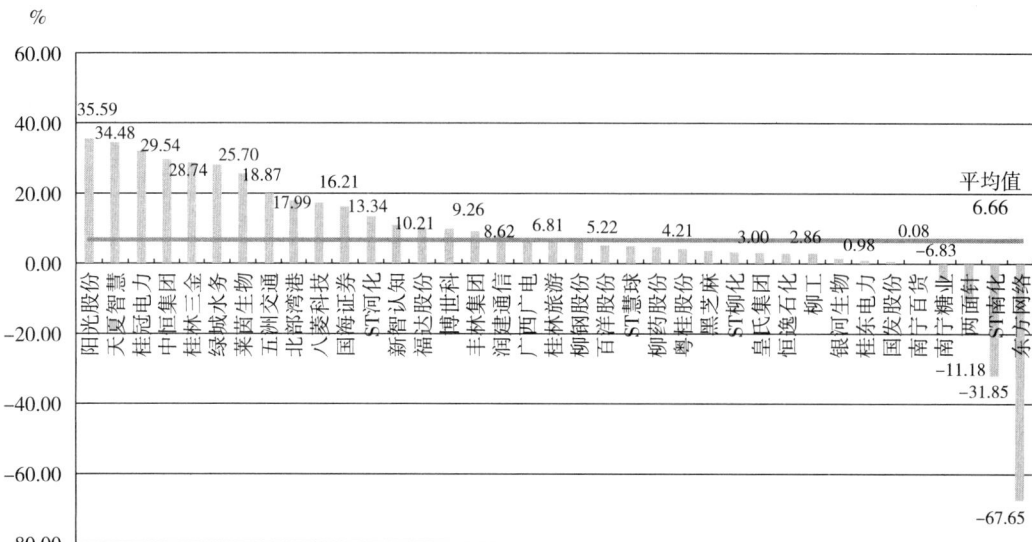

资料来源：Wind 资讯。

图 2-17　2017 年广西上市公司销售净利率的排列情况

(6) 净资产报酬率

净资产报酬率是息税前利润总额与净资产平均总额的比率。该指标反映了企业所有者所获投资报酬的大小。一般来说，该指标越高，表明企业净资产的使用效率就越高，企业盈利能力越强，经营管理水平越高。对 2017 年广西 37 家上市公司的净资产报酬率分析发现平均值为 11.43%，净资产报酬率最高的是化肥行业的 ST 柳化，达到了 871.50%，最低为化肥行业的 ST 河化，仅为 -93.55%。其中，超过净资产报酬率平均值的公司有 13 家，占比 35.14%；低于平均值的公司有 24 家，占比 64.86%。

从图 2-18 可知，2017 年广西上市公司里个别公司净资产报酬率出现极端情况，指标值为负值的公司有 5 家。化肥行业的 ST 柳化、钢铁行业的柳钢股份、通信行业的润建通信排名为前三，指标值分别为 871.50%、51.31%、26.72%。文化传媒行业的东方网络、化工行业的 ST 南化、化肥行业的 ST 河化排名为后三，指标值分别是 -20.29%、-32.92%、-93.55%。从净资产报酬率来看 ST 柳化、柳钢股份、润建通信的盈利能力较好；东方网络、ST 南化、ST 河化的盈利能力较差。

(7) 资产报酬率

资产报酬率是息税前利润总额与资产平均总额的比率。该指标反映企业全部资产获取收益的水平，全面反映了企业的获利能力和投入产出状况。一般情况下，该指标越高，表明企业投入产出的水平越好，企业的资产运营越有效。对 2017 年广西 37 家上市公司的资产报酬率分析发现平均值为 4.65%，资产报酬率最高的是医药制造行业的桂林三金，达到了 18.46%，最低为文化传媒行业的东方网络，仅为 -11.33%。其中，超过资产报酬率平均值的公司有 16 家，占比 43.24%；低于平均值的公司有 21 家，占比 56.76%。

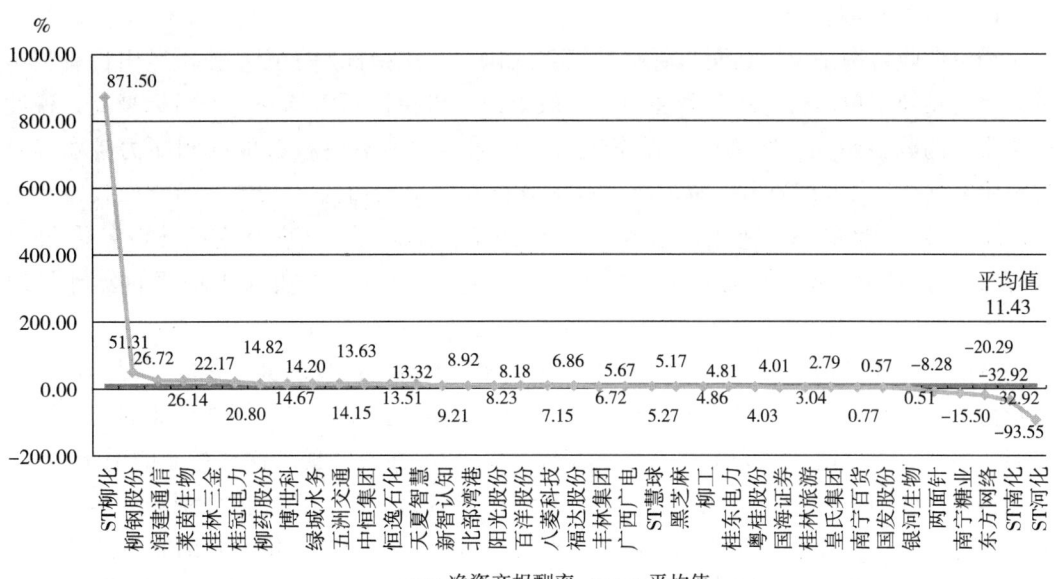

资料来源：Wind 资讯。

图 2-18　2017 年广西上市公司净资产报酬率的排列情况

从图 2-19 可知，该指标为负值的公司有 4 家。医药制造行业的桂林三金、钢铁行业柳州的柳钢股份、通信行业的润建通信排名为前三，指标值分别为 18.46%、13.84%、13.28%。化工行业的两面针、化工行业的 ST 南化、文化传媒行业的东方网络排名为后三，指标值分别为 -5.22%、-7.92%、-11.33%。从资产报酬率来看桂林三金、柳钢股份、润建通信的盈利能力较优；两面针、ST 南化、东方网络的盈利能力不佳。

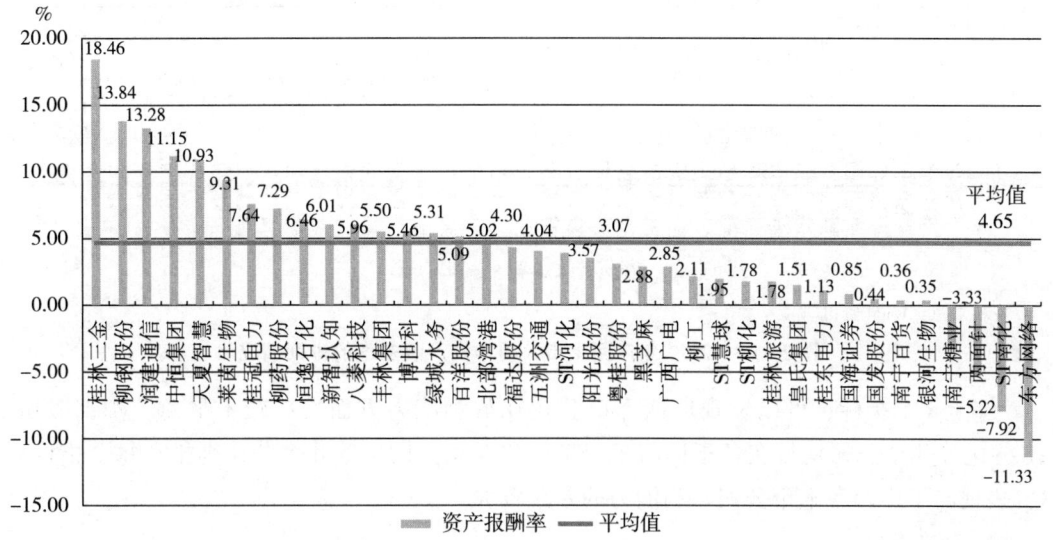

资料来源：Wind 资讯。

图 2-19　2017 年广西上市公司资产报酬率的排列情况

（8）净资产收益率

净资产收益率是税后利润与所有者权益的比率。该指标用于衡量公司运用自有资本的效率，反映了单位资本的获利能力。一般来说，该指标越大越好。该指标越高，说明投资带来的收益越高；净资产收益率越低，说明企业所有者权益的获利能力越弱。对2017年广西37家上市公司的净资产收益率分析发现平均值为9.12%，净资产收益率最高的是化肥行业的ST柳化，达到了159.32%，最低为化工行业的ST南化仅为-37.21%。其中，超过平均值的公司有14家，占比37.84%；低于平均值的公司有23家，占比62.16%。

从图2-20可知，2017年广西上市公司净资产收益率出现两极分化的情况，指标值为负值的公司有4家。化肥行业的ST柳化、化肥行业的ST河化、钢铁行业的柳钢股份排名为前三，指标值分别为159.32%、126.44%、36.76%。食品饮料行业的南宁糖业、文化传媒行业的东方网络、化工行业的ST南化排名为后三，指标值分别为-14.01%、-24.95%、-37.21%。净资产收益率分析发现ST柳化、ST河化、柳钢股份的盈利能力较强；南宁糖业、东方网络、ST南化的盈利能力不强。

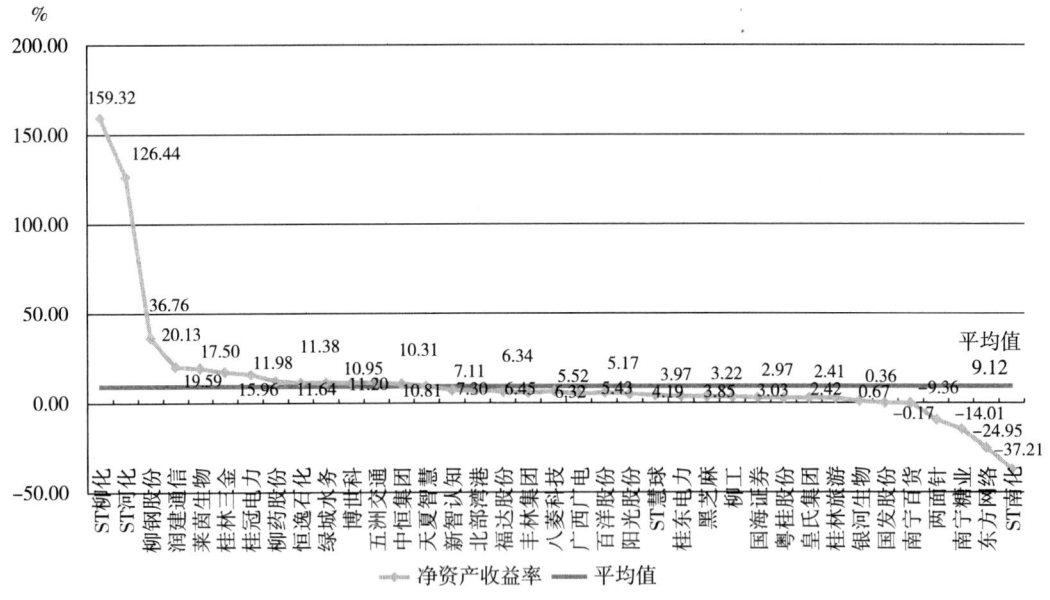

资料来源：Wind资讯。

图2-20 2017年广西上市公司净资产收益率的排列情况

综上8个指标，可以发现广西上市公司在盈利能力方面发展较不平衡，柳钢股份、ST柳化等几个公司均排在各指标前3，ST南化、东方网络等几个公司则排在每个指标后3，表现出了广西各上市公司盈利能力的差距较大。

2. 动态分析

（1）总资产利润率

对2013—2017年广西上市公司总资产利润率进行动态分析，如图2-21和图2-22

所示，2013—2017年，总资产利润率平均值呈持续上升趋势，在2016年稍有回落，2017年又稳步提升。2013—2017年广西上市公司的总资产利润率平均增长速度为9.76%，表明5年期间，广西上市公司总资产利润率呈现增长趋势，其盈利能力变好。

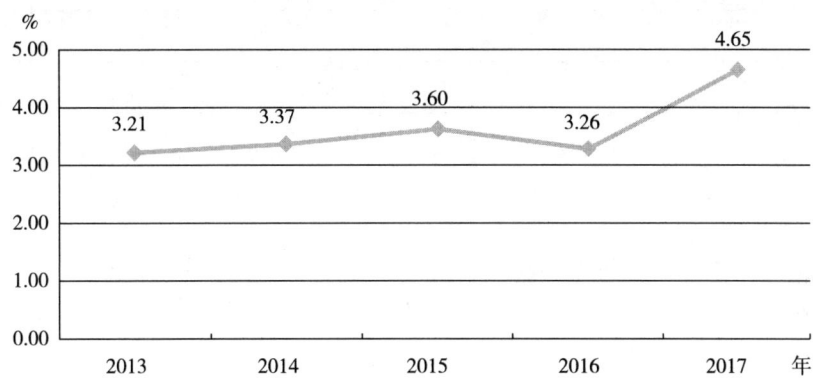

资料来源：Wind资讯。

图2-21 2013—2017年广西上市公司总资产利润率平均值

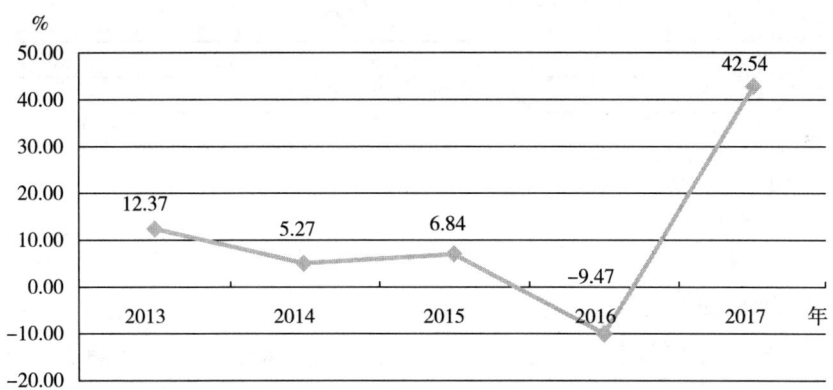

资料来源：Wind资讯。

图2-22 2013—2017年广西上市公司总资产利润率增长速度

（2）主营业务利润率

对2013—2017年广西上市公司主营业务利润率进行动态分析，如图2-23、图2-24所示。2013—2017年广西上市公司主营业务利润率维持在15%以上，且2014—2015年增长速度最快，达21.51%；2016—2017年有所下降，2016—2017年下降速度最快，达-16.03%。2013—2017年广西上市公司主营业务利润率的平均增长速度是1.21%，综上所述，5年间广西上市公司主营业务利润率先上升后下降，反映的盈利水平近年来有所下滑。

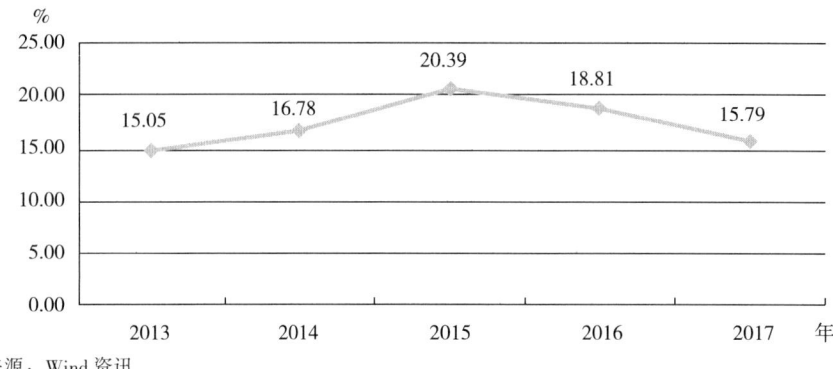

资料来源：Wind 资讯。

图 2-23 2013—2017 年广西上市公司主营业务利润率平均值

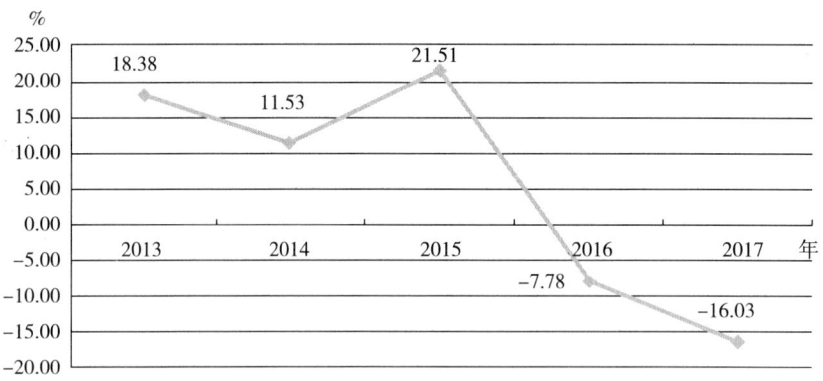

资料来源：Wind 资讯。

图 2-24 2013—2017 年广西上市公司主营业务利润率增长速度

（3）成本费用利润率

对 2013—2017 年广西上市公司成本费用利润率进行动态分析，从图 2-25 可知其总体呈现上升趋势，2013—2015 年成本费用里平均值上升更快，趋势明显。从图 2-26 分析可以发现广西上市公司成本费用利润率的平均增长速度是 15.12%，总体而言，该指标是呈上升趋势的。

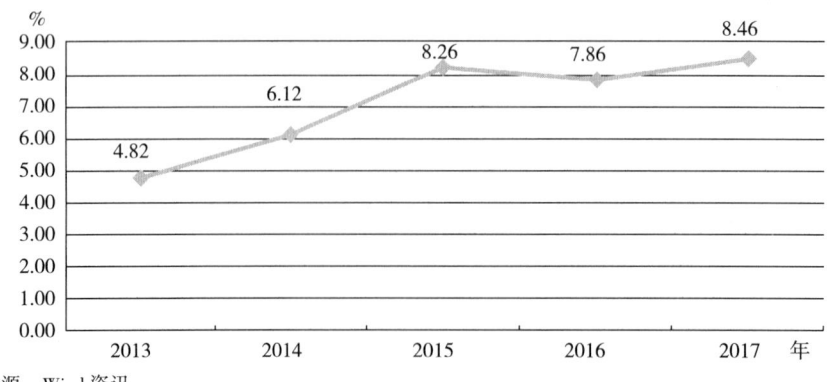

资料来源：Wind 资讯。

图 2-25 2013—2017 年广西上市公司成本费用率平均值

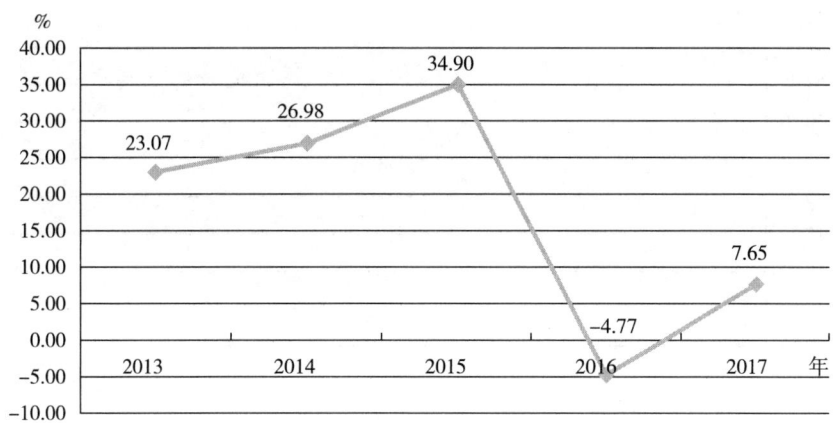

资料来源：Wind 资讯。

图 2-26　2013—2017 年广西上市公司成本费用利润率增长速度

（4）营业利润率

对 2013—2017 年广西上市公司营业利润率进行动态分析，如图 2-27 所示，2013—2017 年广西上市公司营业利润率平均值稳步上升，从 2013 年的 3.49% 上升至 2017 年的 7.51%，同时 2017 年也是 5 年内最高水平。从图 2-28 来看，2013—2014 年增速最快，达到 37.69%；2015—2016 年增速较缓，为 2.06%。5 年间营业利润率平均增长速度为 21.09%，表明广西上市公司盈利能力在不断增强。

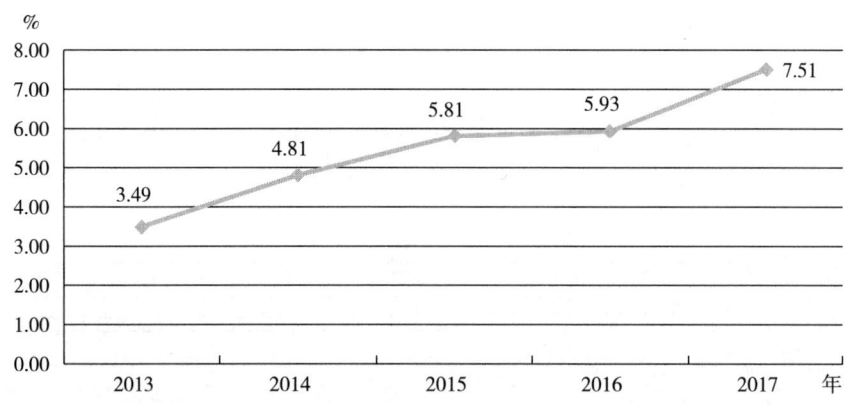

资料来源：Wind 资讯。

图 2-27　2013—2017 年广西上市公司营业利润率平均值

（5）销售净利率

对 2013—2017 年广西上市公司销售净利率进行动态分析，如图 2-29 所示，广西上市公司销售净利率平均值稳步提升。从图 2-30 分析来看，除 2016 年外，5 年间广西上市公司销售净利率平均值均处于增长的状态，2017 年销售净利率平均值达到最高水平 6.66%，增速为 11.97%。2013—2017 年广西上市公司销售净利率的平均增长速度为 14.72%，从销售净利率上来看广西上市公司盈利能力整体有所增强。

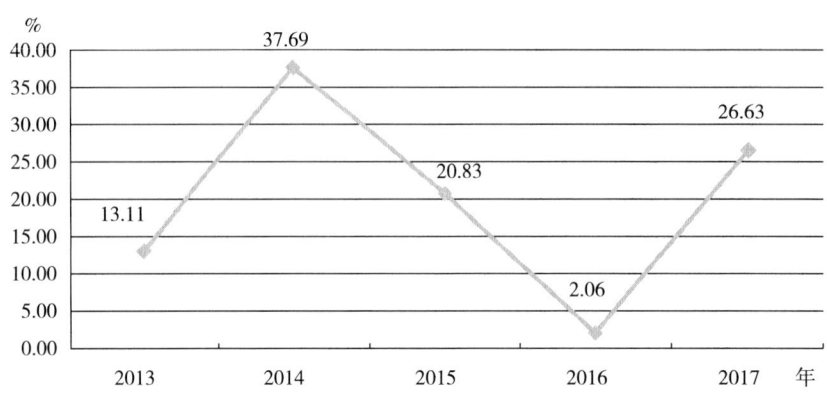

资料来源：Wind 资讯。

图 2-28　2013—2017 年广西上市公司营业利润率平均增速

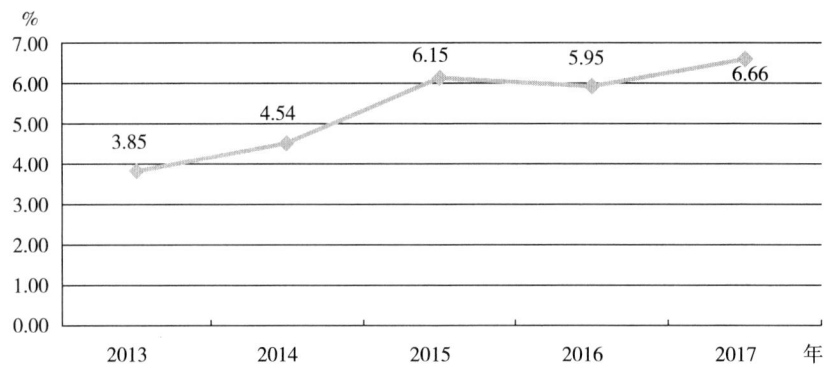

资料来源：Wind 资讯。

图 2-29　2013—2017 年广西上市公司销售净利率平均值

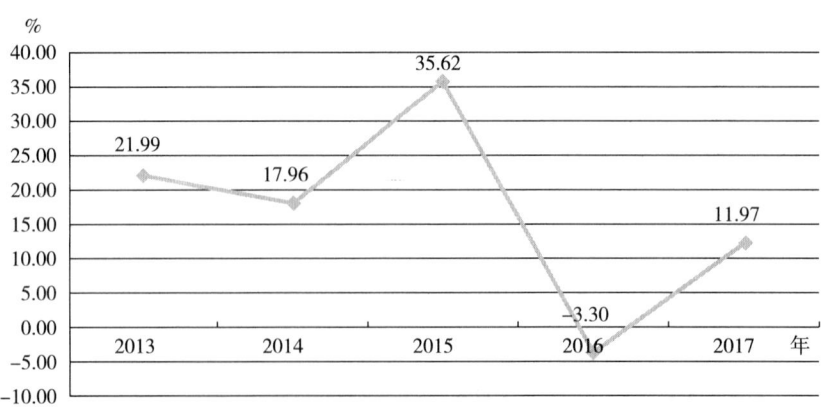

资料来源：Wind 资讯。

图 2-30　2013—2017 年广西上市公司销售净利率增长速度

(6) 净资产报酬率

对 2013—2017 年广西上市公司净资产报酬率进行动态分析，如图 2-31 所示，

2013—2015年广西上市公司净资产报酬率平均值稳步上升，2017年广西上市公司净资产报酬率平均值回升至11.43%。从图2-32来看，2017年增速达到五年来最高水平，为38.05%。2013—2017年广西上市公司净资产报酬率平均增长速度为6.95%。

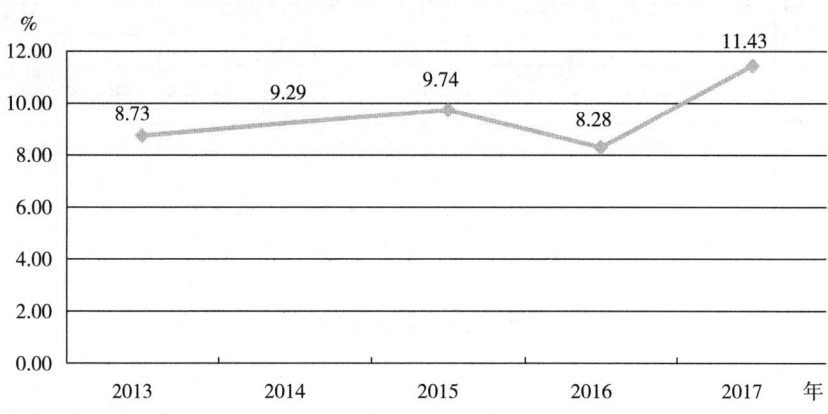

资料来源：Wind资讯。

图2-31　2013—2017年广西上市公司净资产报酬率平均值

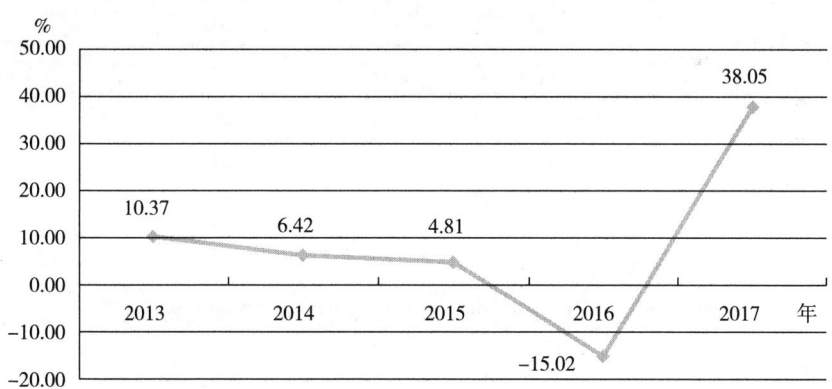

资料来源：Wind资讯。

图2-32　2013—2017年广西上市公司净资产报酬率增长速度

（7）资产报酬率

对2013—2017年广西上市公司资产报酬率进行动态分析，如图2-33所示，2013—2015年资产报酬率小幅度增长，2017年资产报酬率平均值为4.65%，达到5年最高水平。从图2-34分析发现，2013—2017年广西上市公司资产报酬率平均增长速度为9.71%，表示该数据5年期间总体是上涨的趋势，由此反映广西上市公司的盈利能力不断增强。

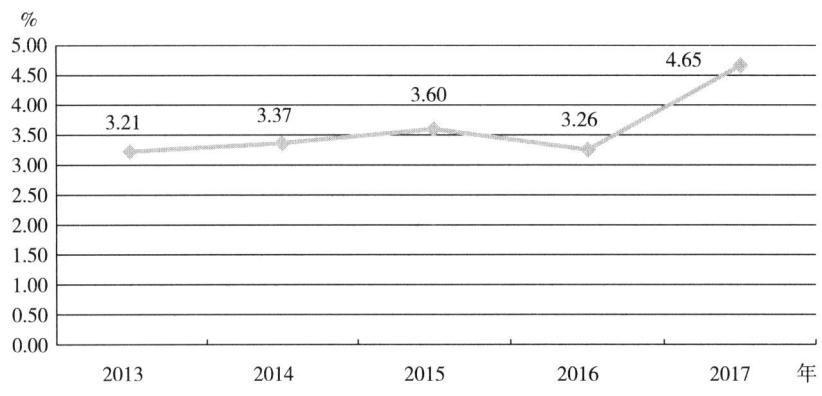

资料来源：Wind 资讯。

图 2-33　2013—2017 年广西上市公司资产报酬率平均值

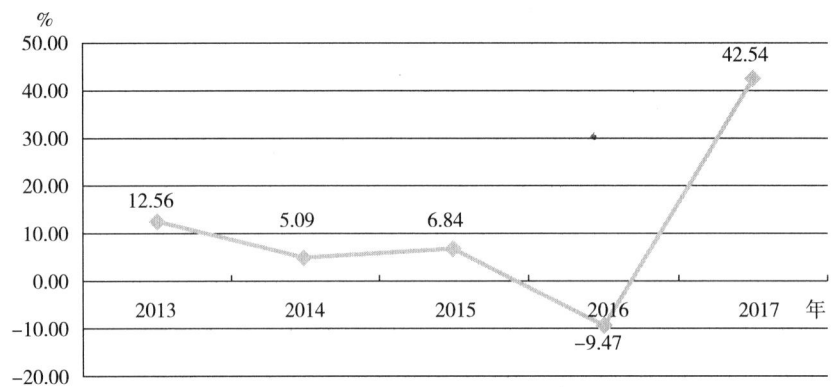

资料来源：Wind 资讯。

图 2-34　2013—2017 年广西上市公司资产报酬率增长速度

（8）净资产收益率

对 2013—2017 年广西上市公司净资产收益率进行动态分析，如图 2-35 所示，2013—2017 年广西上市公司净资产收益率曲线是较为曲折的线条，两降两升，是一个先下降后上涨，再下降后上涨的过程。其中 2016 年是净资产收益率平均值的 5 年最低水平，为 6.16%，2017 年的净资产收益率平均值为 5 年内最高水平，为 9.12%。由图 2-36 分析增长速度发现 2013—2017 年广西上市公司净资产收益率的平均增长速度为 7.89%，表明 5 年期间盈利能力是增强的。

综合上述 8 个指标，不难发现大部分指标增长趋势较为一致，大多为 2013 年平均值是最低水平，而 2017 年平均值是最高水平，2013—2017 年指标平均值曲折上涨；而指标平均增长速度均为正值，因此可表明 5 年期间广西上市公司盈利能力是逐步增强的。

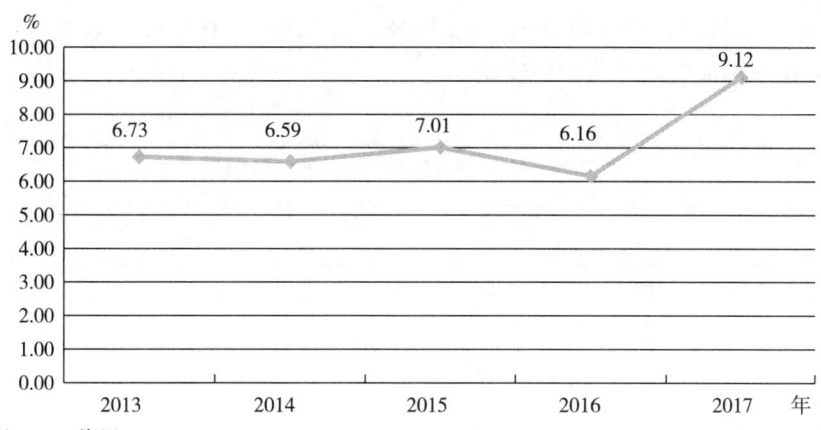

资料来源：Wind 资讯。

图 2-35　2013—2017 年广西上市公司净资产收益率平均值

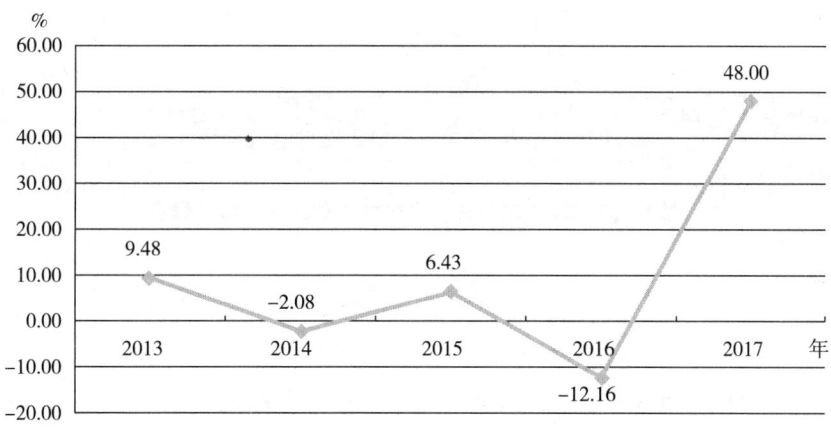

资料来源：Wind 资讯。

图 2-36　2013—2017 年广西上市公司净资产收益率增长速度

（三）偿债能力方面经营效率分析

1. 静态分析

（1）流动比率

流动比率是流动资产与流动负债的比值，该指标用来衡量企业流动资产在短期债务到期以前，可以变为现金用于偿还负债的能力。一般来说，比率越高，说明企业资产的变现能力越强，短期偿债能力亦越强；反之则弱。2017 年广西 37 家上市公司流动比率平均值为 95.96%，最高为木业家具行业的丰林集团，达到了 574.07%，最低为化肥行业的 ST 柳化，仅为 30.04%。其中，超过平均值的公司有 25 家，占比 67.57%；低于平均值的公司有 12 家，占比 32.43%。

从图 2-37 可知，2017 年广西 37 家上市公司中流动比率最高的三家公司分别为丰林集团、国发股份、桂林三金，指标值分别为 574.07%、490.44%、420.52%，表明这三家公司在广西上市公司中偿债能力经营效率较好。而流动比率最低的三家公司为桂冠电力、ST 河化、ST 柳化，指标值分别为 46.02%、37.29%、30.04%，表明这三家公司在广西上市公司中偿债能力经营效率较差。

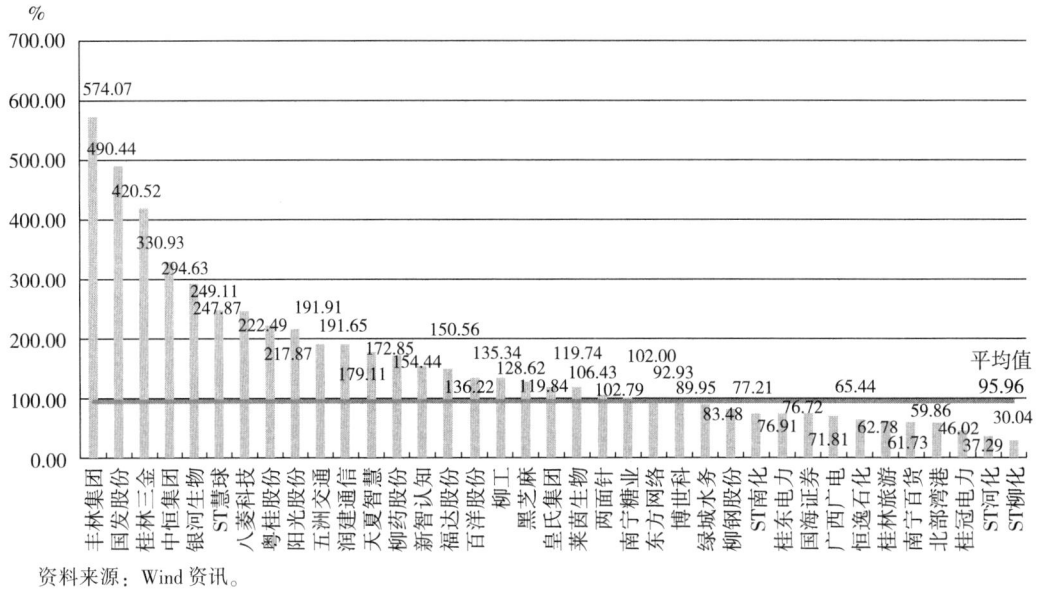

资料来源：Wind 资讯。

图 2-37　2017 年广西上市公司流动比率的排列情况

（2）速动比率

速动比率是速动资产与流动负债的比值，反映了公司流动资产中可以立即变现用于偿还流动负债的能力，速动比率一般为 1 左右比较好。2017 年广西 36 家上市公司（除去国海证券）速动比率平均值为 79.14%，最高为农药兽药行业的国发股份，达到了 466.81%，最低为医药制造行业的莱茵生物 10.84%。其中，超过平均值的公司有 15 家，占比 40.54%；低于平均值的公司有 21 家，占比 56.76%。

从图 2-38 可知，2017 年广西 36 家上市公司（除去国海证券）中，速动比率最高的三家公司分别为国发股份、丰林集团、桂林三金，指标值分别为 466.81%、422.95%、377.66%，表明这三家公司在广西上市公司中偿债能力经营效率较好。而速动比率最低的三家公司为 ST 河化、ST 柳化、莱茵生物，指标值分别为 33.06%、21.16%、10.84%，表明这三家公司在广西上市公司中偿债能力经营效率较差。

（3）固定资产净值率

固定资产净值率是固定资产净值与固定资产原值的比值，反映企业全部固定资产平均新旧程度的指标。该指标值越大，表明公司的经营条件相对较好；反之，则表明公司固定资产较旧，须投资进行维护和更新，经营条件相对较差。2017 年广西 37 家上市公司的固定资产净值率平均值为 87.39%，最高为商业百货行业的南宁百货，达到了 96.13%，最低为软件服务行业的天夏智慧，仅为 30.9%。其中，固定资产净值率超过平均值的公司有 30 家，占比 81.08%；低于平均值的公司有 7 家，占比 18.92%。其中没有为负值的公司。

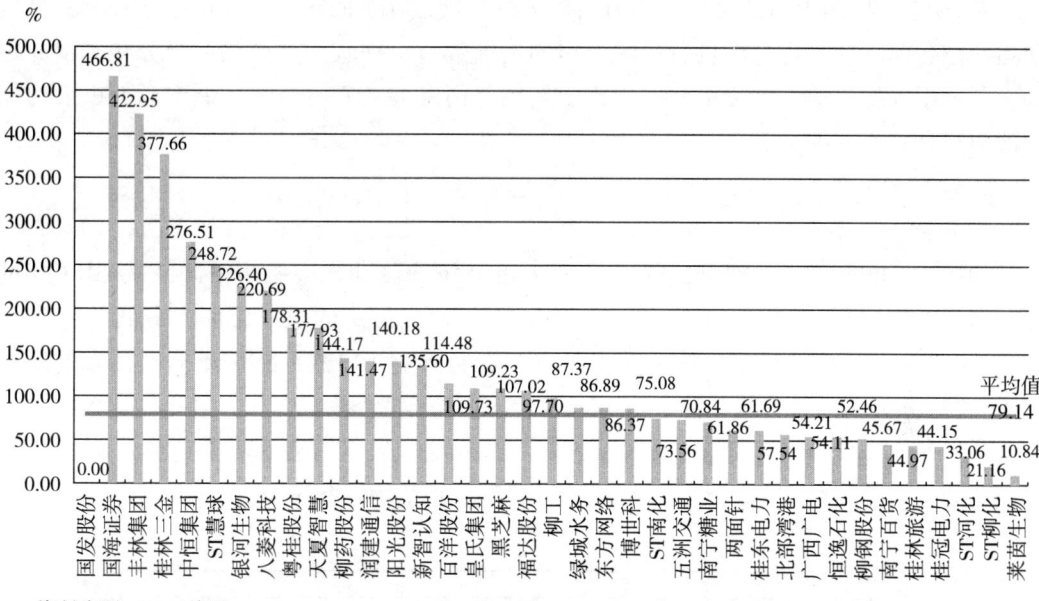

资料来源：Wind 资讯。

图 2-38　2017 年广西上市公司速动比率情况

从图 2-39 可知，2017 年广西 7 家上市公司中固定资产净值率最高的三家公司分别为南宁百货、莱茵生物、五洲交通，指标值分别为 96.13%、96.68%、96.50%，表明这三家公司在广西上市公司中偿债能力经营效率较好。而固定资产净值率最低的三家公司为润建通信、ST 慧球、天夏智慧，指标值分别为 82.76%、72.51%、30.09%，表明这三家公司在广西上市公司中偿债能力经营效率较差。

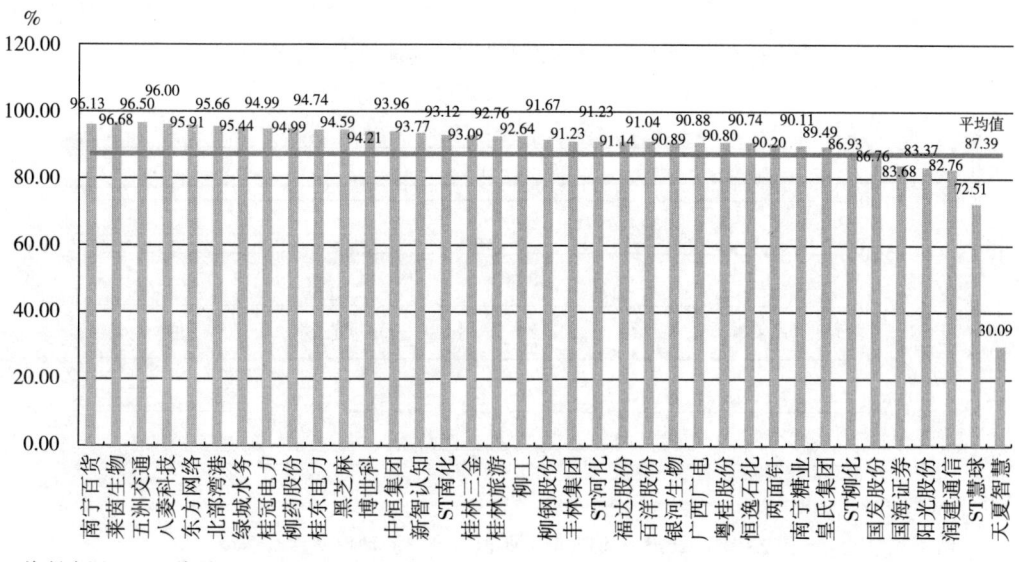

资料来源：Wind 资讯。

图 2-39　2017 年广西上市公司固定资产净值率的排列情况

对 2017 年广西上市公司偿债能力指标进行分析,除了固定资产净值率之外,其余各项指标排名前三的公司与排名后三的公司的指标数值出现较为严重的两极分化。由此可知,各项指标排名前三的几家公司相比于其他公司发展较好。但整体上广西上市公司偿债能力还是有所欠缺。

2. 动态分析

(1) 流动比率

如图 2-40 所示,2013—2017 年广西上市公司的流动比率缓步下降,从 2013 年的 107.85% 下降到 2017 年的 95.96%,其中 2013 年达到最高的 107.85%,最低的为 2014 年的 95.82%。从增速动态分析来看,如图 2-41 所示,2013—2017 年流动比率的增速从 11.35% 下降到 -3.73%,除了 2015 年有所增长增速达到了 6.78% 之外,其余年份的都为负增长,2014 年增速最低为 -11.15%,2013—2017 年的平均增长速度为 -1.80%。表明广西上市公司的偿债能力较弱,企业资产的变现能力逐步下降。

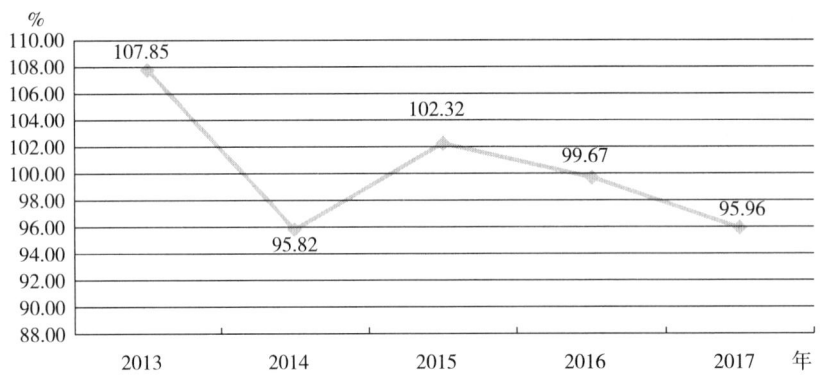

资料来源:Wind 资讯。

图 2-40 2013—2017 年广西上市公司流动比率年平均值

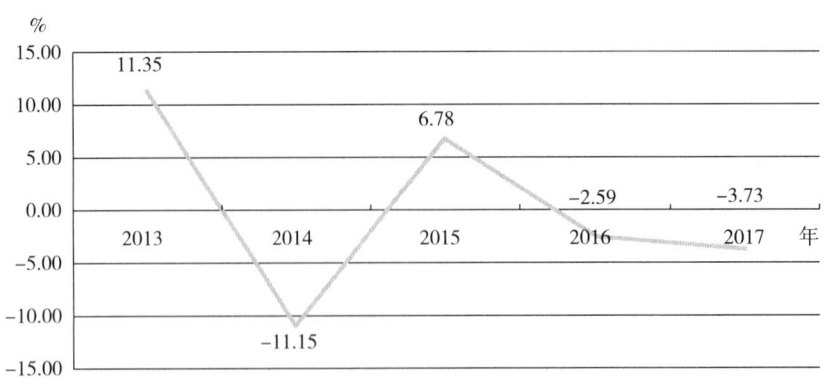

资料来源:Wind 资讯。

图 2-41 2013—2017 年广西上市公司流动比率增长速度

(2) 速动比率

如图 2-42 所示,2013—2017 年广西上市公司的速动比率稳定在 73%~83%,其中

2015年达到最高的82.58%。速动资产是衡量企业流动资产中可以立即变现用于偿还流动负债的能力，近3年都在下降，表明了广西上市公司的企业的短期偿债能力不强。

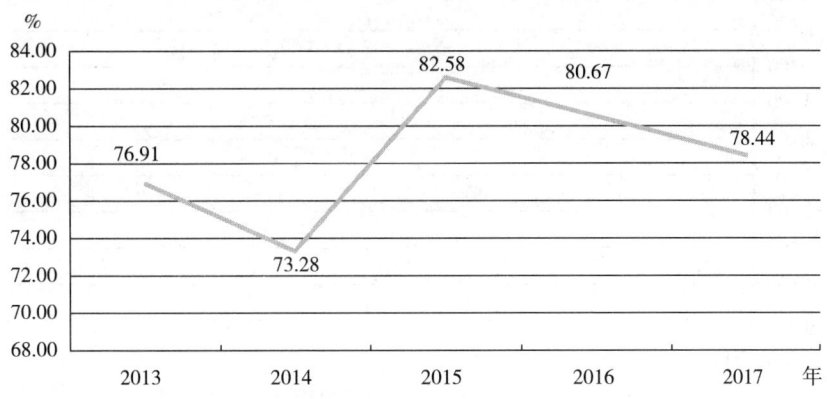

资料来源：Wind资讯。

图2-42 2013—2017年广西上市公司速动比率年平均值

（3）现金比率

图2-43表明广西上市公司的现金比率从2013年的10.09%上升到2017年的20.27%，其中2015年达到最高的23.43%，最低的为2013年的10.09%。图2-44则表明了现金比率增速变化情况，增速经过了2013年到2015年的快速上升后，2016—2017年增长速度开始下降。现金比率越高，说明变现能力越强，所以表明了广西上市公司的变现能力不强，并且有着大幅度的下降。

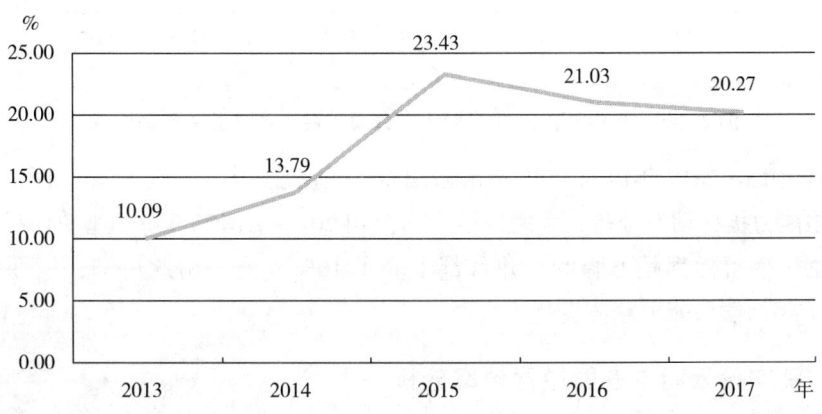

资料来源：Wind资讯。

图2-43 2013—2017年广西上市公司现金比率年平均值

（4）固定资产净值率

从图2-45来看，广西上市公司的固定资产净值率从2013年的92.45%逐步下降到2017年的91.58%。由此来看，广西上市公司的固定资产波动不大，2013—2017年的固定资产价值基本和原值接近，固定资产更新或者投入不多。

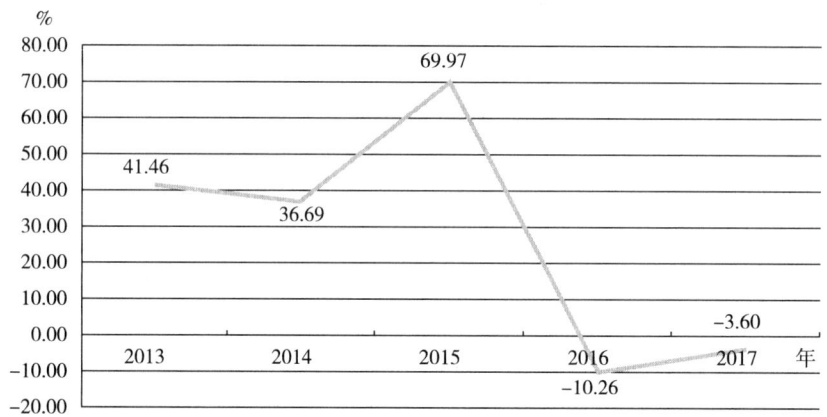

资料来源：Wind 资讯。

图 2-44　2013—2017 年广西上市公司现金比率增长速度

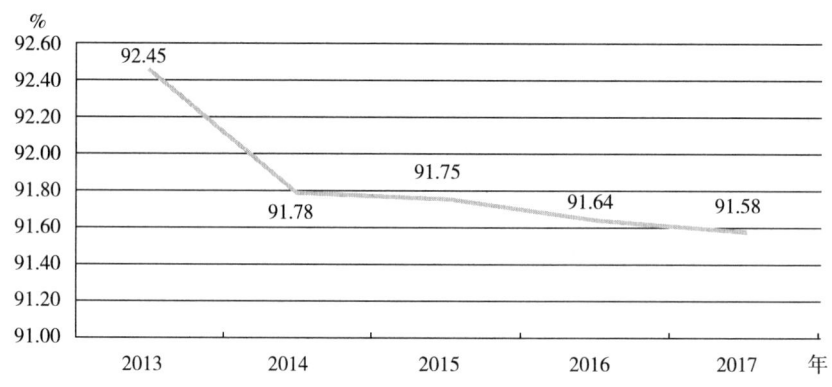

资料来源：Wind 资讯。

图 2-45　2013—2017 年广西上市公司固定资产净值率年平均值

通过对 2013—2017 年广西上市公司流动比率、速动比率、现金比率、固定资产净值率四个偿债能力指标动态分析，发现广西上市公司 2013—2017 年除了速动比率有轻微上升之外其余三个指标都是下降的，并且都下降了 10% 左右。由此可知，广西上市公司 2013—2017 年的偿债能力总体变化不大。

（四）资本投入能力方面经营效率分析

1. 静态分析

（1）产权比率

产权比率是负债总额与股东权益的比值，是指股份制企业负债总额与所有者权益总额的比率，是评估资金结构合理性的一种指标。产权比率越高，说明企业偿还长期债务的能力越弱；产权比率越低，产权比率说明企业偿还长期债务的能力越强。2017 年广西 37 家上市公司的产权比率平均值为 144.76%，最高为化肥行业的 ST 柳化，达到了 8912.37%，最低为农药兽药行业的国发股份，仅为 17.84%。其中，超过产权比率平均值的公司有 11 家，占比 29.73%；低于平均值的公司有 26 家，占比 70.27%。没有为负值的公司。

从图 2-46 可知，2017 年广西 37 家上市公司中产权比率最高的三家公司分别为 ST 柳化、南宁糖业、桂东电力，指标值分别为 891.37%、421.93%、406.12%，表明这三家广西上市公司资本投入能力不容乐观。而产权比率最低的三家公司为桂林三金、八菱科技、国发股份，指标值分别为 21.69%、20.52%、17.84%，表明这三家公司在广西上市公司中资本投入能力较强。

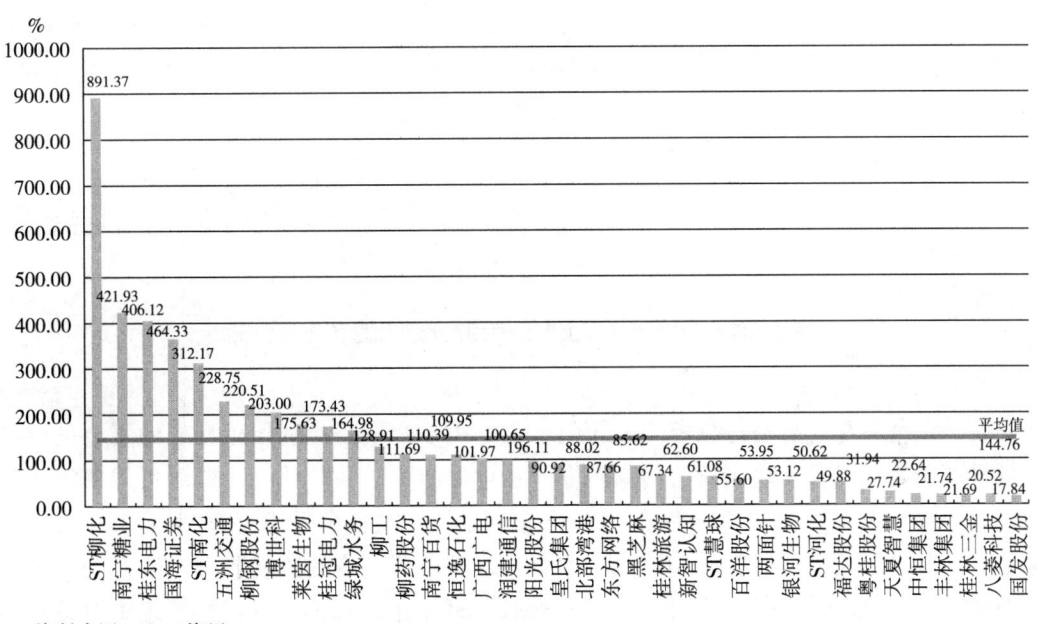

资料来源：Wind 资讯。

图 2-46 2017 年广西上市公司产权比率的排列情况

（2）固定资产比重

固定资产比重是固定资产与总资产的比值，不同行业的固定资产比率存在较大差异，如新兴服务业、现代信息业等轻资产类型企业，与传统制造业企业相比较该比率不高。一般而言，固定资产比率越低企业资产才能更快地流动，从资金营运能力来看，固定资产比率越低企业营运能力越强。2017 年广西 37 家上市公司的固定资产比重平均值为 30.16%，最高为电力行业的桂冠电力 81.46%，最低为软件服务行业的天夏智慧 0.03%。其中，固定资产比重超过平均值的公司有 12 家，占比 32.43%；低于平均值的公司有 25 家，占比 67.57%。其中没有为负值的公司。

从图 2-47 可知，2017 年广西 37 家上市公司中固定资产比重最高的三家公司分别为桂冠电力、北部湾港、ST 柳化，指标值分别为 81.46%、63.95%、62.57%，表明这三家公司在广西上市公司中固定资产投入能力较强。而固定资产比重最低的三家公司为国海证券、阳光股份、天夏智慧，指标值分别为 0.24%、0.16%、0.03%，这与这三家企业所处的行业特征基本相符。

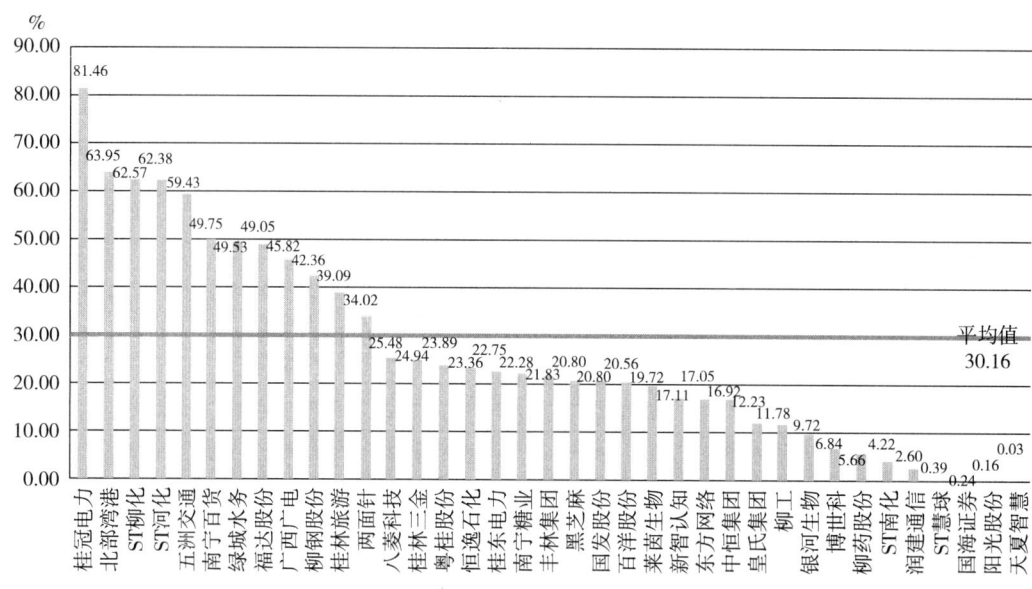

资料来源：Wind 资讯。

图 2-47　2017 年广西上市公司固定资产比重的排列情况

（3）资产负债率

资产负债率是总负债与总资产的比值，它是用于衡量企业利用债权人的资金进行经营活动的能力，以及反映债权人借款的安全程度的指标，一般认为，资产负债率的适宜水平是 40%~60%。2017 年广西 37 家上市公司的资产负债率平均值为 59.41%，最高为化肥行业的 ST 柳化，达到了 98.79%，最低为农药兽药行业的国发股份，仅为 15.14%。由此来看，ST 柳化的资产负债率指标值已经远远低于正常标准，已经接近理论上破产的边界值。其中，超过资产负债率平均值的公司有 12 家，占比 32.43%；低于平均值的公司有 25 家，占比 67.57%。其中没有为负值的公司。

从图 2-48 可知，2017 年广西 37 家上市公司中资产负债率最高的三家公司分别为 ST 柳化、ST 河化、南宁糖业，指标值分别为 98.79%、97.15%、80.84%，由此可以发现广西的化工行业总体经营不佳，出现了负债接近破产边界值的情况较多。而资产负债率最低的三家公司为桂林三金、八菱科技、国发股份，指标值分别为 17.82%、17.02%、15.14%，表明这三家公司在广西上市公司中资本投入能力经营效率较弱。

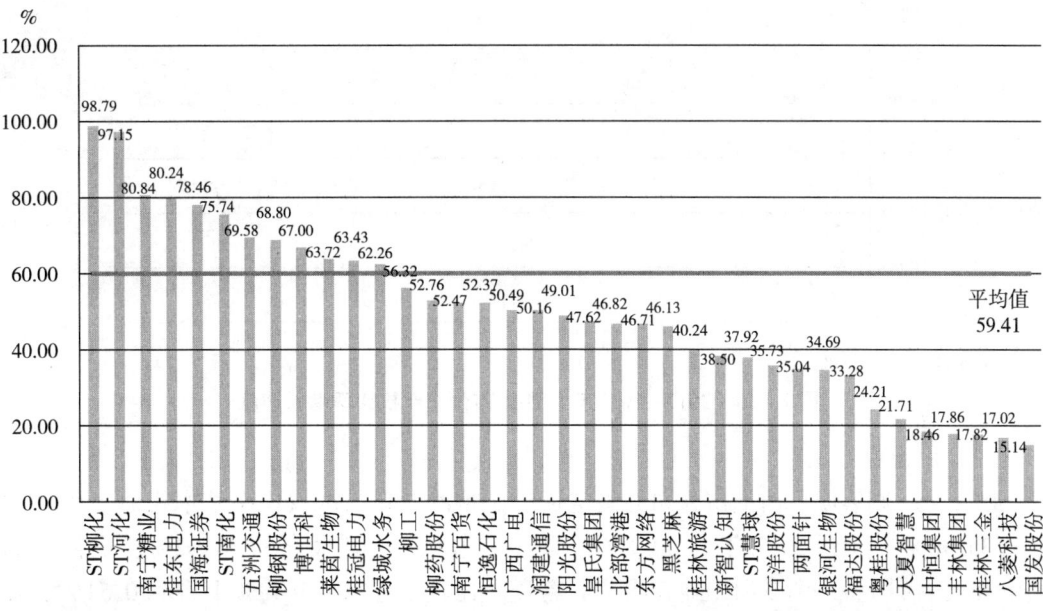

资料来源：Wind 资讯。

图 2-48　2017 年广西上市公司资产负债率的排列情况

2. 动态分析

（1）产权比率

图 2-49 表明广西上市公司的产权比率自 2014 年以来缓步下降，从 2013 年的 169.18% 下降到 2017 年的 144.76%，其中 2014 年达到最高的 183.27%，最低的为 2017 年的 144.76%。因此，图 2-50 也表明 2014 年之后产权比率增速为负增长，2015 年增速最低为 -11.73%，2013—2017 年的平均增长速度为 0.25%。表明广西上市公司的财务结构不尽合理，企业偿还长期债务的能力不强。

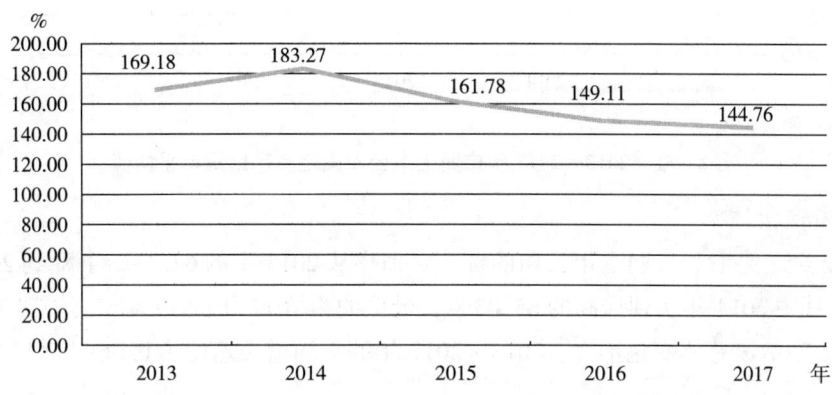

资料来源：Wind 资讯。

图 2-49　2013—2017 年广西上市公司产权比率年平均值

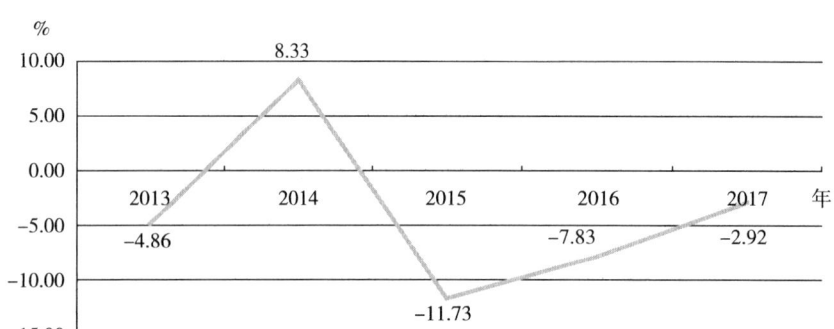

资料来源：Wind 资讯。

图 2-50　2013—2017 年广西上市公司产权比率增长速度

（2）固定资产比重

图 2-51 则表明广西上市公司的固定资产比重的变化与产权比率基本相似，从 2013 年的 35.90% 下降到 2017 年的 30.16%，其中 2014 年达到最高的 38.02%，最低的为 2016 年的 30.01%。图 2-52 则表明了固定资产比重增速从 -3.48% 上升到 0.51%，除了 2014 年和 2017 年为正增长，其他各时期都是负增长，2013—2017 年的平均增长速度为 0.51%。表明广西上市公司资产结构的调整越来越小。

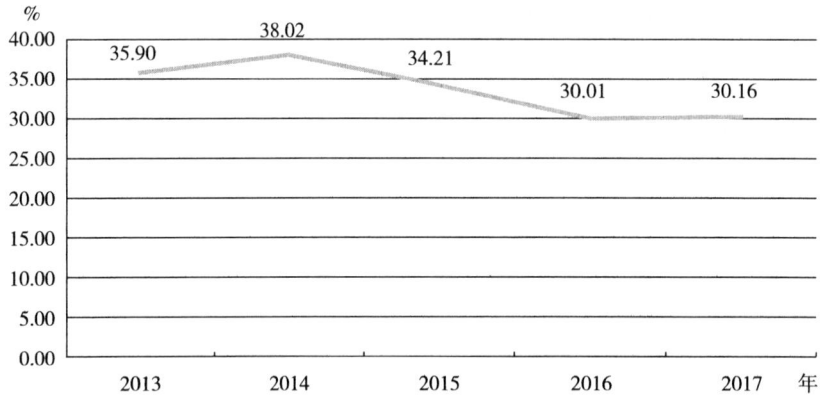

资料来源：Wind 资讯。

图 2-51　2013—2017 年广西上市公司固定资产比重年平均值

（3）资产负债率

从图 2-53 来看，广西上市公司的资产负债率从 2013 年的 63.15% 下降到 2017 年的 59.41%，其中 2014 年达到最高的 65.03%，最低的为 2017 年的 59.41%。图 2-54 则表明资产负债率增速总体变化不大，2013—2017 年的平均增长速度为 0.06%。

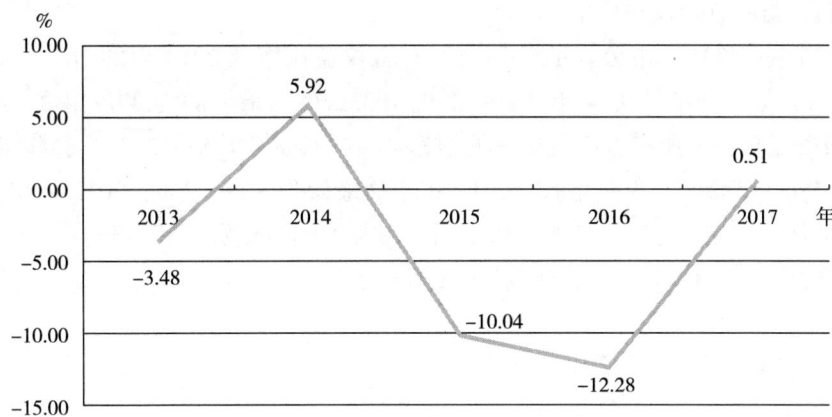

资料来源：Wind 资讯。

图 2-52　2013—2017 年广西上市公司固定资产比重增长速度

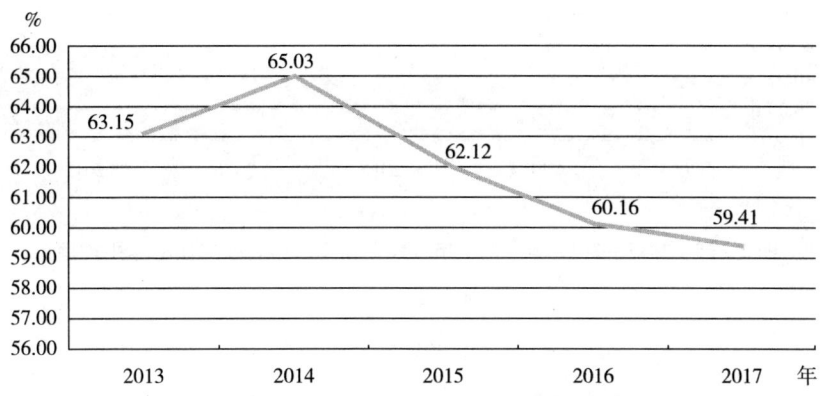

资料来源：Wind 资讯。

图 2-53　2013—2017 年广西上市公司资产负债率年平均值

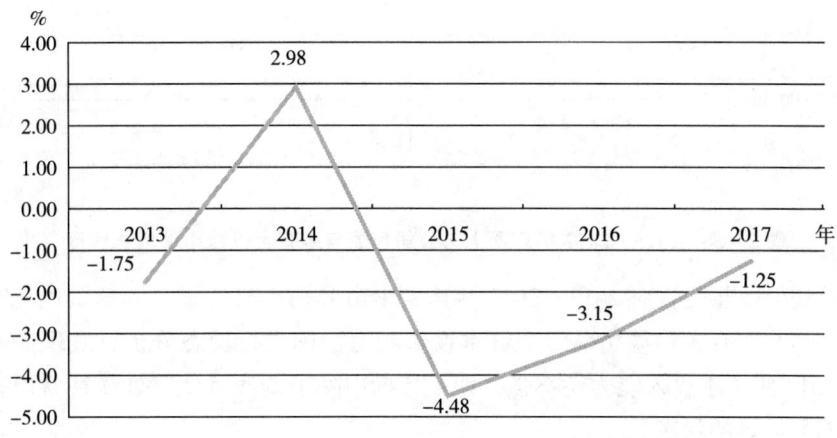

资料来源：Wind 资讯。

图 2-54　2013—2017 年广西上市公司资产负债率增长速度

(4) 负债与所有者权益比率

图2-55表明广西上市公司的负债与所有者权益比率从2013年的169.18%下降到2017年的144.76%,其中2014年达到最高的183.27%,最低的为2017年的144.76%。图2-56反映了负债与所有者权益比率的增速从-4.83%上升到-2.92%,除了2014年的8.33%之外,其余的都为负增长,2015年增速最低为-11.73%,2013—2017年的平均增长速度为0.25%。这表明广西上市公司的总资本中负债资产相对较高,对负债的保障程度较弱。

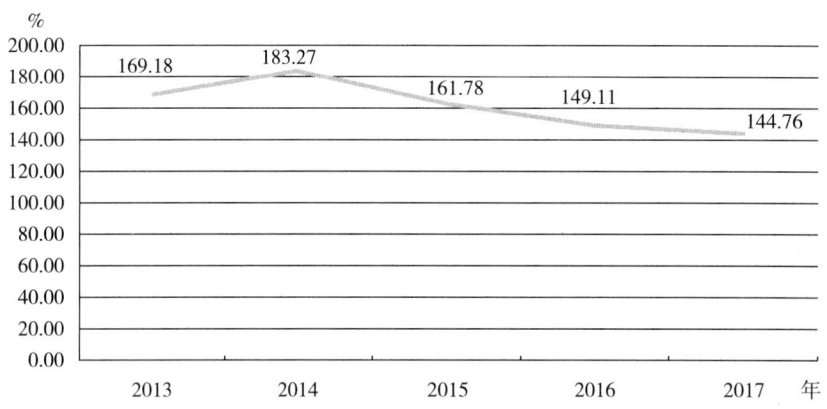

资料来源:Wind资讯。

图2-55　2013—2017年广西上市公司负债与所有者权益比率年平均值

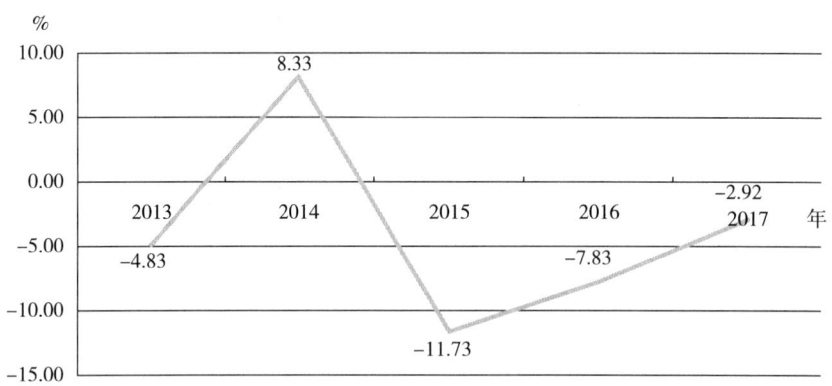

资料来源:Wind资讯。

图2-56　2013—2017年广西上市公司负债与所有者权益比率增长速度

通过平均值历年变化对2013—2017年广西上市公司产权比率、固定资产比重、资产负债率、负债与所有者权益比率四个资本投入能力指标进行动态分析,发现广西上市公司2013—2017年资本投入能力还不强,四个指标中除了资产负债率处于适宜阶段,其余的指标都不是最好的状态。

（五）其他投入指标分析

1. 静态分析

（1）固定资产净值

固定资产净值计算为固定资产原值－累计折旧，该指标反映了企业一定时期固定资产尚未磨损的现有价值和固定资产实际占用的资金数额，一般来说越高越好。2017年广西37家上市公司的固定资产净值平均值为282947.41万元，最高为电力行业的桂冠电力3916072.25万元，最低为房地产行业的ST慧球49.01万元。其中，固定资产净值超过平均值的公司有8家，占比21.62%；低于平均值的公司有29家，占比78.38%。

从图2－57可知，固定资产净值达到50亿元以上的有6家，最高的桂冠电力达到了3916亿元，显著高于其他公司。固定资产净值最高的三家公司分别为桂冠电力、北部湾港、柳钢股份，分别为3916072.25万元、995848.68万元、977504.86万元，表明这三家公司固定资产投入成本较高，同时这三家公司分别属于电力、水运和钢铁行业，固定资产占比较大。而固定资产净值最低的三家公司为阳光股份、天夏智慧、ST慧球，分别为1163.90万元、215.91万元、49.01万元，其由于涉及的行业为房地产和软件服务，固定资产投入相对较低。

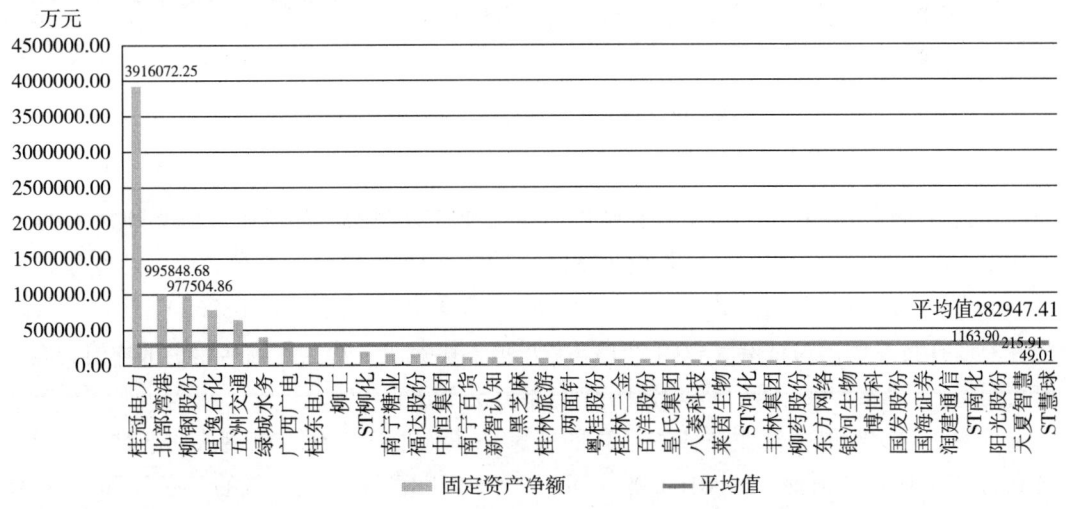

资料来源：Wind资讯。

图2－57 2017年广西上市公司固定资产净值的排列情况

（2）员工工资

员工工资一般通过资产负债表上的应付职工薪酬表现，反映的是企业为获得职工提供的服务而给予各种形式的报酬以及其他相关支出，一般来说越少越好。2017年广西37家上市公司员工工资最高为券商信托行业的国海证券51890.96万元，最低为医药制造行业的桂林三金191.84万元，平均值为5316.93万元。其中，员工工资超过平均值的公司有8家，占比21.62%；低于平均值的公司有29家，占比78.38%。

从图 2-58 发现员工工资指标值均为正值，达到 15000 万元以上的有 3 家公司，国海证券公司明显高于其他公司。员工工资最高的三家公司分别为国海证券、润建通信、广西广电，分别为 51890.96 万元、25046.33 万元、17401.19 万元，且三家公司均属于第三产业，而员工工资最低的三家公司为 ST 河化、ST 慧球、桂林三金，分别为 398.26 万元、316.46 万元、191.84 万元，表明在广西上市公司中国海证券应付职工薪酬最多，桂林三金应付职工薪酬最少。

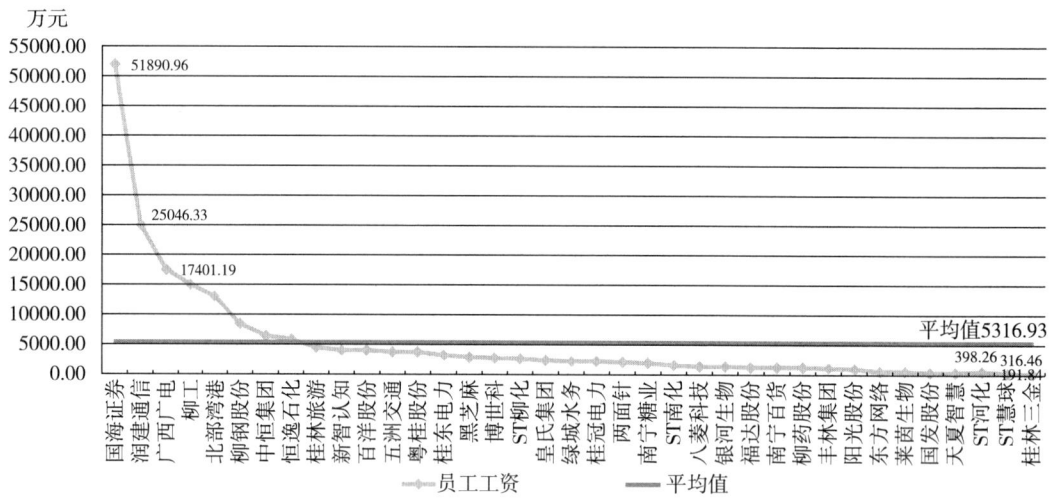

资料来源：Wind 资讯。

图 2-58　2017 年广西上市公司员工工资的排列情况

（3）主营业务成本

主营业务成本反映了公司生产、销售与主营业务有关的产品或服务所必须投入的直接成本，一般来说相对收入而言是越小越好。2017 年广西 37 家上市公司的主营业务成本平均值为 443815.62 万元，最高为化工行业的恒逸石化，达到了 6196886.00 万元，最低为券商信托行业的国海证券，仅为 2513.61 万元。其中，主营业务成本超过平均值的有 5 家公司，占比 13.51%，低于平均值的有 32 家，占比 86.49%。

从图 2-59 发现主营业务成本最高的三家公司为恒逸石化、柳钢股份、桂东电力，分别为 6196886.00 万元、3800166.09 万元、965379.08 万元，而最低的三家公司为 ST 南化、ST 慧球、国海证券，分别为 20333.34 万元、5102.73 万元、2513.61 万元，由此可以看到广西上市公司中恒逸石化为代表的传统行业主营业务成本相对较高；国海证券为代表的轻资产型企业主营业务成本较低。

对 2017 年广西上市公司投入指标进行分析，发现三项指标中高于指标平均值的公司数量占比少于 50%，且各项指标排名前三的公司与排名后三的公司的指标数值出现较为严重的两极分化。由此可知，各项指标排名前三的几家公司相比于其他公司发展较好。从整体上而言，广西上市公司的成本管理效率有待提高。

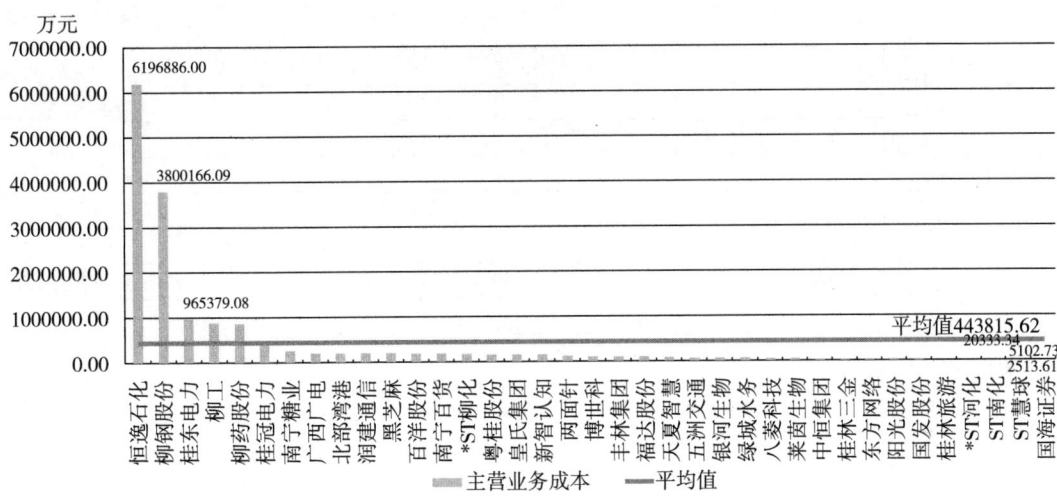

资料来源：Wind 资讯。

图 2-59　2017 年广西上市公司主营业务成本情况

2. 动态分析

（1）固定资产净值

如图 2-60 所示，广西上市公司年平均固定资产净值从 2013 年的 204417.76 万元缓步提高到 2017 年的 282947.40 万元。图 2-61 表明 2013—2017 年的平均增速为 8.47%，其中，2013—2014 年平均增速高达 14.98%，而其他年份的平均增速都小于 5%，2015 年、2016 年增速为负值。由此可见，2013—2017 年期间广西上市公司固定资产投入变化不大。

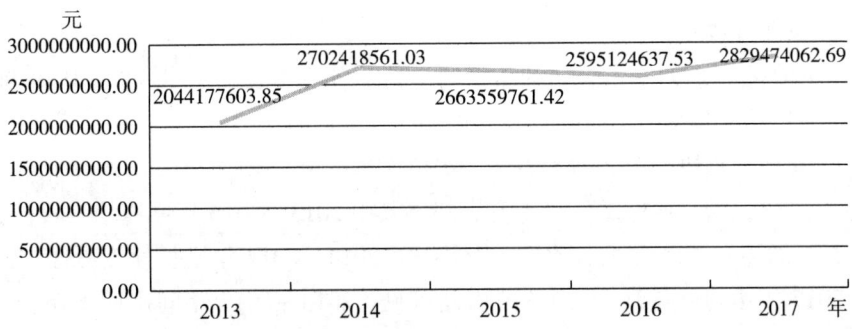

资料来源：Wind 资讯。

图 2-60　2013—2017 年广西上市公司固定资产净值情况

（2）员工工资

图 2-62 表明，广西上市公司员工工资年平均值从 2013 年的 2309.24 万元提高到 2017 年的 5316.93 万元，呈现持续提升态势，但近年总额提高缓慢。

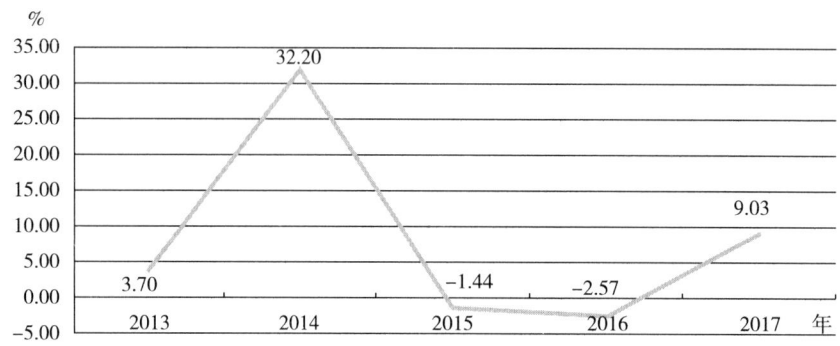

资料来源：Wind 资讯。

图 2-61 2013—2017 年广西上市公司年平均固定资产净值增速情况

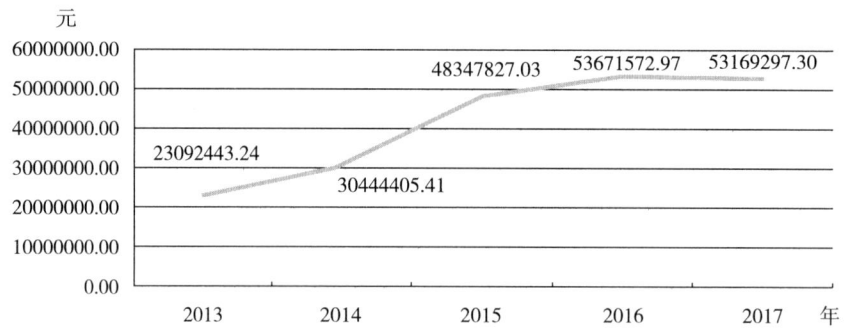

资料来源：Wind 资讯。

图 2-62 2013—2017 年广西上市公司员工工资年平均值增速情况

（3）主营业务成本

从图 2-63 看，广西上市公司的年平均主营业务成本从 2013 年的 314548.96 万元快速增长到 2017 年的 443815.61 万元，其中 2013—2016 年年平均主营业务成本波动不大，2016—2017 年增长较快。图 2-64 表明，2013—2017 年广西上市公司主营业务成本的平均增速为 8.99%，增长速度总体呈上升态势，其中 2013—2016 年增速均为负值，最低值 -792.85%，2013—2014 年增长速度上升迅速，2014—2017 年增长速度减缓，2016 年转为正值，2017 年达到最高值 51.27%。由此可见，2013—2017 年间广西上市公司主营业务成本虽有所增加，但增加的速度较慢，表明其成本管理效果较好。

通过历年平均值对 2013—2017 年广西上市公司固定资产净值、员工工资和主营业务成本投入指标进行动态分析，发现广西上市公司 2013—2017 年间不同成本的增长速度有快有慢，各指标的变化波动较为明显，并且平均增速控制在 20% 左右，表明广西上市公司投入规模有不同程度的增长。

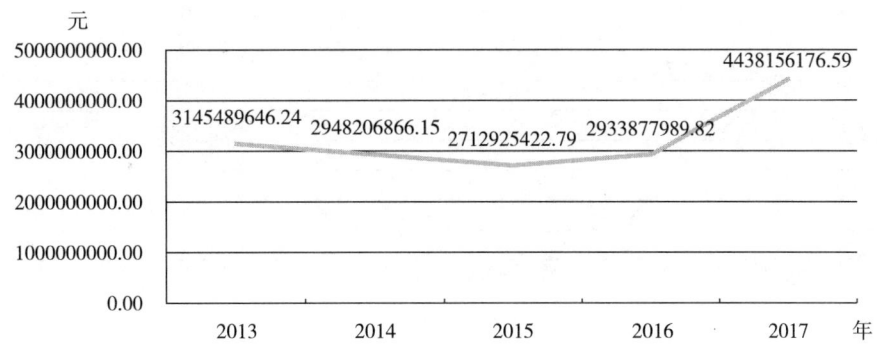

资料来源：Wind 资讯。

图 2-63　2013—2017 年广西上市公司主营业务成本年平均值发展情况

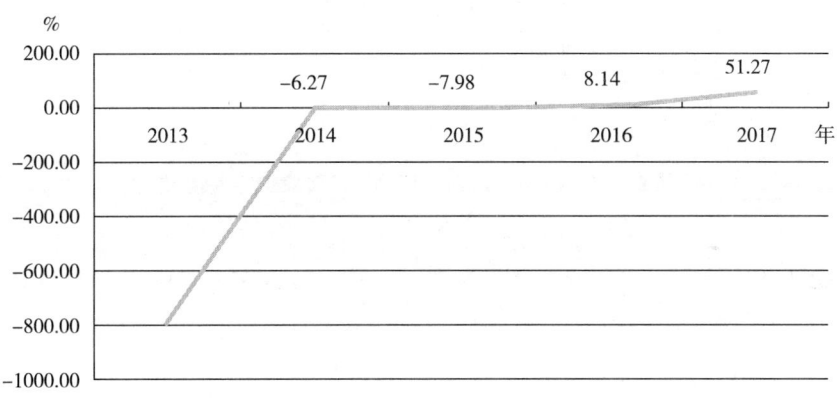

资料来源：Wind 资讯。

图 2-64　2013—2017 年广西上市公司主营业务成本增长速度发展情况

（六）其他产出指标分析

1. 静态分析

（1）主营业务收入

主营业务收入反映了企业从事本行业生产经营活动所取得的营业收入，一般来说是越大越好。2017 年广西 37 家上市公司的主营业务收入平均值为 52.70 亿元，最高为化工行业的恒逸石化，达到了 642.84 亿元，最低为房地产行业的 ST 慧球 0.66 亿元。其中，主营业务收入超过平均值的公司有 6 家，占比 16.22%；低于平均值的公司有 31 家，占比 83.78%。

从图 2-65 发现主营业务收入指标值均为正值。主营业务收入最高的三家公司为恒逸石化、柳钢股份、柳工，分别为 642.84 亿元、415.57 亿元、112.64 亿元，而最低的三家公司为 ST 河化、ST 南化、ST 慧球，分别为 2.21 亿元、2.14 亿元、0.66 亿元，广西上市公司的主营业务收入两极分化较为明显。表明在广西上市公司中恒逸石化主营业务收入最高；ST 慧球主营业务收入最低，发展前景堪忧。

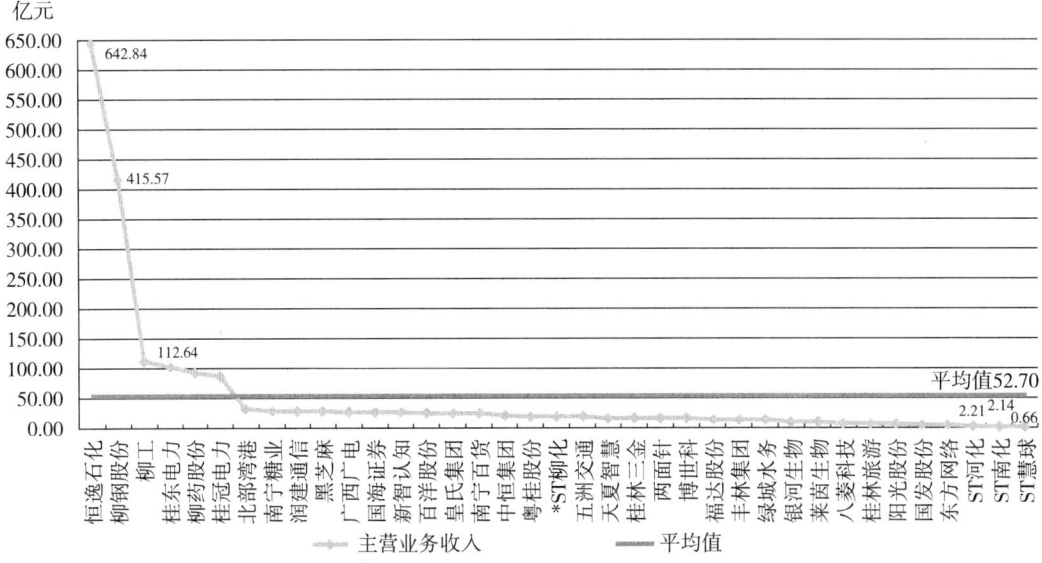

资料来源：Wind 资讯。

图 2-65　2017 年广西上市公司主营业务收入情况

（2）净利润

净利润的计算一般为利润总额减去所得税费用，反映了企业经营的最终成果，一般来说是越大越好。2017 年广西 37 家上市公司的净利润平均值为 35099.17 万元，最高为电力行业的桂冠电力，达到了 280515.69 万元，最低为文化传媒行业的东方网络，净利润为 -27844.90 万元。其中，净利润超过平均值的公司有 10 家，占比 27.03%；低于平均值的公司有 27 家，占比 72.97%。且有 ST 南化、两面针、南宁糖业、东方网络四家上市公司的净利润为负值。总体上，广西上市公司 2017 年的净利润水平较低，超过一半的上市公司净利润低于平均值，甚至出现负值。

从图 2-66 发现净利润达到 200000 万元以上的有 2 家公司，桂冠电力公司达到了 280515.69 万元，其他公司数据差距并不大，指标值为负值的有 4 家。净利润最高的三家公司为桂冠电力、柳钢股份、恒逸石化，指标值分别为 280515.69 万元、264617.63 万元、184398.03 万元，而最低的三家公司为两面针、南宁糖业、东方网络，指标值分别为 -16458.09 万元、-19835.70 万元、-27844.90 万元，表明在广西上市公司中桂冠电力净利润最高，其获利能力较强；东方网络净利润最低，获利能力较差。

（3）总资产周转率

总资产周转率是营业收入净额占平均资产总额的比值，反映了总资产的周转速度，一般来说是越大越好，周转越快，销售能力越强。2017 年广西 37 家上市公司的总资产周转率平均值为 0.54 次，最高为化工行业的恒逸石化达到了 2.11 次，最低为券商信托行业的国海证券 0.04 次。其中，总资产周转率超过平均值的公司有 10 家，占比 27.03%；低于平均值的公司有 27 家，占比 72.97%。

2. 广西上市公司经营效率报告

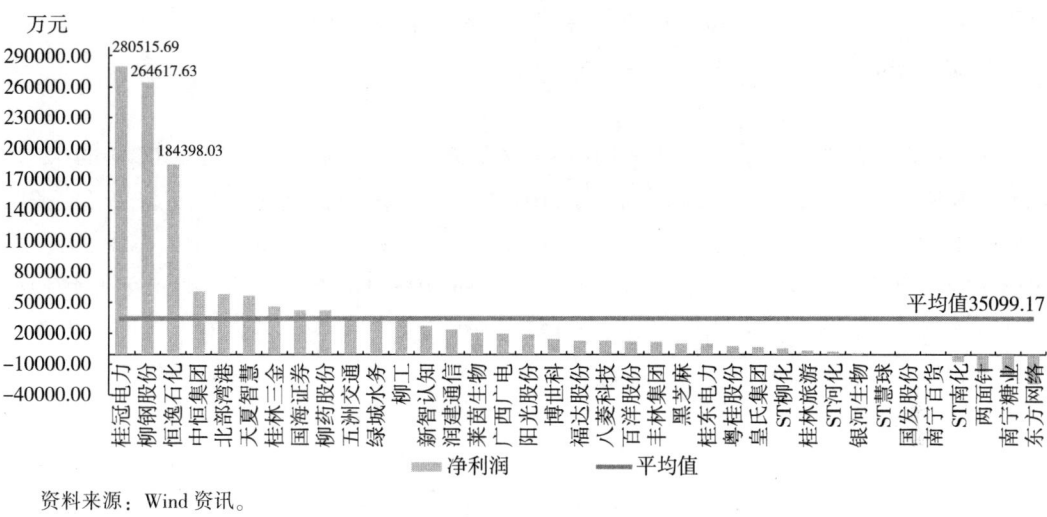

资料来源：Wind 资讯。

图 2-66　2017 年广西上市公司净利润的排列情况

从图 2-67 发现总资产周转率指标值达到 2 次以上的有 1 家公司，即恒逸石化公司，达到了 2.11 次，其他公司数据差距并不大。总资产周转率最高的三家公司为恒逸石化、柳钢股份、柳药股份，分别为 2.11 次、1.89 次、1.37 次，而最低的三家公司为五洲交通、阳光股份、国海证券，分别为 0.16 次、0.06 次、0.04 次，广西上市公司中恒逸石化总资产周转率最高，表明其资产负债管理能力较强，生产经营资产的周转速度较快，资产的利用效率较高；国海证券总资产周转率最低。

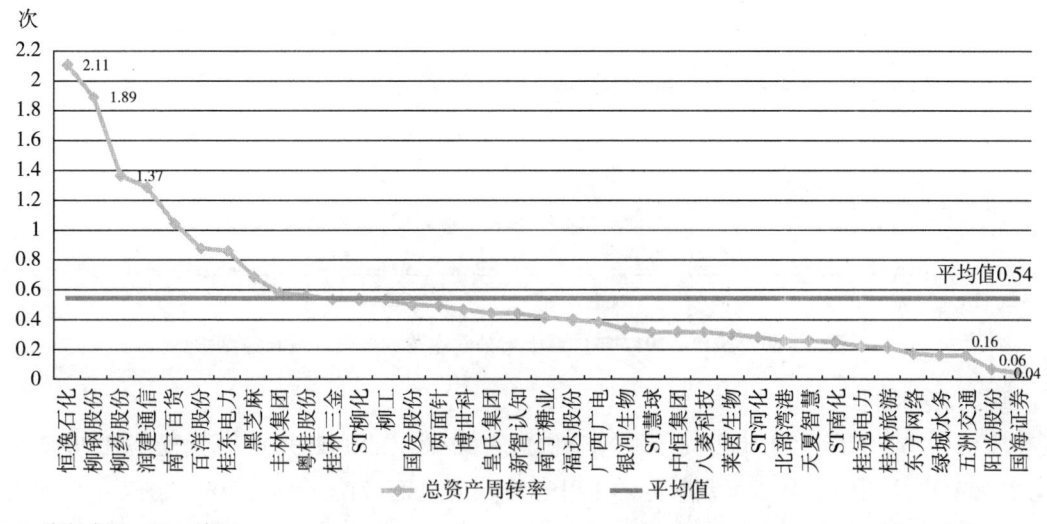

资料来源：Wind 资讯。

图 2-67　2017 年广西上市公司总资产周转率情况

对 2017 年广西上市公司产出指标进行分析，发现共有 6 家上市公司主营业务收入高于平均值，占 16.22%；共有 10 家上市公司净利润高于平均值，占 27.03%，但有四家上市公司的净利润为负值；共有 10 家上市公司总资产周转率高于平均值，占 27.03%。

107

总体上看，广西绝大多数上市公司的主营业务收入水平相对较低。

2. 动态分析

（1）主营业务收入

图 2-68 表明主营业务收入年平均值从 2013 年的 37.02 亿元提高到 2017 年的 52.70 亿元，其中，2013—2016 年间增长缓慢，2016—2017 年间增长迅速，总体上主营业务收入实现增加。图 2-69 表明 2013—2017 年主营业务收入平均增速为 9.23%，其中，2013—2014 年主营业务收入平均增速开始下滑，而 2015 年以后主营业务收入平均增速回升并且回升速度逐渐加快。由此可知，2013—2017 年间广西上市公司的主营业务发展处于探索初期，管理水平有所提升，总收益增加。

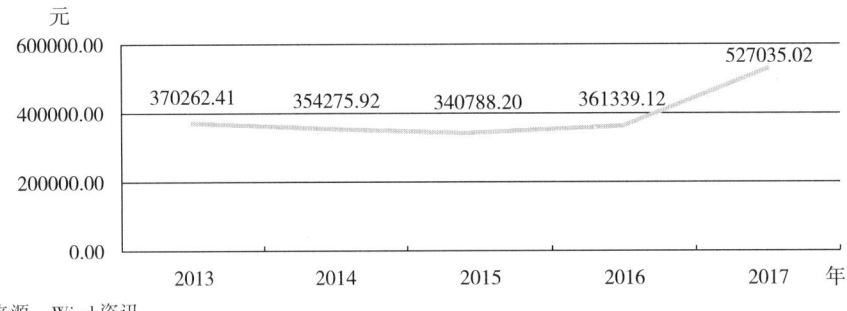

资料来源：Wind 资讯。

图 2-68　2013—2017 年广西上市公司主营业务收入年平均值

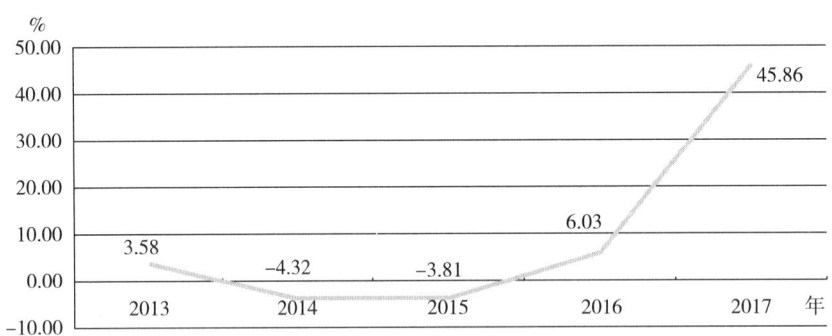

资料来源：Wind 资讯。

图 2-69　2013—2017 年广西上市公司主营业务收入增长速度

（2）净利润

图 2-70 表明广西上市公司年平均净利润从 2013 年的 14299.38 万元提高到 2017 年的 35099.17 万元，总体上呈现较好的上升态势。从图 2-71 来看，2013—2017 年广西上市公司净利润的平均增速为 25.17%，其中 2013—2015 年平均增速变化不大，先小幅下降，后小幅上涨；而 2015—2016 年净利润平均增速明显下降，降至最低值 1.25%，在 2016 年后快速上升至 27.79%。由此可知，2013—2017 年广西上市公司净利润呈现较为平稳的健康发展趋势，经营效率表现较好。

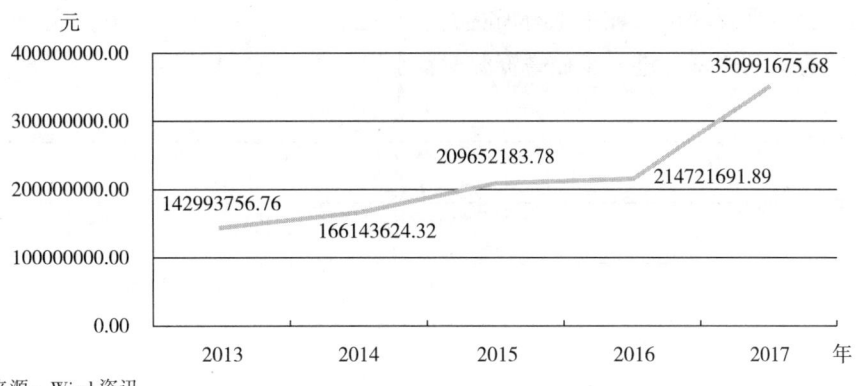

资料来源：Wind 资讯。

图 2 - 70　2013—2017 年广西上市公司净利润年平均值

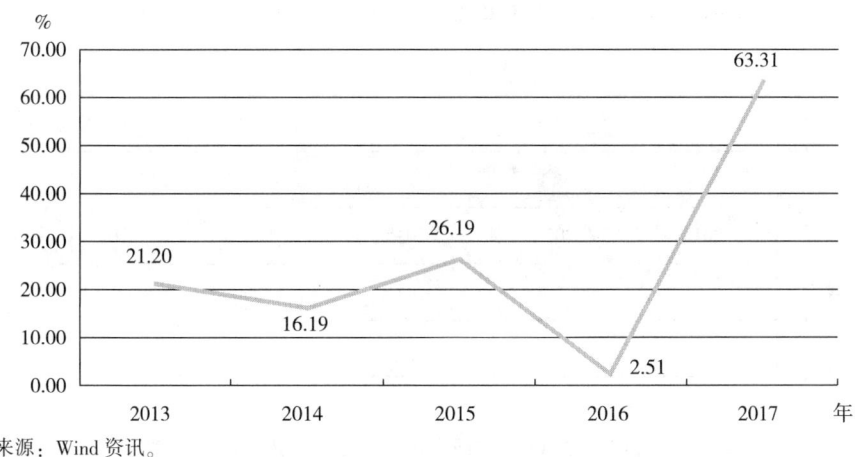

资料来源：Wind 资讯。

图 2 - 71　2013—2017 年广西上市公司净利润增长速度

（3）总资产周转率

图 2 - 72 表明广西上市公司的总资产周转率从 2013 年的 0.63 次下降到 2017 年的 0.54 次，其中，2013—2016 年期间呈连续下降趋势，2016—2017 年期间出现回升，但回升幅度不大，总体上总资产周转率呈下降趋势。对图 2 - 73 分析，2013—2017 年广西上市公司总资产周转率平均增速为 - 3.83%，其中，2013—2015 年间总资产周转率平均增速呈下降趋势，于 2015 年降至最低值 - 10.27%。2015 年后开始出现上升，于 2017 年增至最大值 8.86%。2013 年至 2017 年以前，广西上市公司总资产周转率的平均增速均为负值，2016 年以后逐渐转负为正。

通过历年平均值对 2013—2017 年广西上市公司主营业务收入、净利润和总资产周转率三个产出指标进行动态分析，发现广西上市公司在 2013—2017 年有一定的收益增长。2013—2017 年各项产出指标的平均增速均呈上升趋势，且 2016—2017 年均表现为快速增长，经营效率稍明显，产出回报较高，资金周转效果较好。虽然广西上市公司的主营业务收入和净利润均实现了增长，但增长不稳定，整体上经营效率变化不明显，并且产出指标的增长相对于投入指标的增长没有明显差距，增长较为缓慢，表明应继续加强成本控制。同时，数据反映出管理水平有所提升，在已有的生产技术条件下，应进一步增强投入资源的有效利用率，进一步提高资源配置水平。

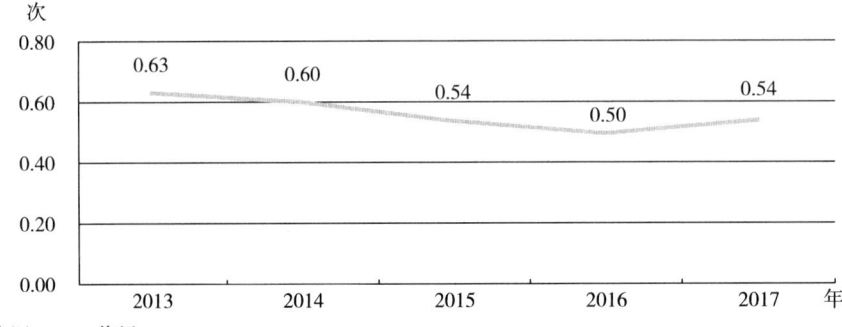

资料来源：Wind资讯。

图2-72　2013—2017年广西上市公司总资产周转率年平均值情况

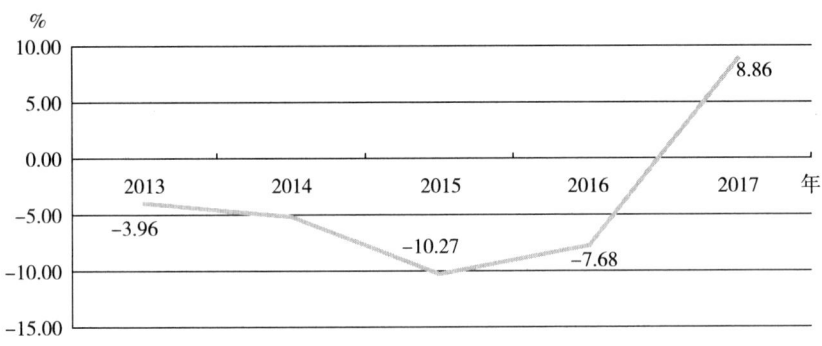

资料来源：Wind资讯。

图2-73　2013—2017年广西上市公司总资产周转率增长速度

（七）环境变量指标分析

1. 静态分析

（1）股权集中度

股权集中度是前十大股东持股数与总股数的比值，在一定程度上反映了现代公司稳定性的情况。2017年广西37家上市公司的股权集中度平均值为56.34%，最高为电力行业的桂冠电力，达到了89.95%，最低为化肥行业的ST柳化，仅为18.40%。其中，股权集中度超过平均值的公司有15家，占比40.54%；低于平均值的公司有22家，占比59.46%。

从图2-74发现股权集中度指标值最高的三家公司为桂冠电力、北部湾港、柳钢股份，指标值分别为89.95%、86%、84.98%，而最低的三家公司为中恒集团、ST慧球、ST柳化，指标值分别为39.95%、26.26%、18.40%，表明在广西上市公司中桂冠电力股权集中度最高，其公司股权较为集中，稳定性较强；ST柳化股权集中度最低，其公司股权较为分散，股权结构稳定性较弱。

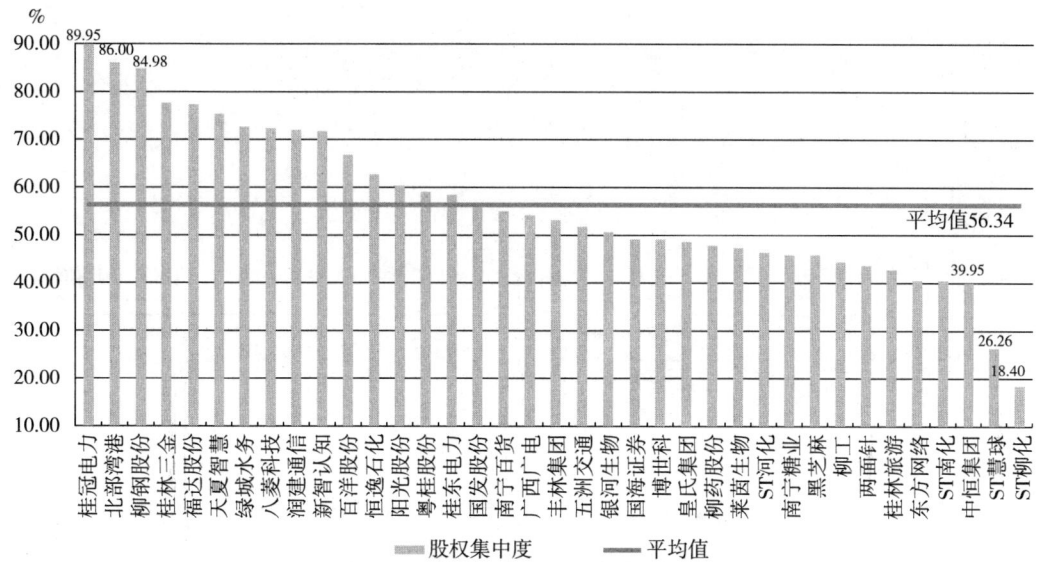

资料来源：Wind 资讯。

图 2-74 2017 年广西上市公司股权集中度情况

（2）净资产收益率

净资产收益率是税后利润与所有者权益的比值，反映了公司运用自有资本效率的情况，一般来说是越大越好。2017 年广西 37 家上市公司的净资产收益率平均值为 9.12%，最高为化肥行业的 ST 柳化 159.32%，考虑到其净资产数额较小，因此较大。最低为化工行业的 ST 南化 -37.21%。其中，净资产收益率超过平均值的公司有 13 家，占比 35.14%；低于平均值的公司有 24 家，占比 64.86%。总体上，除了 ST 柳化的净资产收益率远超其他上市公司外，广西上市公司的净资产收益率与平均水平偏差较小，但仍然出现净资产收益率为负值的上市公司。

从图 2-75 发现净资产收益率指标值为负值的有 4 家。净资产收益率最高的三家公司为 ST 柳化、柳钢股份、润建通信，指标值分别为 159.32%、36.76%、20.13%，而最低的三家公司为南宁糖业、东方网络、ST 南化，指标值分别为 -14.01%、-24.48%、-37.21%，两极分化明显，表明在广西上市公司中 ST 柳化净资产收益率最高；而 ST 南化最低，其经营效率正好相反。

（3）上市年限

上市年限反映了公司上市的时间长度。2017 年广西 37 家上市公司上市年限平均值为 17.41 年，最高为工程机械行业的柳工，达到了 28 年，最低为通信行业的润建通信，刚为 1 年。其中共有 21 家上市公司上市年限高于平均值，占 56.76%；剩下的 16 家上市公司上市年限低于平均值，占 43.24%。总体上，超过一半的广西上市公司的上市年限超过平均值。

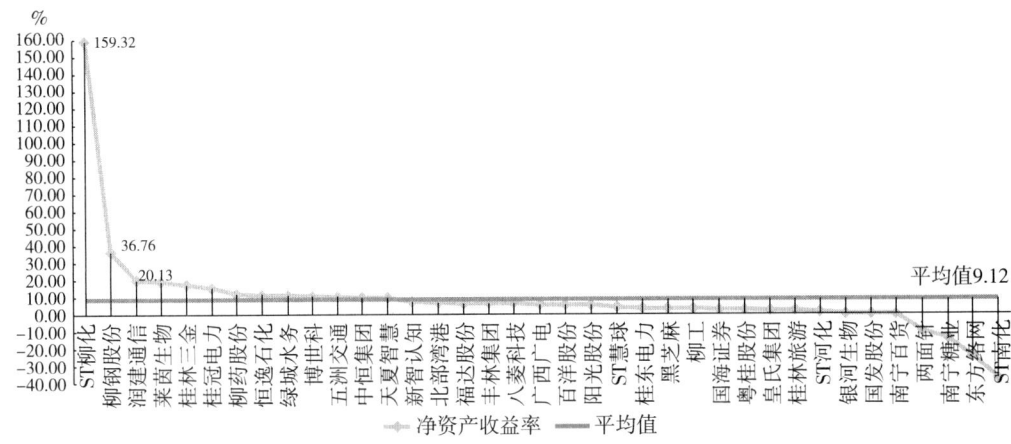

资料来源：Wind 资讯。

图 2-75　2017 年广西上市公司资产收益率的排列情况

从图 2-76 发现，上市年限排名前三的公司为柳工、天夏智慧、恒逸石化，分别为 28 年、27 年、27 年，而排名后三的公司为福达股份、广西广电、润建通信，分别为 6 年、4 年、1 年，表明在广西上市公司中柳工上市最久，其经营管理经验积累最多，市场适应性较强；润建通信上市年限最短。

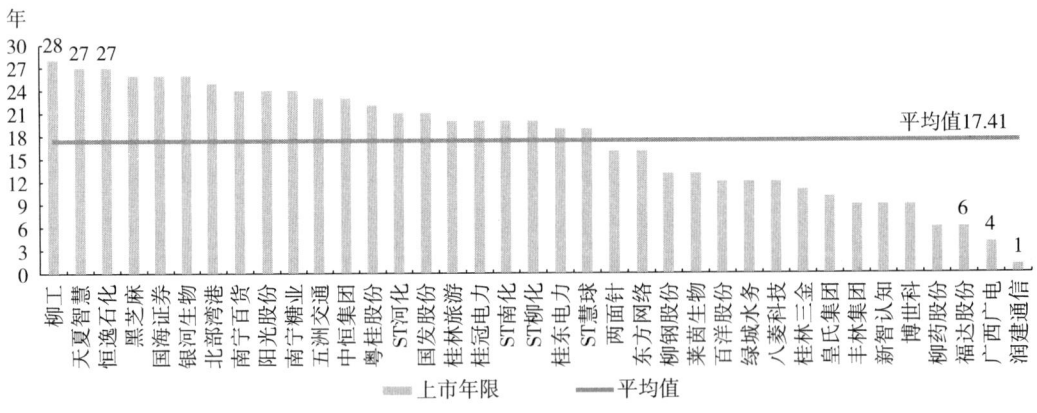

资料来源：Wind 资讯。

图 2-76　广西上市公司上市年限

对 2017 年广西上市公司环境变量指标进行分析，发现 2017 年广西 37 家上市公司中共有 15 家公司股权集中度高于平均值 56.34%，占 40.54%；剩下的 22 家上市公司股权集中度低于平均值，占 59.46%。共有 13 家上市公司净资产收益率高于平均值 9.22%，占 35.14%；剩下的 24 家上市公司净资产收益率低于平均值，占 64.86%。共有 21 家上市公司上市年限高于平均值 17.41 年，占 56.76%；剩下的 16 家上市公司上市年限低于平均值，占 43.24%。总体上，超过一半的广西上市公司的上市年限超过平均值。由此可知，整体上广西上市公司的经营环境一般，公司净资产的使用效率和经营管理水平有待提高。

2. 动态分析

（1）股权集中度

从图 2-77 来看，广西上市公司年平均股权集中度从 2013 年的 42.65% 提高到 2017 年的 54.11%。2013—2016 年间股权集中度持续增长，2016 年增至最高值 57.74%，2016—2017 年有小幅下降，总体上股权集中度呈增长趋势，且数值围绕在 50% 前后。

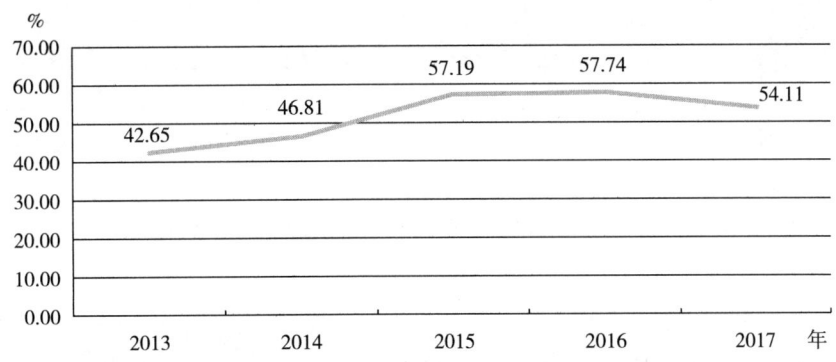

资料来源：Wind 资讯。

图 2-77　2013—2017 年广西上市公司股权集中度年平均值

（2）净资产收益率

从图 2-78 分析，广西上市公司年净资产收益率从 2013 年的 6.73% 上升至 2017 年的 9.12%，其中，2013—2016 年间变化幅度不大，2016—2017 年出现明显增长。图 2-79 表明 2013—2017 年净资产收益率平均增速为 7.89%，其中，2013—2016 年平均增速变化较小，但 2013—2014 年和 2015—2016 年平均增速均为负值，分别为 -1.05% 和 -6.28%，而 2016—2017 年的平均增速快速上升至 21.66%。由此可见，反映出总体上净资产收益率不稳定，获利能力有待提高，公司仍需采取措施控制净资产收益率的波动范围并继续着力提高净资产收益率。

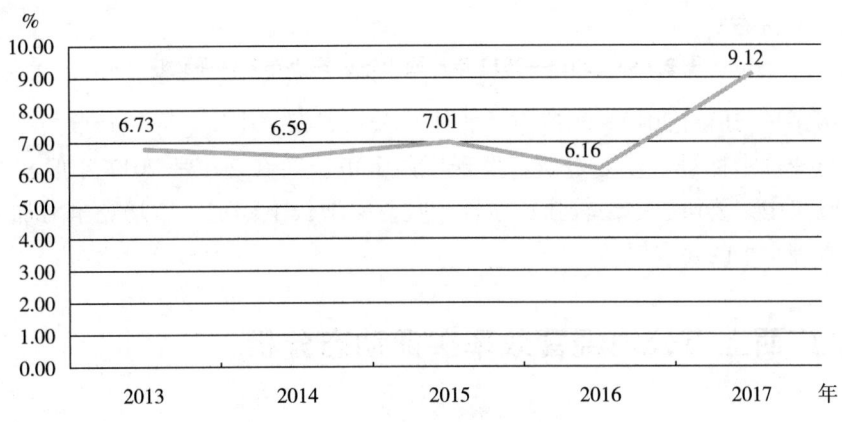

资料来源：Wind 资讯。

图 2-78　2013—2017 年广西上市公司净资产收益率年平均值

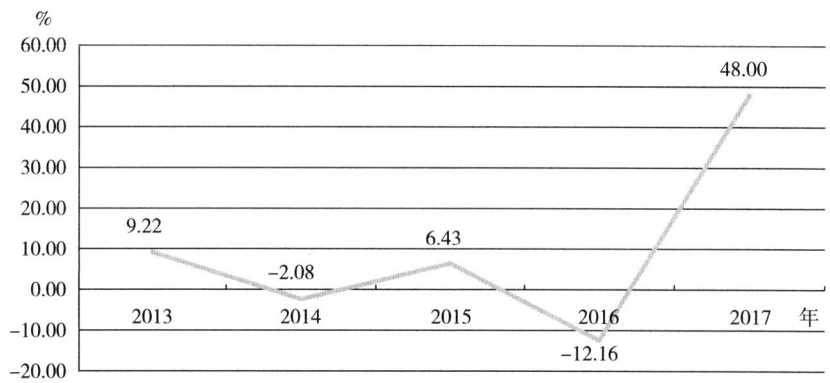

资料来源：Wind 资讯。

图 2-79　2013—2017 年广西上市公司净资产收益率增长速度

（3）上市年限

图 2-80 表明广西上市公司年平均上市年限从最低值 2013 年的 13.26 年上升到 2017 年的最高值 17.41 年，总体上呈现持续上升的态势。2013—2017 年间广西上市公司上市年限平均增速为 5.86%。由此可知，2013—2017 年广西上市公司数量和规模不断扩大并且持续经营，市场活力和竞争力不断增强。

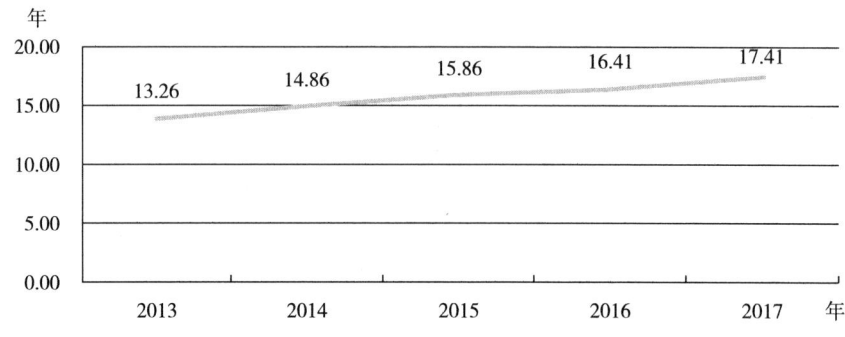

资料来源：Wind 资讯。

图 2-80　2013—2017 年广西上市公司上市年限平均值

通过历年平均值对 2013—2017 年广西上市公司股权集中度、净资产收益率和上市年限三个环境变量指标进行动态分析，发现广西上市公司在 2013—2017 年股权结构较稳定，股权较集中，公司稳定性较强，净资产收益率增长不稳定，市场竞争力加大，对公司的经营管理水平的要求提高。

三、广西上市公司经营效率实证动态分析

（一）模型的选择

构建基于投入或产出角度的 DEA 模型来分析广西上市公司的经营效率。运用 DEA

方法来分析企业经营效率,包括综合技术效率、规模效率和纯技术效率,本文通过运用带有时间变量的 Malmquist 指数来进行下一步的研究,Malmquist 指数克服了 DEA 模型无法对不同时期数据进行纵向对比缺点,因此 Malmquist 指数可以对广西上市公司的经营效率进行动态研究。

假设有两个时期,为了方便计算分析,选取 T 和 T+1 两个相邻时期,从 T 期到 T+1 期,Malmquist 总要素生产力变化指数能够表示成:

$$M_{i,t+1}(X_i^t, Y_i^t, X_i^{t+1}, Y_i^{t+1}) = \frac{D_i^{t+1}(X_i^{t+1}, Y_i^{t+1})}{D_i^t(X_i^t, Y_i^t)} \sqrt{\frac{D_i^t(X_i^t, Y_i^t)}{D_i^{t+1}(X_i^t, Y_i^t)} \times \frac{D_i^t(X_i^{t+1}, Y_i^{t+1})}{D_i^{t+1}(X_i^{t+1}, Y_i^{t+1})}}$$

其中,$\frac{D_i^{t+1}(x_i^{t+1}, y_i^{t+1})}{D_i^t(x_i^t, y_i^t)}$ 代表经营效率的变化,Malmquist 指数大于 1 说明上市公司经营效率进步。

(二)指标的选择

要运用 DEA 模型对广西上市公司的经营效率分析,选取合适投入、产出指标对分析结果准确性有着很大影响,因此从满足广西上市公司在最少投入情况下得到最大产出的要求出发。本文从资金流动能力、盈利能力、偿债能力、资本投入能力、环境指标等方面来构建分析指标体系。选取了经营现金净流量占销售收入比率(%)、资产的经营现金流量回报率(%)、经营现金净流量占负债比率(%)、现金流量比率(%)、流动比率(%)、速动比率(%)、现金比率(%)、固定资产净值率(%)、产权比率(%)、固定资产比重(%)、资产负债率(%)、负债与所有者权益比率(%)、固定资产净值作为投入指标,产出指标则选择了总资产利润率(%)、主营业务利润率(%)、成本费用利润率(%)、营业利润率(%)、销售净利率(%)、净资产报酬率(%)、资产报酬率(%)、净资产收益率(%)。其逻辑为:

表 2-2　　　　　　　　　　DEA 分析投入产出分析表

	要素类型	变量
投入	资金流动能力	经营现金净流量占销售收入比率(%)
		资产的经营现金流量回报率(%)
		经营现金净流量占负债比率(%)
		现金流量比率(%)
	偿债能力	流动比率(%)
		速动比率(%)
		现金比率(%)
		固定资产净值率(%)

续表

要素类型		变量
投入	资本投入能力	产权比率（%）
		固定资产比重（%）
		资产负债率（%）
		负债与所有者权益比率（%）
		固定资产净值
产出	盈利能力	总资产利润率（%）
		主营业务利润率（%）
		成本费用利润率（%）
		营业利润率（%）
		销售净利率（%）
		净资产报酬率（%）
		资产报酬率（%）
		净资产收益率（%）

（三）数据的收集及处理

运用 Wind 金融资讯软件采集 2013—2017 年的广西上市公司年度报表数据，运用主成分分析法对选择的指标进行分类和调整，尽量维持其原有信息的完整度，并筛选保证互不相关的指标来进行分析，避免信息重叠，以便运用 DEA 模型分析调整后的综合指标。

在得出 2013—2017 年历年来主成分得分后，采用直线无量纲化进一步对投入、产出指标进行处理，以满足 DEA 计算要求输入输出值为非负值。具体计算处理的公式：

$\max Z_{ij} = a$（a 是第 i 项指标的最大值）

$\min Z_{ij} = b$（b 是第 i 项指标的最小值）

则 $M_{ij} = 0.1 + \dfrac{Z_{ij} - b}{a - b} \times 0.9$，即 M_{ij} 是第 j 个决策单元第 i 项指标无量纲化处理后的数值。

（四）广西上市公司经营效率动态分析

使用 DEAP2.1 对 37 个广西上市样本公司的 TFP 在 2013—2017 年历年的变化情况进行分析。其中，TFP 即 Malmquist 生产率指数可以被分解为 ECH（Efficiency Change，表中 eff 的简写）和 TCH（Technical Change，表中 tech 的简写），ECH 反映了规模效率，TCH 反映技术效率情况，表明技术创新情况。

由表 2-3 可以看出，2013—2014 年期间 ECH、TCH 均大于 1，规模效率的提高及技术进步促使了经营效率的增加；2014—2015 年期间 ECH＞1，规模效率也是提高的，但是 TCH < 1，技术效率的下降导致了总体经营效率降低；2015—2016 年期间，ECH 下降 4%，而 TCH 增加了 13.3%，正是由于 TCH 的大幅增长，促进了经营效率的增加；2016—2017 年期间 ECH > 1，TCH < 1，由于技术进步的下降幅度大于技术效率的增加幅度，从而导致了经营效率的下降。整体来看，虽然技术进步处于波动状态，但是技术效率的提升在一定程度上弥补了由技术进步缓慢导致的全要素生产率低下的不足，由此可见，技术效率的变化是影响 TFP 变动的主要因素。为更好地推动广西上市公司经营效率不断提升，在保持规模效率稳步提高情况下，应该大胆进行生产技术的创新。

进一步分析，技术效率的变化可以分解为纯技术效率及规模效率的变化。从表 2-3 可以看出，2014—2015 年、2016—2017 年的纯技术效率的变化处在下降趋势，从而影响了技术效率的提高。2014—2015 年的规模效率小于 1，广西上市公司偏离了最优生产规模，即使是纯技术效率提高也无法弥补规模效率降低带来的不足，从而导致相对技术效率降低。就整体而言，规模效率的变化相对好于纯技术效率的变化，广西上市公司加强了自身规模的调整，同时不能忽视提升企业管理水平以及优化企业制度，从而促进广西上市公司的全面发展。

表 2-3　2013—2017 年广西上市公司历年 Malmquist 指数均值及其分解

年份	eff	tech	pech	sech	tfpch
2013—2014	1.129	1.141	1.018	1.121	1.288
2014—2015	1.021	0.876	0.995	1.026	0.894
2015—2016	0.960	1.133	1.039	0.924	1.088
2016—2017	1.088	0.861	0.997	1.091	0.937

四、结论与建议

（一）结论

（1）在 2014—2015 年与 2016—2017 年 2 个时期内广西上市公司 Malmquist 指数值均小于 1 且下降幅度与波动较大，经营效率出现退步。

（2）Malmquist 指数的下降主要是由技术效率变化指数引起的，且二者存在较强的正相关关系。同时纯技术效率变化指数对技术效率变化指数起着至关重要的作用，二者也存在较强的正相关性。

（3）目前，不少时期广西上市公司综合效率值并不理想，说明运营模式粗放、资源配置效率低、管理能力有待提高。广西上市公司整体的经营效率变化主要是因为技术进步，提高纯技术效率是提高经营效率的有效途径。在现有经营水平条件下，优化企业的经营管理、加强成本控制、注重正确的方略和有效的经营方法，以实现有限资源的最优配置。

(二) 建议

(1) 合理控制企业规模。企业在今后的发展中要合理控制企业规模,避免投入过多资源带来较少的产出,最终造成资源浪费、企业的绩效下降。控制企业规模也体现在控制企业人员的数量上,广西上市公司经过多年的发展,在有些企业中已出现了人员过多的现象,企业要做好人员的绩效考核与人员的分流。

(2) 走技术发展的道路。今后的发展要将投入侧重于技术上,这样不仅会增加产品的附加值,同样会保护环境、节约资源。同时企业积极淘汰落后的机器设备,引进技术先进的设备,先进的设备将会带来效率的提高,产品的升级换代。公司积极鼓励内部技术人员的技术创新,运用正强化来调动积极性与创造性,形成自己的知识产权。

(3) 提高经营管理者水平。技术效率的进步也体现在人的进步,因此提高技术效率就要提高经营管理者的管理水平和决策水平,防止因管理者的失误造成效率的下降和资源的浪费。注重企业文化,加强技能与管理的培训,例如外出访问学习、参加论坛。广西上市公司可加强与高等院校的合作,协同发展,包括企业的规划、企业管理之道,加强人才引进与培养。

参考文献

[1] 倪盛盛. 我国零售业线上线下融合的 DEA 效率分析——来自上市零售业公司的实证 [J]. 商业经济研究, 2019 (13): 182–184.

[2] 向冰. 我国民营能源上市公司全要素生产率研究——基于 DEA–Malmquist 指数法 [J]. 吉林工商学院学报, 2019, 35 (3): 32–38.

[3] 杜天洋, 宋传福, 苏红云. 中国 28 家上市商业银行效率的研究——基于 DEA 和 Malmquist 指数法 [J]. 经济研究导刊, 2019 (18): 70–73.

[4] 易兰广, 胡梅梅. 湖南上市公司效率评价及影响因素 [J]. 经济地理, 2019 (6): 154–162.

[5] 韩婷婷. 区域经济视角下山东省上市公司效率研究 [D]. 山东财经大学, 2019.

[6] 向冰. 我国民营能源上市公司技术效率与要素投入优化分析 [J]. 煤炭经济研究, 2019, 39 (5): 77–83.

[7] 李阳. 基于 DEA 模型的国内院线公司经营效率分析 [J]. 中国电影市场, 2019 (5): 19–23.

[8] 黄秀全, 储勇, 郑峻青, 王秀妹. 基于 DEA–Malmquist 指数模型的中国上市保险公司经营效率研究 [J]. 保险职业学院学报, 2019, 33 (2): 41–46.

[9] 向冰. 数据包络分析中面板数据的常用处理方式对比研究——以国有能源上市公司为例 [J]. 对外经贸, 2019 (3): 95–98.

[10] 徐嵩杰, 凌正华. 基于 DEA 和 Malmquist 指数饲料业上市公司经营绩效分析 [J]. 中国饲料, 2019 (6): 80-83.

[11] 刘冰旎, 李登明. 林业上市公司经营绩效分析及建议——基于 DEA-Tobit 模型 [J]. 中国林业经济, 2019 (2): 12-15+84.

[12] 唐德钧. 我国上市港口企业效率评估——基于 DEA 方法 [J]. 市场周刊, 2019 (2): 28-30.

[13] 郭鹏, 温艳萍. 基于 DEA-Tobit 模型的我国港口业上市公司经营效率研究 [J]. 海洋开发与管理, 2019, 36 (1): 107-113.

[14] 刘冰峰, 王笑梅. 基于三阶段 DEA 模型的文化传媒类上市公司经营效率研究 [J]. 数学的实践与认识, 2019, 49 (2): 119-133.

[15] 原云霄, 王宝海, 王云鹏. 中国生物科技类上市公司经营效率的实证分析——基于 DEA 模型和 Malmquist 指数模型 [J]. 科技管理研究, 2019, 39 (2): 48-54.

[16] 杨伟委. 我国上市物流企业经营效率及影响因素研究 [D]. 浙江工业大学, 2019.

[17] 孙音悦. 基于 DEA 方法的我国集成电路产业上市公司绩效评价研究 [J]. 特区经济, 2018 (12): 133-135.

[18] 骆阳, 黄萌. 基于 DEA 模型的传媒业上市公司经营效率分析 [J]. 淮海工学院学报 (人文社会科学版), 2018, 16 (12): 79-82.

[19] 罗航, 刘江涛, 刘文君. 资产规模、营运投入对军工上市企业经营效率的影响——基于 PCA 与 DEA 相结合的实证研究 [J]. 西华大学学报 (哲学社会科学版), 2018, 37 (6): 42-50.

[20] 佘彩云, 谭艳华. 基于 DEA 模型的安徽省创业板上市公司经营效率评价 [J]. 湖北文理学院学报, 2018, 39 (11): 43-49.

[21] 宋歌. 我国环保业上市公司经营效率分析——基于 DEA 模型的实证研究 [J]. 现代营销 (下旬刊), 2018 (11): 110-111.

[22] 陈燕丽, 王磊, 姜明栋, 沈晓梅. 东北三省制造业上市公司企业绩效及影响因素研究——基于 DEA-Malmquist-Tobit 模型 [J]. 工业技术经济, 2018, 37 (11): 51-57.

[23] 宋歌. 我国旅游景区管理上市公司经营效率分析——基于 DEA 模型的实证研究 [J]. 现代营销 (下旬刊), 2018 (10): 182-183.

[24] 罗珏. 基于 DEA 的光伏企业经营绩效评价指数研究 [J]. 武汉理工大学学报 (信息与管理工程版), 2018, 40 (3): 341-346.

[25] 王雪, 张培文, 汪瑜. 基于窗口 DEA 和 Malmquist 指数的我国上市航空公司运营效率评价 [J]. 数学的实践与认识, 2018, 48 (11): 73-80.

[26] 袁延志, 王宝海. 中国畜牧业上市公司全要素生产率分析——基于 DEA 和 Malmquist 指数 [J]. 黑龙江畜牧兽医, 2018 (10): 43-46.

［27］孟祎. 基于 DEA-Tobit 模型的大数据类上市公司运营绩效及影响因素研究［J］. 当代会计，2018（5）：3-4.

［28］黄雪艳，雷宏. 运用 DEA 模型和 Malmquist 指数确定标杆对象研究［J］. 经营与管理，2018（5）：77-80.

［29］应里孟. 轻资产化房地产行业上市公司运营效率评价［J］. 武汉商学院学报，2018，32（2）：60-66.

［30］尹秀珍，高峰. 中国农业上市公司技术效率测度及提升路径——基于面板数据的实证分析［J］. 农业经济，2018（3）：41-43.

［31］王志平，吴水丹，李雪. 战略性新兴产业 DEA 效率对比研究——基于国有和民营上市公司面板数据［J］. 江西师范大学学报（自然科学版），2017，41（6）：611-616.

（执笔人：甘海源）

3. 广西资本市场服务现代产业发展报告

现代化产业体系建设是广西实现经济高质量发展的重要依托。在新时代，广西构筑富有竞争力的现代产业体系将有助于履行"三大定位"新使命，建设壮美广西，推动广西形成全面开放新格局，营造发展新动能。随着资本市场与现代产业之间的联系日益紧密。进一步完善广西资本市场服务，充分发挥资本市场的资源配置、资金集聚、价值发现和产权界定等职能，将会是助推广西现代产业发展的重要利器。

一、现代产业及其体系建设的现实意义

（一）现代产业与现代产业体系

产业是因社会分工形成利益联系紧密的相关行业构成的业态总和。产业涉及的行业在经营模式上因产业链价值创造环节而有所差异，但经营对象与范围具有相同与相近的产品特征，彼此构建起相对独立的内部循环。因此，产业是因社会分工而起，随社会生产力发展而兴，聚同类行业企业而合，形成多层次的经济发展结构。

产业体系是由各个产业组成的一个整体，变成宏观经济的中观具体展现以及微观经济的中观集成，展现一个经济体的经济活动。一般而言，第一、第二、第三产业的三次产业划分及其结构，就变成了一个经济体的产业体系。现代产业体系在传统经济学中并无专门阐述和界定，具有一定的中国特色。中共十七大报告首次提出发展现代产业体系，而后各地区逐渐致力于构建具有区域特色的现代产业体系。习近平同志多次强调，要深化产业结构调整，构建现代产业发展新体系，形成实体经济、科技创新、现代金融、人力资源协同发展的产业体系。党的十九大报告进一步提出建设现代化经济体系的战略目标，中央政治局也就此进行了多次集中学习，对现代经济与产业体系的构建非常重视。

现代产业体系是产业不断升级演进而形成的现代元素显著的高级化结构体系。现代产业体系中，现代服务业等高级产业发展较为充分，呈现克拉克定律所揭示的产业结构不断高级化的状态。在发达国家，现代服务业一般占到国内生产总值的70%甚至更高；在发展中国家，工业化进程加快的情形下呈现出工业增加值占国内生产总值占比过半，而服务业占比不断上升的状态。

经历了工业革命、内燃机革命、电气化革命以及信息化革命等多次技术革命以后，世界产业结构也在不断演进发展，尤其是信息化革命之后，信息产业等高科技产业飞速发展，以至于出现了颠覆经济学传统的新经济形态，显示了与以往技术革命下产业结构

在性质上的不同。因此，信息革命前的产业体系常被称为传统产业体系，而信息化革命之后的产业体系也常被称为现代产业体系。

现代产业体系的扩张发展最重要的并非简单的数量增加，而是基于熊彼特创造性毁灭理论显示出的跳跃性升级扩张。现代产业的发展是现代生产要素在新的技术引领下的高质量高效率发展，其重要特征就是技术创新成果的不断应用以及由此推动的要素耦合效率及产出效率和成果的不断创新进步和提高。以技术创新和技术要素为主动力的现代产业发展中，资本市场的发展水平和服务能力、知识产权保护力度、商业文明发展水平、一国或区域经济体的其他营商环境因素支撑能力等带动全要素生产率不断提高和产业结构不断高级化和高度化发展。

总之，现代产业是产业现代化的产物，现代产业体系是依托技术进步而不断发展的现代产业组成的有别于传统增长路径的产业体系。现代产业体系化构建发展是当下高质量增长的关键实现手段和重要目标。

（二）现代产业发展的现实意义

面对资源环境的承载力限制、经济发展新常态、生态文明建设的整体要求，努力调结构、转方式，发展现代产业，提高经济增长质量和速度，对改变广西在新时代西部大开发和全面开放发展中营造发展新动能，全面构筑富有竞争力的现代产业体系，履行"三大定位"新使命，建设壮美广西，有重要的现实意义。

第一，广西自改革开放以来主要依赖粗放式的经济发展模式，但随着区域竞争格局演变和新动能转化的发生，以及自然资源的承载力限制、生态环境的压力、人口人力资源比较优势的弱化，经济发展方式转变和发展方式转型势在必行，依托技术创新发展现代产业，实现集约式发展非常紧迫。

第二，广西面临"三大定位"新使命的开放发展机遇和"东融、西合、南向、北联"发展格局调整调优，以此深度参与"一带一路"建设，建设壮美广西，应对良好的外部发展机遇和历史使命，需要全方位构建现代产业体系，使之在发达地区产业转移中能充分耦合优化，在全球产能合作中不断提高价值链位置。

第三，从微观角度看，广西加强现代产业发展，企业在新旧动能转换中升级发展，提高竞争力，以及新兴产业主体培育和新市场及新需求培育，为区域就业、消费以及经济增长作出不可忽视的贡献，解决经济增长乏力和动力不足问题。

二、资本市场服务现代产业发展的机制分析

现代产业发展水平决定了经济增长的动力和竞争优势，也决定了区域发展定位和格局。现代产业的发展一方面包含传统产业的二次创业和转型升级，另一方面重点是要培育新兴产业和新动能，都离不开资本要素的支持。尤其，资本市场作为重要的要素市场，是一个经济体市场化程度的高度集中体现，也对现代产业和经济发展提供有力支撑。发

达国家的经济发展过程足以证明资本市场对规模化大生产下巨额资本需求的满足能力，以及资本转变和积累能力对助推产业和经济发展的重要贡献。

（一）资本市场资源配置职能促进现代产业发展

资本市场的核心职能是资源配置，指的是资本具有逐利特性，总会自觉主动地向高收益的领域流动配置，从而实现提升资源配置效率的职能。资本市场这一提高资金配置效率的机制，对企业的优胜劣汰和产业的升级转型至关重要。资本的逐利特性，源于经济学的理性人假设，收益最大化的资本所有者不乏动力将资金从低收益部门转向高收益部门，进而实现资金资源的优化配置，也赋予资本市场的资源配置职能。相较于资本市场成立之前的计划经济和改革开放早期的低效率，资本市场成立后资本自由流动机制强化对其他经济要素的调动和配置能力明显加强，也促成了我国自改革开放后的经济腾飞和各产业门类的调整升级。从产业的视角看，资本市场的资源配置功能让资本在不同产业部门间流动配置，造就了源源不断的新概念、新题材，促成了产业的更迭转变；从企业视角看，资源配置效率高、市场前景明朗的企业更易于获得资金的青睐，容易获得发展的资金支持，进而塑造了产业内富于竞争力的企业，成为经济体中的支柱企业。产业和企业更迭升级、优胜劣汰的结果，是资本市场资源配置功能来促成的，尤其是资本市场越强大，这种功能就越加明显。当今形势下，区域经济发展千帆竞发，现代产业的发展是决定区域竞争力的重要决定因素。基于此，战略性新兴产业、传统支柱优势性产业的发展成为区域产业发展的重点，而发挥资本市场重要的资源配置功能，借助国家、区域政策倾斜支持，对产业发展形成推动力成为重要的手段。我国东部发达地区的新兴产业发展领先一步，战略性新兴产业发展相对较好，离不开资本市场的强力支持。借助资本市场的支持，大量资金汇集配置，使之获得了产业兴起和发展的资金保障，同时，新兴产业带来的效率提高和财富效应，又加剧了资本流向的引导作用，使之呈现集群化发展之势，甚至基于与传统产业的关联，促进传统产业的二次创业和升级发展。就广西而言，新兴产业发展较不成熟，处于发展的早期阶段，与资本市场的对接尤其不畅，传统产业在资本市场的竞争力不足，还须大力推动企业对资本市场的利用，提高资本的集聚配置能力。

（二）资本市场资金集聚职能促进现代产业发展

资本市场资金集聚职能主要体现在资本市场的融资功能。众所周知，我国资本市场设立的初衷，是为国有企业融资开辟新的渠道，促进国有企业的发展，也正是这一目的，导致了资本市场发展过程中的股权分置等问题。随着资本市场化改革不断推进，其资金集聚职能对产业发展的融资需求满足能力越来越强，多层次的资本市场对新兴产业和有潜力的企业在发展壮大中的资金支持能力越加强大，成为产业发展的原动力之一。事实上，资本市场发展历史足以证明其资金集聚能力对资本密集型产业兴起的基础性作用。资本的积累在资本市场以前所未有的速度得以实现，一方面汇集各种闲散资金，另一方面联系资金需求方，保证资金从盈余部门向资金赤字部门流动渠道的畅通，满足社会化大生产的各种资本要求。现代产业的发展，更多体现为产业的更迭升级，新兴产业不断兴起，传统产业不断升级均需要源源不断的资金注入，资金资源的稀缺性和有限性使得产业发展选择的主导性和有限性，具有良好发展前景和较高技术含量的产业易于获得资金追逐，并通过资深发展扩散至产业或企业的上下游，推动整个经济体的产业结构优化和经济竞争力提升。资本市场为这些支柱产业或企业的发展提供了融资渠道，尤其是风险投资市场能为高科技产业或企业融资提供支持，解决资本的搜寻难题和风险的分散难题，促进相关主导产业或企业的发展。以广西当前的产业发展看，基于直接融资优势的资本市场对股权交易和融资正发挥越来越重要的作用，尤其是"三大定位"新使命的履行催生了众多新兴产业和企业，亟须资本市场提供更优质的融资服务。

（三）资本市场的价值发现职能促进现代产业发展

资本市场的价值发现职能亦体现为其风险定价的功能，准确地讲，正是有良好的风险定价机制，现代产业发展才有基本的方向。从资产的价值分析来看，面向未来的资产通常是伴随着不确定性和风险的，风险和收益的匹配性要求高风险高收益、低风险低收益。资本市场提供了一个定价机制，这种机制允许对风险溢价进行确定和补偿，也通过科学分析和定价机制实现价值发现功能，对于资产未来的收益有一定的揭示效应。同时，风险定价的过程也体现了资本的稀缺性，借助资本市场的有效性反映各种产业和企业信息，通过资金对风险和收益的敏感性决定价格，引导资金流向并促进资金使用效率提升，促进资本在产业间的合理配置。资本市场这一定价和价值发现功能是其资源配置职能的基础，也为优化资源配置提供了动力。由此，高风险下的高收益吸引足够的资金对创新性产业和企业进行支持，保证产业发展的资金需求。就技术视角看，资本市场的服务功能令产业发展所需的技术引进资金和研发资金获得较好满足。工业革命以来的世界经济飞速发展一方面由于技术进步导致重要发明的产生和生产效率的提高，但更关键的是资本市场快速发展为产业升级提供了有保障的资金支持，资本市场的价值发现功能让资本有足够能力将科技转化为生产力。就广西而言，多层次的资本市场对现代产业发展提供了多渠道的融资可能，但区域性市场的价值发现功能有待提升流动性和风险定价能力，为股权融资提供更科学合理的定价机制。

（四）资本市场的资产交易职能促进现代产业发展

资本市场的资产交易职能体现为资本市场的流动性。流动性是资金的可流动性，也是资产的可交易性，是实现资本优化配置的根本前提。证券市场的建立和发展，令资产交易功能发挥得淋漓尽致，资本不再局限于实物形态，而是变为可分割可流动的虚拟化工具形态，在时空限制方面取得重要突破。在较具流动性的市场上，资本市场资产价格具有敏感性，价格信号揭示了资源配置效率信息，吸引资金向高效率部门和企业流动。流动性亦让资本运营有了足够的空间，通过资产的交易配置完成所有权和使用权的重新整合，推动市场并购整合的产生，进而为产业和企业的发展带来实际控制和管理的变革并带来优化提升的空间，促进要素的重新组合。同时，资产的可交易性让用脚投票有了实现的可能，这赋予了资本市场的治理功能，促进企业治理结构和治理机制的完善优化，形成企业内部运营管理体系的优化改善，促进企业经营效率的提高。就广西而言，资本市场的资产交易功能令股权的交易转让，股权融资有了更多可能性，也刺激现有企业内部治理效率的提升，但区域性资本市场的发展还有待提升以加强资产交易的流动性支持。

（五）资本市场的产权界定功能促进现代产业发展

资本市场是充分自由的市场，按照科斯第一定律，清晰的产权界定是一切市场交易得以发生的根本前提。只要有资本市场交易，标的必是产权清晰的。产权界定职能为资本积累和资源配置提供了重要前提。现代产业发展的关键在于优质、高端要素的跨区域、跨产业和跨企业自由流动和组合配置，资本市场通过设计各种投融资工具，满足投融资双方的需求而带来流动性十足的交易机制。这种机制为要素进行广泛地域、跨越行业和企业的转移配置提供了可能性，提升了产业和企业的整合以及转型升级发展。在高度集权的计划经济体制下，产权的集中及其所有者的实质性缺位为产业和企业运营效率大打折扣。在资本市场语境下，资本市场对产权清晰的标的进行标准化分割，通过流动性的转让交易促进了所有者的归位和监管治理，强化了资本市场的兼并收购整合及优胜劣汰机制，这正是市场机制得以发挥基础性配置作用的关键。

综上所述，资本市场特有的职能赋予了现代产业发展的内外动力，足以为现代产业发展提供良好服务，具有不可或缺的产业结构升级调整和促进经济转型发展机制与能力。

三、资本市场服务广西现代产业发展的现状与问题分析

（一）主板与创业板市场服务广西现代产业发展的现状与问题

表 3-1 和表 3-2 显示了基于 2018 年年报数据（截至 2019 年 5 月 7 日）的广西与全国上市公司规模描述性统计。全国公司总数 3610 家（未公布年报公司 5 家），而广西上市公司数约占全国总数的 1%；广西上市公司总资产额最大值仅为 631.67 亿元，仅为全国最大上市公司资产额的 0.2%，上市公司资产均值不足全国上市公司均值的 1/6；广西上市公司营业总收入最大的仅为 849.48 亿元，约为全国上市公司最大营业总收入的 3%，营业总收入的均值约为全国上市公司总营业额的一半；广西上市公司员工数最大值仅 1.38 万人，均值不足 3000 人，亦不足全国上市公司员工数均值的一半；广西上市公司市值极大值不足 400 亿元，约为全国极大值的 1/50，均值也不足全国的一半。整体上看，广西上市公司数量偏少，总资产、营业总收入、员工数、市值等规模指标与全国上市公司极大值和均值比，也显著偏小，说明资本市场服务广西产业发展的力度偏弱。

1. 广西上市公司规模

表3-1　　　　　　　　　广西上市公司规模描述性统计表

	公司数	最小值	最大值	均值	标准偏差
总资产（亿元）	37	1.07	631.67	103.38	152.10
营业总收入（亿元）	37	0.67	849.48	64.60	155.97
员工人数（人）	37	147	13754	2999.73	3046.32
总市值合计（亿元）	37	11.62	396.70	72.88	83.96
流通市值合计（亿元）	37	11.62	349.86	62.98	76.91

数据来源：Wind资讯，经作者整理。

表3-2　　　　　　　　　全国上市公司规模描述性统计表

	公司数	最小值	最大值	均值	标准偏差
总资产（亿元）	3605	0.46	276995.40	672.40	8652.01
营业总收入（亿元）	3605	0.01	28911.79	125.85	800.64
员工人数（人）	3604	17	476223	6478.95	24193.35
总市值合计（亿元）	3610	0.00	19721.10	157.20	713.47
流通市值合计（亿元）	3610	0.00	19721.10	131.45	699.17

数据来源：Wind资讯，经作者整理。

2. 广西上市公司行业分布

从全国上市公司行业分布（表3-4）来看，全国3610家上市公司广泛分布于81个行业（按证监会行业分类标准），其中计算机、通信和其他电子设备制造业，化学原料及化学制品制造业、电气机械及器材制造业、医药制造业、专用设备制造业、软件和信息技术服务业、通用设备制造业、汽车制造业、房地产业等9大行业公司数均达到100家以上，零售业、非金属矿物制品业、批发业、橡胶和塑料制品业，电力、热力生产和供应业，有色金属冶炼及压延加工、土木工程建筑业、互联网和相关服务、金属制品业等10个行业公司数介于50和100家之间，基本代表了国民经济支柱产业和战略性新兴产业，体现了资本市场和国民经济产业结构及其调整升级方向的一致性。广西37家上市公司分散于25个行业，软件和信息技术服务业、化学原料及化学制品制造业各有4家，医药制造业有3家，食品制造业、汽车制造业、批发业，电力、热力生产和供应业各有2家，其余的16家分布于16个行业，行业分散性较为显著，且传统成熟行业相对较多，高科技产业相对较少，与自治区战略性新兴产业"十三五"规划提出的新一代信息技术、智能装备制造、节能环保、新材料、新能源汽车、大健康六大产业匹配度相对较低，利用资本市场促进战略性新兴产业和现代产业的任务艰巨（表3-3）。

表 3-3　　　　　　　　　广西上市公司行业分布

行业类别（证监会行业分类标准）	公司数	百分比
软件和信息技术服务业	4	10.8
化学原料及化学制品制造业	4	10.8
医药制造业	3	8.1
食品制造业	2	5.4
汽车制造业	2	5.4
批发业	2	5.4
电力、热力生产和供应业	2	5.4
资本市场服务	1	2.7
专用设备制造业	1	2.7
造纸及纸制品业	1	2.7
渔业	1	2.7
水上运输业	1	2.7
水的生产和供应业	1	2.7
生态保护和环境治理业	1	2.7
农副食品加工业	1	2.7
木材加工及木、竹、藤、棕、草制品业	1	2.7
零售业	1	2.7
化学纤维制造业	1	2.7
互联网和相关服务	1	2.7
黑色金属冶炼及压延加工	1	2.7
公共设施管理业	1	2.7
房地产业	1	2.7
电信、广播电视和卫星传输服务	1	2.7
电气机械及器材制造业	1	2.7
道路运输业	1	2.7
总计	37	100

数据来源：Wind 资讯，经作者整理。

表 3-4　　　　　　　　　全国上市公司行业分布

行业类别（证监会行业分类标准）	公司数	百分比
计算机、通信和其他电子设备制造业	345	9.6
化学原料及化学制品制造业	235	6.5
电气机械及器材制造业	226	6.3
医药制造业	219	6.1
专用设备制造业	204	5.7
软件和信息技术服务业	191	5.3
通用设备制造业	130	3.6
汽车制造业	129	3.6
房地产业	123	3.4

续表

行业类别（证监会行业分类标准）	公司数	百分比
零售业	87	2.4
非金属矿物制品业	84	2.3
批发业	78	2.2
橡胶和塑料制品业	75	2.1
电力、热力生产和供应业	70	1.9
有色金属冶炼及压延加工	67	1.9
土木工程建筑业	65	1.8
互联网和相关服务	62	1.7
金属制品业	58	1.6
农副食品加工业	49	1.4
商务服务业	47	1.3
铁路、船舶、航空航天和其他运输设备制造业	47	1.3
食品制造业	46	1.3
仪器仪表制造业	45	1.2
资本市场服务	45	1.2
专业技术服务业	44	1.2
酒、饮料和精制茶制造业	42	1.2
纺织业	39	1.1
纺织服装、服饰业	37	1
道路运输业	36	1
生态保护和环境治理业	34	0.9
货币金融服务	33	0.9
黑色金属冶炼及压延加工	31	0.9
水上运输业	30	0.8
建筑装饰和其他建筑业	28	0.8
造纸及纸制品业	28	0.8
煤炭开采和洗选业	26	0.7
广播、电视、电影和影视录音制作业	25	0.7
家具制造业	24	0.7
燃气生产和供应业	24	0.7
化学纤维制造业	23	0.6
新闻和出版业	23	0.6
有色金属矿采选业	23	0.6
综合	23	0.6
其他制造业	20	0.6
电信、广播电视和卫星传输服务	16	0.4
开采辅助活动	16	0.4
石油加工、炼焦及核燃料加工业	16	0.4
公共设施管理业	15	0.4

续表

行业类别（证监会行业分类标准）	公司数	百分比
农业	15	0.4
水的生产和供应业	15	0.4
文教、工美、体育和娱乐用品制造业	14	0.4
畜牧业	13	0.4
印刷和记录媒介复制业	13	0.4
航空运输业	12	0.3
其他金融业	12	0.3
皮革、毛皮、羽毛及其制品和制鞋业	11	0.3
卫生	10	0.3
仓储业	9	0.2
文化艺术业	9	0.2
木材加工及木、竹、藤、棕、草制品业	8	0.2
渔业	8	0.2
装卸搬运及其他运输代理	8	0.2
保险业	7	0.2
研究和试验发展	7	0.2
教育	6	0.2
石油和天然气开采业	6	0.2
住宿业	6	0.2
废弃资源综合利用业	5	0.1
黑色金属矿采选业	5	0.1
邮政业	5	0.1
林业	4	0.1
铁路运输业	4	0.1
租赁业	4	0.1
餐饮业	3	0.1
房屋建筑业	2	0.1
非金属矿采选业	1	0
机动车、电子产品和日用产品修理业	1	0
建筑安装业	1	0
科技推广和应用服务业	1	0
农、林、牧、渔服务业	1	0
体育	1	0
总计	3610	100

数据来源：Wind 资讯，经作者整理。

3. 广西上市公司融资状况

2019 年第一季度全国新增 IPO 公司 43 家，总融资额 342.54 亿元，广西 IPO 数据为 0，科创板 IPO 审核申报企业数为 0，沪深上市公司市场新增直接融资总额 5088.62 亿元，广西各有1家公司进行了增发和配股,融资总额仅34.82亿元,融资总额占两市新增融资额约0.6%。

自沪深两市建立至2019年第一季度,两市共计发生直接融资134365.50亿元,但广西融资额仅1100.25亿元,占比0.82%,比上市公司数量比例还低,位于全国31个省区市的25名,与广西在全国的经济地位不相匹配。事实上,北京、广东、上海、江苏、浙江、山东、福建、安徽、湖北、四川等东部地区为主的经济大省(市)分列融资总额前十名,占融资总额的75.61%,广西作为西部落后地区融资额相对较少也算正常,但名次落后于经济总量排名,说明资本市场对产业发展的支撑力偏弱。融资总额相对较低,凸显了现代产业竞争力相对全国其他省区市的弱势地位,资本市场与现代产业的相辅相成发展格局尚未形成。在1100.25亿元的融资额中,首发仅为153.67亿元,增发和配股分别为840.81亿元和55.5亿元,而可转债、可交换债等方式融资额较小,因此,广西上市公司数量少,首发融资金融也少,主要靠上市后再融资进行发展,且再融资的方式较为单一,对资本市场的应用有待深化加强。

3. 广西资本市场服务现代产业发展报告

表 3-5　沪深两市直接融资地域分布（1990 年至 2019 年第一季度）

省（直辖市）	融资总额/发行规模（亿元）							融资家数						
	总额	首发	增发	配股	优先股	可转债发行	可交换债	总家数（家）	首发家数（家）	增发家数（家）	配股家数（家）	优先股家数（家）	可转债家数（家）	可交换债家数（家）
北京	30088.04	8618.64	13049.28	1325.15	3794.00	2300.11	1000.86	909	312	461	64	16	32	24
广东	18081.96	4325.93	10798.20	934.54	505.00	1020.63	497.66	1430	572	642	123	3	48	42
上海	13584.19	2641.83	8746.01	600.94	950.00	376.95	268.46	726	251	284	160	4	14	13
江苏	10317.28	2585.98	6428.33	201.14	299.00	634.32	168.50	928	399	419	51	3	36	20
浙江	10153.57	2564.42	6413.84	142.86	248.50	484.15	299.80	1034	431	472	61	3	31	36
山东	5312.53	1255.33	3347.96	214.58	45.00	256.69	192.98	506	186	237	52	3	15	13
福建	4298.49	924.18	2205.28	465.59	560.00	92.95	50.49	332	129	144	44	3	7	5
安徽	3338.61	538.38	2558.99	48.60		126.07	66.57	306	103	160	21		15	7
湖北	3248.13	473.20	2401.71	201.59		128.13	43.50	311	94	146	53		9	9
四川	3176.47	612.62	2193.35	158.86		191.63	20.00	284	102	126	43		11	2
辽宁	2993.72	351.34	2178.32	268.44	58.76	139.15	56.47	197	71	85	28	2	6	7
新疆	2961.63	189.29	2508.47	207.55		18.76	37.56	170	53	81	24		2	10
河南	2870.63	558.76	1985.03	108.70		80.39	79.00	233	78	121	21		3	8
湖南	2770.67	618.31	1908.38	106.61		90.28	47.09	260	102	117	29		6	6
河北	2434.57	415.78	1817.24	95.56		37.00	69.00	171	55	91	19		2	4
陕西	2247.43	428.90	1625.48	157.04		36.00		142	43	71	26		2	
天津	1794.46	454.22	1186.41	50.04		84.80	19.00	136	46	61	20		6	3
山西	1653.03	355.92	1238.12	41.19		3.40	14.40	116	34	61	18		1	2
重庆	1568.85	265.75	1271.46	15.50		16.14		117	43	63	9		2	
内蒙古	1548.68	135.74	1280.42	60.26		36.75	35.50	91	25	47	15		2	2
海南	1400.68	179.86	1172.84	23.58		11.40	13.00	87	30	42	10		2	3

续表

省（直辖市）	融资总额/发行规模（亿元）							融资家数						
	总额	首发	增发	配股	优先股	可转债发行	可交换债	总家数（家）	首发家数（家）	增发家数（家）	配股家数（家）	优先股家数（家）	可转债家数（家）	可交换债家数（家）
云南	1333.62	181.53	997.54	137.92		16.63		111	32	63	13		3	
黑龙江	1282.80	273.88	923.84	55.58		29.50		101	32	43	22		4	
吉林	1156.64	150.72	810.86	138.33		56.73		131	37	56	35		3	
广西	1100.25	153.67	840.81	55.50		30.27	20.00	106	35	53	11		6	1
江西	1024.93	151.90	722.01	41.35		41.08	68.60	127	41	62	16		3	5
甘肃	965.10	132.64	788.83	24.82		13.81	5.00	91	31	44	13		2	1
贵州	588.03	191.52	310.99	15.02	50.00	20.50		72	29	32	8	1	2	
青海	479.47	92.42	367.91	8.64		4.90	5.60	46	12	24	7		1	2
西藏	305.82	86.44	205.75	3.62			10.00	38	18	14	5			1
宁夏	285.24	37.27	211.01	36.96				42	13	15	14			
总计	134365.50	29946.39	82494.63	5946.07	6510.26	6379.11	3089.05	9351	3439	4337	1035	38	276	226

数据来源：Wind 资讯，经作者整理。

4. 广西上市公司募集资金投向及与派现对比

据 Wind 数据显示，2000 年以来的 277 个广西上市公司募集资金投向资料中，用于"补充流动资金"的有 48 项，占比 17.33%；用于偿还贷款的有 16 项，用于技改的仅有 15 项，占比仅为 6.14%，说明募集资金投向虽然大部分用于企业扩张，但缓解债务压力的不在少数，而用于技改升级的不多。

自两市创立以来，广西上市公司共进行 293 次派现，但派现总额仅为 278.96 亿元，远低于融资金额，派现募资比大于 1 的仅有桂林三金、柳钢股份、中恒集团、桂东电力四家公司，均属于成熟行业；派现募资比在 10% 以下的公司多达 13 家公司，介于 10%~50% 之间的公司多达 16 家，说明上市公司盈利能力及投资者回报意识相对较弱。

5. 广西上市公司重组发展状况

广西上市公司累计完成了 11 次重大资产重组，涉及金额 328.75 亿元，这些重组对整合企业资产及业务，改善广西产业结构起到了一定的促进作用，但这些成功的重组太少，且都是发生在 2011 年之后，相比东部发达省区市而言，广西上市公司重组活动并不活跃，通过资本经营战略推动产业结构调整升级的活动有待加强。

表 3-6　　　　　　　广西上市公司已完成的重大重组事件

股票名称	重组事件	重组目的	交易股份占比（%）	交易总价值（万元）
百洋股份	百洋股份定增收购火星时代 100% 股权	横向整合	100.00	97400.00
天夏智慧	天夏智慧转让天吻娇颜 100% 股权	资产调整	100.00	34300.00
新智认知	北部湾旅拟定增收购博康智能 100% 股权	横向整合	100.00	165000.00
桂冠电力	桂冠电力发行股份购买龙滩公司 100% 股权	横向整合	100.00	1687181.43
粤桂股份	云硫矿业 17 亿借壳贵糖股份	买壳上市	100.00	172736.22
皇氏集团	皇氏集团定增收购盛世骄阳 100% 股权	多元化战略	100.00	78000.00
皇氏集团	皇氏乳业定增收购御嘉影视 100% 股权	多元化战略	100.00	68250.00
*ST 东网	广陆数测定增收购中辉乾坤 100% 股权	横向整合	100.00	25015.21
北部湾港	北海港发行股份购买相关港务资产	买壳上市		518210.24
恒逸石化	世纪光华发行股份收购恒逸石化	买壳上市	100.00	423360.37
天夏智慧	索芙特美容收购桂林集琦药业 41.34% 股权	资产调整	41.34	18000.00

数据来源：Wind 资讯，经作者整理。

表 3-7　　　　　　　广西上市公司对赌事件完成情况

证券简称	对赌事件	标的物	承诺报告期	补偿方式
百洋股份	百洋股份定增收购火星时代 100% 股权	火星时代 100% 股权	2018-12-31	补对价
百洋股份	百洋股份子公司收购楷魔视觉 80% 股权	楷魔视觉 80% 股权	2018-12-31	补对价
黑芝麻	黑芝麻定增收购礼多多 100% 股权	礼多多 100% 股权	2018-12-31	补对价

续表

证券简称	对赌事件	标的物	承诺报告期	补偿方式
新智认知	北部湾旅拟定增收购博康智能100%股权	博康智能100%股权	2018-12-31	补对价
*ST南糖	南宁糖业收购远丰糖业75%股权	远丰糖业75%股权	2017-12-31	补利润
*ST南糖	南宁糖业收购远丰糖业75%股权	远丰糖业75%股权	2016-12-31	补利润
*ST南糖	南宁糖业收购远丰糖业75%股权	远丰糖业75%股权	2018-12-31	补利润
粤桂股份	贵糖股份子公司购云浮联发66.04%股权	云浮联发66.04%股权	2018-12-31	补利润
百洋股份	百洋股份子公司收购楷魔视觉80%股权	楷魔视觉80%股权	2019-12-31	补对价
百洋股份	百洋股份子公司收购楷魔视觉80%股权	楷魔视觉80%股权	2020-12-31	补对价
*ST东网	广陆数测收购水木动画66.67%股权	水木动画66.67%股权	2017-12-31	补利润
*ST东网	广陆数测收购水木动画66.67%股权	水木动画66.67%股权	2015-12-31	补利润
*ST东网	广陆数测收购水木动画66.67%股权	水木动画66.67%股权	2016-12-31	补利润
皇氏集团	皇氏乳业定增收购御嘉影视100%股权	御嘉影视100%股权	2017-12-31	补对价
皇氏集团	皇氏集团定增收购盛世骄阳100%股权	盛世骄阳100%股权	2017-12-31	补对价
百洋股份	百洋股份定增收购火星时代100%股权	火星时代100%股权	2017-12-31	补对价
黑芝麻	黑芝麻定增收购礼多多100%股权	礼多多100%股权	2017-12-31	补对价
新智认知	北部湾旅拟定增收购博康智能100%股权	博康智能100%股权	2017-12-31	补对价
天夏智慧	索芙特募资收购天夏科技100%股权	天夏科技100%股权	2017-12-31	补利润
粤桂股份	云硫矿业17亿元借壳贵糖股份	云硫矿业100%股权	2017-12-31	补利润
粤桂股份	贵糖子公司收购云浮联发66.04%股权	云浮联发66%股权	2019-12-31	补利润
黑芝麻	黑芝麻定增收购礼多多100%股权	礼多多100%股权	2020-12-31	
黑芝麻	黑芝麻定增收购礼多多100%股权	礼多多100%股权	2019-12-31	补对价
黑芝麻	黑芝麻定增收购礼多多100%股权	礼多多100%股权	2021-12-31	
新智认知	北部湾旅收购云南博康49%股权	云南博康49%股权	2018-12-31	补利润
新智认知	北部湾旅收购云南博康49%股权	云南博康49%股权	2017-12-31	补利润
黑芝麻	黑芝麻子公司控股深圳润谷	深圳润谷51%股权	2020-12-31	补对价
黑芝麻	黑芝麻子公司控股深圳润谷	深圳润谷51%股权	2019-12-31	补对价
黑芝麻	黑芝麻子公司控股深圳润谷	深圳润谷51%股权	2018-12-31	补对价
黑芝麻	黑芝麻子公司控股深圳润谷	深圳润谷51%股权	2017-12-31	补对价
粤桂股份	云硫矿业17亿借壳贵糖股份	云硫矿业100%股权	2016-12-31	补对价
皇氏集团	皇氏乳业定增收购御嘉影视100%股权	御嘉影视100%股权	2016-12-31	补对价
皇氏集团	皇氏集团定增收购盛世骄阳100%股权	盛世骄阳100%股权	2016-12-31	补对价

续表

证券简称	对赌事件	标的物	承诺报告期	补偿方式
ST银河	银河投资1.8亿元收购得康生物60%股权	得康生物60%股权	2016-12-31	补利润
天夏智慧	索芙特募资收购天夏科技100%股权	天夏科技100%股权	2016-12-31	补利润
新智认知	北部湾旅拟定增收购博康智能100%股权	博康智能100%股权	2016-12-31	补对价
桂东电力	桂电收购西点电力设计公司51%股权	西点电力51%股权	2018-12-31	补对价
桂东电力	桂电收购西点电力设计公司51%股权	西点电力51%股权	2019-12-31	补对价
桂东电力	桂电收购西点电力设计公司51%股权	西点电力51%股权	2017-12-31	补对价
百洋股份	百洋股份定增收购火星时代100%股权	火星时代100%股权	2021-12-31	
百洋股份	百洋股份定增收购火星时代100%股权	火星时代100%股权	2019-12-31	补对价
百洋股份	百洋股份定增收购火星时代100%股权	火星时代100%股权	2020-12-31	
天夏智慧	索芙特募资收购天夏科技100%股权	天夏科技100%股权	2015-12-31	补利润
ST银河	银河投资1.8亿元收购得康生物60%股权	得康生物60%股权	2015-12-31	补利润
皇氏集团	皇氏乳业定增收购御嘉影视100%股权	御嘉影视100%股权	2015-12-31	补对价
皇氏集团	皇氏集团定增收购盛世骄阳100%股权	盛世骄阳100%股权	2015-12-31	补对价
粤桂股份	云硫矿业17亿元借壳贵糖股份	云硫矿业100%股权	2015-12-31	补对价
新智认知	北部湾旅拟定增收购博康智能100%股权	博康智能100%股权	2020-12-31	
新智认知	北部湾旅拟定增收购博康智能100%股权	博康智能100%股权	2019-12-31	
ST银河	银河投资1.8亿元收购得康生物60%股权	得康生物60%股权	2017-12-31	补利润
皇氏集团	皇氏乳业定增收购御嘉影视100%股权	御嘉影视100%股权	2014-12-31	补对价
天夏智慧	索芙特募资收购天夏科技100%股权	天夏科技100%股权	2019-12-31	
天夏智慧	索芙特募资收购天夏科技100%股权	天夏科技100%股权	2018-12-31	
*ST东网	广陆数测定增收购中辉乾坤100%股权	中辉乾坤100%股份	2016-12-31	补利润
*ST东网	广陆数测定增收购中辉乾坤100%股权	中辉乾坤100%股份	2015-12-31	补利润
*ST东网	广陆数测定增收购中辉乾坤100%股权	中辉乾坤100%股份	2014-12-31	补利润
*ST东网	广陆数测定增收购中辉乾坤100%股权	中辉乾坤100%股份	2013-12-31	补利润

数据来源：Wind资讯，经作者整理。

广西上市公司自2013年开始有对赌事件，累计完成115起，有效推进了相关资产运营活动，对上市公司业务重组和竞争力提升有较好的支撑作用。但是，在已完成的115起对赌事件中，上市公司作为竞买方承诺事项实现情况大多不尽如人意，只有8次未发生补偿情况，其余均以补对价或补利润方式告终，说明对赌事件虽然促进了并购重组的发生，但对赌后对上市公司资产质量提升和业务升级并没有实质性推动。

(二) 新三板市场服务广西现代产业发展的现状与问题

1. 广西新三板挂牌公司与其他省区市对比

从省级层面上看，广西新三板挂牌公司73家，位于全国倒数第8名，不仅远低于广东、北京、江苏、浙江、上海等发达地区，也少于天津、云南、黑龙江、山西、新疆、吉林等经济总量相对较低的省份，占全国挂牌公司数仅0.73%，整体上挂牌公司数量偏少；挂牌公司总资产均值23788.94万元，处于一般水平，但相比挂牌公司少的青海、西藏、海南、甘肃、贵州和内蒙古而言，公司资产均值偏小，说明挂牌公司以中小企业居多，比上述省份挂牌公司规模偏小；挂牌公司净资产值12250.46万元，营业收入均值17328.95万元，亦处于中下游水平，进一步表现出中小企业的规模特点；净利润均值345.28万元，相对处于末位水平，说明挂牌公司盈利性相对较弱。

表3-8　　　　　　　　　　新三板挂牌企业地域分布特征

所属地域	总挂牌家数（家）	家数占比（%）	总资产均值（万元）	净资产均值（万元）	营业收入均值（万元）	净利润均值（万元）
广东	1503	14.98	21865.04	10726.73	17428.92	598.60
北京	1343	13.38	33987.76	15597.50	18450.89	533.25
江苏	1209	12.05	27803.33	11573.11	17523.12	959.33
浙江	879	8.76	25462.60	11570.62	24843.44	970.89
上海	829	8.26	23992.00	11209.33	31849.35	536.98
山东	598	5.96	68106.26	15593.85	20989.94	1317.57
河南	350	3.49	24638.52	13097.83	14907.53	817.18
福建	348	3.47	29273.73	10921.04	16077.86	963.00
湖北	337	3.36	21752.79	10153.68	16995.04	699.02
安徽	330	3.29	32426.46	14632.52	17874.85	887.69
四川	293	2.92	20710.38	10874.77	14053.65	433.91
河北	233	2.32	30218.96	13544.58	18472.18	1250.52
辽宁	209	2.08	23339.23	13494.40	14164.35	768.81
湖南	202	2.01	26365.50	13341.31	20188.13	1257.32
天津	186	1.85	23487.69	10489.57	20237.46	848.03
陕西	159	1.58	32214.62	17908.95	19251.26	2267.74
江西	143	1.42	24743.60	11976.36	18849.91	988.09
重庆	123	1.23	22775.45	11089.47	18204.57	46.48
云南	88	0.88	42475.26	16673.60	20037.22	122.58
黑龙江	88	0.88	23186.35	13262.50	18155.01	1014.40
山西	86	0.86	18965.81	10259.30	10429.18	770.61

续表

所属地域	总挂牌家数（家）	家数占比（%）	总资产均值（万元）	净资产均值（万元）	营业收入均值（万元）	净利润均值（万元）
新疆	84	0.84	48472.97	15816.14	15498.06	696.78
吉林	79	0.79	23813.71	11017.58	11242.76	420.39
广西	73	0.73	23788.94	12250.46	17328.95	345.28
内蒙古	64	0.64	41417.21	18270.84	22738.57	1206.46
宁夏	56	0.56	26830.26	14146.06	16652.36	991.67
贵州	51	0.51	44000.56	13406.62	17431.74	-250.22
甘肃	35	0.35	48503.70	20581.12	27891.13	-3090.13
海南	34	0.34	73414.59	30605.00	27064.49	1928.53
西藏	18	0.18	39891.21	26376.68	26674.11	2507.64
青海	6	0.06	65793.83	26904.16	13391.97	995.97

数据来源：Wind 资讯，经作者整理。

2. 广西新三板挂牌公司的基本特征

表 3-9 展示了广西新三板公司基本信息，从挂牌时间看，2014 年开始有公司挂牌，当年有 5 家公司挂牌；2015 年和 2016 年达到年挂牌 20 家；2017 年降为 19 家；2018 年进一步降到 9 家，呈下降趋势（图 3-1）；从资产规模看，最小规模的是农业领域的桂林森农，最大的是制造业领域的 ST 明利（图 3-2）；从净资产方面看，最小的是信息传输、软件和信息技术服务业的一铭软件，最大值的仍是 ST 明利（图 3-3）；从营业收入来看，最小的是文化、体育和娱乐业的千年传说，最大的是租赁和商务服务业的前程人力（图 3-4）；从净利润方面看，ST 明利亏损 27252.49 万元最低，信息传输、软件和信息技术服务业的力港网络以 10168.61 万元的盈利位居榜首（图 3-5）。从行业分布看，制造业占据多数，比例高达 45.21%；其次是信息传输、软件和信息技术服务业，比例为 13.7%；再次是科学研究和技术服务业，比例为 10.96%；最后是批发和零售业，比例为 6.85%，农林牧渔、租赁和商业服务、建筑业等行业依次降低，分布越发分散（图 3-6）。

表 3-9 广西新三板挂牌公司一览

证券简称	挂牌年份	总资产（万元）	净资产（万元）	营业收入（万元）	净利润总额（万元）	证监会行业
华信设计	2018	3676.12	1447.22	6198.81	327.14	科学研究和技术服务业
蓝天口腔	2018	6061.46	4548.12	5013.26	11.28	卫生和社会工作
柳晶科技	2018	7381.04	2701.00	4070.21	522.66	制造业
百强股份	2018	5521.60	1925.81	7973.64	415.25	制造业
华讯信息	2018	1567.85	857.97	824.36	-18.18	信息传输、软件和信息技术服务

续表

证券简称	挂牌年份	总资产（万元）	净资产（万元）	营业收入（万元）	净利润总额（万元）	证监会行业
华南通信	2018	5889.94	3704.60	4118.65	98.35	信息传输、软件和信息技术服务
绿友农	2018	8084.74	1527.82	10574.64	289.35	制造业
诚钢矿业	2018	38128.09	21982.71	15669.97	1152.75	制造业
侨旺纸模	2018	10873.87	7844.24	12573.13	476.46	制造业
玉柴动力	2017	62916.34	23069.06	81695.66	2972.98	制造业
欧联股份	2017	5287.76	2500.99	5557.24	219.18	建筑业
金泰股份	2017	19456.34	17566.85	26745.31	17.08	交通运输、仓储和邮政业
同泽股份	2017	10501.84	2949.88	12890.77	1047.37	科学研究和技术服务业
玉柴物流	2017	93571.10	25830.66	101950.1	4151.88	交通运输、仓储和邮政业
昊华股份	2017	5514.08	1740.60	6601.94	291.25	信息传输、软件和信息技术服务
百色水务	2017	38890.15	25341.63	10126.82	395.78	电力、热力、燃气及水生产供应
商大科技	2017	13127.83	11349.20	13285.96	1834.92	制造业
ST 乐美	2017	6626.97	5341.69	2240.28	210.18	信息传输、软件和信息技术服务
捷佳润	2017	12131.68	9081.84	5947.89	1185.17	信息传输、软件和信息技术服务
兴创科技	2017	1424.28	1007.09	1439.73	-132.67	制造业
速丰木业	2017	12293.09	4017.03	12369.66	1.36	制造业
千年工艺	2017	1960.42	1221.12	2990.76	158.55	制造业
侨虹新材	2017	35996.84	26923.22	13034.71	-399.89	制造业
盛业节能	2017	4259.07	2360.09	2492.81	35.39	科学研究和技术服务业
赛富电力	2017	9265.64	5663.96	15752.52	2543.91	科学研究和技术服务业
世纪风	2017	2270.87	1177.31	921.26	-237.10	信息传输、软件和信息技术服务
鑫海药业	2017	4370.96	1111.72	6209.62	-140.46	批发和零售业
品新检测	2017	6281.42	3603.37	5314.61	35.54	科学研究和技术服务业

续表

证券简称	挂牌年份	总资产（万元）	净资产（万元）	营业收入（万元）	净利润总额（万元）	证监会行业
雅美资源	2016	15484.45	3072.70	8432.35	-2266.53	批发和零售业
中投创新	2016	3782.38	2464.08	1846.45	-327.49	科学研究和技术服务业
旭平首饰	2016	24341.64	20673.84	28272.04	853.31	制造业
汉和生物	2016	23094.85	7369.13	40740.44	3157.02	制造业
煜乾装备	2016	8127.77	6313.21	5030.82	723.24	制造业
华原股份	2016	46500.19	32422.07	34684.63	2728.83	制造业
益江环保	2016	8454.34	4955.06	3146.14	375.39	水利、环境和公共设施管理业
中新正大	2016	13312.83	7298.61	32629.49	2020.85	租赁和商务服务业
圣保堂	2016	26793.97	11393.68	11636.52	3334.29	制造业
明富金属	2016	2698.58	1871.50	1450.39	127.30	制造业
创致股份	2016	20068.42	7605.96	21923.85	-212.42	批发和零售业
金穗生态	2016	22324.80	13637.24	12808.53	2404.93	制造业
新豪智云	2016	7115.91	2635.87	7439.65	239.03	信息传输、软件和信息技术服务
光隆光电	2016	46195.69	30867.65	19545.38	327.64	制造业
三鹤药业	2016	5437.17	2667.88	6076.64	255.57	制造业
嘉德股份	2016	24443.08	22191.95	16659.60	5093.03	制造业
千年传说	2016	1744.52	1216.55	215.69	49.56	文化、体育和娱乐业
蓝天股份	2016	7806.75	4799.34	6286.08	202.88	科学研究和技术服务业
西江物流	2016	6894.27	4189.17	999.22	-1014.37	交通运输、仓储和邮政业
越洋科技	2016	44733.47	35329.37	19924.65	-2471.69	制造业
桂林森农	2015	1258.61	994.49	800.22	-99.51	农、林、牧、渔业
桂牛乳业	2015	7854.72	1219.13	3101.97	-286.18	制造业
新生活	2015	6650.25	5010.91	15461.96	1270.69	租赁和商务服务业
力港网络	2015	31074.70	27836.21	29250.82	10168.61	信息传输、软件和信息技术服务
科创股份	2015	9246.65	3696.38	6185.75	-882.70	制造业
天锐医药	2015	15081.57	3485.83	10552.00	-99.13	批发和零售业
飞日科技	2015	11257.11	4361.47	5712.20	-896.96	制造业
禾美农业	2015	23434.86	5866.02	20231.17	891.55	农、林、牧、渔业
桂林五洲	2015	39180.28	23905.57	15649.96	1127.89	批发和零售业
前程人力	2015	9543.00	5219.61	130681.6	773.77	租赁和商务服务业

续表

证券简称	挂牌年份	总资产（万元）	净资产（万元）	营业收入（万元）	净利润总额（万元）	证监会行业
森合高科	2015	17806.43	15918.93	14140.43	3549.22	制造业
宏华股份	2015	13848.90	4685.05	21603.12	135.67	农、林、牧、渔业
星辰科技	2015	18133.79	14967.03	8563.27	1961.04	制造业
ST润港	2015	3500.51	1131.57	4963.06	-1819.20	制造业
英伦信息	2015	4291.38	2147.83	3821.48	28.26	信息传输、软件和信息技术服务
七色珠光	2015	73062.12	29749.76	31824.43	7424.69	制造业
ST明利	2015	239701.1	123171.4	10067.96	-27252.4	制造业
政通股份	2015	52675.78	24143.20	13056.85	214.10	建筑业
田野股份	2015	94651.59	72320.26	25843.58	2394.19	制造业
保通食品	2015	121235.4	48908.23	73394.77	-3026.11	制造业
一铭软件	2014	3257.54	825.46	816.61	-1652.94	信息传输、软件和信息技术服务
升禾环保	2014	17460.58	7303.52	16784.05	1895.84	居民服务、修理和其他服务业
春茂股份	2014	113651.1	14522.13	124129.1	-3914.23	农、林、牧、渔业
天涌科技	2014	11341.23	8744.05	2276.92	420.71	科学研究和技术服务业
柳爱科技	2014	4706.82	2777.86	1767.21	-187.26	制造业

数据来源：Wind资讯，经作者整理。

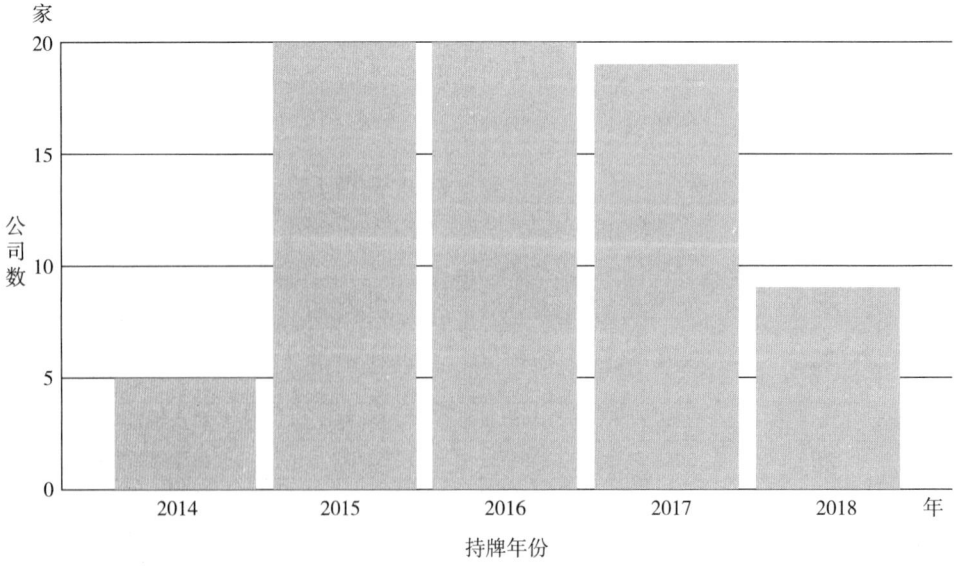

数据来源：Wind资讯，经作者整理。

图3-1　各年份广西新三板公司挂牌数量

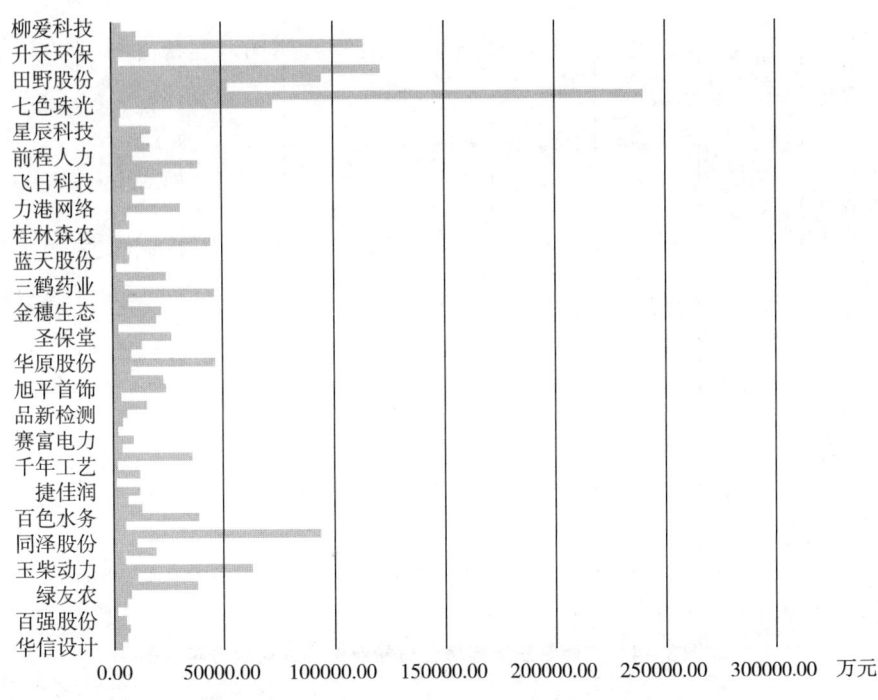

数据来源：Wind 资讯，经作者整理。

图 3-2　广西新三板挂牌公司资产规模分布

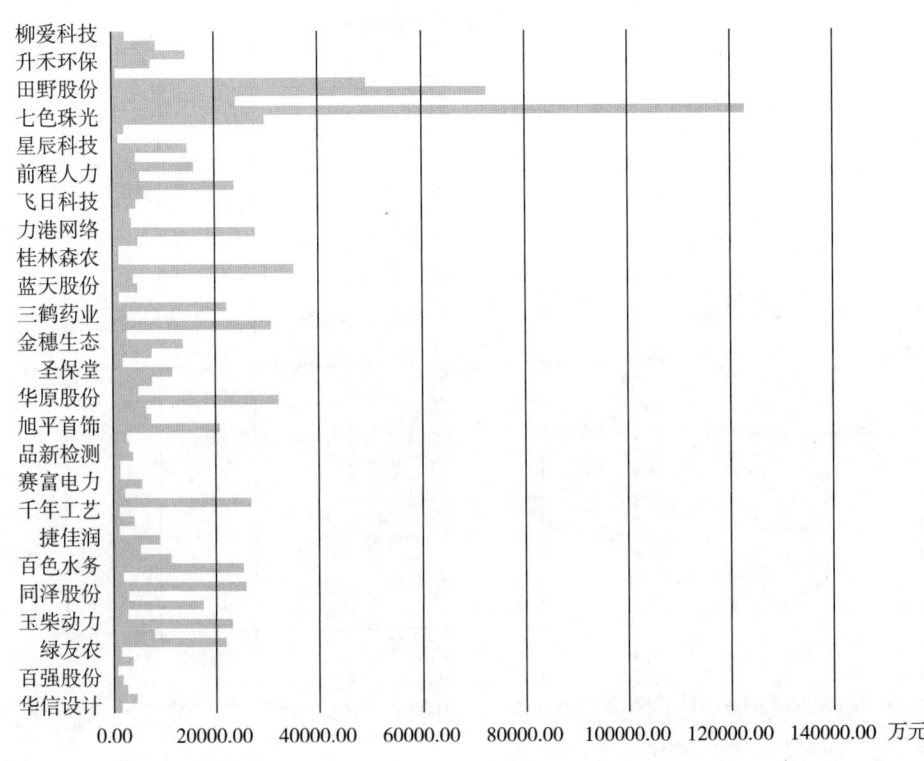

数据来源：Wind 资讯，经作者整理。

图 3-3　广西新三板挂牌公司净资产规模分布

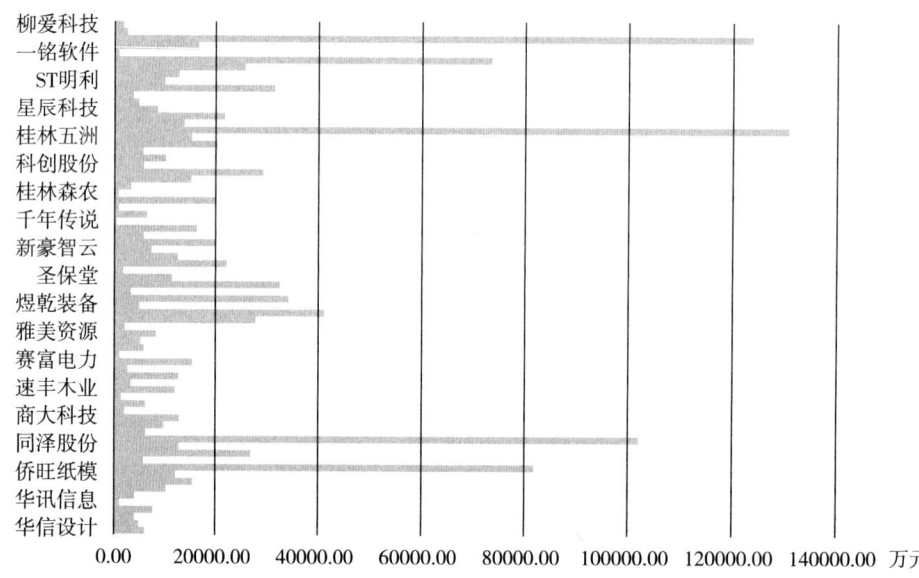

数据来源:Wind资讯,经作者整理。

图3-4 广西新三板挂牌公司营业总收入规模分布

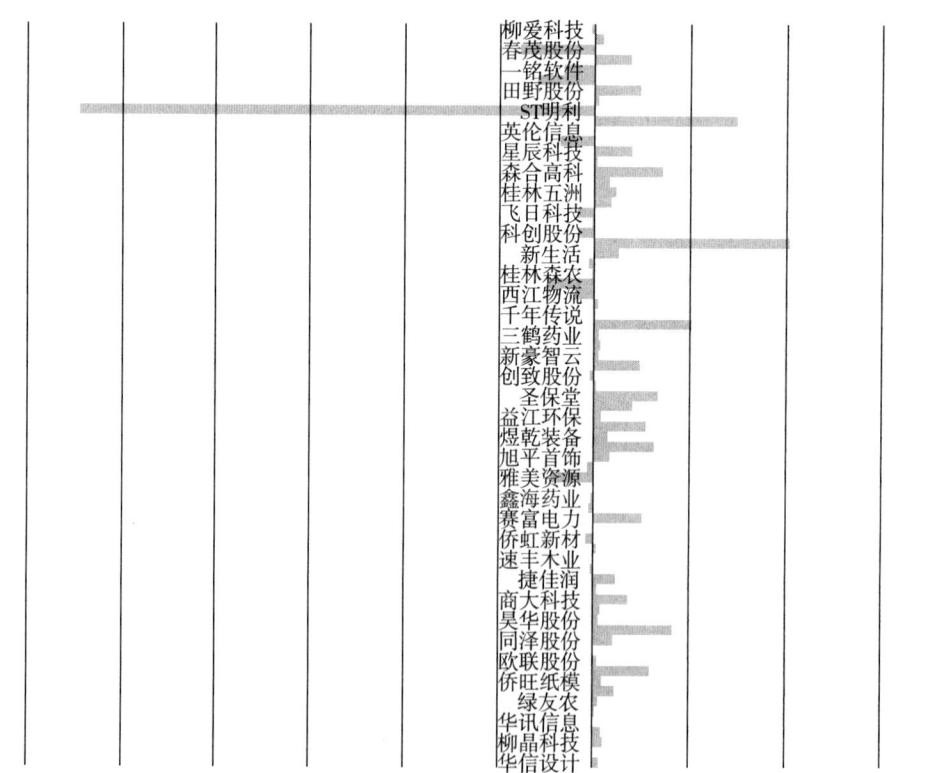

数据来源:Wind资讯,经作者整理。

图3-5 广西新三板挂牌公司利润分布

3. 广西资本市场服务现代产业发展报告

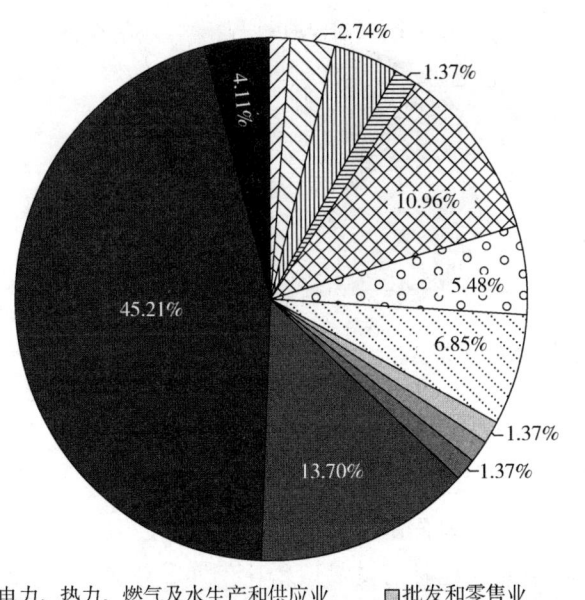

数据来源：Wind 资讯，经作者整理。

图 3-6 广西新三板市场挂牌公司行业分布

3. 广西新三板市场挂牌公司地区分布

广西新三板市场挂牌公司地市分布不均，南宁以 30 家居首，占 41.1%；柳州 11 家排名第二，占比 15.07%；桂林 9 家，玉林 8 家，防城港 4 家，梧州、北海、钦州各 3 家，贺州、百色各 1 家，新三板公司分布与经济发展水平相关（图 3-7、图 3-8）。

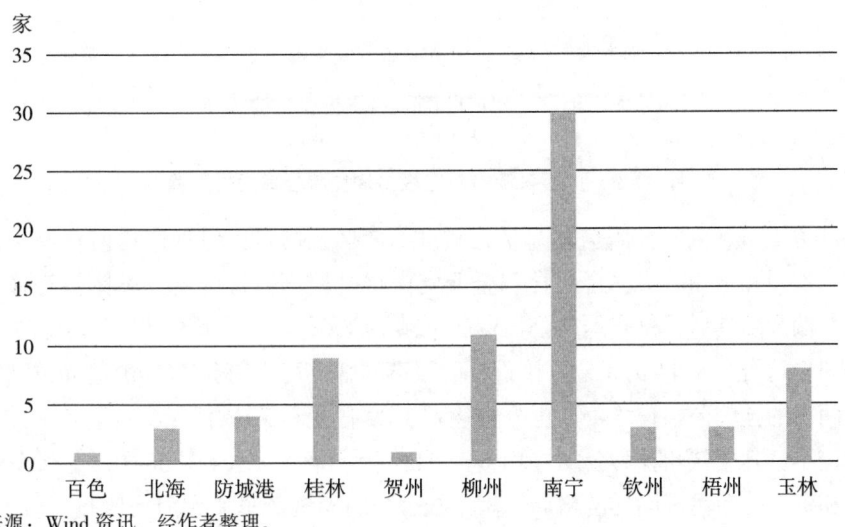

数据来源：Wind 资讯，经作者整理。

图 3-7 广西新三板市场挂牌公司地市分布

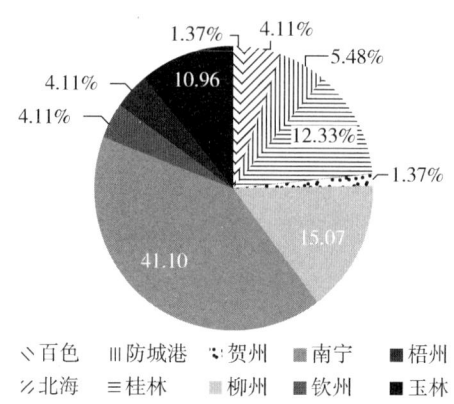

数据来源：Wind 资讯，经作者整理。

图 3-8　广西新三板市场挂牌公司地市分布占比

从可交易股份的角度看，南宁因公司数最多，股份总量最多（12.25 亿股），但有近半的股份为不可交易股份；柳州、桂林可交易股份比例明显较多，但股份总量却不如防城港和玉林；其他地市股份总量及可交易股份均在 2 亿股以下（图 3-9）。

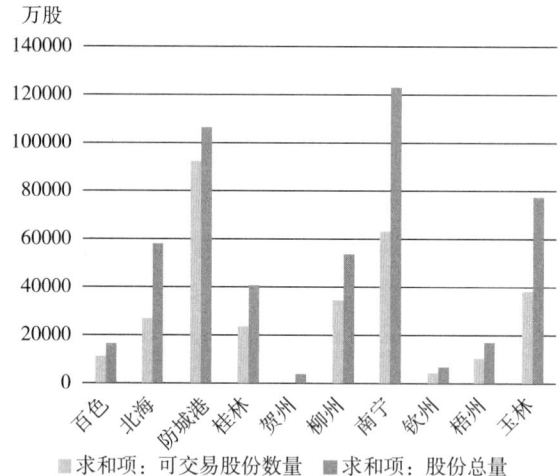

数据来源：Wind 资讯，经作者整理。

图 3-9　广西各地市新三板市场挂牌公司股份数量

从资产方面看，南宁挂牌公司总资产以 42.68 亿元居首，但资产均值仅有 1.42 亿元，仅比梧州、贺州和钦州的大，说明挂牌企业资产规模偏小；防城港、玉林、北海三市挂牌公司资产总额紧随其后，柳州挂牌公司资产总额 19.88 亿元，户均资产达到 18.07 亿元；北海挂牌公司户均资产 8.47 亿元位居榜首，防城港挂牌公司户均资产 7.61 亿元位列第二，百色、玉林两市的挂牌公司户均资产也分别达到 3.89 亿元和 3.63 亿元，其余各市挂牌公司户均资产均较小，其中钦州挂牌公司户均资产 3482 万元居于末位（图 3-10）。从净资产方面看，基本和资产分布呈现同样的格局，南宁挂牌公司净资产总额大但均值相对较低，北海、防城港、玉林、桂林和柳州相对较高，其余各市相对较小。

3. 广西资本市场服务现代产业发展报告

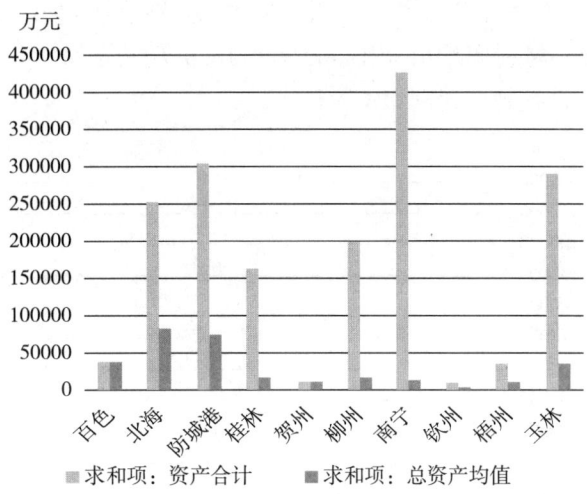

数据来源：Wind 资讯，经作者整理。

图3-10 广西各地市新三板市场挂牌公司资产

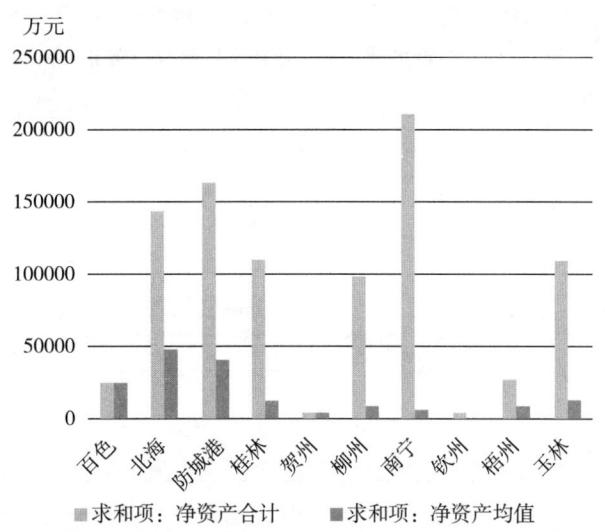

数据来源：Wind 资讯，经作者整理。

图3-11 广西各地市新三板市场挂牌公司净资产

从营业收入方面看，南宁挂牌公司营业收入总额 46.84 亿元居首，随后是玉林挂牌公司 29.34 亿元、柳州挂牌公司 17.84 亿元和北海挂牌公司 11.49 亿元，其余地市均在 10 亿元以下；营业收入均值最大的是北海 3.83 亿元，其次是玉林 3.67 亿元，其余地市挂牌公司营业总收入均值均不足 2 亿元，最小的为钦州 4792 万元。

从利润方面看，南宁挂牌公司利润合计 23734.7 万元，柳州和桂林的挂牌公司分别创造利润 15135.72 万元和 13479.61 万元，玉林挂牌公司利润总额 5510.59 万元，其余地市利润相对较低，北海、百色、梧州和贺州的挂牌公司利润总额分别为 520.83 万元、395.78 万元、173.61 万元和 1.36 万元，防城港和钦州挂牌公司则分别亏损 32131.17 万元和 1536.62 万元。利润均值以桂林、柳州为最大，分别达到 1497.73 万元和 1375.97 万元；南宁、玉林挂牌公司利润均值介于 500 万～1000 万元之间，分别为 791.16 万元和 688.82 万元，其余地市挂牌公司利润均值较小。

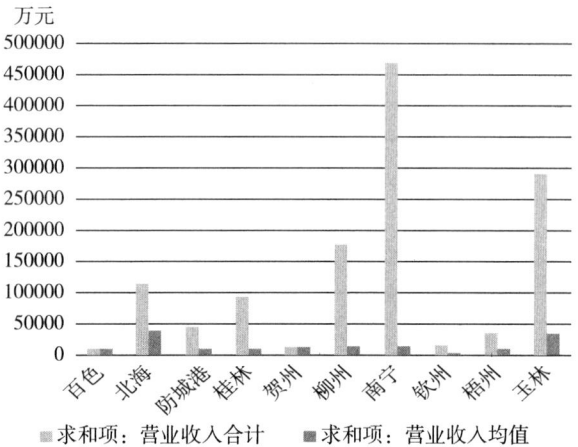

数据来源：Wind 资讯，经作者整理。

图 3-12　广西各地市新三板市场挂牌公司营业收入

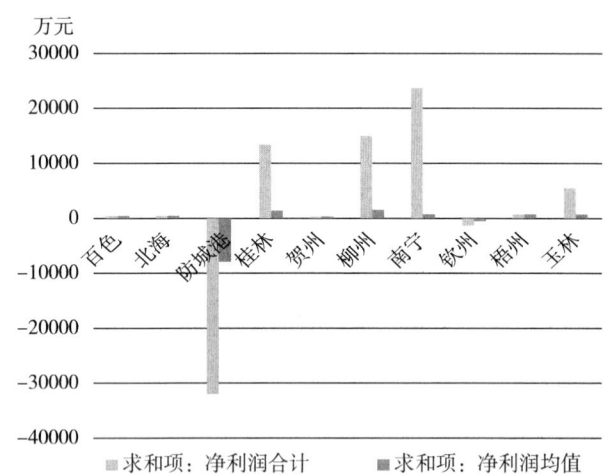

数据来源：Wind 资讯，经作者整理。

图 3-13　广西各地市新三板市场挂牌公司利润

4. 广西新三板挂牌公司增发融资情况

广西新三板挂牌公司先后有 35 家公司进行了 57 次再融资，共融得资金 37.68 亿元，占整个市场再融资总额的 1.04%，位居全国第 20 名，比海南、天津等经济总量相对较低的省市要低，低于西部的四川和陕西等省，与东部发达省份和中部地区发展快速的湖南、湖北、河南等省也相差悬殊，也明显低于市场均值的 117.22 亿元，说明因挂牌公司少且规模偏小，制约了再融资能力（见表 3-10）。

表3-10 广西新三板挂牌公司再融资情况与其他省区市比较

地区	增发次数（次）	增发家数（家）	募资总额（亿元）	募资总额占比（%）
北京	1375	753	871.61	23.99
广东	1262	738	487.35	13.41
上海	760	433	315.71	8.69
江苏	891	548	305.01	8.39
浙江	581	380	273.69	7.53
山东	460	273	204.13	5.62
河南	300	175	113.79	3.13
安徽	264	143	106.49	2.93
四川	231	143	91.28	2.51
福建	299	182	87.40	2.41
陕西	124	78	85.12	2.34
湖北	280	163	79.02	2.17
湖南	162	102	66.34	1.83
河北	191	116	60.00	1.65
海南	35	18	55.51	1.53
辽宁	164	105	50.36	1.39
天津	139	83	45.50	1.25
重庆	89	54	41.33	1.14
江西	106	66	40.66	1.12
广西	57	35	37.68	1.04
黑龙江	73	42	30.41	0.84
宁夏	61	29	27.14	0.75
新疆	56	37	24.76	0.68
甘肃	27	15	21.63	0.60
内蒙古	49	28	21.37	0.59
吉林	68	46	21.30	0.59
贵州	43	27	21.24	0.58
山西	55	38	17.76	0.49

续表

地区	增发次数（次）	增发家数（家）	募资总额（亿元）	募资总额占比（%）
云南	71	46	16.78	0.46
西藏	23	12	12.87	0.35
青海	2	1	0.71	0.02

数据来源：Wind 资讯，经作者整理。

（三）区域股权市场服务广西现代产业发展现状与问题

1. 广西企业在区域股权交易市场挂牌情况

从挂牌企业家数看，广东以 19372 家居首，而广西有 3044 家，位居全国第 12 名，相对主板、新三板有所进步，说明在区域股权交易中广西企业相对活跃，为现代产业发展奠定一定基础。广西企业主要依托广西北部湾股权交易所和南宁股权交易中心两个本地股权交易市场，二者共计挂牌企业 2586 家，占比 85%；在前海股权交易中心、上海股权交易所两家知名的区外股权交易所挂牌的也有 400 余家，占比 13.2%；剩余挂牌企业分散分布于天津股权交易所、广东金融高新区股权交易中心、广州股权交易中心和浙江股权交易中心等，占比为 1.8%（表 3-11）。

表 3-11　　　　　　广西企业在各区域股权交易市场挂牌情况

	企业数	百分比	累计百分比
广东金融高新区股权交易中心	15	0.5	0.5
广西北部湾股权交易所	1315	43.2	43.7
广州股权交易中心	2	0.1	43.8
南宁股权交易中心	1271	41.8	85.5
前海股权交易中心	232	7.6	93.1
上海股权托管交易中心	172	5.7	98.8
天津股权交易所	36	1.2	100
浙江股权交易中心	1	0	100
总计	3044	100	

数据来源：Wind 资讯，经作者整理。

2. 区域股权交易市场挂牌广西企业的行业分布

按证监会行业分类标准，在挂牌的企业中，以零售业、商务服务业和农业居多，加上批发和零售业、建筑装饰和其他建筑业，累计占比达到 36.4%，加上数据库数据缺失的以传统行业为主的企业 176 家，累计占比达到 42.2%，因此，数量占优的前几大行业均属于传统行业。软件和信息技术服务业、其他金融业、科技推广和应用服务业、互联网和相关服务业，计算机、通信和其他电子设备制造业，研究和试验发展等产业分别占到3.5%、3.5%、1.8%、1.5%、1.2%、0.3%，合计12.1%，其余相关行业也较为分散（表3-12）。

表3-12　　　　　各区域股权交易市场挂牌广西企业行业分布

	企业数	百分比	累计百分比
零售业	380	12.5	12.5
商务服务业	243	8	20.5
农业	210	6.9	27.4
其他（数据库数据缺失）	176	5.8	33.2
批发和零售业	162	5.3	38.5
建筑装饰和其他建筑业	112	3.7	42.2
软件和信息技术服务业	108	3.5	45.7
其他金融业	106	3.5	49.2
木材加工及木、竹、藤、棕、草制品业	98	3.2	52.4
房地产业	83	2.7	55.1
批发业	69	2.3	57.4
化学原料及化学制品制造业	54	1.8	59.2
科技推广和应用服务业	54	1.8	61
综合	50	1.6	62.6
互联网和相关服务	47	1.5	64.1
非金属矿物制品业	46	1.5	65.6
专用设备制造业	46	1.5	67.1
农副食品加工业	44	1.4	68.5
食品制造业	44	1.4	69.9
计算机、通信和其他电子设备制造业	37	1.2	71.1
医药制造业	37	1.2	72.3
电气机械及器材制造业	36	1.2	73.5
道路运输业	33	1.1	74.6
酒、饮料和精制茶制造业	33	1.1	75.7
通用设备制造业	33	1.1	76.8
畜牧业	32	1.1	77.9
广播、电视、电影和影视录音制作业	32	1.1	79
生态保护和环境治理业	30	1	80
文化艺术业	30	1	81
橡胶和塑料制品业	28	0.9	81.9
金属制品业	27	0.9	82.8
造纸及纸制品业	27	0.9	83.7
教育	25	0.8	84.5
餐饮业	24	0.8	85.3
住宿业	23	0.8	86.1
林业	22	0.7	86.8

续表

	企业数	百分比	累计百分比
其他制造业	22	0.7	87.5
汽车制造业	22	0.7	88.2
房屋建筑业	21	0.7	88.9
其他服务业	21	0.7	89.6
土木工程建筑业	21	0.7	90.3
纺织业	20	0.7	91
电力、热力生产和供应业	18	0.6	91.6
专业技术服务业	17	0.6	92.2
家具制造业	16	0.5	92.7
公共设施管理业	15	0.5	93.2
印刷和记录媒介复制业	15	0.5	93.7
农、林、牧、渔服务业	14	0.5	94.2
机动车、电子产品和日用产品修理业	11	0.4	94.6
居民服务业	11	0.4	95
仪器仪表制造业	11	0.4	95.4
有色金属冶炼及压延加工	10	0.3	95.7
体育	9	0.3	96
铁路、船舶、航空航天和其他运输设备制造业	9	0.3	96.3
研究和试验发展	9	0.3	96.6
水上运输业	8	0.3	96.9
有色金属矿采选业	8	0.3	97.2
货币金融服务	7	0.2	97.4
建筑安装业	7	0.2	97.6
卫生	7	0.2	97.8
文教、工美、体育和娱乐用品制造业	7	0.2	98
纺织服装、服饰业	6	0.2	98.2
石油加工、炼焦及核燃料加工业	6	0.2	98.4
租赁业	6	0.2	98.6
娱乐业	5	0.2	98.8
渔业	5	0.2	99
废弃资源综合利用业	4	0.1	99.1
资本市场服务	4	0.1	99.2
仓储业	3	0.1	99.3
非金属矿采选业	3	0.1	99.4
航空运输业	3	0.1	99.5
黑色金属冶炼及压延加工	3	0.1	99.6
皮革、毛皮、羽毛及其制品和制鞋业	3	0.1	99.7

续表

	企业数	百分比	累计百分比
水的生产和供应业	3	0.1	99.8
燃气生产和供应业	2	0.1	99.9
社会工作	2	0.1	99.9
水利管理业	2	0.1	100
采矿业	1	0	100
黑色金属矿采选业	1	0	100
交通运输、仓储和邮政业	1	0	100
金属制品、机械和设备修理业	1	0	100
制造业	1	0	100
住宿和餐饮业	1	0	100
装卸搬运和其他运输代理	1	0	100
总计	3044	100	

数据来源：Wind 资讯，经作者整理。

3. 广西区域股权交易市场发展情况

从全国区域股权交易所来看，共有 41 家交易所，广西则有广西北部湾股权交易所和南宁股权交易中心，规模不大，分别排全国第 26 和第 27 名，两家合计挂牌企业数为 2617 家，但为本地企业挂牌提供了良好机会（图 3－14）。

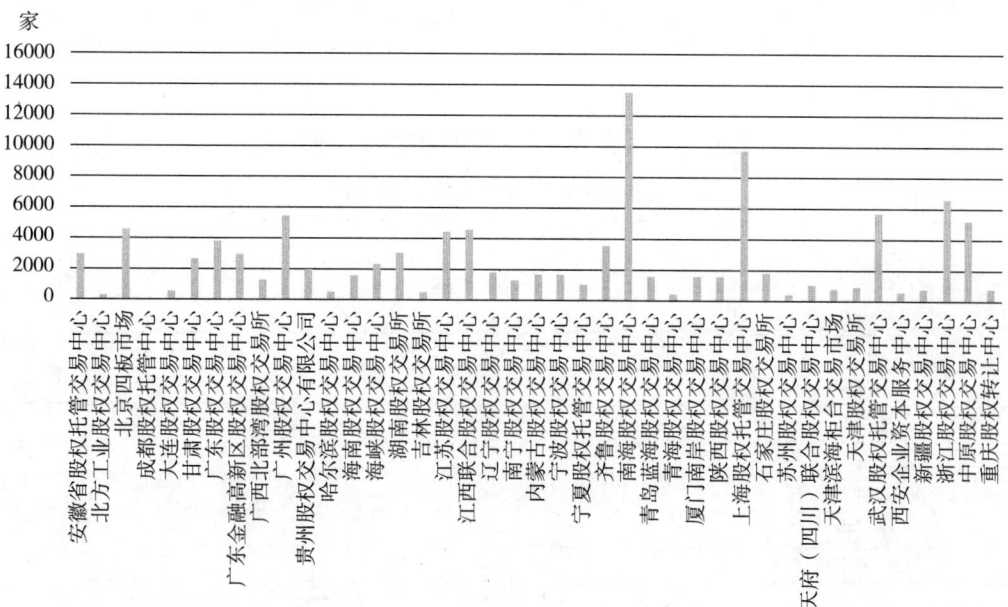

数据来源：Wind 资讯，经作者整理。

图 3－14 区域股权交易所挂牌各地企业数量

(四) 债券市场服务广西现代产业发展的现状与问题

1. 广西信用债存量情况

从债券市场看,广西各地市债券市场信用债存量分布严重不均,在总量3683.51亿元中,南宁、柳州、桂林分别占到1908.68亿元、788.96亿元和679.44亿元,分别占比51.82%、21.42%和18.45%,合计占到91.68%,其余十个地市份额只有8.32%(图3-15、表3-13)。

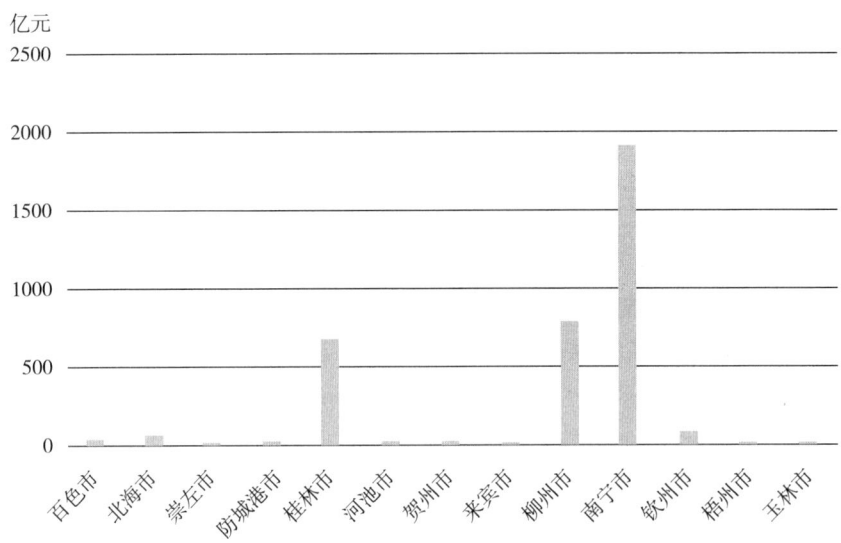

数据来源:Wind资讯,经作者整理。

图3-15 广西各地市债券市场信用债存量分布

表3-13 广西各地市债券市场信用债存量分布

	余额(亿元)	占比(%)
百色市	34.50	0.94
北海市	58.40	1.59
崇左市	16.00	0.43
防城港市	27.20	0.74
桂林市	679.44	18.45
河池市	10.00	0.27
贺州市	28.98	0.79
来宾市	18.00	0.49
柳州市	788.96	21.42
南宁市	1908.68	51.82
钦州市	88.45	2.40
梧州市	19.50	0.53
玉林市	5.40	0.15
总计	3683.51	100.00

数据来源:Wind资讯,经作者整理。

2. 广西信用债区域分布

债券种类结构和产业布局有较强关系,广西的金融机构主要密集分布于南宁、柳州和桂林,故同业存单和金融债合计1200余亿元的份额主要位于以上三市。加之金融市场发育程度和企业金融意识的影响,南宁市在中期票据、企业债、公司债和短期融资券等方面远高于其他城市,在可转债、定向工具、资产支持证券等方面也领先于其他城市。在其余城市中,钦州和北海因经济基础较好,也有一定的债券融资余额(图3-16、图3-17、表3-14)。

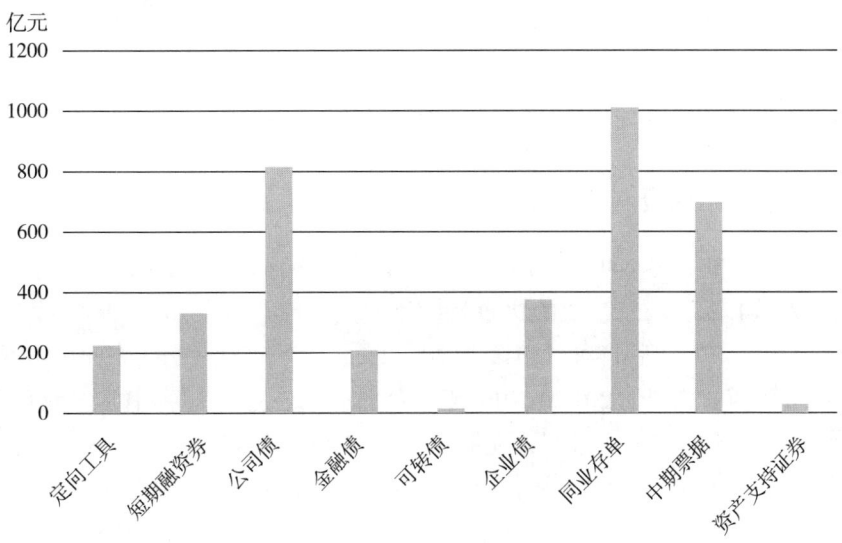

数据来源:Wind资讯,经作者整理。

图3-16 广西债券市场信用债存量结构

表3-14　　　　　　　广西债券市场信用债存量结构

	余额(亿元)	占比(%)
定向工具	223.70	6.07
短期融资券	331.90	9.01
公司债	819.16	22.24
金融债	208.27	5.65
可转债	4.40	0.12
企业债	366.37	9.95
同业存单	1012.20	27.48
中期票据	696.65	18.91
资产支持证券	20.86	0.57
总计	3683.51	100

数据来源:Wind资讯,经作者整理。

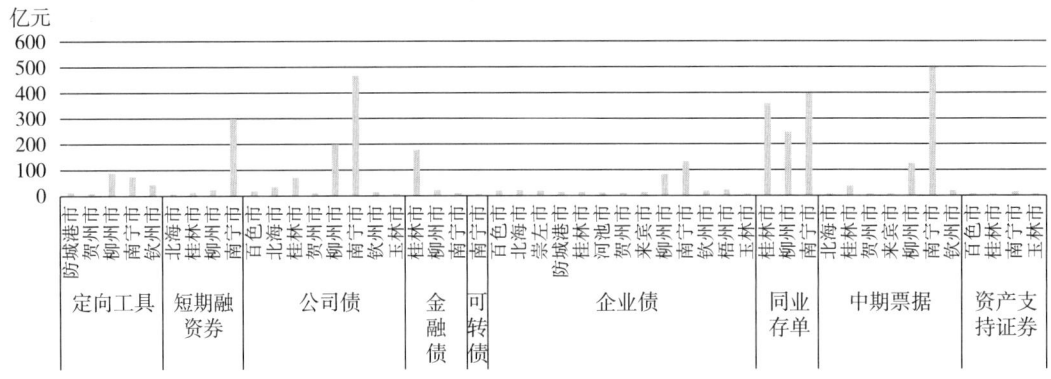

数据来源：Wind资讯，经作者整理。

图 3-17　广西债券市场信用债存量结构

（五）股票市场融资与广西现代产业发展的基本关系

在 1999 年至 2017 年间，广西三次产业结构从 28.8∶34.61∶36.59 变成了 15.54∶40.22∶44.24，第一产业的比重持续下降；第二产业经历了 1999—2011 年的持续上升（升至 48.42%）后再继续下降至 40.22%；第三产业先升（1999—2003 年）后降（2004—2011 年）再升（2012—2017 年）的过程。在这个过程中，农业比重的不断下降表明了工业化不断推进的过程，尤其是 1999—2011 年间第二产业的不断跃升过程，而且，第三产业先升后降的过程说明 2004—2011 年间阶段工业化的快速发展，带动第二产业跨越式发展，2011 年之后调结构转方式的发展更进一步提高了现代服务业的比重，最终呈现出三二一的合理化和高度化结构发展态势（图 3-18）。

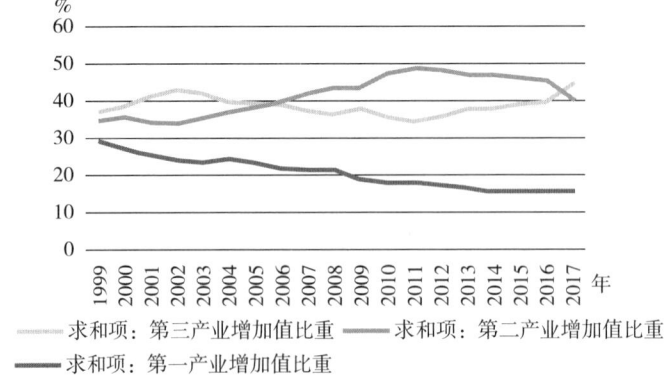

资料来源：国家统计局官网，经作者整理。

图 3-18　广西产业结构调整与股票市场融资总额的关系

在跟股市融资总额的关系上，第一产业比重与股市融资规模呈负相关，说明了资本市场在现代产业发展中的服务作用；第一产业与第二产业、第三产业比重也呈负相关关系，尤其第一、第二产业之间，更说明了产业现代化发展的存在性；而第二、第三产业比重的显著负相关也说明现代服务业对工业之间的赶超过程，也是现代产业发展的重要标志。

表 3-15　　　　　　广西产业结构与股市融资规模的相关关系

项目		总融资规模（亿元）	第一产业增加值比重	第二产业增加值比重	第三产业增加值比重
总融资规模（亿元）	皮尔逊相关性	1	-0.521*	0.467*	-0.094
	Sig.（双尾）		0.022	0.044	0.703
	个案数	19	19	19	19
第一产业增加值比重	皮尔逊相关性	-0.521*	1	-0.874**	0.135
	Sig.（双尾）	0.022		0.000	0.580
	个案数	19	19	19	19
第二产业增加值比重	皮尔逊相关性	0.467*	-0.874**	1	-0.599**
	Sig.（双尾）	0.044	0.000		0.007
	个案数	19	19	19	19
第三产业增加值比重	皮尔逊相关性	-0.094	0.135	-0.599**	1
	Sig.（双尾）	0.703	0.580	0.007	
	个案数	19	19	19	19

注：*表示在0.05级别（双尾），相关性显著。

　　**表示在0.01级别（双尾），相关性显著。

数据来源：Wind资讯、国家统计局官网，经作者整理。

四、促进资本市场服务广西现代产业发展的对策建议

资本市场在服务广西现代产业发展中发挥了重要作用，各个子市场的功能大小各有不同，但也存在一定问题，在建设现代经济体系过程中，应强化对资本市场的利用，促进现代产业发展，引领广西经济高质量增长。

（一）提升对主板与创业板市场的应用能力与水平

1. 努力增大上市企业数量和融资规模

在数量上面看，广西的上市公司严重偏少，股市融资总额比其省区市要低很多，且发展势头不如其他资本市场子市场。这主要是广西现代产业发展中优质企业相对较少，达到上市条件的企业不多的缘故。因此，应充分正视这一问题，加大拟IPO企业的培育力度，促进资本市场服务能力提升。同时，也加强现有上市企业的再融资支持，满足企业资深发展需要；强化企业发展引导，在拟推出的科创板上加大新兴产业的培育和支持力度。主板与创业板的融资能力，充分代表了区域产业竞争力水平。

2. 努力促进上市公司产业属性的现代化

上市公司是区域最具实力的企业代表，是先进生产力的象征，上市公司行业结构也代表了现代产业的结构。就目前来看，广西上市公司行业结构还偏传统化，在未来的融资发展中，应契合广西经济发展战略，着力培育战略性新兴产业企业，加大"三大三新"产业的扶持力度，力争在现代产业领域多推新兴产业和企业。

3. 提高上市公司的质量

以资本市场为抓手,对广西现代产业发展加以推动,重点在于通过有竞争实力的上市公司不断发展壮大,加大对现代经济要素的吸引力,集聚产业链以促进产业集群化发展,带动现代产业集聚形成。因此,鼓励企业进行资本运营,加大兼并收购力度,利用资本市场加强转型升级,改善经营状况,强化对现代产业发展的引领作用。

(二) 加大对新三板市场的应用力度

2019年初,中共中央办公厅、国务院办公厅印发了《关于加强金融服务民营企业的若干意见》,其中,重点提到要"要稳步推进新三板发行与交易制度改革,促进新三板成为创新型民营中小微企业融资的重要平台。"事实上,新三板在发行与交易制度领域的一系列改革,正使之成为助力现代产业发展的重要资本市场子市场,如推出创新层、引入做市商制度、实行集中竞价交易机制,等等。尤其,自做市转让制度上线运行以来,该市场在价值发现和风险定价、资产交易功能等领域作用大幅提升,竞价交易机制更有效遏制了不规范的灰色交易,提升了风险定价的科学性合理性。价值在并购重组等领域的规范化,可以预见的是,随着中央对新三板发展的重视,其服务能力不断提升。广西作为主板、创业板应用能力不足的地区,应着力加强多层次资本市场的充分应用和建设,在新三板上推动更多企业挂牌,促进现代产业发展的新三板服务支持。

(三) 加强资本市场其他子市场建设

2018年3月,北部湾股权交易所实施了重要收购,购入南宁金融投资集团所持的南宁股权交易中心所有股权,实现了对该交易中心的全资控股,统一整合了广西区域股权市场。作为唯一合法的区域股权交易所,北部湾股权交易所应紧密结合广西社会经济发展战略,积极面向东盟和"一带一路"国家,积极扩大服务范围和能力,构建有区域性特色的国际性股权交易市场。同时,应加强政府引导和支持,强化公司化运营和市场化运作与管理,充分发挥国家战略密集的优势和良好的区位条件,进一步健全广西多层次资本市场体系建设,扩大直接融资渠道,为广西现代产业发展作出应有的贡献。

(四) 鼓励债券市场融资功能利用

鼓励符合条件现代产业企业通过债券市场开展融资。基于主板、创业板市场的弱势特征,鼓励符合现代产业特征的中小企业,尤其是战略性新兴产业企业、高新技术产业企业、优质中小民营企业开展债券市场融资。当然,发债企业也要符合国家相关政策条件,达到发债的基本条件要求。同时,企业也要加强现代信用建设,建立科学合理的业绩管理体系,积极对接契合发债,获取资深发展的债券市场支持。

参考文献

[1] 徐枫,丁有炜. 资本市场支持绿色产业技术创新的效应 [J]. 科技管理研究,

2016, 36 (21): 25-33.

[2] 张朝. 中国资本市场发展对产业结构调整的影响研究 [D]. 中央财经大学, 2016.

[3] 乔军华. 战略性新兴产业研发投资的融资约束与融资渠道特征——基于多层次资本市场面板数据的经验分析 [J]. 科技管理研究, 2016, 36 (2): 123-129.

[4] 张幼林. 多层次资本市场: 北京金融产业的新增长点——"十三五"时期首都多层次资本市场发展的思考 [J]. 北京社会科学, 2016 (1): 60-64.

[5] 殷燎原. 美日多层次资本市场促进产业升级功效研究 [D]. 上海交通大学, 2015.

[6] 何小三. 资本市场促进战略新兴产业成长研究 [D]. 中国社会科学院研究生院, 2013.

[7] 何小三, 臧跃茹. 资本市场发展与战略性新兴产业成长研究述评 [J]. 中国经贸导刊, 2012 (18): 16-19.

[8] 吴剑雄. 资本市场与产业结构调整关系研究 [D]. 上海社会科学院, 2012.

[9] 何婧, 徐龙炳. 产业资本向金融资本渗透的路径和影响——基于资本市场"举牌"的研究 [J]. 财经研究, 2012, 38 (2): 81-90.

[10] 荆娴. 资本市场促进高新技术产业发展研究 [D]. 东华大学, 2011.

[11] 苏勇, 杨小玲. 资本市场与产业结构优化升级关系探讨 [J]. 上海财经大学学报, 2010, 12 (2): 90-97.

[12] 袁天昂. 资本市场支持我国战略性新兴产业发展研究 [J]. 西南金融, 2010 (3): 68-71.

[13] 袁天昂. 资本市场支持云南省战略性新兴产业发展的战略研究 [J]. 时代金融, 2010 (1): 59-64.

[14] 王泉. 资本市场与产业结构调整的互动关系研究 [D]. 对外经济贸易大学, 2007.

[15] 杨德勇, 董左卉子. 资本市场发展与我国产业结构升级研究 [J]. 中央财经大学学报, 2007 (5): 45-50.

[16] 何凤霞. 资本市场、产业资本素质与我国产业结构升级 [J]. 北方经济, 2006 (17): 63-65.

[17] 徐炳胜. 资本市场发展与产业结构升级关系的实证分析 [J]. 上海金融, 2006 (2): 50-52.

[18] 张景安. 中国高新技术产业的发展与资本市场 [J]. 中国软科学, 2002 (2): 8-11.

(执笔人: 陈修谦)

4. 广西上市公司 ESG 绩效报告

ESG 评估框架指将环境（Environmental）、社会（Social）、治理（Governance）三方面的指标纳入企业可持续发展绩效评估中，ESG 因子的引入将大概率提升总体的投资收益率水平。我国绿色金融事业快速发展，并已成为中国经济转型发展的重要因素，将投资实践与可持续性目标相结合是建立绿色金融体系的关键。在 2016 年 8 月七部委联合发布的《关于构建绿色金融体系的指导意见》中便提出，要逐步建立和完善上市公司强制性环境信息披露制度，并提出了发展第三方认证等配套机制；2017 年 3 月，证监会副主席方星海在博鳌论坛上也透露，证监会将推动上市公司强制性社会责任信息披露工作。在 2016 年 12 月证监会发布的《公开发行证券的公司信息披露内容与格式准则第 2 号》修订版中，已经要求部分重点排污单位自 2017 年起强制披露污染排放情况。我国企业社会责任信息披露相关工作，已经在上市公司的层面上紧锣密鼓地展开。

一、国际 ESG 责任投资现状

（一）ESG 绿色绩效概述

ESG 责任投资，是指倡导在投资决策过程中将财务回报的考量之外，充分考虑环境（E）、社会（S）和公司治理（G）因素纳入投资评估决策中的投资理念，包括信息披露、评估评级和投资指引三个方面，是社会责任投资的基础，是绿色金融体系的重要组成部分。

据国际可持续投资联盟（GSIA）的报告，在 2016 年初，全球在投资中纳入 ESG 因素的资产总量为 22.89 万亿美元，占全球资产总量的 26%，与 2012 年相比，增长了 68.3%。其中欧盟在投资中纳入 ESG 考量的资产占总资产比例最多，达到 52.6%，而亚洲地区（除日本外）则仅有 0.8%。

总体而言，国际市场中 ESG 的发展路径主要依赖于投资者的需求推动，投资者关注投资标的在社会贡献、环保、公司治理方面的举措，直接推动金融机构开发 ESG 产品、提供配套金融服务，推动企业主动向 ESG 方向转型，是市场化、需求推动的自发性行为趋势。再加上发达国家资本市场较为完善成熟的基础体系、监管部门的重视、相关政策的出台、组织机构的助力和第三方服务的发展，使得 ESG 责任投资在发达国家市场中得以迅速发展。

（二）理论基础与研究现状

1. 绿色金融理论基础

所谓绿色金融（Green Finance），又称环境金融（Environmental Finance），1996 年由 Mark White 首先提出了"环境金融"的概念，他指出经济全球化的趋势一方面加速了人类活动对自然资源的掠夺和开发，另一方面金融高效发展和投资机会又从整体上增进了人类与自然的福利；他认为环境金融就是在金融决策中加入对环境影响的考虑，并通过环保设计、生态平衡分析、技术预测等方式确定风险来源。绿色金融则是将解决环境问题、应对气候变化作为对焦点，研究如何能通过金融创新解决目前全球面临的环境问题。"绿色金融"的概念于 1997 年提出，在此前后世界各国政府、国际组织、民间金融机构以及非政府组织在环保领域进行了多种尝试，取得了不少经验。绿色金融的核心是将自然资源存量或人类经济活动造成的自然资源损耗和环境损失，通过评估测算的方法，用环境价值量或经济价值量进行计量，并运用于金融资源配置、金融活动评价领域。2007 年 Nicholas Stern 受英国政府委托对与气候相关的经济问题进行研究，开创了气候经济学这门分支，他也因之被称为"气候经济学"之父。气候经济学的创立进一步推动了与气候变化有关的环境问题与经济相互关系的研究。

在我国，面对日益严峻的资源和环境约束，"绿色"作为五大发展理念之一也应运而生，发展绿色金融是促进我国经济结构转型、推动经济可持续发展的必然选择。2016 年 3 月，全国人大通过的国家《"十三五"规划纲要》在"发展绿色环保产业"章节中提出"建立绿色金融体系，发展绿色信贷、绿色债券，设立绿色发展基金"，构建绿色金融体系已经上升为中国的国家战略。绿色信贷、绿色债券、绿色基金、绿色保险等都是构建我国绿色金融体系不可或缺的重要元素，也是绿色金融体系的主要组成部分。因此，本课题主要围绕这四个方面，开展理论与实践研究。

2. 绿色金融研究现状

（1）绿色债券

David Wood 和 Katie Grace（2011）认为绿色债券领域的增长将取决于多种因素，包括发行者承接绿色项目的能力、发行规模、利益相关者对制定衡量标准的参与程度以及投资者对债券的金融性需求和可持续性预期。Christopher Kaminker 和 Fiona Stewart（2012）指出 OECD 国家低利率和低经济增长率的环境迫使机构投资者日益寻求与传统资产关联度小同时又能提供稳定收益的投资产品。清洁能源投资很符合他们的需求，于是机构投资者利用自身的规模优势和专业经验积极推动包括绿色债券在内的清洁能源投资。他们的行动应当受到鼓励，更应当受到谨慎监管和小心推广。第三代环境保护主义组织（E3G）的 Amin 等（2014）分析了中国低碳金融的发展道路，提到绿色债券市场的建设将会对筹集气候资金产生正面影响，而且银行在绿色债券市场的建设阶段可以扮演重要角色。Sean Kidney（2015）指出中国绿色债券市场发展的支持性政策领先于其他国家，其中已经进入官方审批阶段的政策包括对绿色贷款不纳入存贷比分子的计算范围、适用

75%的优惠风险权重和资本监管要求、允许金融机构相关绿色信贷资产税前计提拨备；投资于绿色债券的银行享受优惠资本风险比率，其关于绿色债券的风险资产可以向下调整50%。

绿色债券（Green Bond）的概念，通常被认为由世界银行（World Bank）和欧洲投资银行（European Investment Bank）在2007年开始提出。这一年，欧洲投资银行发行了全球第一只"气候意识债券"（5年期、6亿欧元、AAA评级），用于接受银行贷款的可再生能源和能效项目，为绿色债券时代的发展埋下伏笔。全球绿色债券市场的规模自2013年开始逐渐增加，发行人、发行品种和投资者类型呈多元化趋势。据气候债券倡议组织CBI统计，2014年绿色债券市场飞速发展，发行量达到366亿美元，是2013年（110亿美元）的3倍之多。此增长势头持续至今，截至2016年6月绿色债券市场的存量达到6940亿美元，全球有超过780个发行人发行了绿色债券。

随着绿色债券发行规模的不断扩大，各组织机构对其概念进行了不同的定义。世界银行将绿色债券定义为一种固定收益型普通债券，它为投资者提供参与投资绿色项目而帮助减缓和适应气候变化的机会。经济合作与发展组织（OECD）将绿色债券定义为一种由政府、跨国银行或企业发行的，为促进低碳经济和适应气候变化的项目筹集必要资金的固定收益证券。气候债券倡议组织（CBI）认为绿色债券是为环境发展或环保项目募集资金的固定收益金融工具。根据国际资本市场协会（ICMA）制定的《绿色债券原则》（Green Bond Principles）没有直接定义绿色债券的概念，而是通过描述各种类型的绿色债券，试图建立起募集资金如何运用于合格的、适合的绿色项目之间的逻辑关系，并将符合这种联系且遵守GBP四项原则的债券统称为"绿色债券"，以涵盖最广泛的范畴，推动绿色金融的发展。可以看出，虽然各组织对于绿色债券的概念描述不尽相同，但对其主要特点的认识基本一致：债券型工具、固定收益、收益应当被应用于绿色项目。

目前，发展绿色债券这种具有正外部性的金融工具已成为世界趋势，ICMA和CBI运用自身经验成功建立起具有可操作性的绿色债券运作机制的机理值得我国学习。中国人民银行于2015年发布了《关于在银行间债券市场发行绿色金融债券有关事宜的公告》（中国人民银行公告〔2015〕第39号）及《绿色债券支持项目目录》，2016年国家发改委印发《绿色债券发行指引》，这些文件界定了我国绿色企业债券的项目范围和支持重点，公布了审核条件及相关政策的绿色定义与国际标准的绿色债券定义不同，其中包括：

第一，投向绿色项目或用于绿色项目再融资的债券募集资金低于总额的95%。国家发改委的绿色债券指引允许企业使用不超过50%的债券募集资金用于偿还银行贷款和补充营运资金。在国际上，绿色债券的募集资金必须至少有95%以上用于绿色项目。

第二，某些项目与国际标准的绿色债券项目定义不同，例如已有燃煤发电站的改造包括清洁煤炭的使用；同时连接可再生能源和化石燃料能源的电网基础设施；规模大于50兆瓦的大型水电设施等。

中国绿色债券的投资范围比国际市场所包含的项目更加多元化，且规定适用于清洁煤炭，对于承担环境责任的机构投资者来说，这一差别十分重要，也符合巴黎气候峰会达成的减少排放承诺。

国际资本市场协会（ICMA）最新制定的《绿色债券原则2017》（The Green Bond Principles 2017）根据资金用途和债务追索权的不同，将绿色债券细分为四大类型（见表4-1）。

表4-1　　　　　　　　　　　　　绿色债券的种类

债券种类	资金用途	债务追索权	典型案例
标准绿色用途债券（Standard Green Use of Proceeds Bond）	绿色标示项目	向发行者全权追索，信用评级适用于发行者的所有债券	欧洲投资银行发行的气候意识债券（Climate Awareness Bond）
绿色收入债券（Green Revenue Bond）	绿色标示项目	以发行者的现金流（包括费用、税收收入等）为抵押	美国夏威夷州发行的以电费收入为抵押的绿色债券
绿色项目债券（Green Project Bond）	指定的绿色项目	以指定项目的资产和收入为抵押	美国Alta风电公司发行的风电项目绿色债券
绿色证券化债券（Green Securitized Bond）	绿色标示或指定的绿色项目	通常以一系列绿色项目资产或贷款为标的	加拿大北方电力公司（Northland Power）发行的太阳能电厂证券化债券

从发行情况看，"标准绿色用途债券"在市场中占比相对较高也较易理解，属于信用债券。欧洲投资银行发行的气候意识债券由欧洲投资银行信用作为担保，世界银行发行的绿色债券也以自身信用作为担保。这类信用担保债券通常具有最高的信用评级，募集资金用于绿色标示项目但不指定具体项目。2015年10月中国农业银行在境外发行的绿色债券也属于标准绿色用途债券，此次发行也是国内银行机构首次发行绿色债券。"绿色收入债券"的设计较为复杂，其中一个典型案例是美国夏威夷州以电费收入为抵押的绿色债券。夏威夷州政府首先以极具竞争力的价格发行收入债券，其收益交给一个独立的绿色基建基金管理，而该基金以较低的利率借款给消费者来支持他们购买和安装清洁能源设备。债券偿还来源于贷款企业和个人还款，并由夏威夷州的清洁能源系统公共福利性收费（System Benefit Charge）抵押担保。"绿色项目债券"比较容易理解，其中一个典型案例是美国阿尔塔风能控股有限责任公司（Alta Wind Holdings LLC），它以阿尔塔风能项目作为担保发行绿色债券。最后一种"绿色证券化债券"可以用已经存在的项目作担保，如加拿大Northland能源公司以其太阳能电场作担保发行绿色债券；也可以用未来的绿色项目作担保，如美国Solarcity公司以当时未建设的住宅式太阳能租赁作担保发行的绿色债券。

由国务院联合中共中央所共同颁发的《生态文明体制改革总体方案》（以下简称《方案》）于2015年9月正式颁布发行，其中明确地对绿色金融体系给予了描述，分别针对商业银行机构发行绿色债券以及企业发行绿色债券这两种情况予以深入研究，主要围绕国内绿色债券市场发展制订的一系列发展计划。为了进一步将《方案》规定的内容彻底贯彻于实处，中国人民银行于 2015 年底对外发布了绿色债券方面的公告以及《绿色债券支持项目目录》，其中明确规定了绿色债券覆盖的项目，并对债券在发行期间、运作期间具体的操作加以规定。与此同时，国家发改委也对外发布了《绿色债券发行指引》，主要针对绿色债券市场上债券的发行范围、审批流程等方面予以明确规定。2016 年 3 月上海证券交易所正式对外公布并推行《关于开展绿色公司债券业务试点的通知》，随后该通知也在深圳证券交易所对外公布并推行，其中明确围绕绿色债券业务范围、具体发行规则、具体运作规则等多方面给予规定。另一方面，随着国内绿色债券市场的快速发展，国家与相关部门也开始陆续出台相关准则与通知，目的是为了进一步将绿色债券整体运作流程逐步规范，实现绿色债券发行每个环节均有章可循。

王遥和曹畅（2016）在相关研究中提到，中国绿色债券市场在 2016 年出现井喷式发展。而作为绿色债券发行过程中的重要一环，绿色债券第三方认证也日益受到各利益相关方和市场关注。绿色债券第三方认证可以提升绿色债券的公信力，吸引更多责任投资者。我国在 2016 年已发行的境内绿色债券中，完成第三方认证的有 16 期。除了国际认证机构积极在我国开展第三方认证业务外，本土绿色债券认证机构开始兴起并逐渐形成规模。从发展方向上来分析，其在评估标准体系和方法上将趋于标准化和具体化，将进一步提高绿色债券第三方认证的专业性和影响力。

罗帆（2016）根据博弈论的相关理论论述了我国发展绿色债券的必要性，发现发行绿色债券能提高政府鼓励企业进行绿色生产和企业采用绿色发展模式的概率，得出发行绿色债券对绿色产业发展有一定促进作用的结论。并根据目前国内绿色债券市场中存在的现实困境与缺陷，提出创新性应对策略，切实推动绿色债券独立评估机构建设以及倡导绿色投资理念等完善绿色债券市场的相关建议。

（2）绿色信贷

在国外的相关文献资料中，可持续融资、可持续金融、环境风险管理为"绿色信贷"主要研究对象。Eric Cowan（1999）通过对信贷投放与环境质量关系实证研究发现，环境质量状况受绿色信贷投放额度直接影响，绿色信贷通过信贷资金价格对企业生产与排污行为进行影响，进而促使节能环保产业发展。Bert Scholtens（2007）通过对银行企业社会责任、经营规模与绩效以及信贷风险管理三个方面进行实证分析，证明了银行在信贷过程中执行环境风险评估与管理虽然会使得短期成本上升，但从长远来看，银行赢得了良好的声誉，提升了社会影响力，长期回报率更高。T. E. Gradel 和 B. R. Allenby（2004）从产业结构调整的角度重点介绍了金融业在产业环保技术升级中的信贷引导作用。Rory Sullivan（2007）指出，银行业金融机构在信贷投放时应该考虑自身社会责任，对项目的出资建设都要考察其涉及的社会责任风险，从而作出规避。

通过研究文献发现，目前绿色信贷还没有形成一个统一的定义。国际上绿色信贷以赤道原则为界定标准，主要指可持续金融、绿色金融、环境金融。

Marcel Jeucken（2002）认为绿色信贷是指金融机构通过自身的信贷信息、信贷资源等优势对绿色可持续产业提供信贷优惠，同时将可持续发展理念传递给贷款企业。Baron. D（2001）认为，绿色信贷就是指以企业的环保与社会责任标准作为核心指标开展的信贷活动。邓聿文（2007）认为，绿色信贷是指银行业金融机构根据国家环保、产业政策，对环保企业加大信贷优惠利率，而对"两高"企业限制贷款和执行高利率以约束其发展，不断将资金引向国家支持产业，实现资源有效配置、绿色配置。原庆丹、沈晓悦等（2012）认为绿色信贷包括国家政策层面和银行业层面。国家政策层面的绿色信贷是指国家通过调控银行信贷资金保护环境；而银行业层面则是指银行业金融机构根据国家环保、产业政策，将环保情况纳入银行信贷审批流程中，引导贷款资金流向促使国家环保事业发展的企业和机构。屠行程（2014）认为，绿色信贷主要是指银行业金融机构在发放贷款过程中更加关注企业生态效益以及对社会环境的影响，绿色信贷是生态与经济相互协调的发展经营模式，是一种金融政策手段，是处理好金融业与可持续发展之间关系的一种要求，其要点在于把环境社会责任纳入贷款发放管理过程。中国金融学会绿色金融专业委员会认为绿色信贷概念源于绿色金融，是指利用信贷手段促进节能减排的一系列政策、制度安排及实践。从《绿色信贷指引》等政策意见看，绿色信贷主要指国家实现保护环境的一种宏观调控手段，通过调控银行信贷资金发放来实现保护环境目标。

相比国外理论研究，国内对绿色信贷研究主要集中在必要性、重要意义、效应机制、产品创新、发展障碍、法律制度、国际经验借鉴等不同方面进行研究。在重要性及必要性方面，孙洪庆（2002）主要从绿色工程、绿色消费倒逼、社会化融资呼唤、绿色利润选择几个方面阐述了发展绿色金融的必要性。刘传岩（2012）认为"绿色信贷"是科学发展观下我国金融业可持续发展的必然选择，分析了当前我国绿色信贷执行过程中出现的问题。付新强（2015）从社会效益、生态效益及经济效益三方面重点剖析了开展绿色信贷业务的重要性。从信贷政策角度看，徐芳（2009）研究了我国商业银行履行绿色信贷政策发展动力、经营方式、理论基础，在借鉴国外先进经验基础之上提出绿色信贷发展建议。孙海旭（2014）分析了中国绿色信贷政策的意义、发展阶段，并且梳理与总结了中央和地方的相关政策文件，在此基础上分析了中央和地方实施绿色信贷政策的现状、存在问题及原因。从绿色信贷法律制度的构建角度看，唐秋萍（2011）在借鉴国际绿色信贷标准和美、德、日等国的经验基础上，认为我国应确立商业银行的绿色信贷法律义务，从立法路径、规范模式、义务架构和配套措施四方面来探索如何确立、完善该义务。段凯莉（2014）在借鉴国外绿色信贷法律制度经验的基础上，从宏观架构和微观设计两方面对我国绿色信贷法律制度进行构建，分别从银行环境法律责任、环境信息公开共享、绿色信贷激励制度几方面对我国绿色信贷法律制度进行设计。赵奇（2013）通过介绍国外和国内绿色信贷的立法实践情况分析我国绿色信贷法律制度中存在的问题，并从建立统一实施标准、明确各方环境责任、建立全方位激励和处罚机制等方面提出建议。从绿色信贷发展存在的问题方面看，陈振兴（2008）认为当前我国商业银行内部绿色信贷对应职能部门缺位，相应的惩戒机制还不健全。郭晓芳（2014）认为绿色信贷发展存在的问题主要有政府相关政策及法律法规不完备、银行在贯彻绿色信贷时缺乏执行力度、企业重视经济效益忽视社会效益等。富红蕾

(2014)认为绿色信贷发展存在的问题主要有政策阻碍了绿色信贷产品创新的推进、绿色信贷产品创新生态环境差、银行业金融机构与环保部门缺乏信息共享机制、缺乏专业技术人员、创新能力不足等。从绿色信贷发展对策建议研究看，张雪兰、何德旭（2008）主要从完善激励约束机制、扫清绿色信贷障碍、建立银行业金融机构绿色信贷机制的基本框架、营造良好环境等方面提出建议。马骏（2015）等绿色金融工作小组成员提出十四条建议构建我国绿色金融体系：一是建立绿色银行体系；二是推动绿色产业基金发展；三是承担环境和社会责任；四是加大绿色信贷贴息贷款；五是发展绿色债券；六是建立 IPO 绿色通道；七是推进碳交易市场建设；八是建立绿色评级体系；九是建立绿色股票指数；十是建立环境成本核算体系和数据库；十一是构建绿色投资网络；十二是建立环境污染强制责任保险制度；十三是确立银行法律责任；十四是要求上市公司披露环境信息。马秋君、甘益宁（2015）提出明确相关环境责任、完善激励约束机制、加强金融机构与环保部门的合作、发布绿色信贷指导目录、制定实施细则、构建商业银行完整的环境和社会风险管理体系等方面建议。综上所述，绿色金融包含绿色信贷，绿色信贷是银行业金融机构履行社会环境责任的重要方式之一。国外专家学者主要对金融与可持续发展的关系、绿色信贷与环境保护相互促进作用、社会责任、环境风险管理等方面进行研究，成果颇多。而国内专家学者站在不同视角，用不同研究方法对绿色信贷发展进行了研究，具有一定的借鉴意义和参考价值，但未对我国绿色信贷政策意见制定、机构推动绿色信贷发展现状以及存在的主要问题全面梳理。本文尝试在这方面有所突破，并借鉴国际经验和国内实际提出推进我国绿色信贷发展的政策建议。

综上可以看出，绿色信贷主要是指银行业金融机构在国家相关部门和监管机构的指导下，通过不断调整和优化信贷结构，对有利于保护生态环境的产业提供信贷资金支持，对危害环境的企业和项目的投资贷款额度进行限制，是利用金融手段认真贯彻落实科学发展观、促进节能减排、调整产业结构、转变经济发展模式以及最终实现可持续发展的一种非常有效的环境经济政策。

（3）绿色基金

绿色基金属于绿色金融的范畴，广义上而言是针对节能减排，致力于低碳经济发展，环境优化改造项目而建立的专项投资基金，旨在通过资本的投入来促进节能减排事业的发展，其品种众多，包括但不限于绿色产业基金、担保基金、碳基金、气候基金。

绿色投资基金是在社会责任投资（social responsible investment，SRI）的基础上发展起来的，不仅以获得经济收益为主要目的，而且追求生态、经济的协调发展。由于市场的差异性，绿色投资基金在不同国家名称不一，例如，在美国被称为环境基金（environment fund），在日本被称为生态基金（eco-fund），而西欧则以绿色或生态基金（green ecology fund）为名。在我国，还没有统一的称呼，由于兴业全球基金管理有限公司于 2011 年 2 月发行了我国第一只绿色投资基金——"兴全绿色投资股票型证券投资基金"。其投资理念是：环境保护与金融投资的目标融合，绿色基金的核心是强调人与自然的协调发展。它将投资者对社会以及环境的关注和他们的金融投资目标结合在一起。它不是追求纯粹物质利益的最大化,而是整体社会福利的最大化。绿色基金不仅仅从经济角度出发,而且考虑投资对象对自然和环境的影响。

绿色产业基金作为一种创新的融资渠道,可以成为绿色环保项目的资金来源之一,部分还可以委托贷款形式拉动地方绿色产业和项目发展。通过市场化的产业基金,将资金导入绿色产业,与政府拨款相比更加灵活高效,进一步解决清洁能源、节能环保等绿色产业的资金短缺问题。

2015年9月党中央、国务院印发《生态文明体制改革总体方案》首次提出建立绿色金融体系,2016年3月全国人大通过的《"十三五"规划纲要》明确提出要"发展绿色信贷、绿色债券,设立绿色发展基金",大力发展绿色金融、实现绿色发展是解决资源环境制约问题的迫切要求。随后中国人民银行、财政部等七部委联合印发的《关于构建绿色金融体系的指导意见》进一步明确了绿色金融和绿色金融体系的概念内涵,提出"设立绿色发展基金,通过政府和社会资本合作(PPP)模式动员社会资本"。根据该指导意见,绿色金融是指为支持环境改善、应对气候变化和资源节约高效利用的经济活动,即对环保、节能、清洁能源、绿色交通、绿色建筑等领域的项目投融资、项目运营、风险管理等所提供的金融服务。绿色金融体系是指通过绿色信贷、绿色债券、绿色股票指数和相关产品、绿色发展基金、绿色保险、碳金融等金融工具和相关政策支持经济向绿色化转型的制度安排。

以"绿色基金"为关键词从1990年开始在CNKI检索发现,如图4-1所示,2007年以前每年的研究成果只有寥寥可数的几篇,近几年研究才渐入佳境,2016年成果数量最多(2017年的数据截至5月1日)。1990年以来共有182篇文献,其中期刊论文66篇,会议论文1篇,优秀博硕论文3篇。

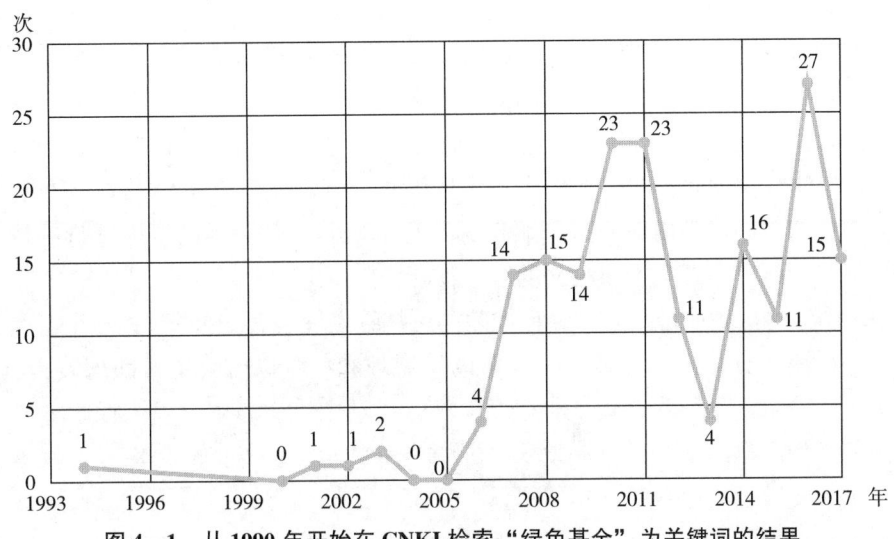

图4-1 从1990年开始在CNKI检索"绿色基金"为关键词的结果

通过浏览这些文献发现,绿色基金的研究主要集中在实践领域,国内的研究始于20世纪末,且大多包含在绿色金融中某一部分进行研究,单独进行研究的不多,从地方省份区域性的角度开展研究更是寥寥无几。对绿色金融的相关文献浏览可以发现,大部分都是从银行信贷的角度开展研究。周道许和宋科（2014）认为，绿色金融产品具有典型的准公共特征，具有显著的正外部性，需要兼顾社会效益与经济效益，绿色基金亦不例外。因此，本课题所研究的绿色产业基金、绿色担保基金等绿色基金更符合准公共产品的特征，适用政府和社会资本合作（PPP）模式。蓝虹和任子平（2015）对 PPP 环保产业基金与纯金融性基金的差异进行了界定，认为绿色基金是"政府 + 有资质有真正行业实力的实体 + 善于化解金融风险的金融机构"的政产融联合体，是新常态下绿色金融的创新模式。安国俊（2016）通过对美国、英国、日本等发展绿色基金成功经验借鉴认为我国地方政府应以 PPP 产业投资基金为主要模式设立绿色发展基金，并对绿色并购基金在我国的发展，以及内蒙古、山西、江苏等省份环保产业基金的实践经验进行了分析，认为可适时设立绿色担保基金，推进绿色产业融资的风险管理与激励机制。

因此，开展本课题研究，结合广西实际，结合发展广西节能环保和大健康产业这两个战略性新兴产业大力发展广西绿色基金，对我国地方政府通过"政府 + 社会资本"的 PPP 模式发展绿色基金有着极强的借鉴意义和参考价值。

（4）绿色保险

国内许多学者、媒体把环境污染责任保险直接等同于绿色保险，因为它先于绿色债券，而后于绿色信贷出现。我国国家环保部门与金融部门先后于 2007 年至 2008 年间提出了这三项绿色经济发展政策。在 2007 年国家环保总局与中国保监会联合发布的《关于印发〈关于开展环境污染责任保险调研报告〉的通知》（环办〔2007〕100 号）中，将环境污染责任保险定义为"环境污染责任保险是以企业发生的污染事故对第三者造成的损害依法应负的赔偿责任为标的的保险"，即当企业因为生产导致污染事故而引起赔偿责任时，由保险公司负责赔偿。国内学者对环境污染责任保险的定义稍有不同，较具有代表性的是邹海林（1999）的定义："环境污染责任保险是指以被保险人因污染环境而应当承担的环境赔偿或者治理责任为标的的责任保险。"他将治理责任也纳入到了环境污染责任保险的保险责任范围中，比国家环保总局定义的略宽。因此本文引用邹海林的定义，认为环境污染责任保险是指当企业发生污染环境的行为导致第三方人身或者财产损失后，由保险公司在约定的限额内对其进行赔偿，并且也应对治理污染的费用进行补偿。本课题对绿色保险的研究主要集中于狭义的绿色保险。

在 2010 年 9 月 29 日召开的"绿色保险与可持续发展（曹妃甸）"论坛上，绿色保险成为解决保险业自身可持续发展的一种新的发展理念。原保监会主席助理袁力（2010）认为，绿色保险是一种经营方式，即在保险经营活动中将生态观念引入保险业，改变保险业的高消耗低产出的粗放式发展模式，通过自身的运作，支持环保产业的发展，为绿色经济提供保险服务。徐春草（2016）认为广义上的绿色保险包括农业等一系列通过创新改善环境的保险，是一类以环境保护为目的、协调各生产领域的险种。王国军和庹国柱（2016）提出，绿色保险可包括三层含义，其第一层次含义是以环境污染责任保险为代表的保险产品，第二层次含义则是由于提供了专业的风险管理服务，实现整个社会资源的节约和保护，有利于可持续发展；第三层次则是绿色保险含义的引申，即指保险业的发展理念,从粗放式发展转变为精细集约化经营。

纵观国内外关于绿色保险的研究,关于绿色保险产品的合理性、防范机制、产品设计、政府配套措施等都进行了较为详尽的研究,但多将绿色保险界定为环境污染责任保险,同时研究多集中于绿色保险本身,缺乏绿色金融的系统视角,包括绿色保险在内的绿色金融协调发展问题尚未得到很好的解决。

国内绿色保险理论的研究相对起步较晚,陈立琴(2003)认为我国绿色保险部分试点地区的经营中存在保险赔付率比较低和保险费率高的现象,建议我国采取强制模式进行承保,以提高企业的参保率,符合保险的大数法则定律,同时应建立健全相关的环境和金融保险法律规范,以实现社会稳定、切实维护受害人的合法权益和保险盈利性持续增长。郑俊涛(2005)认为要适度发展绿色保险制度,逐步拓展绿色保险的责任范围。毕思勇、张龙军等(2009)认为我国目前主要是采用任意模式来开展试点,但是试点未能获得明显成效,主要原因是赔付率低和承保范围比较窄,并针对这些问题提出了完善我国绿色保险的具体政策建议。李玲(2010)主要从绿色保险的界定、赔付标准和保险费率与定价等方面对绿色保险制度的建设进行了探讨。原庆丹、沈晓悦等(2012)认为政府应该加强扶持力度,并且要完善相关立法体系,逐步对绿色保险进行推广,推行强制为主、任意为辅的绿色保险模式。梁雪珍(2013)从绿色保险定位分析、风险化解机制、政策建议等方面对我国绿色保险实施模式进行了研究,认为我国应当采取强制责任保险和任意责任保险相结合的保险模式。陈玲玲(2014)从保险主体、保险内容、险种种类、配套机制的建立等方面对广西环境污染责任强制保险进行了研究,并提出了具体的建议。郑帅(2015)对广西环境污染责任保险存在的问题进行了具体的分析,同时从量化沉没成本比较的角度分析了企业搭便车的现象,并针对广西实际情况提出建立专属广西地区损失评估体系等对策。王琰(2017)对发展绿色保险市场进行了研究,认为应以市场化手段应对环境污染事故风险。对污染风险高的企业实行强制性保险,同时要建立巨灾保险制度,增强企业对突发环境事故的应对能力,防止风险转嫁造成政府财政负担。马骏(2017)从立法的角度对绿色保险制度进行了研究,认为我国应该用立法的形式,在环境高风险行业中(比如采矿、冶炼、皮革、危险品运输和仓储等行业)建立强制性的环境责任保险制度。建议适时推动更多的环境责任保险地方试点,在总结试点经验的基础上,制定或修订相关法律法规,为在全国范围内推广环境污染责任保险创造条件。

二、中国 ESG 整体表现

(一) ESG 表现与股票市场的相关性

1. 沪深 300 绩效领先指数的业绩

2017 年累计收益率在全国 29 只 ESG 相关股票指数中排名第三;2017 年累计收益率在绿色相关股票指数中排名第一;2017 年收益率达 25.85%,超沪深 300 指数收益率4.07%。

2. ESG表现与股票收益率的相关性

根据中央财经大学绿色金融国际研究院的相关研究报告，ESG表现与股票市场收益率和风险具有一定的相关性，简述如下：以ESG分数前100的股票作为一个投资组合，其投资收益率与ESG、E、S、和G均呈现正相关。沪深300绿色领先股票的投资组合收益高于沪深300投资组合收益。

3. ESG表现与股票风险的相关性

在金融行业，上市公司绿色表现与系统性风险系数（Beta）呈现负相关。

（二）我国资本市场的ESG整合中存在的障碍

重大ESG因素的考量是与客户利益息息相关的，是保护受益人利益的重要行为。然而，在我国资本市场的ESG整合中，仍然存在很多障碍。

1. 缺乏要求投资者将ESG因素纳入投资过程的正式监管机制

虽然中国市场对ESG标准的认识程度不断提高，但依然存在一些障碍。首先，中国尚未建立起正式的监管机制，以要求投资者、特别是资产所有者在投资过程中考虑ESG因素。包括主权财富基金和养老金在内的中国资产管理者在进行投资决策时往往忽略可持续发展因素。

2. 缺乏对投资者如何将ESG因素纳入投资组合中的指导意见

中国尚未建立起连贯、可比较、可靠的公司报告制度。对中国投资者而言，市面上也缺乏符合国际实践的关于绿色和可持续投资产品的统一定义。此外，很多投资者并未完全意识到在投资决策中纳入ESG因素有利于管控风险、提高利润，也未意识到企业在ESG方面的表现可为投资研究和决策提供参考。投资者很可能会将ESG和绿色金融视为伦理选择，认为这一选择将对投资收益产生负面影响，并将其与基础投资分析分割开来。

3. 公司难以参与ESG信息披露

因为缺乏可持续、易于对比、可信赖的报告，使公司难以参与ESG信息披露。大多数中国公司正在进行的ESG披露以环保数据为主，反映了中国政府对环境问题的重视。治理问题（即ESG中的"G"）也受到一定的关注——人们往往认为治理因素"易于理解""符合股东价值"，有利于产生更高回报。但是，工人待遇、对当地社区影响等社会问题（即ESG中的"S"）虽可能造成实质性的财务影响，却常常被认为最难衡量，有时需要主观判断，很难与实际表现挂钩。

三、广西 ESG 绩效的总体表现

(一) 广西上市公司业绩基本情况

根据广西各家上市公司每年公开发布的年报,对其 2013—2018 年的业绩情况整理如下:

表 4 – 2　　　　　　　　　　　柳工业绩情况

年份	营业收入(亿元)	净利润(亿元)	总资产(亿元)	净资产(亿元)
2013	125.8	3.286	225.7	92.8
2014	102.9	1.932	208	91.26
2015	66.56	0.2077	203.8	89.06
2016	70.05	0.4757	205.8	88.47
2017	119.4	3.695	229	100
2018	180.8	8.41	262.1	101

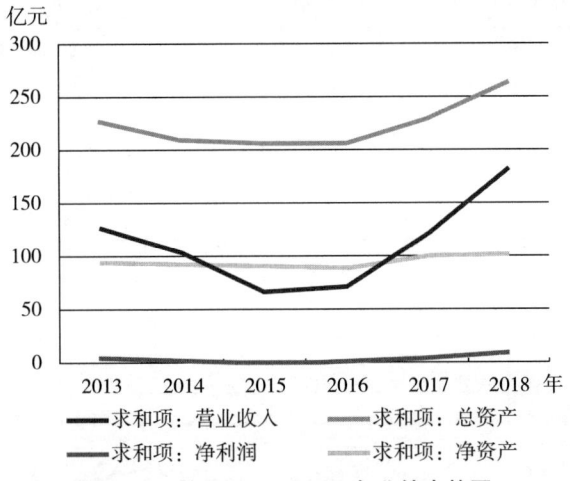

图 4 – 2　柳工 2013—2018 年业绩走势图

表 4 – 3　　　　　　　　　北部湾港股份有限公司业绩情况

年份	营业收入(亿元)	净利润(亿元)	总资产(亿元)	净资产(亿元)
2013	37.22	5.895	85.68	38.56
2014	42.86	6.117	104.7	43.65
2015	30.55	4.081	123.6	69.56
2016	29.95	4.802	122.6	73.89
2017	37.11	6.435	156.9	83.98
2018	42.11	7.111	171.2	104.4

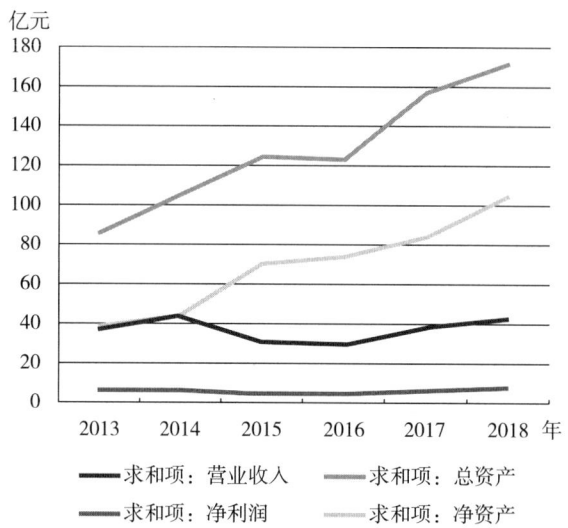

图 4-3 北部湾港股份有限公司 2013—2018 年业绩走势图

表 4-4　　　　　阳光新业地产股份有限公司业绩情况

年份	营业收入（亿元）	净利润（亿元）	总资产（亿元）	净资产（亿元）
2013	6.899	3.553	103.5	48.94
2014	13.59	-5.221	112.4	43.57
2015	6.476	0.6833	102.5	41.31
2016	6.396	-4.389	98.01	36.92
2017	5.344	1.902	72.15	36.79
2018	2.888	0.8473	65.83	37.32

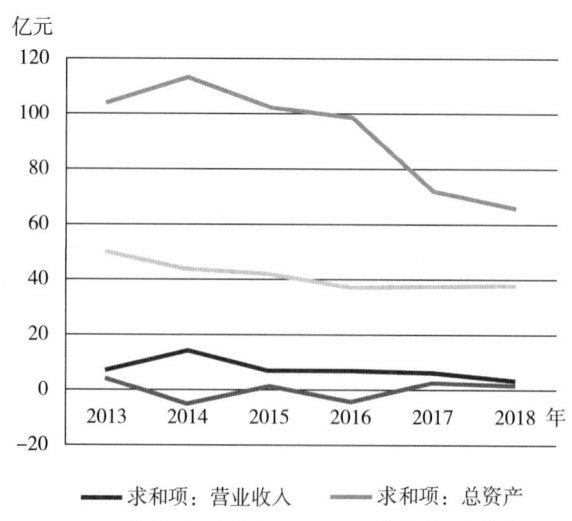

图 4-4　阳光新业地产股份有限公司 2013—2018 年业绩走势图

表 4-5　　　　　　天夏智慧城市科技股份有限公司业绩情况

年份	营业收入（亿元）	净利润（亿元）	总资产（亿元）	净资产（亿元）
2013	5.065	-0.6225	8.865	5.943
2014	4.994	0.06245	8.299	5.744
2015	4.46	-0.02928	6.799	5.715
2016	12.77	3.281	57.74	50.09
2017	16.66	5.742	71.14	55.69
2018	10.91	1.509	71.05	56.59

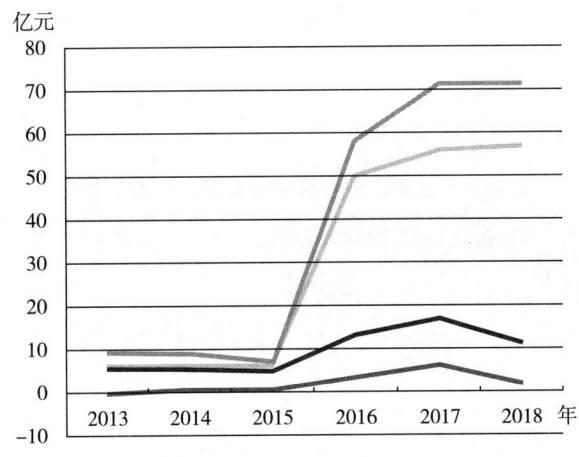

图 4-5　天夏智慧城市科技股份有限公司 2013—2018 年业绩走势图

表 4-6　　　　　　南方黑芝麻集团股份有限公司业绩情况

年份	营业收入（亿元）	净利润（亿元）	总资产（亿元）	净资产（亿元）
2013	13.06	0.4107	14.59	8.376
2014	15.54	0.5158	27.87	18.65
2015	18.88	1.491	28.25	17.38
2016	23.14	0.2517	31.16	18.22
2017	27.72	1.048	50.47	27.19
2018	39.64	0.2421	54	28.28

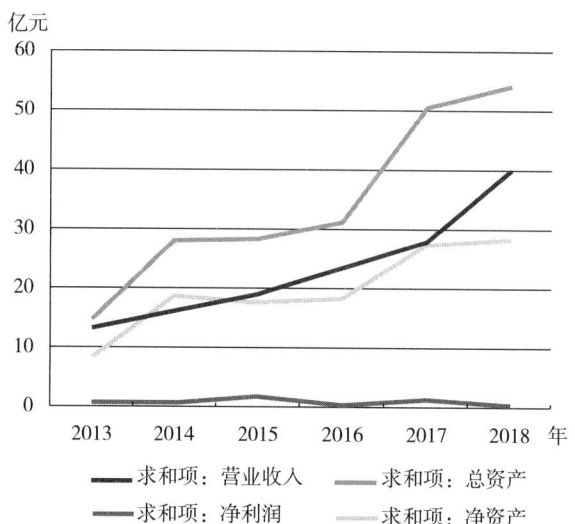

图4-6 南方黑芝麻集团股份有限公司 2013—2018 年业绩走势图

表4-7 北海银河生物产业投资股份有限公司业绩情况

年份	营业收入（亿元）	净利润（亿元）	总资产（亿元）	净资产（亿元）
2013	7.841	0.1237	20.83	8.618
2014	8.019	0.23	22.05	8.428
2015	8.324	1.026	27	20.68
2016	12.05	0.1642	28.87	21.12
2017	10.46	0.1395	33.63	21.77
2018	7.613	-7.363	24.82	13.95

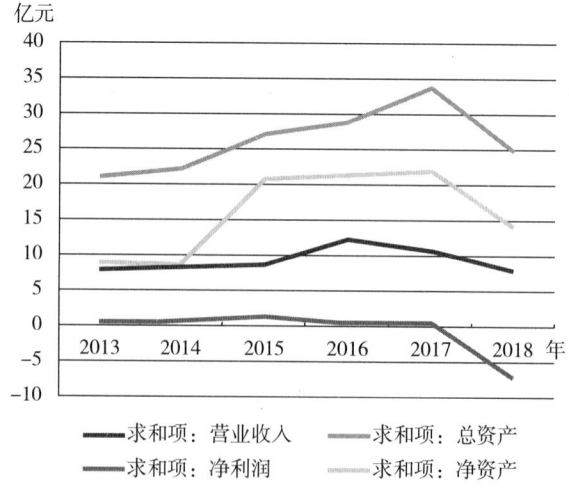

图4-7 北海银河生物产业投资股份有限公司 2013—2018 年业绩走势图

表4-8　　　　　　广西贵糖（集团）股份有限公司业绩情况

年份	营业收入（亿元）	净利润（亿元）	总资产（亿元）	净资产（亿元）
2013	11.08	-1.061	11.06	8.206
2014	17.92	1.268	30.78	19.38
2015	17.35	1.345	34.06	26.37
2016	17.92	0.3874	34.19	26.32
2017	19.73	0.8904	35.57	26.96
2018	31.68	0.833	39.94	27.25

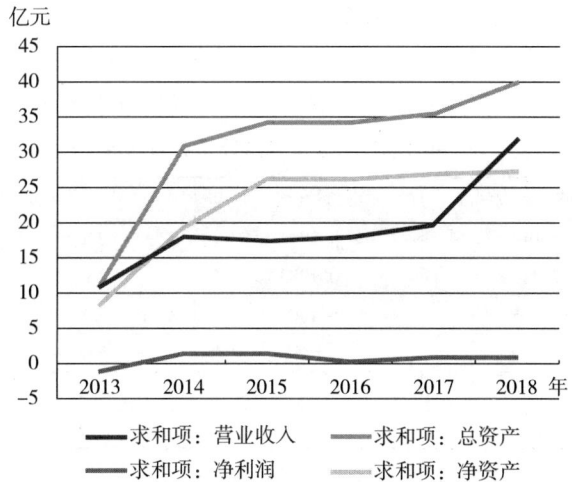

图4-8　广西贵糖（集团）股份有限公司2013—2018年业绩走势图

表4-9　　　　　　南宁糖业股份有限公司业绩情况

年份	营业收入（亿元）	净利润（亿元）	总资产（亿元）	净资产（亿元）
2013	43.99	0.6799	57.8	14.78
2014	26.93	-2.744	45.07	11.96
2015	31.38	0.5288	56.85	16.55
2016	35.89	0.1926	67.13	16.15
2017	29.06	-1.984	73.89	14.16
2018	35.98	-13.82	58.16	0.3331

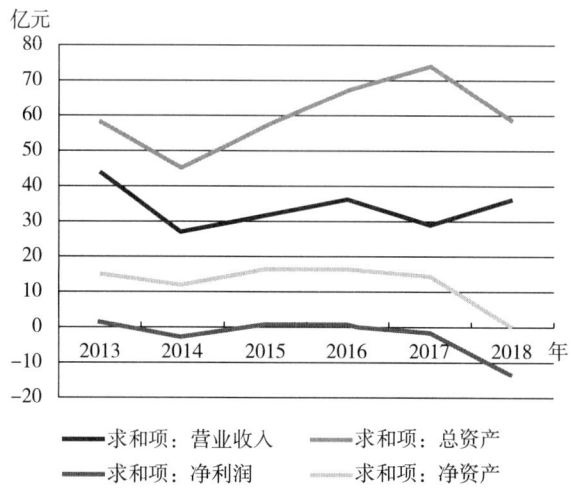

图 4-9 南宁糖业股份有限公司 2013—2018 年业绩走势图

表 4-10 广西河池化工股份有限公司业绩情况

年份	营业收入（亿元）	净利润（亿元）	总资产（亿元）	净资产（亿元）
2013	9.149	0.2996	21.88	5.415
2014	7.921	0.1783	15.94	2.396
2015	5.553	-1.07	14.1	1.082
2016	6.229	-1.418	7.852	-0.891
2017	2.209	0.2946	8.179	0.233
2018	2.311	-2.738	3.872	-2.498

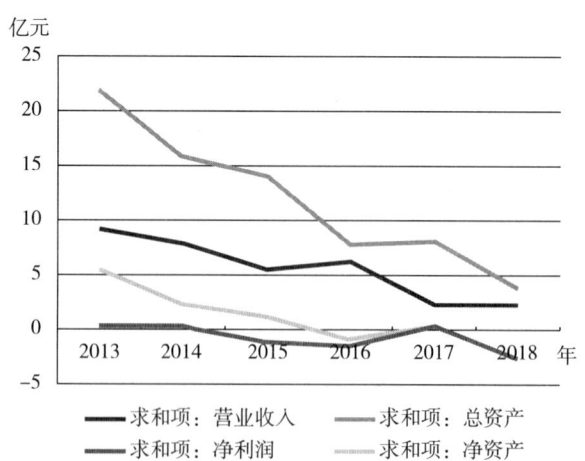

图 4-10 广西河池化工股份有限公司 2013—2018 年业绩走势图

表 4–11　　　　　　广西桂冠电力股份有限公司业绩情况

年份	营业收入（亿元）	净利润（亿元）	总资产（亿元）	净资产（亿元）
2013	49.44	3.443	219.3	50.96
2014	93.14	22.69	464.4	112.2
2015	103.1	40.46	434	146.5
2016	85.65	29.06	419.3	154.7
2017	96.4	27.11	480.7	175.8
2018	95.14	27.11	459.5	166

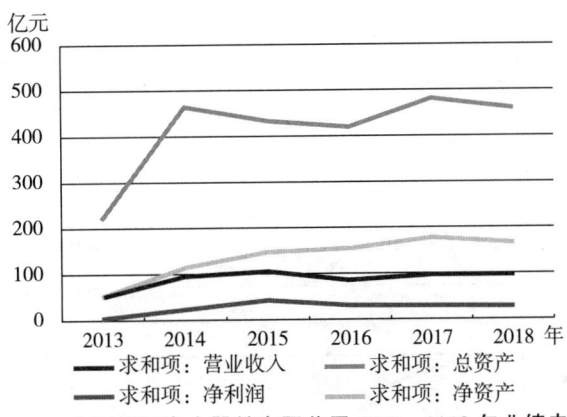

图 4–11　广西桂冠电力股份有限公司 2013—2018 年业绩走势图

表 4–12　　　　　　桂林旅游股份有限公司业绩情况

年份	营业收入（亿元）	净利润（亿元）	总资产（亿元）	净资产（亿元）
2013	4.443	0.008443	27.77	15.47
2014	9.914	0.2898	30.67	16.05
2015	5	0.1593	28.57	16.04
2016	4.862	−0.4675	26.67	15.31
2017	5.563	0.3786	26.27	15.7
2018	5.731	0.6617	29.23	16.1

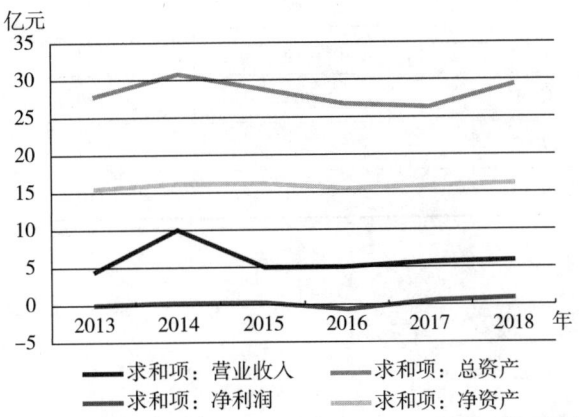

图 4–12　桂林旅游股份有限公司 2013—2018 年业绩走势图

表 4-13　　　　　　　　　　　　中恒集团业绩情况

年份	营业收入（亿元）	净利润（亿元）	总资产（亿元）	净资产（亿元）
2013	39.97	7.415	60.58	36.89
2014	32.14	15.94	80.39	59.18
2015	13.43	5.201	61.3	49.55
2016	16.7	4.893	64.89	53.25
2017	20.48	6.049	68.64	55.97
2018	32.99	6.134	72.4	59.3

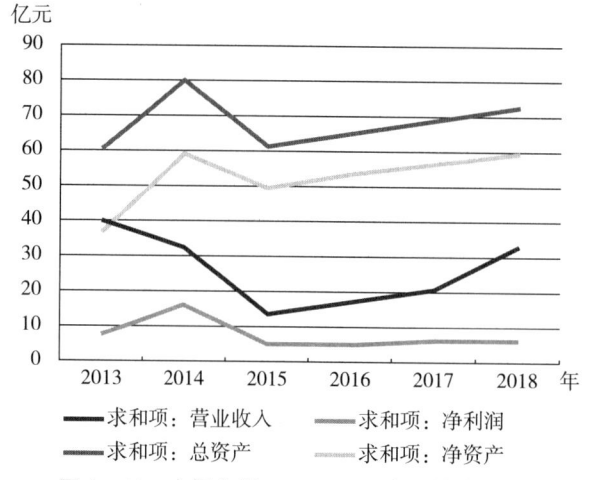

图 4-13　中恒集团 2013—2018 年业绩走势图

表 4-14　　　　　　　　　　　　五洲交通业绩情况

年份	营业收入（亿元）	净利润（亿元）	总资产（亿元）	净资产（亿元）
2013	61.76	1.604	139.3	33.53
2014	32.9	0.2085	139.5	31.4
2015	20.86	-2.183	123.4	30.16
2016	12.9	1.906	114.2	30.55
2017	17.92	3.561	106.9	32.53
2018	18.19	4.054	106	35.33

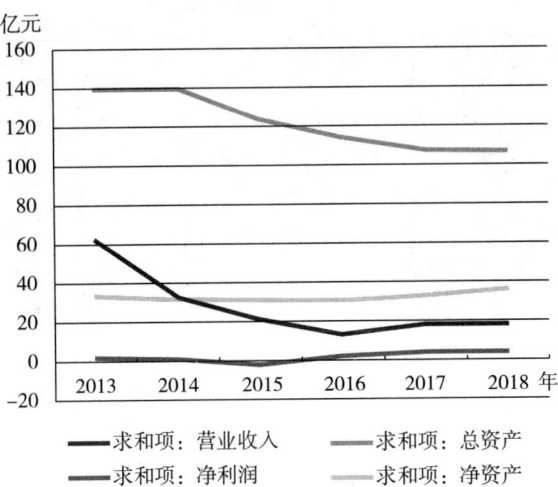

图 4-14　五洲交通 2013—2018 年业绩走势图

表 4-15　　　　　　　　　两面针业绩情况

年份	营业收入（亿元）	净利润（亿元）	总资产（亿元）	净资产（亿元）
2013	11.84	0.07776	32.47	19.57
2014	11.87	-0.3238	41.09	22.87
2015	13.53	-2.308	39.68	21.99
2016	15.62	-0.06676	32.77	20.12
2017	14.72	-1.646	27.06	17.57
2018	12.45	0.07893	25.32	16.79

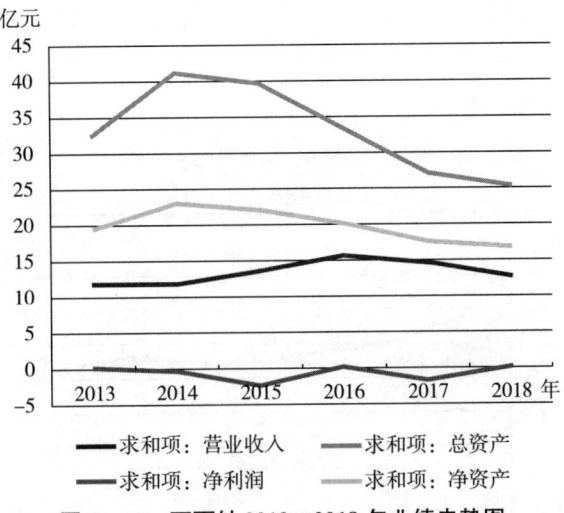

图 4-15　两面针 2013—2018 年业绩走势图

177

表 4-16　　　　　　　　　　柳化股份业绩情况

年份	营业收入（亿元）	净利润（亿元）	总资产（亿元）	净资产（亿元）
2013	31.73	-1.313	52.34	16.17
2014	31	0.08608	53.35	13.03
2015	26.29	-4.856	47.88	7.871
2016	20.76	-8.162	36.99	-0.2451
2017	18.3	0.6155	32.04	0.3863
2018	20.09	3.757	27.43	21.71

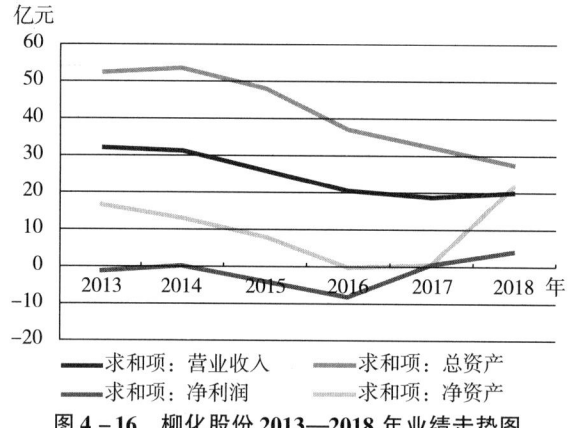

图 4-16　柳化股份 2013—2018 年业绩走势图

表 4-17　　　　　　　　　　南宁百货业绩情况

年份	营业收入（亿元）	净利润（亿元）	总资产（亿元）	净资产（亿元）
2013	28.95	0.1697	21.89	10.71
2014	24.97	0.1626	20.79	10.82
2015	23.67	0.2768	22.17	11.05
2016	22.07	-0.3428	22.43	10.62
2017	23.21	0.01771	22.38	10.64
2018	21.29	0.4486	20.48	10.17

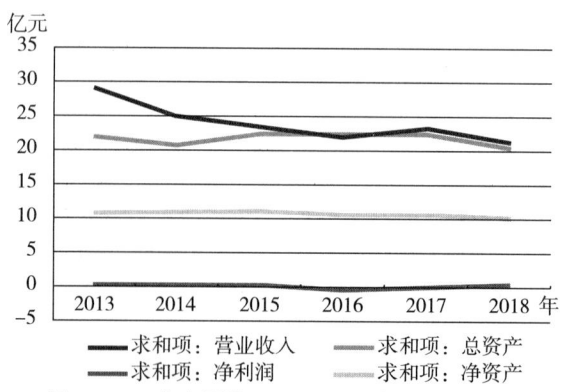

图 4-17　南宁百货 2013—2018 年业绩走势图

表 4–18　　　　　　　　　　柳钢股份业绩情况

年份	营业收入（亿元）	净利润（亿元）	总资产（亿元）	净资产（亿元）
2013	368.5	2.167	238.7	56.1
2014	356.2	1.687	250	57
2015	259.1	-11.89	226.3	44.38
2016	266.5	1.964	208.1	46.35
2017	415.6	26.46	230.7	71.99
2018	473.5	46.1	249.5	105.3

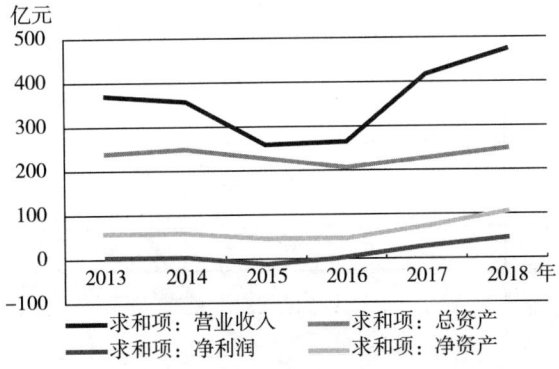

图 4–18　柳钢股份 2013—2018 年业绩走势图

表 4–19　　　　　　　　　　ST 南化业绩情况

年份	营业收入（亿元）	净利润（亿元）	总资产（亿元）	净资产（亿元）
2013	6.78	0.02328	21.8	-0.1901
2014	6.429	-3.179	14.15	-2.158
2015	0.6394	-0.6115	9.064	2.333
2016	0.7174	0.1956	9.664	2.311
2017	2.142	-0.682	7.554	1.833
2018	2.754	0.4488	3.951	3.031

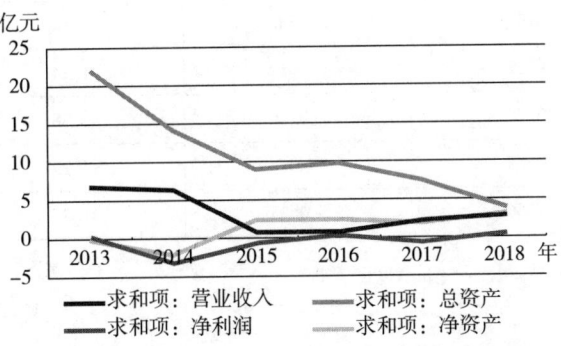

图 4–19　ST 南化 2013—2018 年业绩走势图

表 4-20　　　　　　　　　　桂东电力业绩情况

年份	营业收入（亿元）	净利润（亿元）	总资产（亿元）	净资产（亿元）
2013	22.24	0.69	82.17	36.81
2014	21.15	-0.04	92.63	41.50
2015	35.91	3.99	92.46	30.40
2016	52.12	2.37	110.04	30.47
2017	102.44	1.00	127.53	25.19
2018	119.30	1.01	144.00	23.88

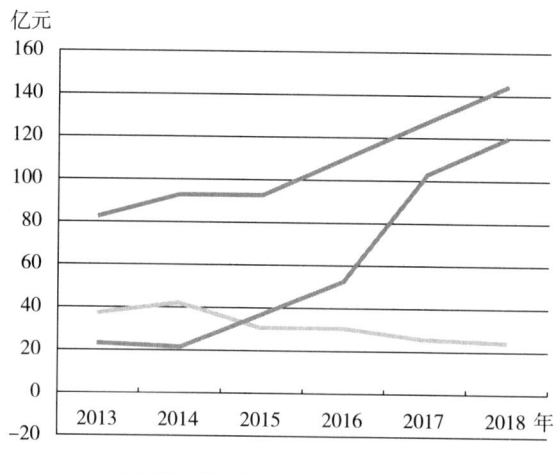

图 4-20　桂东电力 2013—2018 年业绩走势图

表 4-21　　　　　　　　　　慧球科技业绩情况

年份	营业收入（亿元）	净利润（亿元）	总资产（亿元）	净资产（亿元）
2013	0.42	0.32	0.54	0.01
2014	0.47	0.006	0.54	0.01
2015	0.92	0.05	1.24	0.33
2016	0.46	-0.26	2.88	0.74
2017	0.65	0.03	1.25	0.78
2018	0.66	-0.38	1.07	0.39

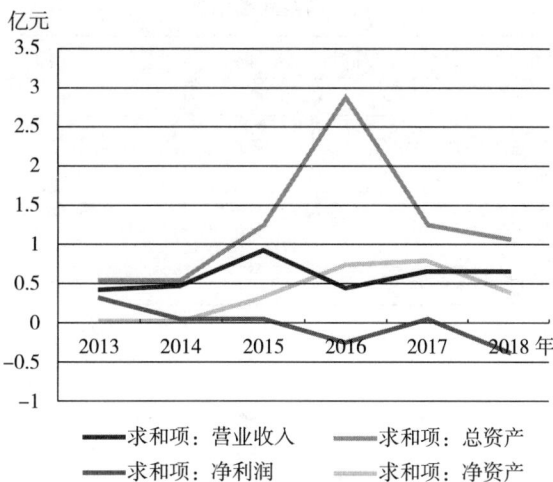

图 4–21　慧球科技 2013—2018 年业绩走势图

表 4–22　　　　　　　　　　国发股份业绩情况

年份	营业收入（亿元）	净利润（亿元）	总资产（亿元）	净资产（亿元）
2013	4.52	0.11	6.90	1.11
2014	4.15	-0.64	9.91	7.29
2015	5.06	0.08	9.84	7.37
2016	4.55	-0.49	9.57	6.88
2017	4.34	0.02	7.76	6.59
2018	2.24	-0.21	7.63	6.37

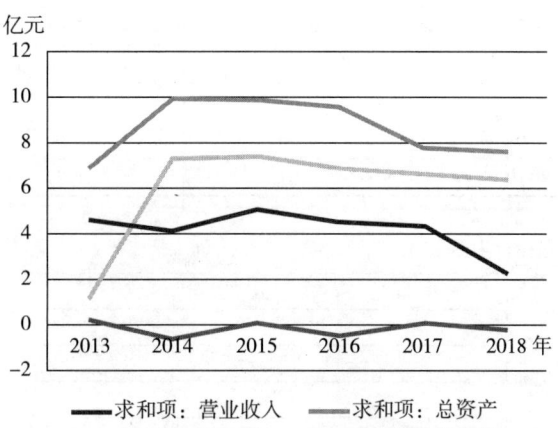

图 4–22　国发股份 2013—2018 年业绩走势图

表 4-23　　　　　　　　　　　东方网络业绩情况

年份	营业收入（亿元）	净利润（亿元）	总资产（亿元）	净资产（亿元）
2013	1.76	0.10	6.60	5.28
2014	2.42	0.21	11.19	8.02
2015	4.04	0.66	19.95	9.03
2016	5.74	0.70	27.86	16.09
2017	4.11	-2.78	21.54	11.37
2018	2.47	-5.03	16.9	6.34

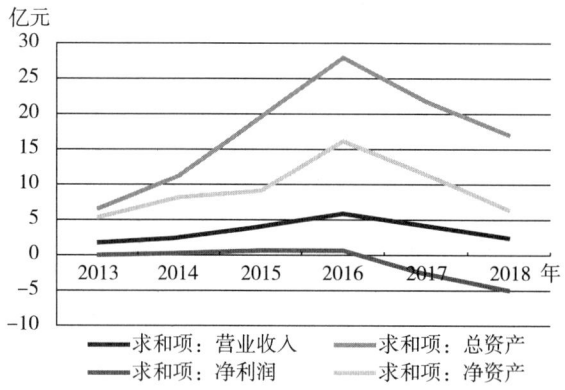

图 4-23　东方网络 2013—2018 年业绩走势图

表 4-24　　　　　　　　　　　莱茵生物业绩情况

年份	营业收入（亿元）	净利润（亿元）	总资产（亿元）	净资产（亿元）
2013	4.26	0.34	11.49	1.97
2014	6.37	0.41	15.01	2.39
2015	5.14	0.75	20.30	7.95
2016	5.71	0.69	24.31	8.45
2017	8.01	2.05	28.96	10.51
2018	6.19	0.81	21.22	11.14

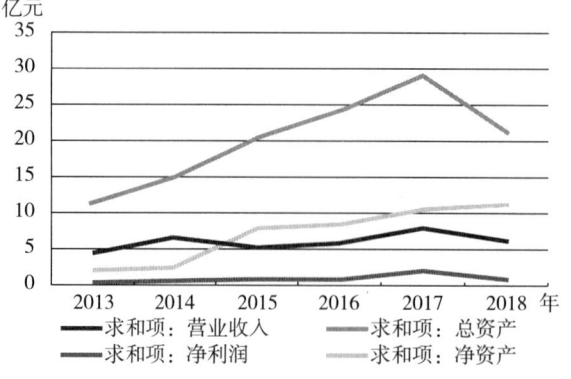

图 4-24　莱茵生物 2013—2018 年业绩走势图

表 4-25　　　　　　　　　　　桂林三金业绩情况

年份	营业收入（亿元）	净利润（亿元）	总资产（亿元）	净资产（亿元）
2013	14.69	4.22	26.97	22.11
2014	14.66	4.44	27.84	23.21
2015	13.91	3.76	28.06	23.86
2016	15.25	3.93	28.69	24.25
2017	16.16	4.64	32.29	26.53
2018	15.85	4.13	34.06	28.07

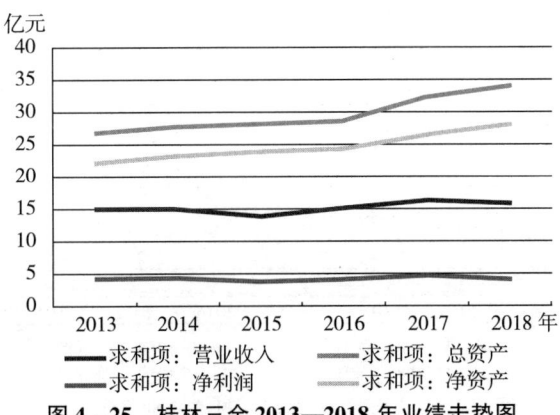

图 4-25　桂林三金 2013—2018 年业绩走势图

表 4-26　　　　　　　　　　　皇氏集团业绩情况

年份	营业收入（亿元）	净利润（亿元）	总资产（亿元）	净资产（亿元）
2013	9.90	0.39	12.66	9.06
2014	11.3	0.89	22.78	16.84
2015	16.85	2.15	44.54	27.79
2016	24.64	3.27	52.02	28.99
2017	23.66	0.71	56.14	29.41
2018	23.36	-5.97	47.80	23.85

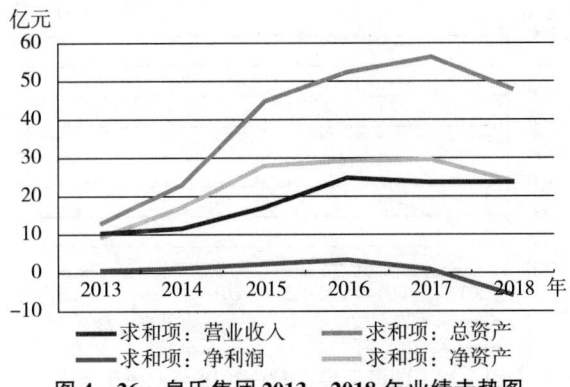

图 4-26　皇氏集团 2013—2018 年业绩走势图

表 4-27　　　　　　　　　　　　恒逸石化业绩情况

年份	营业收入（亿元）	净利润（亿元）	总资产（亿元）	净资产（亿元）
2013	307.50	5.02	238.10	73.73
2014	280.60	-3.96	267.30	70.14
2015	303.20	1.62	252.10	83.28
2016	324.19	8.88	275.34	132.13
2017	642.83	19.07	332.67	158.50
2018	849.50	22.43	596.20	222.70

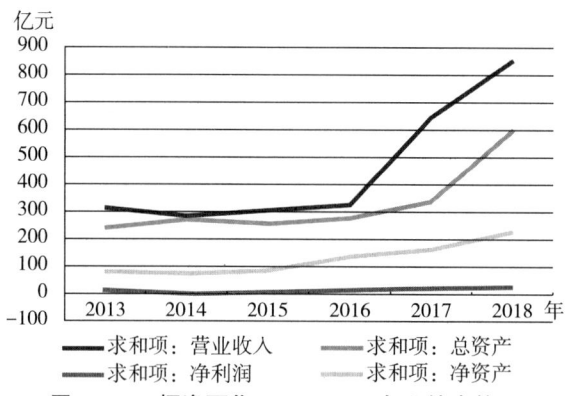

图 4-27　恒逸石化 2013—2018 年业绩走势图

表 4-28　　　　　　　　　　　　国海证券业绩情况

年份	营业收入（亿元）	净利润（亿元）	总资产（亿元）	净资产（亿元）
2013	18.19	3.42	145.90	64.76
2014	25.45	7.15	264.20	71.62
2015	49.59	18.41	525.20	138.20
2016	38.37	10.66	679.61	143.33
2017	26.58	4.30	660.09	142.15
2018	21.23	1.11	631.70	140.40

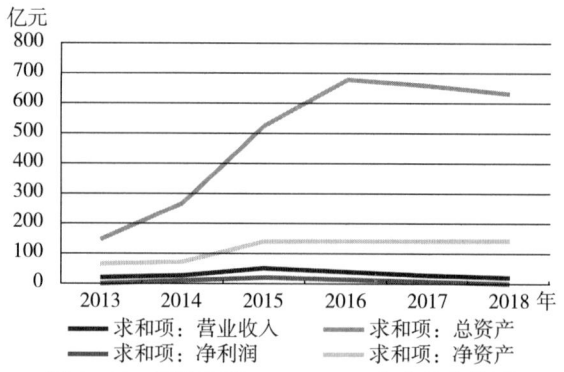

图 4-28　国海证券 2013—2018 年业绩走势图

表 4-29　　　　　　　　　　　　丰林集团业绩情况

年份	营业收入（亿元）	净利润（亿元）	总资产（亿元）	净资产（亿元）
2013	9.03	0.93	19.69	0.17
2014	11.99	0.86	20.33	17.57
2015	11.56	0.55	21.53	17.84
2016	12.49	0.9	22.08	17.95
2017	13.02	1.21	23.15	19.02
2018	15.97	1.4	37.52	26.66

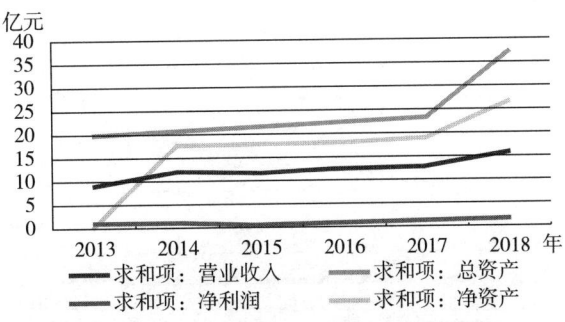

图 4-29　丰林集团 2013—2018 年业绩走势图

表 4-30　　　　　　　　　　　　八菱科技业绩情况

年份	营业收入（亿元）	净利润（亿元）	总资产（亿元）	净资产（亿元）
2013	6.03	0.9	9.21	7.14
2014	6.39	0.95	16.41	13.22
2015	6.49	1.25	25.45	20.13
2016	8.78	1.29	24.73	20.72
2017	7.75	1.35	25.75	21.36
2018	7.1	0.07	23.97	18.61

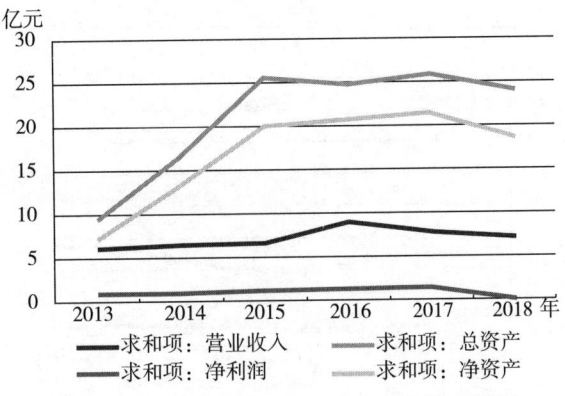

图 4-30　八菱科技 2013—2018 年业绩走势图

表 4-31　　　　　　　　　　　　　百洋股份业绩情况

年份	营业收入（亿元）	净利润（亿元）	总资产（亿元）	净资产（亿元）
2013	13.5	0.55	13.42	9.43
2014	17.81	0.6	17.07	9.95
2015	18.64	0.61	18.86	10.7
2016	20.69	0.67	19.14	11.22
2017	23.94	1.25	35.81	23.01
2018	31.34	0.73	37.17	23.07

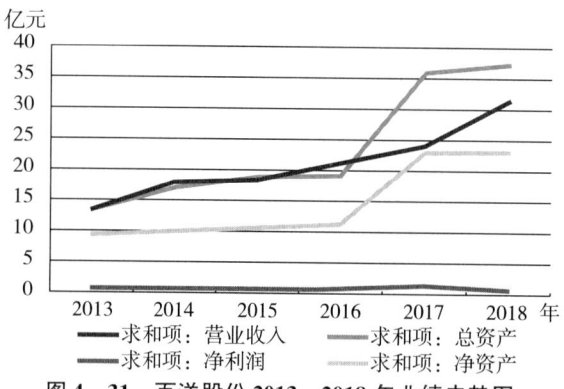

图 4-31　百洋股份 2013—2018 年业绩走势图

表 4-32　　　　　　　　　　　　　福达股份业绩情况

年份	营业收入（亿元）	净利润（亿元）	总资产（亿元）	净资产（亿元）
2013	12.29	1.36	27.48	6.98
2014	12.02	1.09	29.36	10.22
2015	9.33	0.5	35.85	20.25
2016	10.24	1.01	35.44	20.91
2017	13.34	1.36	31.61	21.09
2018	14.05	1.12	32.05	21.06

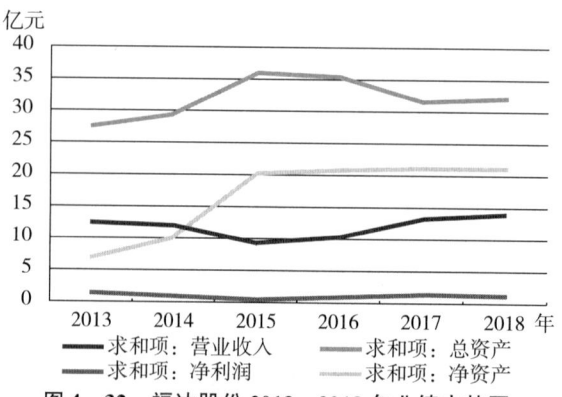

图 4-32　福达股份 2013—2018 年业绩走势图

表 4–33　　　　　　　　　　　柳药股份业绩情况

年份	营业收入（亿元）	净利润（亿元）	总资产（亿元）	净资产（亿元）
2013	45.48	1.49	26.98	5.01
2014	56.55	1.77	37.36	11.74
2015	65.08	2.26	43.05	13.61
2016	75.59	3.44	62.79	32.38
2017	94.47	4.28	75.54	35.69
2018	117.15	5.68	97.73	40.47

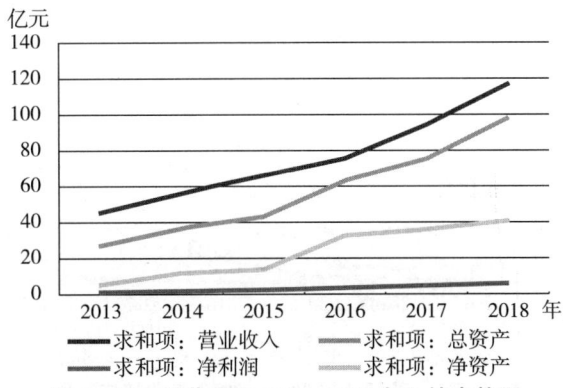

图 4–33　柳药股份 2013—2018 年业绩走势图

表 4–34　　　　　　　　　　　博世科业绩情况

年份	营业收入（亿元）	净利润（亿元）	总资产（亿元）	净资产（亿元）
2013	2.06	0.28	4.43	1.78
2014	2.8	0.31	5.96	2.04
2015	5.05	0.43	10.42	3.69
2016	8.29	0.61	22.98	10.19
2017	14.69	1.45	39.21	12.94
2018	27.24	2.32	65.26	17.19

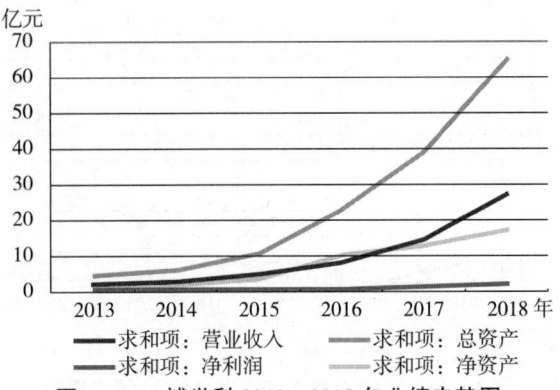

图 4–34　博世科 2013—2018 年业绩走势图

表 4-35　　　　　　　　　　　　　新智认知业绩情况

年份	营业收入（亿元）	净利润（亿元）	总资产（亿元）	净资产（亿元）
2013	3.15	0.48	6.42	4.3
2014	3.29	0.52	6.12	4.66
2015	3.64	0.71	9.27	7.72
2016	9.2	1.8	51.9	36.09
2017	25.12	2.76	61.57	37.86
2018	30.32	3.66	69.3	40.02

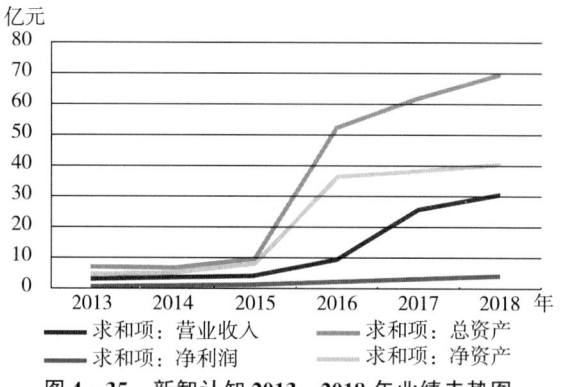

图 4-35　新智认知 2013—2018 年业绩走势图

表 4-36　　　　　　　　　　　　　绿城水务业绩情况

年份	营业收入（亿元）	净利润（亿元）	总资产（亿元）	净资产（亿元）
2013	9.15	2.02	53.29	13.31
2014	1.92	0.39	58.85	15.15
2015	2.28	0.55	69.06	25.79
2016	11.95	2.9	75.42	27.98
2017	12.44	3.49	81.31	30.68
2018	13.37	2.79	92.99	32.43

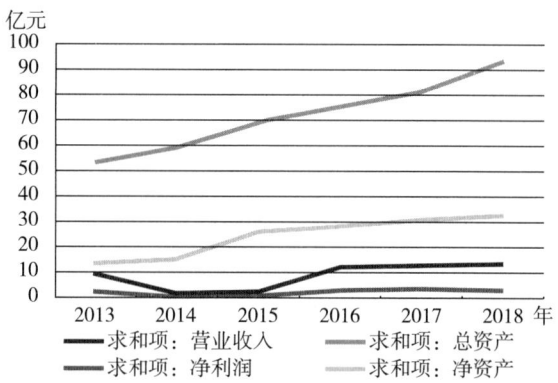

图 4-36　绿城水务 2013—2018 年业绩走势图

表 4–37　　　　　　　　　　　润建通信业绩情况

年份	营业收入（亿元）	净利润（亿元）	总资产（亿元）	净资产（亿元）
2013	11.31	0.69	6.8	3.24
2014	10.93	1.06	7.84	4.35
2015	15.13	1.45	12	5.9
2016	22.93	1.79	19.09	9.46
2017	27.78	2.39	23.87	11.9
2018	32.32	2.06	39.14	26.3

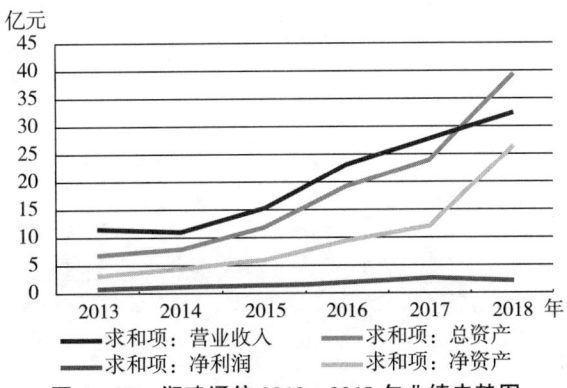

图 4–37　润建通信 2013—2018 年业绩走势图

表 4–38　　　　　　　　　　　广西广电业绩情况

年份	营业收入（亿元）	净利润（亿元）	总资产（亿元）	净资产（亿元）
2013	18.17	3.39	43.54	22.47
2014	20.2	3.59	49.43	24.14
2015	24.44	3.8	52.79	20.08
2016	27.95	3	67.58	34.52
2017	27.09	2.02	73.81	36.55
2018	24.31	1.24	84.55	36.95

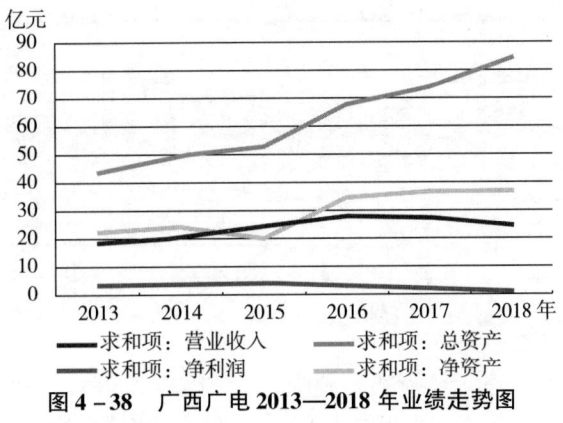

图 4–38　广西广电 2013—2018 年业绩走势图

(二)广西上市公司发展基本情况

对广西 37 家上市公司的经营数据进行整理,取各公司 2013—2018 年营业收入、净利润、总资产、净资产四项财务指标绘制趋势图,以分析广西上市公司近五年的经营发展情况。

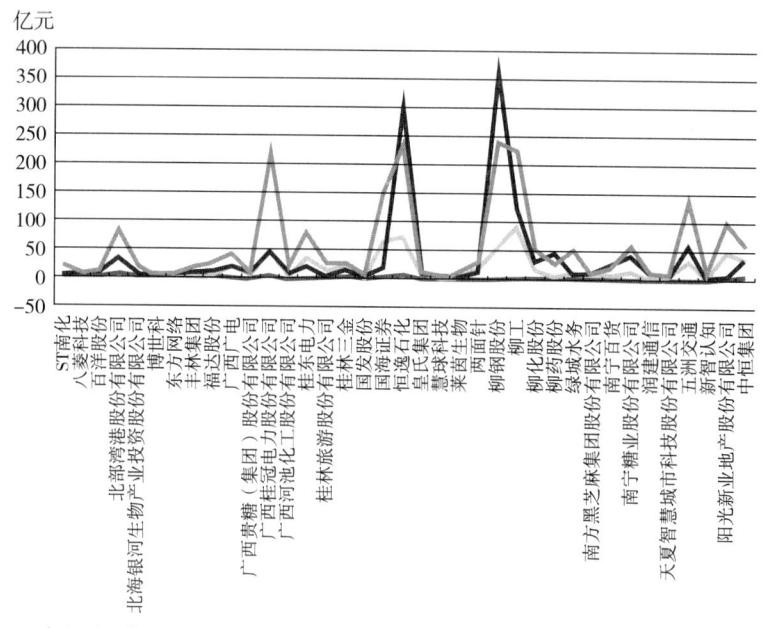

图 4-39 广西上市公司 2013 年发展趋势图

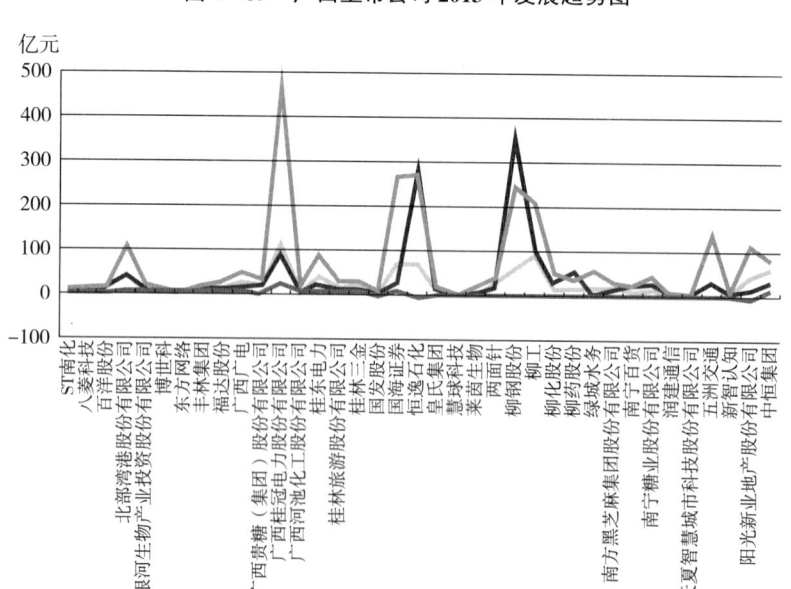

图 4-40 广西上市公司 2014 年发展趋势图

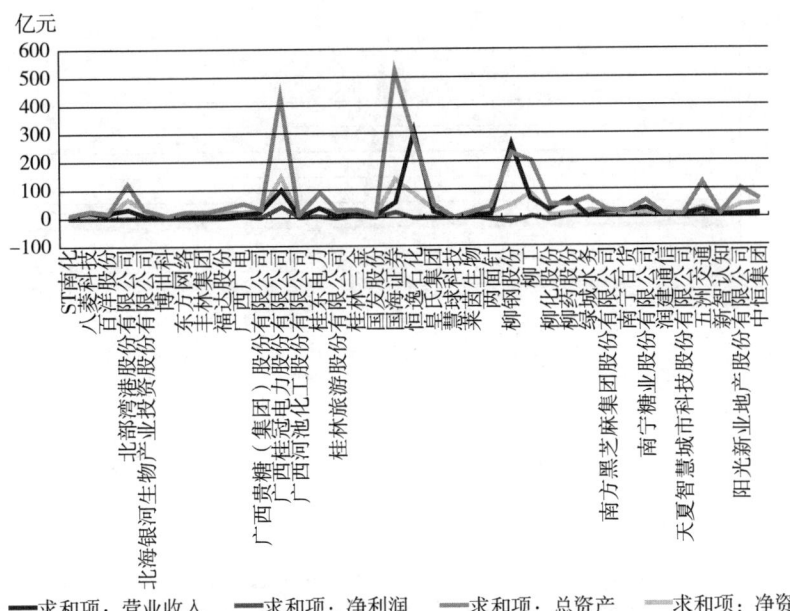

图 4–41　广西上市公司 2015 年发展趋势图

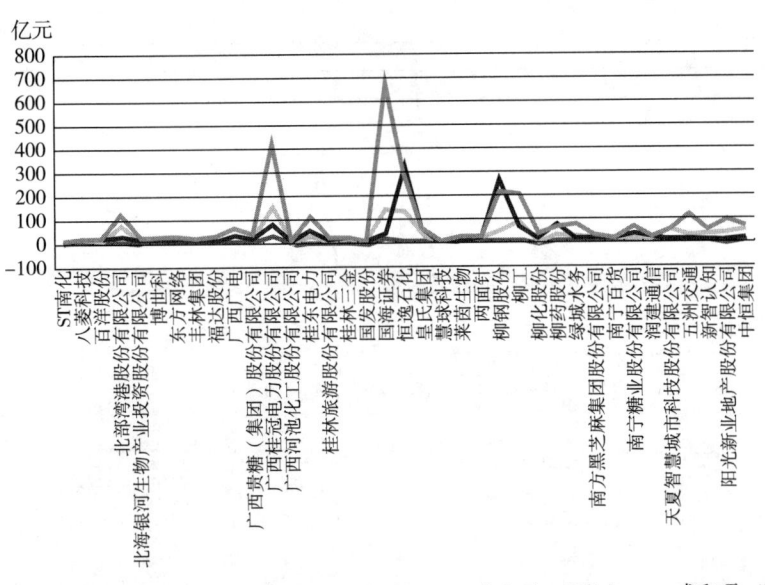

图 4–42　广西上市公司 2016 年发展趋势图

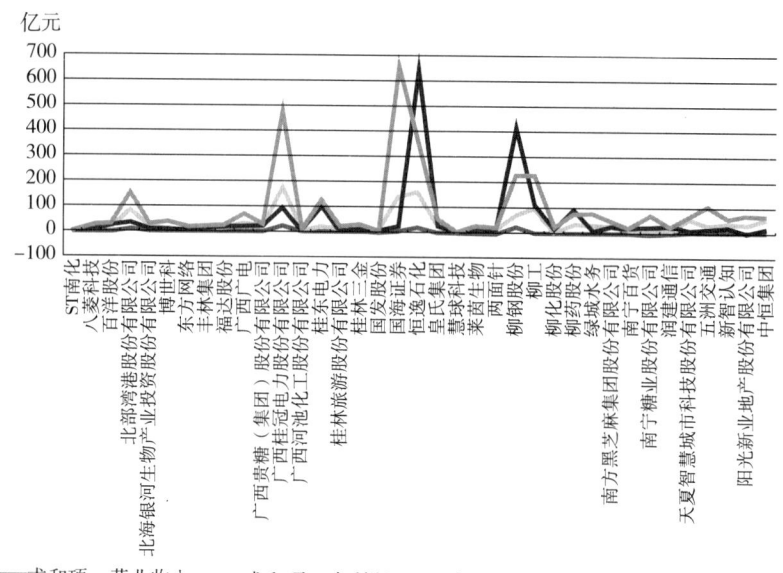

图 4-43 广西上市公司 2017 年发展趋势图

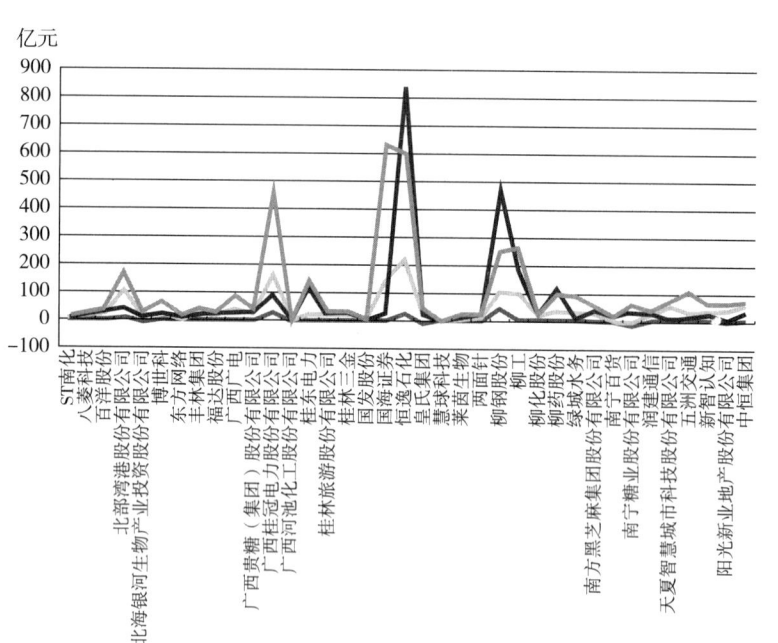

图 4-44 广西上市公司 2018 年发展趋势图

(三) 广西上市公司环境披露基本情况

2018 年 6 月 28 日,自治区工业和信息化委员会、广西企业与企业家联合会在南宁举行"2018 广西企业社会责任报告发布会",57 家企业发布了 2017 年度社会责任报告,企业数量比上一年增加 23 家,创历届新高。广西投资集团有限公司、广西柳州钢铁集团有限公司、广西玉柴机器集团有限公司、广西北部湾银行股份有限公司等8家企业就企业履行社会责任的理论探索、生动实践和取得的卓越成效进行典型发布，49家企业进行了书面发布。其中，国有企业27家；民营企业26家，外资企业4家。国有企业仍然是履行和发布社会责任报告的主导力量，占到发布会报告数量的47%；民营企业的履责意识不断提高，比上年增加13家，24家企业是首次发布社会责任报告。发布企业覆盖行业范围进一步扩大，涉及制造、机械、电力、建筑、金融、能源、交通运输、房地产、食品、农产品加工等各行业企业。

广西企业越来越重视企业社会责任，表明ESG绩效必将给企业带来益处。从今年起，越来越多的企业参与到企业社会责任信息披露当中，ESG绩效对企业的发展也至关重要。近3年广西上市公司环境披露信息基本情况见表4-39。

表 4-39　2014—2018 年广西 37 家上市公司环境披露基本情况

公司名称	股票代码	2014 年	2015 年	2016 年	2017 年	2018 年
柳工	000528	2014 年，共投入 6267 万元用于环保治理，全年未发生环境污染污染事故，未发生投诉事件，完成年度各项环境管理目标	2015 年，柳工环保投入共计 657 万元，每亿元营业收入的环保投入 10.1 万元。全年未发生环境污染事故，未发生环境投诉事件，完成年度各项环境管理目标	2016 年，公司共投入约 608 万元环保资金，未发生环境污染事故，未发生环境投诉事件；全年废水处理站排出水均达到《污水综合排放标准》一级标准；危险废物无害化处理率 100%，全年无污染事故发生	全年环保投入 786 万元，发生重大环境事故数为 0 起；制订三年期噪声治理计划，已投入 30 万元。2017 年，液压件公司对防治污染设施共检查了 156 台套，合格 156 台套，全年无污染事故的发生。环保设备设施可靠运行率 100%	2018 年，公司共投入 1702 万元用于环境保护工作；总共检查环保设备 1382 台套次，查出隐患 85 项，均按要求及时整改，环保设施可靠运行率为 100%，全年无污染事故的发生，环境自行监测中当年所有监测数据均达标
北部湾港股份有限公司	000582	报告期积极解决防城港区煤炭码头粉尘污染问题，通过实施煤码头装卸线改造项目，将产生粉尘较大的散货堆场远离民生活区；通过提高港口绿化面积，安装喷雾机及其他喷淋装置，对港区道路实行 24 小时全天候清扫及作业等措施大幅减少粉尘产生	公司加大环保设备投入，加快环保项目建设，安装散货堆场喷淋系统，加强货运铁矿等散货货堆的苫盖，采用流动清扫车、吸尘车对洒漏点进行及时清扫及吸尘，有效控制港区内粉尘污染	落实贫困户的帮扶需求，报告期投入两万多元资金用于村内环境卫生整治及改善村委办公条件	致力于环境污染方面的整治，基本实现"零排放"，为确保环保护工作的有效性和持续性，公司推行体系化管理，现防城港区已通过 ISO 14001 环境保护管理体系认证，加强对体系运行的监控检查，确保环保护工作落实到位，倾力打造绿色港口	围绕中央环保督查"回头看"指出的问题，科学、有针对地开展整改工作，成功将"结壳剂"研究成果应用于生产，经测算，该项技术将减少 7000 万元环保费用。2018 年环保方面投入将 8392.04 万元，确保各项环保措施落到实处
阳光新业地产股份有限公司	000608	无披露	无披露	无披露	无披露	无披露

194

续表

公司名称	股票代码	2014年	2015年	2016年	2017年	2018年
天夏智慧城市科技股份有限公司	000662	无披露	无披露	无披露	无披露	无披露
南方黑芝麻集团股份有限公司	000716	对生产技术落后的工艺或设备进行改造，节能效果明显，对新建设的生产基地，首先考虑环保问题，包括生产设备的先进性、节能性，是否产生重大的污染，以及制订环境保护的具体实施方案	无披露	2016年公司继续投入对生产技术改造，对一些能耗较高或者存在安全隐患的设备及工艺进行改造，较大幅度地减少了能耗	2017年公司继续投入对生产技术改造，对一些能耗较高或者存在安全隐患的设备及工艺进行改造	无披露
北海银河生物产业投资股份有限公司	000806	无披露	无披露	无披露	2017年公司子公司——四川永星电子有限公司为保证所生产军品的可靠性，部分产品须采用电镀工序，而被成都市环境保护局列为2017年成都市重点排污单位。生产流程注重环保，全年排放无超标；四川永星于2017年7月被四川省环保厅评为2016年度环境信用良好企业	注重防治污染设施的建设和运行，废水废气排放均达标；公司对《突发环境事件应急预案》进行了重新修订，并每年根据实际制订应急预案演练计划，并定期开展相关演练。每年对有机废气进行监测，监测指标全部达标。2018年11月，公司委托第三方检测单位对土壤污染情况进行监测，监测结果全部达标

续表

公司名称	股票代码	2014年	2015年	2016年	2017年	2018年
广西贵糖（集团）股份有限公司	000833	通过加大环保投资，引进新技术，新设备以及技术改造等方式，在提高产品质量、节能减排以及环保治理上取得了很好的成效。通过加强对公司环保设施的管理，确保废水、废气均能达标排放	子公司云硫矿业建立健全了环保管理机构和工作机制，实行"谁污染谁治谁的人地管理"环保管理责任制。公司认真贯彻落实清洁生产促进法，持续开展清洁生产，定期进行清洁生产审核。"三废"达标排放	子公司云硫矿业2016年在生态环境保护方面和资源综合利用方面投入大量的人力、物力和财力，在提高资源综合利用率、削减污染、保护环境方面取得了显著的成效。公司采矿回收率居同行业领先水平，污染物达标排放，环境质量持续改善	本年度公司各环保实施运行正常，污染物排放总量在核定排放总量指标内。2017年矿石干燥工艺由原来燃烧煤干燥改为燃烧天然气干燥；2017年，对原公司总预案进行修改，编制《广西云硫矿业有限公司突发环境事件应急预案》	对污染物排放情况进行24小时监测，同时委托第三方公司对污染源自动监测系统进行维护。本年度公司各环保设施正常运行，污染物排放总量在核定排放总量指标内
南宁糖业股份有限公司	000911	无披露	无披露	无披露	无披露	无披露
广西河池化工股份有限公司	000953	报告期内，为支持国家节能减排工作，倡导低碳生产，公司大力推行清洁生产，开发各种节能环保设施，加强废水、废气等污染物的监测监管，保环保达标排放和减排任务完成，做好废渣的综合利用和处置工作，实现节能减排双重效益	报告期内，公司各项环保设施运行正常，公司生产审核、验收，未发生环境污染事故及其他环保违法行为。同时，公司已制定了环境污染事故应急预案，并已在相关部门备案	报告期内，公司各项环保设施运行正常，公司通过了清洁生产审核、验收，未发生环境污染事故及其他环保违法行为。同时，公司已制定了环境污染事故应急预案，并已在相关部门备案	年度防治污染设施运行正常，提交了《广西河池化工股份有限公司自行监测方案》《广西河池化工股份有限公司突发环境事件应急预案》。公司及子公司不属于环境保护部门公布的重点排污单位	报告期内防治污染设施运行正常，提交了《广西河池化工股份有限公司自行监测方案》《广西河池化工股份有限公司突发环境事件应急预案》

续表

公司名称	股票代码	2014年	2015年	2016年	2017年	2018年
广西桂冠电力股份有限公司	600236	公司及子公司不存在重大环保问题	公司及子公司不存在重大环保问题	公司及子公司不存在重大环保问题	公司及子公司不存在重大环保问题	公司各电站科学合理分配机组负荷，降低能耗水耗，节约能源和资源，秉承绿色环保生产的理念，促进环境可持续发展。加大冶理潜波力度，采取切实可举的技术手段，确保发电机组、变电站设备、线路处于良好状态，并严格防止环网电磁污染
桂林旅游股份有限公司	000978	在技术管理方面，以节能降耗为重点；建立环境保护与资源节约制度，采取措施促进环境保护、生态建设和资源节约，通过实行百元收入水耗、电耗指标管理，实现节能减排目标	在技术管理方面，以节能降耗为重点；建立环境保护与资源节约制度，采取措施促进环境保护、生态建设和资源节约，通过实行百元收入水耗、电耗指标管理，实现节能减排目标	在技术管理方面，以节能降耗为重点；建立环境保护与资源节约制度，采取措施促进环境保护、生态建设和资源节约，通过实行百元收入水耗、电耗指标管理，实现节能减排目标	在技术管理方面，以节能降耗为重点；建立环境保护与资源节约制度，采取措施促进环境保护、生态建设和资源节约，通过实行百元收入水耗、电耗指标管理，实现节能减排目标	在技术管理方面，以节能降耗为重点；建立环境保护与资源节约制度，采取措施促进环境保护、生态建设和资源节约，通过实行百元收入水耗、电耗指标管理，实现节能减排目标
中恒集团	600252	无披露	报告期内，新增投资1.03亿元，投资项目包括污水处理站在内的规划验收。对"三废"处理已有成熟的技术，根据国家有关规定设计了合理的环保工程	对"三废"处理已有成熟的技术，根据国家有关规定设计了合国家环境保护有关法规的要求；专门设立了"中恒博爱基金"，将社会责任纳入发展战略	把环保指标分解落实到各部门，把环保责任落实到个人；安装在线监测设施，确保污染物达标排放；与第三方监测机构签订自行监测委托协议，按要求定期开展自行监测工作	对废气和废水在线监测设施进行了全套换新，2018年采购的废水在线监测设施经过环保局审批；一期项目中，公司投资1000余万元建设环保处理设施；2009年底，公司建设二期项目，再次投资2000余万元建设环保处理设施

续表

公司名称	股票代码	2014年	2015年	2016年	2017年	2018年
五洲交通	600368	无披露	无披露	无披露	无披露	公司所辖子公司高速公路收费站、服务区、停车区、物流园区均设置污水处理系统，污水系统正常运行达标排放。工程建设项目按照要求设置必要的处理设施，施工产生的建筑垃圾妥善处理，严格控制扬尘、噪声等不利因素，环保情况符合要求
两面针	600249	2014年，公司下属子公司纸业公司每个季度环保监测均达到环保规定的相关要求	2015年，纸业公司在烟气排放、污水处理等方面做了以下工作：1. 节水工作：脱硝改造工程；2. 公司污水处理站委托山东思源托管运营。2015年公司产销量均创新高的情况下公司总体排水量没有明显增长	报告期内，公司全面停产，没有发生重大安全环保事故	其子公司纸业公司污水处理费的环保投入资金为1299.91万元，环保费投入资金为49.48万元	公司已于2013年9月实施停产搬迁，2015年完成转让资产给南化集团，公司无化工生产装置，已无排污源

198

续表

公司名称	股票代码	2014年	2015年	2016年	2017年	2018年
柳化股份	600423	报告期内用煤含硫量抽检合格率达100%；加强对环保设施的运行管理力度，环保设施与生产装置同步运转率达98%以上，运行有效率超过95%。2014年，公司没有发生被上级环保部门通报批评或挂牌督办的事件，没有发生重大环保事故，没有出现重大环境问题	强化安全环保管理，实现安全环保"三个零"目标。一是狠抓安全环保责任制的落实；二是加强安全生产标准化的执行；三是加强安全环保培训教育；四是狠抓隐患排查治理，降低事故的发生；五是加强废弃物排放监管，严格环保考核；六是抓好锅炉烟气脱硫脱硝除尘、净化加变污水处理工程等建设项目工作	公司实现重大环境污染事故为零，"三废"进行有效处理，污染物排放总量比上年同比减少，全年共开展环境督查10次，完成当地政府许可排放量年度考核指标	配合上级环保部门的各类检查15次，辐射专项检查1次；与柳州市政府签订2015年《环保目标责任书》，并认真落实环保责任；按照《危险废物转移联单管理办法》，完成危险废物转移机油、含油棉纱手套的安全转移处置工作；配合上级部门落实自行监测信息公开申请和系统的监测备案工作；公司目前运行使用的环保装置共20套，总体运行情况良好，环保设施与生产装置同步运转率达99%	超标排放情况：2018年4月3日，柳州市环境保护监测站对公司进行废气监测，锅炉烟气污染物烟尘排放浓度为58.8mg/m³，氮氧化物排放浓度为270mg/m³，均超过执行的《火电厂大气污染物排放标准》。2018年8月2日22时、8月10日13时锅炉烟气中二氧化硫小时折算均值分别为412.5mg/m³、44.0mg/m³，分别超过《火电厂大气污染物排放标准》二氧化硫排放限值（400mg/m³）的3.14%、36%。2018年8月21日公司的废水总排口采样监测，结果显示废水污染物化学需氧量排放浓度87mg/L，氨氮排放浓度69.6mg/L，分别超过执行的《合成氨工业水污染物排放标准》规定的化学需氧量排放限值（80mg/L）的9%和氨氮排放限值（25mg/L）的180%

续表

公司名称	股票代码	2014年	2015年	2016年	2017年	2018年
南宁百货	600712	公司及子公司的经营范围不属于国家环境保护部门规定的重污染行业	公司及子公司的经营范围不属于国家环境保护部门规定的重污染行业	公司及子公司的经营范围不属于国家环境保护部门规定的重污染行业	公司及子公司的经营范围不属于国家环境保护部门规定的重污染行业	公司及子公司的经营范围不属于国家环境保护部门规定的重污染行业
柳钢股份	601003	铁和铁前系统、原燃料采购系统围绕降低原燃料综合成本指标,抓好从优化原燃料采购配煤配矿质量结构,保证高炉顺行等所有到高炉稳、高效、低耗运流程的实现铁水综合成本最低上,从源头上合实落实到冶炼和轧钢的成本,工序成本降低创造条件	2015年,主要污染物排放量均符合柳州市制定的排放要求。2015年实现环境污染事故为零,工业水循环利用率98.02%。积极开展环保督查	2016年公司实现重大环境污染事故为零,"三废"进行有效处理,污染物排放总量比上年同比减少,完成当地政府环境许可排放量年度考核指标	2017年公司实现重大环境污染事故为零,"三废"进行有效处理,污染物排放总量比上年同比减少,完成当地政府环境许可排放量年度考核指标。一是积极减排同类企业学习国内同类指标;二是积极推进装备升级;三是加强环保督查	2018年投资1200万元进行110m²烧结机节能减排提效综合改造,极大减少废气中污染物的排放。投资1500万元建设20万吨/年转炉灰压球项目。投资500万元建设240万t/a球团生产线烟气脱硝项目和主除尘器大修改造。投资1.2亿元对外排工业废水进行治理,建设三座工业废水集中处理站
ST南化	600301	无披露	无披露	无披露	公司已于2013年9月实施停产搬迁,2015年完成搬迁资产全部转让给南化集团,公司无化工生产装置,已无排污源。报告期内公司没有发生重大安全环保事故	公司已于2013年9月实施停产搬迁,2015年完成搬迁资产全部转让给南化集团,公司无化工生产装置,已无排污源。报告期内公司没有发生重大安全环保事故

续表

公司名称	股票代码	2014年	2015年	2016年	2017年	2018年
桂东电力	600310	公司及子公司不存在重大环保问题	公司及子公司不存在重大环保问题	公司及子公司不存在重大环保问题	公司及子公司不存在重大环保问题	各电站在满足日常生产的同时,科学合理分配机组负荷,降低能耗水耗,节约能源和资源,秉承绿色环保生产工作的理念,促进环境可持续发展,加大治理谐波力度,并严格防止环网电磁污染
慧球科技	600556	无披露	无披露	无披露	无披露	无披露
国发股份	600538	在环保责任及安全生产上,公司定期开展安全、环保、消防、处理突发事故的演练,预防和降低事故造成的危害	在环保责任及安全生产上,公司定期开展安全、环保、消防、处理突发事故的演练,预防和降低事故造成的危害	在环保责任及安全生产上,公司定期开展安全、环保、消防、处理突发事故的演练,预防和降低事故造成的危害	在环保责任及安全生产上,公司定期开展安全、环保、消防、处理突发事故的演练,预防和降低事故造成的危害	在环保责任及安全生产上,公司定期开展安全、环保、消防、处理突发事故的演练,预防和降低事故造成的危害
东方网络	002175	公司注重节能减排,大力开展节能降耗活动,积极采用先进的设备和工艺技术进行生产,大力开展技术改造,降低产品消耗。公司生产过程中产生的废水、废气、废弃物、噪声等任意合理进行排放,均能按照相应的国家标准进行排放	2015年各类污染物均实现达标排放,排放量均实现按比例逐年递减的要求,全公司未发生环境污染重大事件,环保工作目标全面实现。2015年公司在通过ISO 14001环境管理体系认证基础上,利用先进的回收与处理技术,严格"三废"排放考核管理等措施,将生产废水、废气,经厂内污水管网收集汇入污水处理站,经隔栅、沉砂、预曝调节等预处理后,进入物化处理、生化处理达标后排放。提倡绿色办公	无披露	公司所处的行业不属于重污染于经营过程中,全面贯彻实施ISO 14001环境管理体系,制定多项环境保护措施并严格执行。公司也同时定期组织员工参与社区举行的绿化、整理及环境保护活动	上市公司及其子公司不属于环境保护部门公布的重点排污单位

续表

公司名称	股票代码	2014年	2015年	2016年	2017年	2018年
莱茵生物	002166	无披露	无披露	无披露	无披露	投建一座日处理污水8000吨的污水处理站；引入ISO 14000环境管理体系，报告年度内通过"清洁生产"审核；致力于建设满足厂房集约化、原料无害化、生产洁净化、废物资源化、能源低碳化要求的绿色工厂
桂林三金	002275	于2005年推行ISO 14002环境管理体系，每年制定环境目标指标，并将污染控制和节能增效纳入环境管理体系，企业主要能耗指标逐年下降。重视安全生产，节能降耗，进一步规范环保工作	于2005年推行ISO 14002环境管理体系，每年制定环境目标指标，并将污染控制和节能增效纳入环境管理体系，企业主要能耗指标逐年下降。重视安全生产，节能降耗，进一步规范环保工作	2016年，桂林三金投入400多万元推进清洁生产，过自治区工信委、环保厅的验收，取得了清洁生产企业称号，当年产生经济效益370.84万元/年，节约电耗122.5万度/年，削减天然气1.92万m^3/年，减少生物燃料750吨/年，减少乙醇使用269.74吨/年，减少新鲜水耗32192.6吨/年	于2017年投资建设2.4MWP光伏并网发电项目，年发电量约224万kWh，预计20年可节约电费支出约1854.72万元，减少CO_2排放月4353.7t	公司将发展战略和环境保护有机结合在一起，为保护漓江，三金投资上十亿元，在远离市区的临桂新区新建"三金现代中药产业园"，并实现了生产整体搬迁；2018年，"三金现代化中药产业园"项目使用华能桂林燃气分布式能源项目"冷热电联产"提供的蒸汽，实现能源的"梯级利用"，"三金现代化中药产业园"项目生物质燃料4万吨，减少二氧化硫排放68吨，氮氧化物排放41吨

续表

公司名称	股票代码	2014年	2015年	2016年	2017年	2018年
皇氏集团	002329	公司持续认真履行环境保护的社会责任,实现了生产过程零污染、零排放、生产经营活动中不存在重大违反国家有关环境保护的政策、规定的情形	公司高度重视环境保护工作,一直将环境保护、节能减排工作纳入重要议事日程。公司严格按照有关环保法律法规及相应标准对废水、废气进行有效综合治理,并建立了预防为主、持续改进的环境保护长效机制,积极承担并履行企业环保责任	通过不断完善环保设施,排查整改环保事故隐患,严格按照有关环保法律法规及相应标准对废水、废气进行有效综合治理,努力实现企业与自然的和谐发展	公司积极落实国家节能减排政策,注重污染物达标排放与废弃物回收,通过制定相关专项环保科技项目,采取多种措施提高节能减排水平,积极承担并履行企业环保责任	上市公司及其子公司不属于环境保护部门公布的重点排污单位
恒逸石化	000703	对生产装置实施尾气互供,水资源循环利用等节能改造技术,降低水、电、蒸汽等能耗;通过工艺优化、技术改造、提高装置治理效率,全面推行清洁生产	无披露	2016年,三家子公司继续分别投入2000万元完成VOC再次改、完成烟气提标改造,经第三方机构168小时试验检测,目前废气排放达到了超洁净排放。浙江巴陵恒逸己内酰胺有限责任公司继续投入约1.2亿元,对安全环保设施进行了技改	2017年,2家子公司继续投入约250万元再次进行技改,完成VOC再次提标改造。浙江巴陵恒逸己内酰胺有限责任公司继续投入约1亿元,对安全环保设施进行了技改	以防治污染为核心,以达标排放为基础,大力推进清洁化改造,着重进行废气污染治理,取得积极进展和成效,切实提升了生态环境水平。2018年,在环保投入上加大力度,累计投入超过5亿元
国海证券	000750	优先支持节能环保、资源回收利用和新能源项目,并引导资金、生产要素向绿色低碳产业、节约资源技术开发和生态环境保护产业集中	2015年,公司为富春环保、盛运环保等环保类企业募集资金26.44亿元	公司为新疆新能源(集团)有限责任公司,上实环境水务股份有限公司等绿色企业发行债券募集资金7.5亿元	公司为新疆新能源(集团)有限责任公司,无锡雪浪环境科技、广州鹏凯环境科技股份有限公司等环保企业融资8.2亿元	无披露

续表

公司名称	股票代码	2014年	2015年	2016年	2017年	2018年
丰林集团	601996	生产经营过程中力求环保低碳，能源利用率高于国家平均水平	生产经营过程中力求环保低碳，能源利用率高于国家平均水平	生产经营过程中力求环保低碳，能源利用率高于国家平均水平	坚持以优质、环保和创新为核心的经营理念；环保控制标准领先的战略	各项污染物排放均未超标
八菱科技	002592	全面推行节能减排，对环境负责。2014年通过ISO 14001环境管理体系和OHSAS 18001职业健康安全管理体系认证，并获得证书	报告期内修订环境及职业健康安全管理相关制度文件2份，及时发现相关隐患息103项，整改完成103项，整改率达100%。2015环境管理体系通过认证机构的年度复审，再次获得了符合ISO 14000/OHSAS 18001体系标准的认证证书	厂界噪声执行《工业企业厂界环境噪声排放标准》（GB12348—2008）3类标准，监测结果均达标；通过铝改技术改造和干式检漏工艺改造后，已无生产废水排放；办公区生活污水经处理达到《污水综合排放标准》三级标准后排入市政污水管；生产过程执行《大气污染物综合排放标准》二级排放标准，监测结果均达标；废弃物处理率100%	通过国际汽车行业最新质量管理体系标准 IATF16949：2016，职业健康与安全管理体系标准 OHSAS18001：2007，环境体系标准 ISO 14001：2015，实验室标准体系 ISO/IEC 17025：2005认证；经环保监测部门监测，公司及子公司各项污染指标均符合排放标准要求	该厂区各项环保设施均正常运行；重庆八菱（龙兴基地）2018年9月完成突发环境应急预案、风险评估备案，每年定期预案演练和培训；重庆八菱每年委托外部有资质的第三方监测机构至少进行一次环境监测，根据报告期有效期内《监测报告》的监测结果显示，各项排放指标均达标排放
百洋股份	002696	高度重视环境保护，建设水产循环经济，发展绿色生态产业；具有完善污水处理等环保设施，最大限度实现了节能减排	高度重视环境保护，建设水产循环经济，发展绿色生态产业；具有完善污水处理等环保设施，最大限度实现了节能减排	高度重视环境保护，建设水产循环经济，发展绿色生态产业；具有完善污水处理等环保设施，最大限度实现了节能减排	高度重视环境保护，建设水产循环经济，发展绿色生态产业；具有完善污水处理等环保设施，最大限度实现了节能减排	高度重视环境保护，建设水产循环经济，发展绿色生态产业；具有完善污水处理等环保设施，最大限度实现了节能减排

续表

公司名称	股票代码	2014年	2015年	2016年	2017年	2018年
福达股份	603166	无披露	福达集团不断加强环保投入，迈入年，公司用于环保方面的资金达642万元；"三废一噪"按国家要求排放；2015年福达股份产值综合能耗为0.237吨标煤，同比下降6.8%，折合节能4489.53吨标煤，减少二氧化碳排放11224吨；捐款达181万元	2016年公司环境管理严格执行环保法律法规标准及ISO 14001环境管理体系要求，公司的生产废水、废气、噪声排放均达到相关排放标准；固体废弃物严格按照标准、准分类存放，其中生活垃圾危险废弃物全部委托有资质处理达标后集中排放至园区污水管网	公司生产全过程秉承能耗物耗小，污染物产生量少的清洁理念；生产工艺、使用天然气、电力等清洁能源作为主要动力来源，减少对大气的污染	制定公司内部安全环保规章制度和改善方案，严格加强雨污分流管理，使用清洁燃料，定期开展环境检测，规范化管理危险废弃物，全年无环境污染和投诉事件发生。注重环保管理的持续改进，全年不断加大环保投入，在技术改造和工艺变更中优先考虑环保管理，新增自动化生产线
柳药股份	603368	注重节能环保，推行绿色办公	鼓励员工参与各种社会环保活动，树立环保理念。通过行业协作、社区互动等多方式促进卫生系统及社会各界对环境保护的关注	注重节能环保，推行绿色办公。公司鼓励员工参与各种社会环保活动，树立环保理念	无披露	无披露
博世科	300422	无披露	秉承"绿色"理念，切实履行社会责任	探索、创新环保行业与生工程协同发展的商业模式，秉承"绿色"信仰，切实履行社会责任	创新"环保管家一站式运营服务"模式，为政府、园区和企业提供定制化的环保综合服务	将环境保护融入每个运营环节，最大限度降低环境影响；全年各项排放物均未超标
新智认知	603869	无披露	无披露	无披露	无披露	无披露
绿城水务	601368	无披露	无披露	无披露	无披露	无披露
润建通信	002929	无披露	无披露	无披露	无披露	无披露
广西广电	600936	无披露	无披露	无披露	无披露	无披露

（四）ESG 绩效对上市公司在资本市场的影响

上市公司在资本市场中将 ESG 因素纳入投资战略，可以充分考虑到快速变化的社会、环境因素对投资的影响，以便进行更加全面的投资决策分析。对于将可持续发展目标纳入企业战略的上市公司来说，ESG 绩效已经变成了管理能力的一个象征，这对未来的现金流有重要的启示意义。所以 ESG 绩效的提高，对上市公司在资本市场上的表现必然会有积极作用。

（五）构建广西 ESG 绩效评估方法体系的必要性

从 Wind 的统计数据来看，自 2010 年开始到 2019 年 8 月 31 日，A 股市场上一共有 27 个指数与 ESG 概念相关，在这 27 个指数中，除了节能元器件、健康中国、扶贫指数和 PPP 指数外，其他 24 个指数的收益全部显著战胜了沪深 300，可见 ESG 因子的引入，将大概率提升总体的投资收益率水平。

无论是大众汽车尾气数据造假还是富国银行的丑闻事件，ESG 部门事先都充当了完美的预警者：或调低评级，或将问题公司从 ESG 指数中进行剔除。可以说，在投资组合中，当一个有情怀的投资者，通过引入 ESG 因子，可以把高风险、过于激进的公司剔除，从而规避掉一些闪崩以及令人措手不及的"黑天鹅"事件。

自 2016 年我国政府发布《关于构建绿色金融体系的指导意见》（以下简称《指导意见》）以来，绿色金融事业快速发展，并已成为中国经济转型发展的重要因素，这样的进展在五个绿色金融改革创新试验区的建立，以及诸如"一带一路"倡议下综合大型绿色投资项目的开展上，表现得尤为明显。资本市场对中国经济的日益增长作出重要贡献，将投资实践与可持续性目标相结合是建立绿色金融体系的关键。国内和国际资本市场预期将在中国绿色转型和增长过程中发挥重要的融资作用。为达到"十三五"规划目标，中国从 2015 年到 2020 年，每年至少需要在绿色项目投资 3 万亿～4 万亿元。

中国基金业协会向一些大型公募基金、券商资管、私募证券投资基金管理人等机构开展了"ESG 责任投资情况调查"问卷。根据问卷调查，机构投资者当前发展 ESG 投资的主要障碍，主要集中在缺少规范的 ESG 信息披露规则、上市公司 ESG 相关信息难以获取，信息不完整或可信度不高、缺乏客观公允的第三方 ESG 评价服务、遵循 ESG 可获得的价值不确定或不显著，动力不足等方面。其中，信息披露问题是阻碍 ESG 投资最重要的障碍，包括缺少规范的信息披露规则，缺乏上市公司相关 ESG 信息。2018 年 6 月，证监会与环保部签订《关于共同开展上市公司环境信息披露工作的合作协议》，旨在共同推动建立和完善上市公司强制性环境信息披露制度，督促上市公司履行环境保护社会责任。该协会也参与了上市公司环境信息披露制度研究，根据该协会问卷调查结果，企业环境绩效风险对投资影响显著，94% 的机构认为有必要扩大上市公司环境信息强制性披露覆盖面，提高信披质量。

根据我国资本市场的 ESG 整合中存在的问题，出现障碍的关键问题是缺乏 ESG 绩效评估标准，使得公司尤其是上市公司缺乏评价自身 ESG 绩效的方法，因此难以有的放矢开展改进工作，也无法给投资者明确的 ESG 绩效评价结果。

因此，在广西开展上市公司 ESG 绩效评估方法研究，设计出一套符合广西实际情况的 ESG 绩效评估方法体系，对于上市公司的 ESG 绩效给予科学的评估结果，对于上市公司自身的可持续发展和市场上的投资者，都有重要的意义。并且，ESG 绩效的提高能够提高上市公司在资本市场上的影响力和信誉，从而增进上市公司在资本市场上的收益。

四、广西上市公司 ESG 绩效评估方法研究

（一）广西上市公司现存的 ESG 方面的问题及其原因分析

1. 信息披露不足

上市公司对企业社会责任信息的披露表明其对环境的绿色发展的重视程度。在查阅广西上市公司企业社会责任报告时，发现在广西的 37 家上市公司中，每年定期披露企业社会责任报告的并不多。今年在广西南宁举行的"2018 广西企业社会责任报告发布会"上，虽有 57 家企业发布了 2017 年度社会责任报告，但其中 24 家企业是首次发布社会责任报告，这表明，以往广西上市公司对 ESG 方面的问题还没有足够重视，ESG 信息披露还不够完善。

2. 环境意识不高

广西历史上有许多发展机遇，但由于观念落后，思想保守，也失去了很多发展机会。从总体上看上市公司的业绩处于下滑状态。尽管很多案例表明提高 ESG 绩效，加大环保投入，能增加资本收益，创造良好的外部环境，但仍有很多企业墨守成规，不愿做出改变，资本市场和环境意识不高，从而导致企业的发展跟不上。

（二）ESG 绩效的支持因素分析

在固定收益投资中，环境、社会和企业治理（ESG）三大因素正在被重新视为潜在经济表现的增值指标。着眼于长期、以基本面推动表现的任何宏观经济分析和投资策略都应将 ESG 因素考虑在内，将其作为分析的一个关键支柱。ESG 反映一个经济体作为投资目的的潜力以及该投资的可持续性。

1. "环境"因素分析

环境因素也扮演着重要的角色，在监管较为宽松而且应对能力和资源比较有限的新兴和前沿市场中尤为更甚。诸如干旱、洪水、地震和飓风等自然灾害可对经济和人类造成灾难性的后果。除了人力成本外，还会导致能源、食物和材料供应中断，从而引发物价飞涨或供应链中断等问题。不可持续的实践和污染可引起社会动荡，而且善后成本会削弱一个经济体的增长潜力。

2. "社会"因素分析

社会状况影响着各种各样的政治问题，包括稳定性和政策组合，其竞争力和效率还会直接影响一个国家的宏观经济发展。虽然很多社会因素影响的是长期增长潜力，但也可造成巨大的短期影响。社会不稳定可能会引发武装冲突，或为别具异心的政治势力创造机会，这往往会对人民大众造成伤害。同时，工资压力和基础设施建设等因素对国内外活动均有实质性的影响。

3. "治理"因素分析

治理以及政治和经济制度的质量在宏观经济表现中扮演着至关重要的角色，尤其是在新兴（EEM）和前沿市场（FM）（FRN）。健全的治理有助于提高政策环境的质量、稳定性和可预测性，而且往往与更强劲的潜在增长以及对内外挑战的更强大应对力息息相关。

综合这三个因素，ESG 绩效管理对上市公司资本市场具有推进作用，并在一定程度上减弱资本市场的风险。环境、社会和企业治理这三个因素是共生的，其威力不可小觑。

五、ESG 绩效分类评级体系设计及评估模型构建

（一）评估指标构建原则

1. ESG 评级模型的应用可行性

ESG 评估框架指将环境（Environmental）、社会（Social）、治理（Governance）三方面的指标纳入企业可持续发展绩效评估中。它是 2010 年 3 月由联合国环境规划署（UNEP）和世界可持续发展工商理事会（WBCSD）在国际研讨会系列报告中提出的。近年来，蓬勃发展的经济带来了一定的财富，但贫富差距扩大、生态环境恶化等社会问题也伴随而来，ESG 的概念开始受到重视。从政府政策的走向、企业经营模式到投资者的决策，都可以考虑将环境、社会、治理因素融入资本市场和经济活动中，达到经济、环境、社会"三赢"的局面。目前，商界领袖和投资者将环境、社会、治理三方面指标作为资本市场的价值评估工具，将 ESG 因素与可持续发展相结合应用到公司决策和投资选择。可持续发展的研究必须和资本市场联系起来，在进行企业价值评估时应更关注公司的长期价值和可持续发展。上市公司绩效管理是全过程的管理活动，涉及环境、经济、社会等很多方面。传统的管理绩效评估方法主要侧重于其中某一方面，缺乏全面的分析和评价。而 ESG 模型是一种系统的分析评价方法，以它来进行上市公司管理绩效评估，可以达到环境、经济、社会效益相统一的管理模式。

在进行上市公司管理绩效评估时，可以将 ESG 因素考虑进去，设置有关环境、社会、治理的相关指标，确定这些目标的权重，然后依据评价目标为上市公司管理绩效评分，评价上市公司管理的优劣，总结出可持续的管理方式。政府和相关企业运用 ESG 模型对上市公司管理进行评价不仅能从技术、经济、环境等多个角度全面综合评价，而且

政府和企业发布的 ESG 社会责任报告，可以提高信息透明度和公众满意度，促进和谐社会的构建。就 ESG 评估体系自身的设计而言，国外市场的先进经验已经为我们提供了充分的借鉴。比如 MSCI、富时、道琼斯，以及汤森路透等指数机构都已经形成并发布了科学、完整、详细的评估体系。然而由于我国资本市场信息披露体系的基础条件，以及上市公司的实际情况有别于国外先进市场，因此在设计我国 ESG 评估体系过程中，需要相应调整以适应国内市场。

2. ESG 评级模型具体构建原则

ESG 评级体系的第三层主要由反映第二层各维度的关键业绩指标（key performance indicator）构成。在选取上，课题组认为应遵循以下原则。

第一，注重指标的量化程度。为了增强 ESG 评级的敏感性，要优先选取量化程度较好的指标。在国内开展绿色金融的实践过程中，已经有一些机构根据企业在环境和公司治理能力方面的表现设计了金融产品。但由于所依据的多为定性指标，对于个体的区分度不大，使得市场对该产品的反响平平，削弱了产品的可用性。广西上市公司的 ESG 评级指标体系数据来源方面有所突破。影响上市公司管理绩效的因素较多，各因素既相互作用，又有独自的内涵，因此，为对上市公司管理绩效进行全面综合评价，必须建立由多个指标组成的指标体系，以从不同方面反映复杂的上市公司管理系统。评价指标的选取应遵循以下几个原则：系统性原则。上市公司管理绩效评估应建立一个完整的评价系统，不仅能全面体现上市公司管理的要求，而且各个指标应具有不可替代性。另外，还应注意因地制宜原则。评价指标的选择应符合当地的实际情况，以便能充分反映上市公司管理对地区环境、社会、经济等方面的影响。

第二，注重数据的可获得性和可靠性。评级体系的准确性既取决于指标体系设计的科学性，也取决于所选指标对企业真实情况的反映程度。除了权威的公开数据之外，对广西上市公司内部的相关数据进行深度挖掘。在下一步的研究工作中希望得到人民银行、证监局、金融办等部门的数据支持。

第三，注重数据的变动频率。尽管企业财务报告和社会责任报告为我们提供了重要的数据来源，但其更新往往以季度或半年为频率，无法实时反映企业 ESG 表现的变化。为了增强 ESG 评级的实效性，选取指标应具有较高的更新频率。在目前，广西上市公司企业客户信息数据系统应该正在或者已经与海关、公安机关和监察机关实现了数据共享，在数据的存储和更新方面已实现自动化和实时化，这些数据的收集处理，是下一步的研究工作重点。

第四，可操作性原则。设立的评价指标应在众多的影响因素中选择内涵丰富、简洁明了、容易测量的指标，便于统计分析。

（二）广西上市公司 ESG 绿色评级体系的构建总体思路

绿色评级体系共分为两个层次：一是针对企业的绿色评级。从内容看，ESG 绿色评级可以细分为对评级指标体系的探讨和对评估方法学的研究，目的在于提供一个针对企业可持续发展能力的评判依据,为授信与贷款的绿色转型提供支持。二是以绿色评级为基础,构建相应的指数。遵循国际通行的惯例,将广西上市公司ESG评级的指标体系分为三个层次。第一个层次将评级所包含的内容分为环境表现（E）、社会责任（S）和公司治理（G）三类大项；第二层则包含了每个大项对应的具体方面,是对第一层次三个维度所包含概念的具体化；第三层则是能够具体反映受评对象在每个方面上表现的代理指标。从前文梳理的国际经验来看,不同机构ESG评级指标体系的差异,主要反映在对第二层次各个维度内涵的界定与第三层代理指标的选取上。以下分别就环境、社会和公司治理三个维度下二级指标的构建进行分析。

1. 环境表现

对于上市公司而言,环境风险已成为企业风险管理必须考虑的重要维度。根据目前国内外相关研究的进展,环境风险通常从三个渠道影响企业经营：一是环保标准提高和政策收紧会对企业现金流和资产负债造成影响；二是企业污染物排放对贷款人可能带来的连带责任,金融机构和投资人对环境敏感行业的企业和项目提供资金的意愿和融资成本会有差别；三是环境事件和环境管理能力可能对企业从而对金融机构带来声誉风险。

ESG评级的环境项主要包含以下维度：一是公司的环境友好程度分类。二是企业生产过程中各类污染物的排放强度。从污染源来看,应综合评价企业生产给大气、土壤、水资源等带来的各类影响；而从渠道来看,应包含企业生产所带来的直接环境污染和带动上下游供应链产生的间接污染。三是政府的环保处罚和突发环境事件给企业声誉和经营带来的影响。四是表征企业主动管理风险的能力的相关制度与信息披露水平。

环境指标具体应包含以下4个方面的内容：（1）能源使用和效率,即能源消耗情况和节能工作的应用；（2）温室气体排放量；（3）水的使用情况,即耗水量以及水资源回收利用情况；（4）对生态系统的影响,即企业的产品和服务对生物多样性和生态系统的影响。

2. 社会责任

企业的社会责任是指企业在创造利润、对股东和员工承担法律责任的同时,还要对所在的经营环境和内部员工承担的其他相关责任。社会责任不仅包括企业对于员工权益和发展的关注程度,也包含企业为慈善公益和当地社区建设等方面做出的努力。

从中国企业发展的现状来看,对企业内部职工权益的保障是现阶段影响企业稳定经营的主要因素。但鉴于企业在公益事业等项目上开支的逐年增加,评级中也应加入履行外部社会责任的考量。除此之外,社会和投资人对企业社会责任的总体认知也是影响企业声誉的关键因素,应就对其进行综合评价。综合上述因素,在广西上市公司ESG评级的社会责任项下,共分为社会责任综合评价、劳动保护、工会与培训、社会公益、突发事件和社会信息披露等几个维度。

社会指标具体应包含以下3个方面的内容：（1）员工情况,即员工工作条件、工作安全和企业提供给员工的薪酬、福利等；（2）对贫困人群和社区的影响,即企业为社区和贫困者所作的贡献；（3）供应链管理,即供应商情况。

3. 公司治理

公司治理是指企业所有者对经营管理和绩效进行监督和控制的一整套制度安排。在现代企业产权和经营权分离的情况下，公司治理结构是与企业长期盈利能力最为相关的因素，公司治理结构是否健康，决定了企业经理人的行为是否符合所有权人的目标，是企业稳健经营的制度保障。

考虑到中国上市企业的总体情况，公司治理项下主要包含以下几个维度：一是考虑代表财务状况与资金管理情况的经营足迹，作为判断企业当期经营能力的基础；二是考虑企业合规经营情况和商业道德风险，用于表征企业的潜在风险；三是考虑公司治理信息的披露情况，以表征企业在公司治理制度方面的透明程度；四是适当考虑市场对企业公司治理能力的认知与综合印象。综合以上考量，公司治理项下共包含七个维度，分别为公司治理综合评价、企业经营足迹、反腐败、税收透明、商业道德、合规经营和公司治理信息披露。

公司治理指标具体应包含以下 3 个方面的内容：（1）企业的核心价值观和责任；（2）问责制，即董事会中独立董事的人数和内部控制制度；（3）透明度及披露，即法律纠纷情况以及信息披露义务。

（三）广西上市公司管理绩效评估 ESG 模型的建立过程

上市公司管理绩效评估包括环境绩效、社会绩效与政府治理绩效。垃圾处理技术绩效为治理绩效评估的工作重点所在。在考虑成本效益下，可针对其重要的环境参数，建立持续监督的系统，并就评估结果与各利益相关者沟通。

1. 环境绩效指标建立方式

在进行上市公司管理时要充分考虑到其对生态环境的影响，降低污染。环境绩效指标应该包括以下三个方面：（1）直接污染，指企业生产运营过程中造成的污染，环境风险管理力度不够造成的冒、滴、漏和臭气挥发等；（2）二次污染，例如化工厂对大气污染严重，而造纸对地表水、地下水和大气都有二次污染，制糖对土壤、地表水有轻微污染；（3）对安全健康的影响，指的是废弃物处理对人体健康产生的影响。

2. 社会绩效指标建立方式

上市公司管理往往会受到社会环境的影响，社会环境主要是指公众对于上市公司管理的满意度和参与度，政府对公众的要求和约束等。指标可归结为：（1）居民满意度，即城市居民对上市公司管理中存在的问题抱怨次数及程度；（2）公众参与度，即居民对于上市公司管理的参与意愿；（3）法律法规，即国家和地方对上市公司管理制定的相关法律法规。

3. 政府治理绩效指标建立方式

政府在进行上市公司管理时既要考虑技术上的可行性，也要考虑经济性。政府治理绩效指标应包括以下几个方面：（1）环境污染处理技术的可靠性和适宜性，可以从"三废"处理量、处理效果、资金需求、场地需求等多方面评估；（2）处理设施的选址是否合理;(3)总投资情况,指环境污染治理的投入资金、投资回收期和投资报酬率;(4)单位处理成本,指废物收集、处置等管理过程中产生的费用,如设施的维护和管理人员工资;(5)运行管理水平,即废物处理过程中的机械化水平、自动化程度等。

4. 综合指标体系的计算方式

在对上市公司管理进行绩效评估时,需要建立一个合适的评估模型,常规的数据分析是不全面的。从环境、社会、治理多个方面研究、分析各因素的模糊现象可以取得比较好的效果。本文借鉴世界上最早的衡量企业可持续发展绩效的道琼斯社会责任指数指标体系,同时考虑到上市公司管理这一特殊行业,对各项指标进行定性讨论分析并结合多位专家打分,得到评价指标的权重。为了提高评级结果的直观性,需要给出受评对象的ESG评分,用于衡量ESG的综合表现。从技术层面讲,ESG评分是将评级指标体系中不同维度的关键业绩指标映射到一个可比的数值(ESG评分)的过程。借鉴国际经验,课题组以打分卡作为获得最终ESG评分的方式。为方便比较,将所有关键业绩指标的权重进行了归一化,使得最终得到的企业ESG评分和环境、社会与公司治理三个项下的得分均是处在[0,1]区间上实数。为了体现评级的实效性,课题组对指标体系中的量化指标和突发事件给予了较大权重。经过处理和权重调整,ESG评分在不同行业以及时点上具有较强的可比性。由于缺少作为量化依据的因素,很多指标进行量化有困难,本课题组拟将这些指标统一采用五级计分制,1分至5分分别表示"非常差""比较差""一般""比较好"和"非常好"。进行评价时可以将各个绩效指标与预期的效果、过去的表现或者行业平均水平比较,综合考虑后予以评分。最后将各项指标的评分汇总并依据相应的权重计算出上市公司管理绩效评估的总得分。应用前述建立的评价指标体系,构建上市公司管理绩效评估指标。首先对各项二级指标进行评分,按二级指标层的权重分别计算出环境绩效、社会绩效、政府治理绩效的分数,最后按三类指标的权重比例得出上市公司管理绩效评估的总得分。

表4-40　　　　　　　　　绩效评估ESG模型权重表

一级指标层	权重	二级指标层	权重
环境绩效指标	0.5	行业环保程度	0.7
		环境信息披露	0.3
社会绩效指标	0.2	法律法规符合度	0.5
		员工数量	0.5
政府治理绩效指标	0.3	总投资情况	0.3
		税收情况	0.7

上表中的一级指标层根据ESG定义分为环境绩效指标、社会绩效指标、政府治理绩效指标。(1)环境绩效指标可以细分为行业环保程度和环境信息披露,行业环保程度分类依照2019年国家发改委印发的《绿色产业指导目录(2019年版)》和"两高一资"涵盖行业为标准,环境信息披露以各公司年报披露为主。(2)社会绩效指标可以细分为法

律法规符合度和员工数量。分类依据为：企业合理合法经营是社会责任的体现；员工数量侧面反映了企业解决社会就业问题的能力，也是社会责任的体现。（3）政府治理绩效指标可细分为总投资情况与税收情况。分类依据为：地区企业总投资和税收是企业和政府关系的基础，政府鼓励企业进行投资以拉动地方经济的增长，而税收又是地方政府财政收入贡献的重要部分，所以企业总投资和税收与地方政府治理情况息息相关。

5. 综合指标体系评分标准

表 4-41　　　　　　　　　　绩效评估 ESG 评分标准

分类			赋分值
环境绩效指标	行业环保程度	绿色产业	100
		中间产业	70
		两高一资	40
	环境信息披露	无披露	60
		正面信息披露	100
		负面信息披露	20
社会绩效指标	法律法规符合度	无披露	60
		违法违规	20
		公益、扶贫活动	100
	员工数量	一级（排序 1-7）	100
		二级（排序 8-14）	80
		三级（排序 15-21）	60
		四级（排序 22-28）	40
		五级（排序 29-37）	20
政府治理绩效指标	总投资情况	一级（排序 1-7）	100
		二级（排序 8-14）	80
		三级（排序 15-21）	60
		四级（排序 22-28）	40
		五级（排序 29-37）	20
	税收情况	一级（排序 1-7）	100
		二级（排序 8-14）	80
		三级（排序 15-21）	60
		四级（排序 22-28）	40
		五级（排序 29-37）	20

6. 广西上市公司 ESG 评分情况

（1）环境绩效评分

表 4-42　广西上市公司行业环保程度量化评分情况

公司名称	股票代码	行业分类	环保等级	赋分值	权重分（0.7*0.5）
五洲交通	600368	公路	绿色产业	100	35
百洋股份	002696	农业	绿色产业	100	35
博世科	300422	环保	绿色产业	100	35
绿城水务	601368	水务	绿色产业	100	35
北部湾港股份有限公司	000582	港口	绿色产业	100	35
东方网络	002175	综合类	中间产业	70	24.5
慧球科技	600556	软件	中间产业	70	24.5
阳光新业地产股份有限公司	000608	房地产	中间产业	70	24.5
天夏智慧城市科技股份有限公司	000662	软件	中间产业	70	24.5
南方黑芝麻集团股份有限公司	000716	食品	中间产业	70	24.5
北海银河生物产业投资股份有限公司	000806	电工电网	中间产业	70	24.5
广西贵糖（集团）股份有限公司	000833	综合类	中间产业	70	24.5
南宁糖业股份有限公司	000911	食品	中间产业	70	24.5
桂林旅游股份有限公司	000978	餐饮旅游	中间产业	70	24.5
中恒集团	600252	制药	中间产业	70	24.5
两面针	600249	日用品	中间产业	70	24.5
南宁百货	600712	零售	中间产业	70	24.5
国发股份	600538	制药	中间产业	70	24.5
莱茵生物	002166	生物科技	中间产业	70	24.5
桂林三金	002275	制药	中间产业	70	24.5
皇氏集团	002329	食品	中间产业	70	24.5
国海证券	000750	券商	中间产业	70	24.5
丰林集团	601996	林木	中间产业	70	24.5
八菱科技	002592	汽车零部件	中间产业	70	24.5
福达股份	603166	汽车零部件	中间产业	70	24.5
柳药股份	603368	医疗保健	中间产业	70	24.5
新智认知	603869	餐饮旅游	中间产业	70	24.5
润建通信	002929	通信设备	中间产业	70	24.5
广西广电	600936	文化传媒	中间产业	70	24.5
柳工	000528	重型机械	两高一资	40	14
广西河池化工股份有限公司	000953	化肥农药	两高一资	40	14
广西桂冠电力股份有限公司	600236	电力	两高一资	40	14
柳化股份	600423	化肥农药	两高一资	40	14

续表

公司名称	股票代码	行业分类	环保等级	赋分值	权重分(0.7*0.5)
柳钢股份	601003	钢铁	两高一资	40	14
ST 南化	600301	化工原料	两高一资	40	14
桂东电力	600310	电力	两高一资	40	14
恒逸石化	000703	化纤	两高一资	40	14

表4-43 广西上市公司环境信息披露量化评分情况

无披露：0　　　正面信息：+　　　负面信息：-

公司名称	股票代码	2014年	2015年	2016年	2017年	2018年	赋分值（年度平均分）	权重分(0.3*0.5)
柳工	000528	+	+	+	+	+	100	15
北部湾港股份有限公司	000582	+	+	+	+	+	100	15
阳光新业地产股份有限公司	000608	0	0	0	0	0	60	9
天夏智慧城市科技股份有限公司	000662	0	0	0	0	0	60	9
南方黑芝麻集团股份有限公司	000716	+	+	+	+	0	92	13.8
北海银河生物产业投资股份有限公司	000806	0	0	0	+	+	76	11.4
广西贵糖（集团）股份有限公司	000833	+	+	+	+	+	84	12.6
南宁糖业股份有限公司	000911	0	0	0	0	0	60	9
广西河池化工股份有限公司	000953	+	+	+	+	+	100	15
广西桂冠电力股份有限公司	600236	0	0	0	0	+	68	10.2
桂林旅游股份有限公司	000978	+	+	+	+	+	100	15
中恒集团	600252	0	+	+	+	+	92	13.8
五洲交通	600368	0	0	0	0	+	68	10.2
两面针	600249	+	+	+	+	0	92	13.8
柳化股份	600423	+	+	+	+	-	84	12.6
南宁百货	600712	0	0	0	0	0	60	9

续表

公司名称	股票代码	2014年	2015年	2016年	2017年	2018年	赋分值（年度平均分）	权重分（0.3*0.5）
柳钢股份	601003	+	+	+	+	+	100	15
ST南化	600301	0	0	0	0	0	60	9
桂东电力	600310	0	0	0	0	+	68	10.2
慧球科技	600556	0	0	0	0	0	60	9
国发股份	600538	+	+	+	+	+	100	15
东方网络	002175	+	+	0	+	0	84	12.6
莱茵生物	002166	0	0	0	0	+	68	10.2
桂林三金	002275	+	+	+	+	+	100	15
皇氏集团	002329	+	+	+	+	0	92	13.8
恒逸石化	000703	+	+	0	+	+	92	13.8
国海证券	000750	+	+	+	+	0	92	13.8
丰林集团	601996	+	+	+	+	+	100	15
八菱科技	002592	+	+	+	+	+	100	15
百洋股份	002696	+	+	+	+	+	100	15
福达股份	603166	0	+	+	+	+	92	13.8
柳药股份	603368	+	+	+	0	0	84	12.6
博世科	300422	0	+	+	+	+	92	13.8
新智认知	603869	0	0	0	0	0	60	9
绿城水务	601368	0	0	0	0	0	60	9
润建通信	002929	0	0	0	0	0	60	9
广西广电	600936	0	0	0	0	0	60	9

（2）社会绩效评分

表4-44　　广西上市公司法律法规符合度量化评分情况

违法违规：-　　公益扶贫：+　　无披露：0

公司名称	股票代码	2014年	2015年	2016年	2017年	2018年	赋分值（年度平均分）	权重分（0.5*0.2）
柳工	000528	0	0	+	+	+	84	8.4
北部湾港股份有限公司	000582	0	+	+	+	+	92	9.2
阳光新业地产股份有限公司	000608	0	0	0	0	0	60	6
天夏智慧城市科技股份有限公司	000662	0	0	0	0	0	60	6

续表

公司名称	股票代码	2014年	2015年	2016年	2017年	2018年	赋分值（年度平均分）	权重分（0.5*0.2）
南方黑芝麻集团股份有限公司	000716	0	0	0	+	0	68	6.8
北海银河生物产业投资股份有限公司	000806	0	+	0	0	+	76	7.6
广西贵糖（集团）股份有限公司	000833	0	0	+	+	0	84	8.4
南宁糖业股份有限公司	000911	0	0	0	0	+	68	6.8
广西河池化工股份有限公司	000953	0	0	0	0	0	60	6
广西桂冠电力股份有限公司	600236	0	+	+	+	+	92	9.2
桂林旅游股份有限公司	000978	0	0	+	+	+	84	8.4
中恒集团	600252	0	0	0	+	+	88	8.8
五洲交通	600368	+	+	+	+	+	100	10
两面针	600249	+	+	+	+	+	100	10
柳化股份	600423	0	0	0	0	0	60	6
南宁百货	600712	+	+	+	+	+	100	10
柳钢股份	601003	0	+	0	+	0	76	7.6
ST南化	600301	0	0	0	0	0	60	6
桂东电力	600310	0	0	+	+	+	84	8.4
慧球科技	600556	0	0	0	0	0	60	6
国发股份	600538	0	0	+	+	+	84	8.4
东方网络	002175	0	0	0	0	0	60	6
莱茵生物	002166	0	0	0	0	0	60	6
桂林三金	002275	+	+	0	0	0	76	7.6
皇氏集团	002329	0	0	0	+	+	76	7.6
恒逸石化	000703	+	0	0	0	+	76	7.6
国海证券	000750	0	0	+	+	+	84	8.4
丰林集团	601996	+	+	+	0	+	84	8.4
八菱科技	002592	+	0	0	0	0	68	6.8
百洋股份	002696	0	0	0	0	0	60	6
福达股份	603166	0	0	+	+	+	84	8.4
柳药股份	603368	0	+	0	+	+	84	8.4
博世科	300422	0	+	+	+	+	92	9.2

续表

公司名称	股票代码	2014年	2015年	2016年	2017年	2018年	赋分值（年度平均分）	权重分（0.5*0.2）
新智认知	603869	0	0	0	0	+	68	6.8
绿城水务	601368	0	+	+	+	+	68	6.8
润建通信	002929	0	0	0	0	0	60	6
广西广电	600936	0	0	0	+	+	76	7.6

表4-45　广西上市公司员工数量量化评分情况

公司名称	股票代码	雇用人数	赋分值	权重分（0.5*0.2）
恒逸石化	000703	13754	100	10
柳工	000528	9807	100	10
柳钢股份	601003	9753	100	10
润建通信	002929	9260	100	10
广西广电	600936	4777	100	10
南宁糖业股份有限公司	000911	4534	100	10
广西贵糖（集团）股份有限公司	000833	4241	100	10
百洋股份	002696	3967	80	8
北部湾港股份有限公司	00582	3755	80	8
柳药股份	603368	3590	80	8
广西桂冠电力股份有限公司	600236	3567	80	8
博世科	300422	2858	80	8
南方黑芝麻集团股份有限公司	000716	2630	80	8
桂林旅游股份有限公司	000978	2602	80	8
国海证券	000750	2551	60	6
福达股份	603166	2520	60	6
桂东电力	600310	2450	60	6
中恒集团	600252	2434	60	6
桂林三金	002275	2397	60	6
两面针	600249	2391	60	6
柳化股份	600423	2243	60	6
北海银河生物产业投资股份有限公司	000806	2189	40	4
新智认知	603869	2184	40	4
皇氏集团	002329	1730	40	4
绿城水务	601368	1509	40	4
丰林集团	601996	1094	40	4

续表

公司名称	股票代码	雇用人数	赋分值	权重分 (0.5*0.2)
南宁百货	600712	1056	40	4
五洲交通	600368	1055	40	4
东方网络	002175	961	20	2
八菱科技	002592	954	20	2
莱茵生物	002166	513	20	2
国发股份	600538	380	20	2
天夏智慧城市科技股份有限公司	000662	349	20	2
ST南化	600301	314	20	2
广西河池化工股份有限公司	000953	293	20	2
慧球科技	600556	181	20	2
阳光新业地产股份有限公司	000608	147	20	2

（3）政府治理绩效评分

表4-46　广西上市公司总投资情况量化评分情况

公司名称	股票代码	投资活动现金流出（亿元）	赋分值	权重分 (0.3*0.3)
恒逸石化	000703	61.5740	100	9
广西桂冠电力股份有限公司	600236	20.1320	100	9
桂东电力	600310	13.2532	100	9
中恒集团	600252	13.0792	100	9
桂林三金	002275	11.3952	100	9
天夏智慧城市科技股份有限公司	000662	11.1271	100	9
广西广电	600936	9.6314	100	9
柳药股份	603368	9.2818	80	7.2
绿城水务	601368	7.3278	80	7.2
北部湾港股份有限公司	000582	6.5188	80	7.2
八菱科技	002592	6.0597	80	7.2
皇氏集团	002329	5.9182	80	7.2
福达股份	603166	5.7914	80	7.2
博世科	300422	5.7683	80	7.2
东方网络	002175	5.7382	60	5.4
阳光新业地产股份有限公司	000608	5.6301	60	5.4
国发股份	600538	5.5135	60	5.4
北海银河生物产业投资股份有限公司	000806	5.0771	60	5.4

续表

公司名称	股票代码	投资活动现金流出（亿元）	赋分值	权重分 (0.3*0.3)
丰林集团	601996	5.0293	60	5.4
南宁糖业股份有限公司	000911	4.7862	60	5.4
南方黑芝麻集团股份有限公司	000716	4.4526	60	5.4
柳工	000528	4.4308	40	3.6
百洋股份	002696	4.1860	40	3.6
两面针	600249	4.1600	40	3.6
新智认知	603869	3.9748	40	3.6
柳钢股份	601003	2.6986	40	3.6
广西贵糖（集团）股份有限公司	000833	2.3616	40	3.6
桂林旅游股份有限公司	000978	1.9918	40	3.6
五洲交通	600368	1.8576	20	1.8
莱茵生物	002166	1.7133	20	1.8
国海证券	000750	1.3980	20	1.8
柳化股份	600423	1.3353	20	1.8
广西河池化工股份有限公司	000953	0.6609	20	1.8
润建通信	002929	0.6357	20	1.8
慧球科技	600556	0.4657	20	1.8
南宁百货	600712	0.3453	20	1.8
ST 南化	600301	0.0675	20	1.8

表 4－47　　广西上市公司税收情况量化评分情况

公司名称	股票代码	所得税费用	赋分值	权重分 (0.7*0.3)
广西桂冠电力股份有限公司	600236	6.0842	100	21
国海证券	000750	2.7700	100	21
柳钢股份	601003	2.1640	100	21
中恒集团	600252	1.7311	100	21
恒逸石化	000703	1.3357	100	21
柳工	000528	1.0846	100	21
北部湾港股份有限公司	000582	1.0394	100	21
阳光新业地产股份有限公司	000608	0.9337	80	16.8
桂林三金	002275	0.8336	80	16.8
五洲交通	600368	0.6471	80	16.8
柳药股份	603368	0.6299	80	16.8

续表

公司名称	股票代码	所得税费用	赋分值	权重分 (0.7*0.3)
天夏智慧城市科技股份有限公司	000662	0.5816	80	16.8
绿城水务	601368	0.5187	80	16.8
新智认知	603869	0.3995	80	16.8
桂东电力	600310	0.3863	60	12.6
润建通信	002929	0.3410	60	12.6
广西贵糖（集团）股份有限公司	000833	0.2591	60	12.6
柳化股份	600423	0.2467	60	12.6
北海银河生物产业投资股份有限公司	000806	0.2023	60	12.6
博世科	300422	0.1564	60	12.6
莱茵生物	002166	0.1563	60	12.6
八菱科技	002592	0.1198	40	8.4
桂林旅游股份有限公司	000978	0.1174	40	8.4
百洋股份	002696	0.1116	40	8.4
南宁糖业股份有限公司	000911	0.1113	40	8.4
两面针	600249	0.0981	40	8.4
皇氏集团	002329	0.0868	40	8.4
福达股份	603166	0.0854	40	8.4
南宁百货	600712	0.0390	20	4.2
东方网络	002175	0.0363	20	4.2
丰林集团	601996	0.0201	20	4.2
慧球科技	600556	0.0110	20	4.2
国发股份	600538	0.0081	20	4.2
广西河池化工股份有限公司	000953	0.0031	20	4.2
ST南化	600301	0.0000	20	4.2
广西广电	600936	-0.0013	20	4.2
南方黑芝麻集团股份有限公司	000716	-0.0131	20	4.2

（4）评分汇总

表4-48　　　　广西上市公司ESG量化评分表

公司名称	股票代码	环境绩效指标		社会绩效指标		政府治理绩效指标		合计
		行业环保程度	环境信息披露	法律法规符合度	员工数量	总投资情况	税收情况	
北部湾港股份有限公司	000582	35.0	9.0	9.2	8.0	7.2	21.0	89.4

续表

公司名称	股票代码	环境绩效指标		社会绩效指标		政府治理绩效指标		合计
		行业环保程度	环境信息披露	法律法规符合度	员工数量	总投资情况	税收情况	
博世科	300422	35.0	12.6	9.2	8.0	7.2	12.6	84.6
中恒集团	600252	24.5	15.0	8.8	6.0	9.0	21.0	84.3
绿城水务	601368	35.0	10.2	6.8	4.0	7.2	16.8	80.0
柳药股份	603368	24.5	15.0	8.4	8.0	7.2	16.8	79.9
五洲交通	600368	35.0	9.0	10.0	4.0	1.8	16.8	76.6
桂林三金	002275	24.5	12.6	7.6	6.0	9.0	16.8	76.5
广西桂冠电力股份有限公司	600236	14.0	13.8	9.2	8.0	9.0	21.0	75.0
广西贵糖（集团）股份有限公司	000833	24.5	13.8	8.4	10.0	3.6	12.6	72.9
天夏智慧城市科技股份有限公司	000662	24.5	13.8	6.0	2.0	9.0	16.8	72.1
恒逸石化	000703	14.0	10.2	7.6	10.0	9.0	21.0	71.8
国海证券	000750	24.5	9.0	8.4	6.0	1.8	21.0	70.7
广西广电	600936	24.5	15.0	7.6	10.0	9.0	4.2	70.3
柳钢股份	601003	14.0	13.8	7.6	10.0	3.6	21.0	70.0
百洋股份	002696	35.0	9.0	6.0	8.0	3.6	8.4	70.0
阳光新业地产股份有限公司	000608	24.5	15.0	6.0	2.0	5.4	16.8	69.7
福达股份	603166	24.5	15.0	8.4	6.0	7.2	8.4	69.5
北海银河生物产业投资股份有限公司	000806	24.5	13.8	7.6	4.0	5.4	12.6	67.9
南宁糖业股份有限公司	000911	24.5	12.6	6.8	10.0	5.4	8.4	67.7
柳工	000528	14.0	10.2	8.4	10.0	3.6	21.0	67.2
润建通信	002929	24.5	11.4	6.0	10.0	1.8	12.6	66.3
两面针	600249	24.5	12.6	10.0	6.0	3.6	8.4	65.1
桂东电力	600310	14.0	15.0	8.4	6.0	9.0	12.6	65.0
新智认知	603869	24.5	9.0	6.8	4.0	3.6	16.8	64.7
南方黑芝麻集团股份有限公司	000716	24.5	15.0	6.8	8.0	5.4	4.2	63.9
桂林旅游股份有限公司	000978	24.5	10.2	8.4	8.0	3.6	8.4	63.1

续表

公司名称	股票代码	环境绩效指标		社会绩效指标		政府治理绩效指标		合计
		行业环保程度	环境信息披露	法律法规符合度	员工数量	总投资情况	税收情况	
丰林集团	601996	24.5	15.0	8.4	4.0	5.4	4.2	61.5
皇氏集团	002329	24.5	9.0	7.6	4.0	7.2	8.4	60.7
国发股份	600538	24.5	15.0	8.4	2.0	5.4	4.2	59.5
八菱科技	002592	24.5	9.0	6.8	2.0	7.2	8.4	57.9
莱茵生物	002166	24.5	9.0	6.0	2.0	1.8	12.6	55.9
东方网络	002175	24.5	13.8	6.0	2.0	5.4	4.2	55.9
柳化股份	600423	14.0	13.8	6.0	6.0	1.8	12.6	54.2
南宁百货	600712	24.5	9.0	10.0	4.0	1.8	4.2	53.5
慧球科技	600556	24.5	15.0	6.0	2.0	1.8	4.2	53.5
广西河池化工股份有限公司	000953	14.0	13.8	6.0	2.0	1.8	4.2	41.8
ST南化	600301	14.0	9.0	6.0	2.0	1.8	4.2	37.0

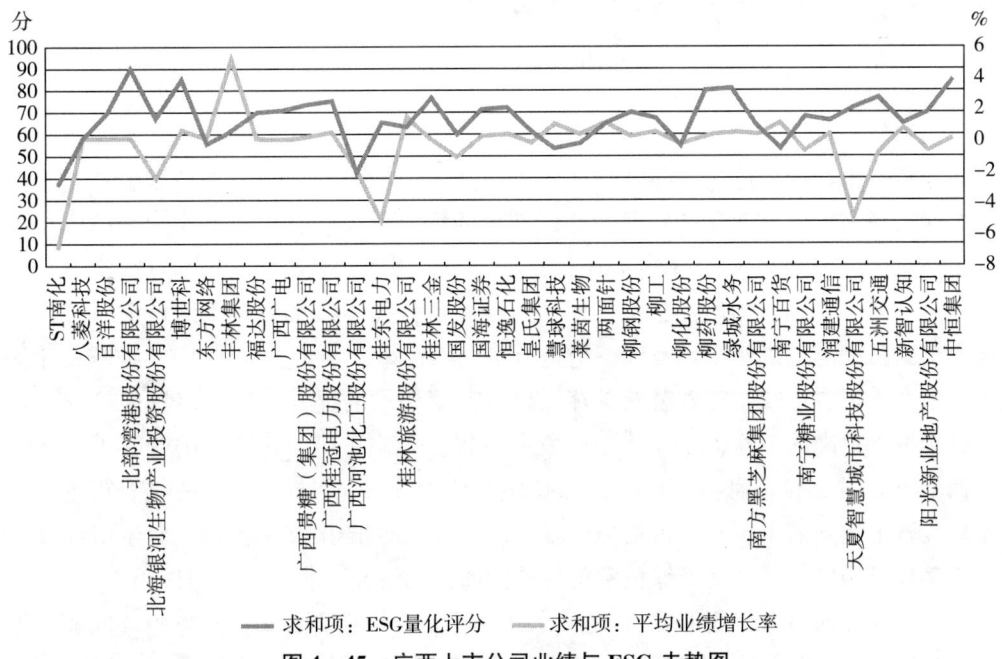

图4-45 广西上市公司业绩与ESG走势图

7. 广西上市公司业绩与ESG绩效比较情况

观察广西上市公司业绩与ESG走势图可以发现上市公司业绩表现情况与ESG绩效得分情况大体上呈正相关关系，ESG绩效表现好的企业，其业绩也普遍优秀。所以我们有理由建议投资者在进行投资选择时可以将ESG绩效纳入考虑因素。

对少数公司业绩表现与 ESG 绩效得分呈负相关的情况进行分析。以天夏智慧城市科技股份有限公司为例。2015 年 5 月，索芙特正式完成了对天夏科技集团有限公司 100% 股权的收购，变更为"天夏智慧"。20 世纪 90 年代，索芙特曾经依靠自主开发出的功能性明星产品海藻减肥香皂、木瓜美白祛斑洗面奶、负离子洗发水风靡全国，达到事业巅峰。但是由于化妆品市场竞争日渐激烈，索芙特单一品牌战略和落后的营销模式逐渐被市场淘汰，2010 年后开始连年亏损。所以天夏智慧的亏损与 ESG 绩效并无关联。

（四）运用 ESG 模型改进上市公司管理的建议

通过前文分析，我们认为运用 ESG 模型对上市公司管理绩效评估可以从可持续发展的角度判断上市公司管理是否合理，促进"资源节约型、环境友好型"社会的建设。

政府运用 ESG 模型进行上市公司管理时，应重点关注政府治理绩效指标。从技术、经济、环境上判断现有的污染治理方式是否合理，提高政府的公共治理效率和社会管理水平。

企业通过上市公司管理绩效的 ESG 评估结果，分析企业在生产经营中产生的废弃物对环境、社会的影响，改善污染治理方式，增强企业社会责任。

非营利组织和社会团体利用 ESG 模型对上市公司管理绩效评估来监督环境污染处理的效率和效果，同时，提高市民自身的环境保护意识。

六、结论

引导资本市场的绿色化，即鼓励"绿色投资"成为进一步完善绿色金融体系、挖掘绿色金融市场潜力、推动绿色发展与低碳转型的重要途径。而其最重要的基础便在于企业环境信息，以及更广义的社会责任信息的披露。借鉴国外先进市场的经验，以企业 ESG 信息披露为基础，构建社会责任评估评级和责任投资体系，对于绿色金融市场的发展能够起到极大的促进作用。我国不论是上市公司还是非上市公司的 ESG 披露、评估和投资，都尚未形成系统。随着公众关注，以及监管要求的提升，加上市场和投资者自身对可持续发展更高的关注，ESG 体系的发展也将步入快车道。在这样的背景下，加快完善广西上市公司 ESG 信息披露指引和 ESG 绩效评价方法和指标体系，并结合市场监管以及市场投资的实际需求不断完善相关体系，探索并适时推出 ESG 指数，对于引导绿色投资、完善绿色金融体系，助推绿色和可持续发展，都将起到非常重要的作用。

本课题研究通过对广西 ESG 绩效的分析，找出了其发展中存在的障碍和问题，提出了相应解决方案，并首次构建了广西上市公司 ESG 绩效分类评估方法体系，以及相应的配套政策建议。本研究成果对于建立广西上市公司环境绩效评价的长效机制，具有深远的意义；也为将来进一步研究开发广西绿色投资指数和绿色发展指数，打下了坚实的基础，并提出了一系列加快建设广西绿色资本市场的政策建议。此研究成果对于广西大力推进生态文明建设、促进绿色发展，起到了重要的理论支持作用。

参考文献

[1] 中央财经大学绿色金融国际研究院课题组. 中国上市公司ESG表现与企业绩效相关性研究 [R]. 2018.

[2] 王琰. 绿色金融在我国的实践 [J]. 金融会计, 2017 (04): 48-52.

[3] 刘璐, 查娜, 黄旭东. 互联网金融与绿色金融的有机结合——以新能源互联网金融平台为例 [J]. 商场现代化, 2017, (07): 148-149.

[4] 中国进出口银行战略规划部课题组. 政策性银行践行绿色金融: 行动与成效 [J]. 国际工程与劳务, 2017, (04): 33-36.

[5] 杨志刚. 绿色金融——中国经济发展的新起点 [J]. 银行家, 2017, (04): 110-111.

[6] 周汉君. 国外绿色金融发展的启示 [J]. 中国商论, 2017, (07): 82-83.

[7] 邓巧玲. 我国绿色金融发展存在的问题及建议 [J]. 商场现代化, 2017, (06): 157-158.

[8] 杨锈祯. 英大信托创新绿色金融新模式 [J]. 中国报道, 2017, (03): 64-65.

[9] 缪宏, 耿国彪, 陈子昂. 探索绿色金融改革创新助力衢州绿色发展——访中国人民银行衢州市中心支行行长周丽 [J]. 绿色中国, 2017, (05): 40-45.

[10] 霍光伟. 我国商业银行发展绿色金融的瓶颈与对策分析 [J]. 黑龙江金融, 2017, (02): 72-74.

[11] 郭新明. 江苏绿色金融发展模式研究 [J]. 金融纵横, 2017, (01): 4-8.

[12] 中国人民银行西宁中心支行金融研究处课题组, 荆海龙. 绿色金融纳入宏观审慎政策框架研究 [J]. 青海金融, 2017, (01): 5-10.

[13] 冯俊. 关于绿色金融的文献综述 [J]. 经济师, 2016, (12): 40-42+45.

[14] 罗悦. 厦门出台绿色金融发展意见 [N]. 金融时报, 2016-11-24 (004).

[15] 翁智雄, 葛察忠. 论绿色金融的顶层设计及创新发展 [J]. 环境保护, 2016, (20): 47-51.

[16] 安国俊. 绿色基金如何驱动绿色发展 [J]. 银行家, 2016, (10): 90-92.

[17] 马新. 企业绿色发展融资及绿色发展基金筹资的策略——对企业发行股票并征缴绿色发展基金的博弈讨论 [J]. 沈阳师范大学学报 (社会科学版), 2016, (05): 102-106.

[18] 陈莹莹. 发展绿色基金需要配套政策支持 [N]. 中国证券报, 2016-09-07 (A02).

[19] 安国俊. 绿色基金: 政府与社会资本合力推动绿色发展 [N]. 金融时报, 2016-08-25 (002).

[20] 安国俊. 绿色基金发展的国际借鉴 [J]. 中国金融, 2016, (16): 30-32.

[21] 廖凌宏. 我市设立绿色生态发展基金 [N]. 宜春日报, 2016-08-13 (001).

[22] 朱矾. 黄冈大别山绿色发展股权投资基金成立 [N]. 黄冈日报, 2016-05-27 (001).

[23] 熊筱伟. 我省拟成立绿色城乡发展基金 [N]. 四川日报, 2016-03-12 (001).

[24] 徐瑶, 杜莉. 绿色经济新常态下碳基金的发展 [J]. 兰州学刊, 2015, (12): 152-156.

[25] 蓝虹, 任子平. 建构以PPP环保产业基金为基础的绿色金融创新体系 [J]. 环境保护, 2015, (08): 27-32.

[26] 崔连标, 宋马林, 朱磊, 范英. 全球绿色气候基金融资责任分摊机制研究——一种兼顾责任与能力的视角 [J]. 财经研究, 2015, (03): 65-76.

[27] 周伟铎, 蒋金星, 刘呈庆. 从SEE基金会看中国绿色公益基金的资金来源 [J]. 环境保护, 2014, (19): 44-47.

[28] 崔连标. 全球绿色气候基金方案设计与影响评估 [D]. 中国科学技术大学, 2014.

[29] 崔连标, 朱磊, 范英. 基于碳减排贡献原则的绿色气候基金分配研究 [J]. 中国人口·资源与环境, 2014, (01): 28-34.

[30] 蒋华雄, 谢双玉. 国外绿色投资基金的发展现状及其对中国的启示 [J]. 兰州商学院学报, 2012, (05): 95-101.

[31] 中国人民银行杭州中心支行办公室课题组. 绿色金融：国际经验、启示及对策 [J]. 浙江金融, 2011, (05): 20-25.

[32] 李小天. 国内首只绿色投资基金诞生 [N]. 中国矿业报, 2011-05-12 (B02).

[33] 中国绿色碳汇基金会同意设立浙江碳汇专项基金 [J]. 浙江林业科技, 2010, (06): 32.

[34] 支玲, 文冰, 王振, 徐玉龙, 彭小花. 中国绿色碳基金发展现状及对策 [J]. 世界林业研究, 2009, (01): 59-62.

[35] 本版编辑. 中国绿色碳基金大连专项启动 [N]. 大连日报, 2008-04-22 (A01).

[36] 徐顺东. 中国绿色碳基金建立温州专项 [J]. 浙江林业, 2008, (04): 14-15.

[37] 罗盘. 山西引资设立"绿色基金" [N]. 人民日报, 2003-04-11.

[38] 陈坤. 组建绿色基金发展环保产业 [J]. 上海经济, 2003, (01): 29-31.

（执笔人：梁刚）

5. 广西企业债务违约风险报告

2018 年可谓是中国的债市大年，中国人民银行的公开市场操作开始，量价对冲维护市场流动性到通过加大 MLF、财政存款投放，降准等方面逐步开始释放流动性，致使债券市场逐步回暖。年内四次降准，包括三次定向降准和一次全面降准形成，这些偏宽松的货币政策也为利率下行打开了通道。

相比之下，信用市场形势则显得不太明朗。从 2016 年去杠杆、严监管延续到 2018 年，一些具体的条例、细则逐步落地，例如资管新规和过渡计划开始落地；其次是年初公布 23 号文明确了关于金融机构对地方政府融资的规范，这两方面对金融机构总体风险偏好产生比较大的影响。再叠加一些内外部经济因素，内部如新能源等部分产业政策收紧，外部如中美贸易摩擦，对民企本身经营环境产生了巨大挑战，出现了很多信用事件。

广西债券市场起步晚，发展慢的劣势已经大大制约了发展，加上广西有色金属集团的破产违约事件，更是雪上加霜。种种不利因素对广西资本市场的健康发展设置了重重障碍，使得广西面向东盟的金融开放门户，招商引资等工作的开展更为艰难。由此，认真审视广西债券市场环境，有效清除市场诟病，优化市场结构，或将成为当前刻不容缓的重要工作。本文将以企业信用债券市场发展动态为研究切入点，着重研究市场违约风险，预防同类违约事件再次发生。

一、市场概况

近十年来，广西的企业债券市场发展迅速，企业债券发行额从 2009 年的 42.5 亿元到 2018 年的 834.55 亿元，十年来增加了 20 多倍。在 2016 年，广西企业债券的发行额 1120.07 亿元，达到历史最高点。但是在 2017 年出现了较大幅度的回落，2018 年又呈现出缓慢上升的趋势。

（一）当前现状

2009 年至 2018 年，广西企业累计发债 720 只，累计发债金额 5712.53 亿元。2009—2018 年 10 年间全国企业累计发债 21012 只，累计发行金额 626283.1 亿元，广西累计发行金额在全国排名第 21，占比 0.91%，累计发行数量在全国排名第 21，占比 1.41%。

表 5-1　　　　　　　2009—2018 年全国累计发行企业债券统计

地区	发行数量（只）	发行数量占比（%）	发行金额（亿元）	发行金额占比（%）	地区	发行数量（只）	发行数量占比（%）	发行金额（亿元）	发现金额占比（%）
北京	8217	16.11	217276.7	34.69	河南	1086	2.13	9769.15	1.56
广东	4354	8.54	56993.38	9.10	河北	927	1.82	9428.09	1.51
上海	4002	7.85	50361.28	8.04	云南	900	1.76	8039.82	1.28
江苏	6093	11.94	45484.54	7.26	新疆	1087	2.13	6308.2	1.01
山东	3120	6.12	28520.45	4.55	广西	720	1.41	5712.53	0.91
浙江	3579	7.02	26725.25	4.27	江西	626	1.23	5657.77	0.90
福建	1948	3.82	18101.36	2.89	贵州	563	1.10	4912.97	0.78
重庆	2111	4.14	15892.47	2.54	内蒙古	509	1.00	4366.45	0.70
天津	1474	2.89	15112.79	2.41	吉林	366	0.72	3423.46	0.55
山西	1156	2.27	13939.5	2.23	甘肃	254	0.50	2923.38	0.47
安徽	1355	2.66	12185.39	1.95	黑龙江	326	0.64	2681.11	0.43
辽宁	930	1.82	12047.53	1.92	海南	219	0.43	1628.13	0.26
四川	1370	2.69	11734.96	1.87	青海	157	0.31	1490.72	0.24
湖北	1321	2.59	11397.36	1.82	香港	73	0.14	1304.4	0.21
湖南	1207	2.37	11213.07	1.79	宁夏	100	0.20	638.08	0.10
陕西	827	1.62	10684.89	1.71	西藏	35	0.07	328	0.05
—	—	—	—	—	合计	51012	100.00	626283.1	100.00

数据来源：Wind 资讯，课题组整理。

从数量全国占比和金额全国占比来看，发行数量全国占比要高于发行金额全国占比，这说明平均债券发行金额是低于全国水平的。2014 年和 2015 年期间增长最为迅速，在 2013 年广西企业共发行债券仅 45 只，金额为 405.68 亿元，而 2015 年发行数量超 3 倍增长，达到了 141 只企业债券，但发债金额增量却只有 2.5 倍，达到 1050.17 亿元。在全国来看，这两年广西发债金额和发行数量在全国的占比并没有明显的提高。从全国累计发债金额看，广西发债数量较少，与沿海省份和直辖市有着较大的差距，且落后于周边省份。

（二）发展历程

从企业债券的发行数量和发行金额来看，2009—2018 年间，广西企业债券整体呈现出上升的趋势，且增长速度较快。

发行数量和发行金额总体呈现出一致的上升趋势，"十二五"期间发展迅速，2016 年和 2017 年发行数量和发行金额出现了较大幅度的回落，2018 年又呈现出缓慢上升的趋势。

从增长速度来看，增长速度总体呈现出下降的趋势，从 2010 年 175.29% 的增速，下降到 2018 年的 9.77%。

数据来源：Wind 资讯，课题组整理。

图 5-1　2009—2018 年广西企业债券发行规模一览

数据来源：Wind 资讯，课题组整理。

图 5-2　广西企业债券发行金额规模增速率

增长速度总体呈现出下降的趋势，在 2013 年和 2017 年出现了小幅度逆增长的情形。2013 年之后随着两个相关文件的出台和实施，市场迅速调整恢复到 2012 年的增速。

二、特征分析

（一）地域分布

广西共有 98 家发债企业，分别分布在玉林市、梧州市、钦州市、南宁市、柳州市、来宾市、贺州市、河池市、桂林市、防城港市、德保县、崇左市、北海市、百色市这 14 个市县。累计发债数量和累计发债金额排名前三的是南宁市、桂林市和柳州市。南宁市累计发行 430 只企业债券，累计发行金额为 3490.42 亿元、桂林市累计发行 87 只企业债券，累计发行金额为 828.43 亿元，柳州市累计发行 89 只企业债券，累计发行金额为 734.58 亿元。累计发债数量和发债金额最少的城市是崇左市，十年来仅发行过 2 只债券，累计发行金额为 16 亿元。德保县是唯一一个拥有企业发行信用债券的县级地区，虽然十年来仅发行了 1 只债券，金额为 1.5 亿元。

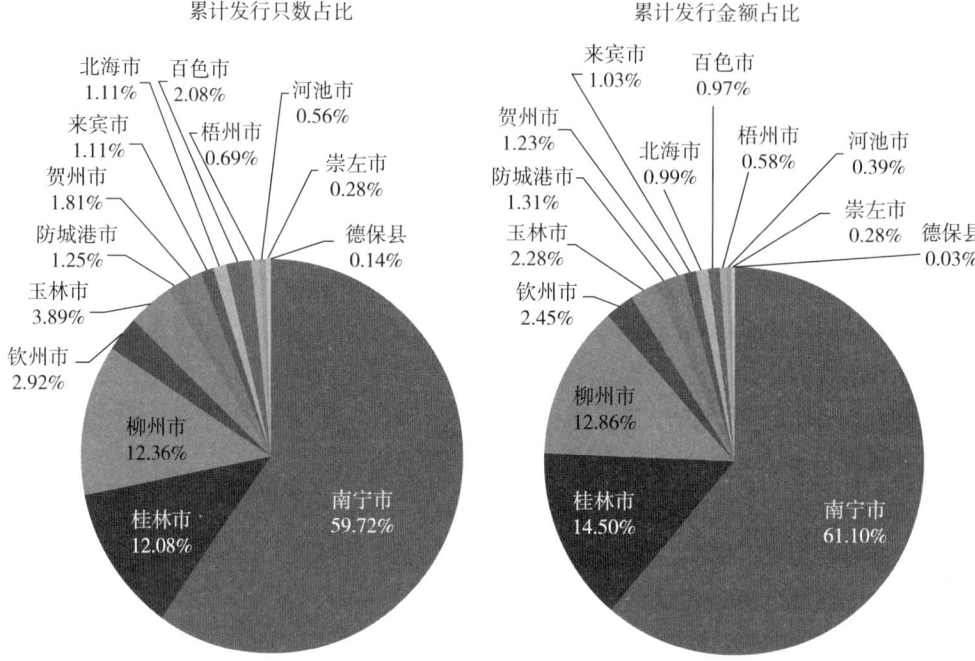

数据来源：Wind 资讯，课题组整理。

图 5-3 广西地市累计发债情况占比一览

从累计发行金额和累计发行数量占比上来看，南宁市占比最大，南宁市的累计发行只数占比 59.72%，累计发行金额占比 61.10%，远远高于其他地区。其次是桂林市和柳州市。南宁市、桂林市和柳州市三个地区几乎包揽了广西的债券发行市场，三个地区发债数量合计占比 84.16%，发行金额合计占比 88.46%。

表 5-2　　　　　　　　　各地市企业发债余额一览

所属县市	债券余额（亿元）	所属县市	债券余额（亿元）
百色市	25.5	贺州市	52.78
北海市	53.4	来宾市	30.1
崇左市	16	柳州市	696.71
德保县	1.2	南宁市	1830.12
防城港市	30.4	钦州市	90.7
桂林市	661.79	梧州市	15
河池市	10	玉林市	11.6
合计			3525.30

数据来源：Wind 资讯，课题组整理。

桂林市总发行量占比 28.49%，截至 2018 年 9 月 31 日，债券余额占比仅为 18.77%，相比之下略有下降，而南宁市和柳州市债券余额占比相对于总发行量占比略有上升。

5. 广西企业债务违约风险报告

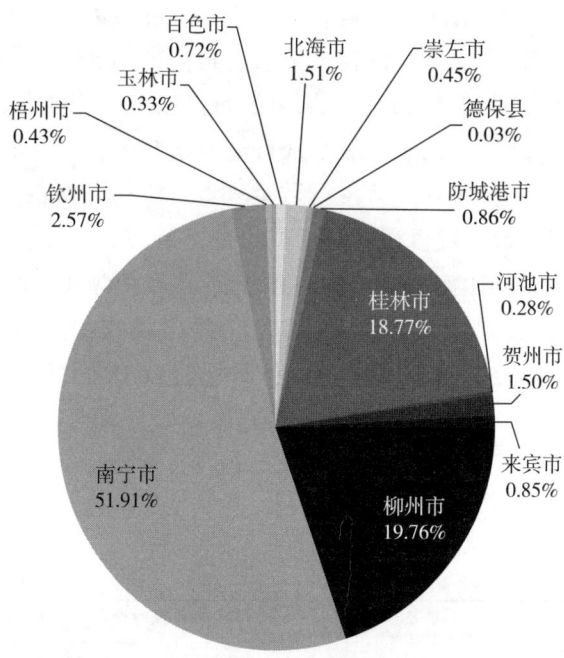

数据来源：Wind 资讯，课题组整理。

图 5-4 各地市企业发债余额占比一览

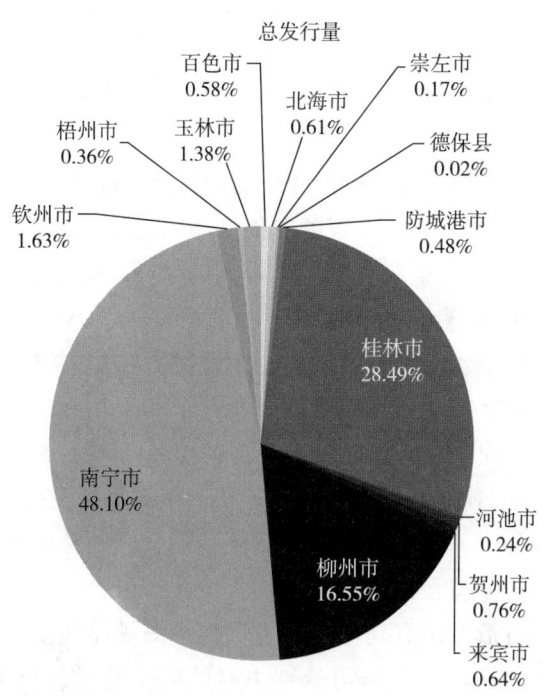

数据来源：Wind 资讯，课题组整理。

图 5-5 各地市企业债券总发行量权重一览

截至 2018 年 9 月 31 日，广西债券的总余额为 3525.30 亿元，企业债券余额最大值为

231

422.1 亿元，最小值为 35.97 亿元，所有企业平均债券余额为 35.97 亿元，超过平均值的企业有 22 家。从债券余额占总资产的比例来看，最高的为 351%，最低的为 0。平均占比 35%，超过平均占比的企业有 21 家。从总发行量来看，广西总发行量为 9286.61 亿元，企业最大发行量为 1971.7 亿元，最小发行量为 0.5 亿元，企业平均发行量为 95.74 亿元，超过平均值的企业有 15 家。从发行数量来看，广西总发行只数为 1837 只，企业最大发行只数为 471 只，最小发行为 0 只，平均发行 18.74 只，超过平均值的企业有 11 家。从净融资额占发行量的比例来看，最大值为 1，最小值为 0，平均值为 0.54，超过平均值的企业有 48 家。从到期偿还量占总资产的比例来看，占比最大的已经达到 716.48%，最小的企业已经达到 -1008.34%，平均值为 31.74%，超过平均值的企业有 28 家。

（二）评级分布

表 5-3　　　　　　　　　　广西发债企业评级分布一览

债券评级	个数	个数占比	债券评级	个数	个数占比
BB	1	1.02%	AA	47	47.96%
B	1	1.02%	A+	4	4.08%
AAA	9	9.18%	A	1	1.02%
AA+	22	22.45%	未评级	7	7.14%
AA-	6	6.12%	合计	98	100%

数据来源：Wind 资讯，课题组整理。

从评级分布上来看，最高评级和较低评级的发债企业都较少。占比最多是 AA+ 级和 AA 级，两者合计占比 70.41%。AAA 级的发债主体仅有 9 家，评级 A+ 以下的 2 家。在广西的 98 家发债企业中，国有企业有 84 家，其中包括 81 家地方国有企业和 3 家中央国有企业，民营企业仅有 8 家。

其中 AAA 评级的有 9 家，占比 9.18%，AA 评级的有 47 家，占比 47.96%。AA+ 评级的有 22 家，占比 22.45%。A 评级以下的企业有 2 家，占比 2.04%。98 家发债企业中还有 7 家未评级的发债企业。

2018 年有 10 家企业首次加入评级，分别是梧州市城市建设投资开发有限公司、宁明惠宁建设投资有限责任公司、广西东投集团有限公司、广西林业集团有限公司、南宁建宁水务投资集团有限责任公司、钦州市开发投资集团有限公司、崇左市城市建设投资有限责任公司、广西壮族自治区国有高峰林场、广西沿海铁路股份有限公司、广西壮族自治区百色电力有限责任公司。这些公司分别主打的城市建设、投资开发、林业、铁路、电力业务，都是较大型的建设。有 76 家企业维持上一阶段评级，只有 3 家企业改变了评级状态，分别是广西柳工机械股份有限公司、广西北部湾银行股份有限公司（调高）、广西有色金属集团有限公司（调低）。

表 5-4　　　　　　　　　2018 年广西企业评级变动情况

评级调整	数量	占比
首次	10	11.24%
维持	76	85.39%
调低	1	1.12%
调高	2	2.25%
总数	89	100.00%

数据来源：Wind 资讯，课题组整理。

可见，企业的信用评价等级还是比较平稳的，并没有大幅度升降。首次进来的 10 家企业有 7 家是 AA 及以上的企业，2 家是 AA-企业，1 家是 A+企业。但是在这些首次评级的企业中并没有获得 AAA 评级的企业，因此这些企业还需要不断改善自身。在 2018 年广西有色金属集团有限公司这一家企业的评级被调低了，说明这个企业在 2018 年发展并不稳定。

与全国相比，广西境内的企业数目不多且评级状况并不乐观。广西在企业发展这方面仍有较大进步空间。

在 2018 年，总共有 8 家评估机构提供了广西境内的企业评级信息，分别是上海新世纪资信评估投资服务有限公司、中证鹏元资信评估股份有限公司、中诚信国际信用评级有限责任公司、东方金诚国际信用评估有限公司、联合资信评估有限公司、联合信用评级有限公司、中诚信证券评估有限公司、大公国际资信评估有限公司对广西境内的 89 家企业进行了信用评级。

表 5-5　　　　　　　　　评级机构服务广西企业情况一览

机构名称	次数	比例
上海新世纪资信评估投资服务有限公司	17	19.10%
中证鹏元资信评估股份有限公司	14	15.73%
中诚信国际信用评级有限责任公司	13	14.61%
东方金诚国际信用评估有限公司	12	13.48%
联合资信评估有限公司	11	12.36%
联合信用评级有限公司	9	10.11%
中诚信证券评估有限公司	7	7.87%
大公国际资信评估有限公司	6	6.74%
总数	89	100%

数据来源：Wind 资讯，课题组整理。

在 89 家企业中，有 7 家企业达到了 AAA 评级，这七家企业分别是广西金融投资集团有限公司、广西建工集团有限责任公司、广西投资集团有限公司、广西铁路投资集团有限公司、广西交通投资集团有限公司、广西柳工机械股份有限公司、广西桂冠电力股份有限公司。其中只有广西有色金属集团有限公司1家企业为BB评级,柳州化工股份有限公司1家企业为B评级,22家企业为AA+评级,6家企业为AA-评级,47家企业为AA评级,4家企业为A+评级,1家企业为A评级。

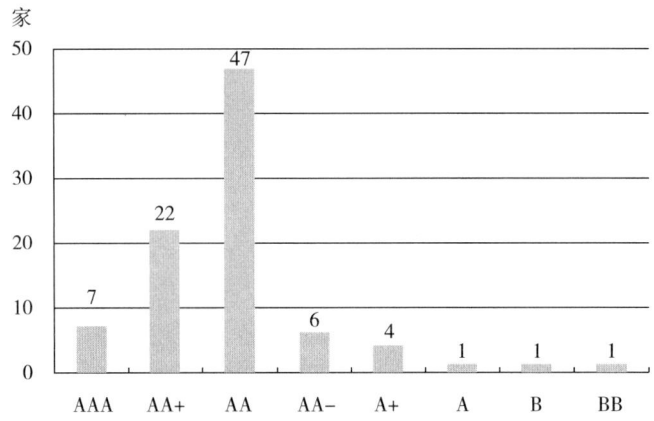

数据来源:Wind资讯,课题组整理。

图5-6　2018年广西企业各类信用评级数量

可见,广西境内能达到高评级水准的企业并不多,多数企业评级集中在AA阶段。体现了广西境内的企业还需要继续努力,才能在信用评级方面取得较好的成绩,由此在公众面前获得一个更好的形象。

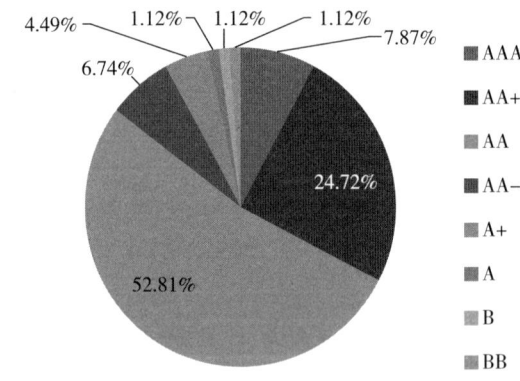

数据来源:Wind资讯,课题组整理。

图5-7　2018年广西企业各类信用评级权重

2017年,广西有79家企业参与了评级。其中有6家企业达到了AAA评级的高标准,这六家企业分别是广西金融投资集团有限公司、广西建工集团有限责任公司、广西投资集团有限公司、广西铁路投资集团有限公司、广西交通投资集团有限公司、广西桂冠电力股份有限公司。

其中,只有柳州化工股份有限公司一家企业达到了B评级,3家企业处于A+评级,43家企业处于AA评级,20家企业处于AA+评级,5家企业处于AA-评级。

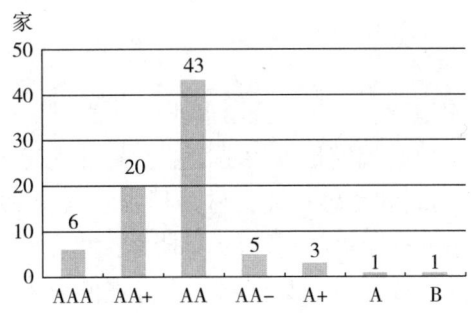

数据来源：Wind 资讯，课题组整理。

图 5-8　2017 年广西企业各类信用评级数量

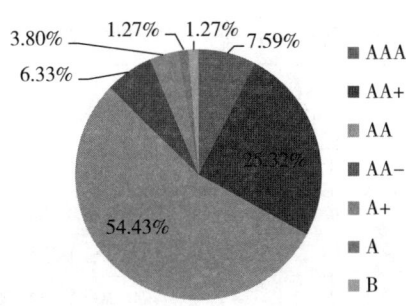

数据来源：Wind 资讯，课题组整理。

图 5-9　2017 年广西企业各类信用评级权重

在 2017 年进行企业评级后唯一一家得到 B 评级的柳州化工股份有限公司企业评级不断下降，从 2009 年的 AA-到 2017 年的 B 级信用评级，在 2016 年甚至还得到了 BBB 等级的信用评级。

表 5-6　　　　　　　　柳州化工股份有限公司评级信息

评级公告日	评级
2018-04-04	B
2017-06-21	B
2017-01-24	B
2016-06-29	BBB
2015-06-24	A+
2014-06-17	AA-
2013-06-03	AA
2013-05-14	AA
2012-03-21	AA
2012-01-29	AA
2011-08-24	AA
2011-04-06	AA
2010-11-30	AA
2009-11-16	AA-

数据来源：Wind 资讯，课题组整理。

(三) 行业分布

发债企业包括材料、房地产、工业、公用事业、金融、可选消费、能源、日常消费、医疗保健这九大一级行业,发行规模最大的是工业,累计发行357只债券,累计发行规模达2993.3亿元,其次是材料和金融行业,材料行业发累计发行76只债券,累计发行规模达654.1亿元,公用事业行业累计发行89只债券,累计发行规模达579亿元。发债最少的行业是医疗保健行业,仅发行3只债券,发行规模为8.5亿元。发债企业数量最多的仍然是工业,有50家发债企业。其次是金融业有13家发债企业。发债企业数量最少的依然是医疗保健行业,仅有一家发债企业。

表5-7　　　　　　　2009—2018年广西各行业发债情况一览

所属行业一级分类	发行规模（亿元）	发行数量（只）	企业数量（家）	单独发债金额最多企业名称	发债金额（亿元）
工业	2993.3	357	50	广西农垦集团有限责任公司	426.9
材料	654.1	76	10	广西投资集团有限公司	503
公用事业	579	89	9	广西西江开发投资集团有限公司	270.5
金融	557.85	69	13	桂林银行股份有限公司	153.92
可选消费	469.61	54	4	广汇汽车服务有限责任公司	440.51
房地产	384.1	57	12	广西万通房地产有限公司	79.6
日常消费	40.4	8	4	广西洋浦南华糖业集团股份有限公司	15
能源	23	6	2	百色百矿集团有限公司	18
医疗保健	8.5	3	1	桂林三金集团股份有限公司	8.5
其他	2.68	1	1		

数据来源：Wind资讯,课题组整理。

其中可选消费行业,虽然只有4家发债企业,但发行了54只企业债券,发行规模达469.61亿元,同样只有4家发债企业的日常消费行业却只发行了8只债券,发行规模仅有40.4亿元。十年来。在可选消费行业469.61亿元的发行规模中,有440.51亿元属于广汇汽车服务有限责任公司。在材料行业654.1亿元的发行规模中,有503亿元属于广西投资集团有限公司发行的债券。发债企业主要集中在工业、材料、公用事业这三个行业,在各个行业中分布不均衡。

表5-8　　　　　　　2009—2018年广西各行业债券期限分布表

	短期（只）	短期合计金额（亿元）	中期（只）	中期合计金额（亿元）	长期（只）	长期合计金额（亿元）
材料	44	360.5	28	248.5	4	45.1
房地产	6	23.5	39	254.6	12	106
工业	133	1027.4	162	1326.2	62	639.7

续表

	短期（只）	短期合计 金额（亿元）	中期（只）	中期合计 金额（亿元）	长期（只）	长期合计 金额（亿元）
公用事业	44	248.7	39	288	6	42.3
金融	14	89.2	47	393.25	8	75.4
可选消费	33	270.4	19	184.21	2	15
能源	0	0	6	23	0	0
日常消费	4	22	3	13	1	5.4
医疗保健	2	6	1	2.5	0	0

桂林银行股份有限公司是广西最大的发债企业，总发行量和总发行只数在广西排名都是第一。广西有8家企业的债券余额占总资产的比例已经超过了100%，这8家企业分别是北海银都城镇化建设有限公司、广西北部湾银行股份有限公司、柳州银行股份有限公司、广西桂东电力股份有限公司、广西万通房地产有限公司、南宁糖业股份有限公司、广西金融投资集团有限公司、广西农垦集团有限责任公司。其中，北海银都城镇化建设有限公司、广西北部湾银行股份有限公司、柳州银行股份有限公司的占比分别是351%、315%和217%，占有较高的比例。98家企业中有24家企业净融资率为100%。从到期偿还量占总资产的比例来看，有11家企业到期偿还量占总资产的比例已经超过100%，到期偿还量占总资产的比例排名前四的公司为柳州化工股份有限公司、广西北部湾银行股份有限公司、柳州银行股份有限公司、广西农垦集团有限责任公司，它们的比例分别是716.48%、557.58%、527.3%和305.1%，占比较高。

从各个行业发债的期限和金额来看，房地产行业比较偏向于发行中长期债券，而金融行业、能源行业偏向于发行中期债券，材料行业、工业行业、公用事业和可选消费行业都比较倾向于发行中短期债券。

（四）企业属性

按企业性质划分，广西发债企业中地方国有性质企业占82家，公众企业占2家，民营企业占8家，外商独资企业占2家，中外合资企业占2家，中央国有企业占3家。

表5-9　　　　　　　　　　广西发债企业属性概览

企业性质	数量	占比
地方国有企业	82	82.83%
公众企业	2	2.02%
民营企业	8	8.08%
外商独资企业	2	2.02%
中外合资企业	2	2.02%

续表

企业性质	数量	占比
中央国有企业	3	3.03%
总计数	99	100%

数据来源：Wind 资讯，课题组整理。

地方国有性质企业占广西发债企业的 82.83%，公众企业占广西发债企业的 2.02%，民营企业占广西发债企业的 8.08%，外商独资企业占广西发债企业的 2.02%，中外合资企业占广西发债企业的 2.02%，中央国有企业占广西发债企业的 3.03%。

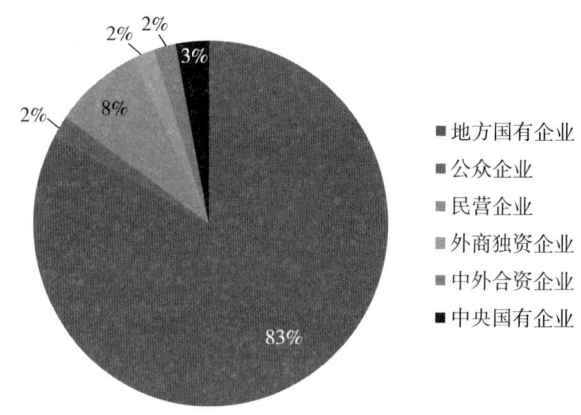

数据来源：Wind 资讯，课题组整理。

图 5-10　广西发债企业属性概览

在 82 家地方国有企业中，按所属行业一级划分，工业占地方国有企业的 51.22%，是地方国有企业占比最大的行业，材料行业、房地产行业、金融行业各占 10.98%。

表 5-10　　　　　　　广西国有发债企业行业分布情况一

所属行业一级	数量	占比（%）
材料	9	10.98
房地产	9	10.98
工业	42	51.22
公用事业	7	8.54
金融	9	10.98
可选消费	2	2.44
能源	2	2.44
日常消费	2	2.44
总计数	82	100

数据来源：Wind 资讯，课题组整理。

在地方国有企业中，按所属二级行业划分，资本货物行业占地方国有企业的 42.68%，是地方国有企业中占比最大的行业，材料二级行业、房地产二级行业各占 10.98%，是地方国有企业中占比第二大的行业。

表 5-11　　　　　　　　广西国有发债企业行业分布情况二

所属行业二级	数量	占比（%）
材料Ⅱ	9	10.98
多元金融	6	7.32
房地产Ⅱ	9	10.98
公用事业Ⅱ	7	8.54
家庭与个人用品	1	1.22
零售业	1	1.22
能源Ⅱ	2	2.44
食品、饮料与烟草	1	1.22
消费者服务Ⅱ	1	1.22
银行	3	3.66
运输	7	8.54
资本货物	35	42.68
总计数	82	100

数据来源：Wind 资讯，课题组整理。

在地方国有企业中，按所属行业三级划分，建筑与工程三级行业占地方国有企业中的32.93%，是地方国有企业占比最大的行业，房地产管理和开发占14.63%，是地方国有企业占比第二大的行业。

表 5-12　　　　　　　　广西国有发债企业行业分布情况三

所属行业三级	数量	占比（%）
电力Ⅲ	5	6.10
独立电力生产商与能源贸易商Ⅲ	1	1.22
多元金融服务	6	7.32
房地产管理和开发	12	14.63
公路与铁路运输	4	4.88%
化工	4	4.88
机械	3	3.66
家庭用品Ⅲ	1	1.22
建筑与工程Ⅲ	27	32.93
交通基础设施	5	6.10
金属、非金属与采矿	6	7.32
酒店、餐馆与休闲Ⅲ	1	1.22
贸易公司与工业品经销商Ⅲ	1	1.22
商业服务与用品	1	1.22
商业银行	3	3.66
石油、天然气与供消费用燃料	2	2.44
总计数	82	

数据来源：Wind 资讯，课题组整理。

在地方国有企业中,按所属行业四级划分,建筑与工程占所地方国有企业的32.93%,是地方国有企业中占比最大的行业,房地产开发占12.20%,是地方国有企业中占比第二大的行业。

表 5-13　　　　　　　　广西国有发债企业行业分布情况四

所属行业四级	数量	占比(%)
电力	5	6.10
多领域控股	5	6.10
房地产经营公司	2	2.44
房地产开发	10	12.20
钢铁	2	2.44
公路与铁路	3	3.66
公路运输	3	3.66
贵金属与矿石	1	1.22
海港与服务	1	1.22
化肥与农用化工	1	1.22
化纤	1	1.22
环境与设施服务	1	1.22
机场服务	1	1.22
基础化工	2	2.44
家庭用品	1	1.22
建筑机械与重型卡车	3	3.66
建筑与工程	27	32.93
金属非金属	2	2.44
酒店、度假村与豪华游轮	1	1.22
林木产品	2	2.44
铝	1	1.22
贸易公司与工业品经销商	1	1.22
煤炭与消费用燃料	2	2.44
农产品	1	1.22
其他多元金融服务	1	1.22
汽车零售	1	1.22
总计数	82	

数据来源:Wind 资讯,课题组整理。

(五)债券期限

从债券期限来看,近十年来,短期债券和中期债券增长迅速,短期债券从2009年的2只,到2018年的46只,增长了23倍。中期债券从2009年的1只,到2018年的68只,增长了68倍。长期债券从2009年的2只,到2018年的23只,增长了11.5倍。十年来广西累计发行的短期债券280只,累计发行金额达到2056.7亿元,累计发行中期债券

345只，累计发行金额达2735.94亿元，累计发行长期债券95只，累计发行金额达928.9亿元。

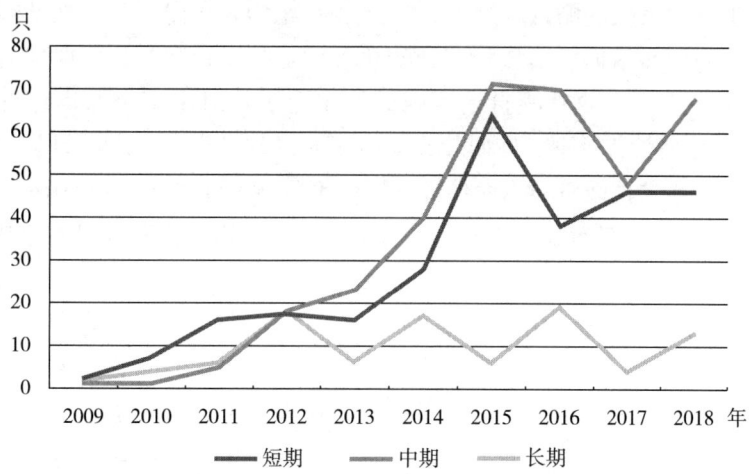

数据来源：Wind资讯，课题组整理。

图5-11 2009—2018年各年份发行债券期限分布

总体来看无论是短期、中期还是长期债券，整体都呈上升趋势，长期债券在2012年之后出现水平波动的情形，并无明显的增长和下降。2014—2015年中短期债券的发行数量和发行金额都迅速增长，同期长期债券的发行数量和发行金额没有太大的变化，在2015年甚至出现下降的趋势。在2017年中期债券和长期债券都出现下降的趋势，而短期债券却出现上升的趋势。

表5-14　　　　　　2009—2018年各年份发行债券期限分布表

发行年份	短期（只）	短期合计金额（亿元）	中期（只）	中期合计金额（亿元）	长期（只）	长期合计金额（亿元）
2009	2	10	1	10	2	22.5
2010	7	56	1	18	4	43
2011	16	121.6	5	36	6	92
2012	17	123	18	145.6	18	169.3
2013	16	130	23	217.68	6	58
2014	28	201	40	319.8	17	174
2015	64	419.83	71	540.35	6	90
2016	38	306.4	70	607.27	19	206.4
2017	46	367	48	370.26	4	23
2018	46	321.87	68	470.98	13	50.7
合计	280	2056.7	345	2735.94	95	928.9

数据来源：Wind资讯，课题组整理。

2012年以来，人民银行南宁中心支行先后牵头起草和推动出台《关于进一步加快推进广西企业利用债券市场融资意见》和《广西壮族自治区企业在银行间市场直接债务融资倍增计划》两个专门针对债券融资发展的文件；2014 年，广西壮族自治区财政厅出台了针对中小企业集合发债的贴息政策；2015 年，在稳增长背景下，广西壮族自治区人民政府出台了对项目收益票据、信贷资产证券化等的优惠扶持政策，广西债券融资政策环境不断优化。2014 年，广西壮族自治区财政厅出台了针对中小企业集合发债的贴息政策；2015 年，在稳增长背景下，广西壮族自治区人民政府出台了对项目收益票据、信贷资产证券化等的优惠扶持政策，广西债券融资政策环境不断优化。在 2015 年甚至出现下降的趋势。在 2017 年中期债券和长期债券都出现下降的趋势，而短期债券却出现上升的趋势。

（六）债券类型

十年来广西发行的债券种类包括超短期融资债券、一般中期票据、一般短期融资券、定向工具、一般企业债、私募债、一般公司债、证券公司债、商业银行债、银保监会主管 ABS、证监会主管 ABS、商业银行次级债券、可转债、集合票据、交易商协会 ABN 债券。超短期融资债券发行 139 只，累计金额 1028 亿元。一般中期票据发行 112 只，累计金额 920.4 亿元。一般短期融资券发行 114 只，累计金额 829.9 亿元。交易商协会 ABN 债券仅发行 1 只，金额为 2 亿元。

表 5-15　　　　　　　　2009—2018 年广西企业发行债券类型统计

债券类型	数量（只）	金额（亿元）	债券类型	数量（只）	金额（亿元）
超短期融资债券	139	1028	商业银行债	8	115
一般中期票据	112	920.4	银保监会主管 ABS	16	91.4
一般短期融资券	114	829.9	证监会主管 ABS	15	27.45
定向工具	115	781.9	商业银行次级债券	2	27
一般企业债	70	634.7	其他	1	10
私募债	78	631.8	可转债	2	4.4
一般公司债	40	459.91	集合票据	1	2.68
证券公司债	6	146	交易商协会 ABN 债券	1	2

数据来源：Wind 资讯，课题组整理。

在发行的 15 种企业债券中，占比较大的 7 种是超短期融资债券、一般中期票据、一般短期融资券、定向工具、一般企业债、私募债、一般公司债。这 7 种发行金额达 5286.61 亿元，合计占总发行金额的 92.54%。其他种类债券占比较少。

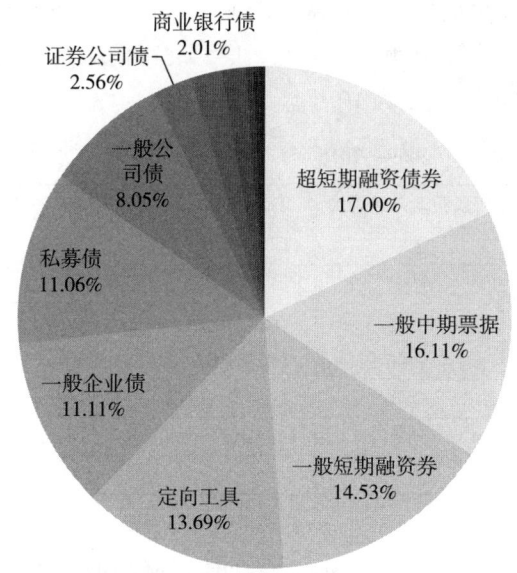

数据来源：Wind 资讯，课题组整理。

图 5-12　2009—2018 年各类型债券发行金额占比

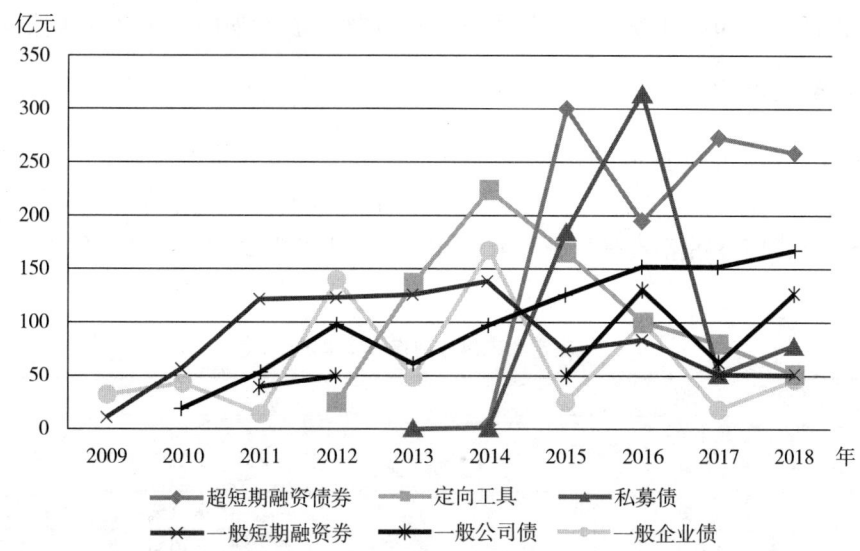

数据来源：Wind 资讯，课题组整理。

图 5-13　2009—2018 年各类型债券发行金额统计

10 年来，一般中期票据总体呈缓慢上升的趋势，并无太大的波动，稳步增长。一般企业债整体波动较大，在 2014 年之前总体呈上升趋势，2014 年发行规模达到最大，2014 年后总体呈下降趋势。定向工具从 2012 年开始发行，到 2014 年发行规模达到最大，随后表现出一直下降的趋势。2015 年超短期融资债券发行金额大幅度增加，2015 年之后呈现出小幅度的波动趋势。私募债波动较大，2015—2016 年大幅度增长，随后 2017 年出现大幅度的下降。

在十年间发布的 720 只债券中，有两家企业发行过次级债券。国海证券股份有限公司发行了 5 只次级债券，合计金额 126 亿元。广西北部湾银行股份有限公司发行了一只次级债券，金额为 10 亿元，期限为 10 年。

表 5-16 2009—2018 年广西次级债券统计

发行人	所属行业一级分类	债券简称	发行规模（亿元）	期限（年）	发行年份
国海证券股份有限公司	金融	15 国海 01	40	5	2015
国海证券股份有限公司	金融	15 国海 02	20	2	2015
国海证券股份有限公司	金融	17 国海 C1	27.9	3	2017
国海证券股份有限公司	金融	17 国海 C2	20.6	3	2017
国海证券股份有限公司	金融	18 国海 C1	17.5	3	2018
广西北部湾银行股份有限公司	金融	11 北部湾次债	10	10	2011
合计	—	—	136	—	—

数据来源：Wind 资讯，课题组整理。

发行次级债券的两家企业所属一级行业都是金融行业。国海证券股份有限公司在 2015 年发行了 2 只次级债券，随后在 2017 年、2018 年又陆续发行了 3 只次级债券，金额较大，但期限上有一定缩短。广西北部湾银行股份有限公司是广西唯一一家发行了次级债券的银行，在 2011 年发行了一只期限为 10 年期、金额为 10 亿元的次级债券。

（七）利率结构

在 2009—2018 年发行的 720 只债券中，有 552 只是固定利率债券，其中利率在 4%~5% 之间的有 124 只，利率在 5%~6% 之间的有 159 只，利率在 6%~7% 之间的有 101 只，552 只固定利率债券平均利率为 5.58%，最小值为 2.84%，最大值为 9.3%，中位数是 5.52%。

表 5-17 固定利率债券利率分布情况

最大值	9.30%
最小值	2.84%
中位数	5.52%
平均数	5.58%
标准差	0.0134

数据来源：Wind 资讯，课题组整理。

表 5-18 各利率区间分布数量表

利率	数量（只）	利率	数量（只）
0~1%（含1%）	0	6%~7%（含7%）	101
1%~2%（含2%）	0	7%~8%（含8%）	74

续表

利率	数量（只）	利率	数量（只）
2%～3%（含3%）	8	8%～9%（含9%）	14
3%～4%（含4%）	71	9%～10%（含10%）	1
4%～5%（含5%）	124	合计	552
5%～6%（含6%）	159		

数据来源：Wind资讯，课题组整理。

552只固定利率债券平均利率为5.58%，超过平均利率的债券有266只。利率主要分布在4%～7%，合计占比69.6%。

三、案例分析

（一）玉林市城市建设投资有限公司

1. 公司概况[①]

玉林城投集团前身为玉林市城市建设投资有限公司，是一家成立于2005年3月的国有独资企业，是玉林城市建设投融资与资本运营的主体平台。集团现有子公司16家，员工2500多名，业务涉及城市运营服务管理、水务投资运营、房地产开发与经营、教育文化产业投资及运营管理四大经营主业，以及医疗废物处理、混凝土生产、物业管理、保安武装押运、稀土开发、新能源、环保、幼教、公共停车设施投资管理、影视等多个经营辅业。被国内三大评级机构之一的大公国际资信评估有限公司评为主体长期信用AA等级。

玉林市城市建设投资有限公司公司成立13年来，累计已为玉林市城市建设融资150多亿元，带动项目投入600多亿元。先后投资完成了玉林市体育中心、污水治理厂、城东商务大厦、文化艺术中心、博物馆、玉东湖（园博园）、图书馆新馆、火车站站前广场、南流江玉林城区直排口截污、玉柴工业园污水处理厂等重大城市基础设施项目以及教育东路、迎宾大道、玉东大道、高速路北引线、二环东路、二环南路、清宁路等40多个路网工程的改造和重大项目建设；其中文化艺术中心、五彩飞阁、园博园南岸绿化等3个工程荣获2018年广西建设工程"真武阁杯"奖（广西工程建设最高质量奖）。同时加快企业转型，充分发挥"富林地产"品牌效应，积极与绿城、恒大国内知名企业合作，已成功开发包括金桂丽湾、金桂悦邸、双泉雅苑、双泉佳园等小区，正在推进城北CBD绿城·春江花月、汇金尚城、汇金广场、城北平地城等多个商住楼盘。

[①] 《热烈庆祝玉林市城市建设投资有限公司集团成立！》，玉林新闻网-玉林日报，http://www.gxylnews.com/html/news/2018/12/172686.html。

2. 资产负债

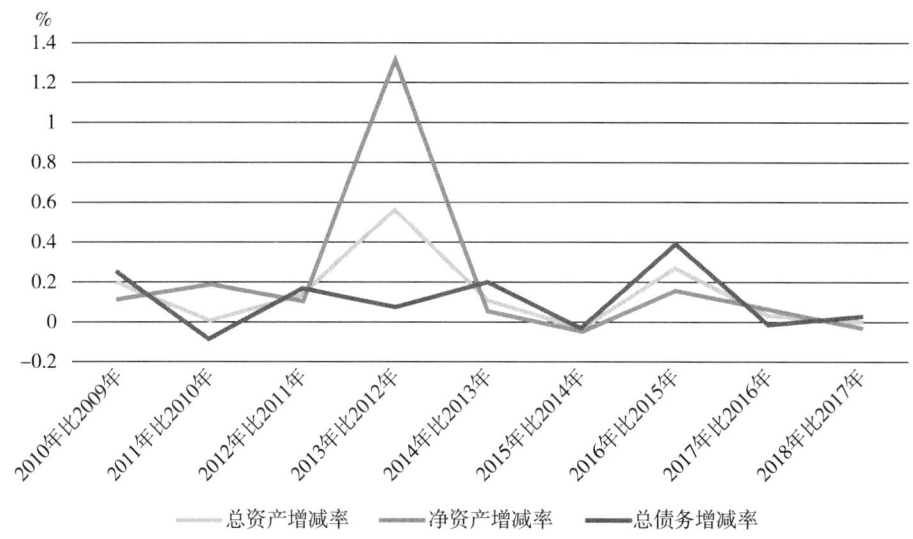

数据来源：Wind 资讯，课题组整理。

图 5-14 玉林市城市建设投资有限公司资产负债历史同比变动情况

从图 5-14 可以看出，2009—2014 年，总资产是呈上升趋势，净资产的增长率大于总债务的增长率，这说明该公司在 2009—2014 年资金实力的增长依靠了较多的净资产增长；2009—2013 年，总资产呈上升趋势，净资产的增长率整体高于总负债的增长率，这说明在 2009—2013 年该公司的总资产增长更多地依靠净资产的增长。而 2014 年到 2018 年，总债务的增长率整体高于净资产的增长率，特别是 2016 年，该公司的净资产增长率为 16.33%，而总债务增长率为 39.51%，这说明在 2014—2018 年该公司资金实力的增长依靠了较多的负债增长，说明该公司一方面利用负债扩大企业资产规模，另一方面增大了该企业的风险。

整体来看，虽然 2008—2018 年该公司的总资产处于上升趋势，但资产的结构化呈恶化趋势。

3. 偿债能力

（1）短期偿债能力

第一，关于流动比率。2009—2018 年，玉林市城市建设投资有限公司的流动比率整体维持在 2%~4%。相对来说，没有大的波动，只是略呈下降趋势。其中 2016 年，云林市城市建设投资有限公司的流动速率达到最高水平为 4.1097，每 1 元的负债约有 4.1097 元的资产作保障，这反映玉林市城市建设投资有限公司在 2016 年拥有较多的营运资金抵偿短期债务，而且表明企业可以变现的资产数额较大，债券人的风险较小。且 2009—2018 年期间，该公司的整体流动比率与市场平均水平相差不大。

第二，关于速动比率。2009—2018 年，玉林市城市建设投资有限公司的速动比率整体水平维持在 1.5%~3.5%。其中，2016 年公司的速动比率处于最高水平为 3.0438，只是 2016 年后公司速动比率呈下降趋势，2017 年公司的速动比率处于最低水平为 1.6161，但仍大于 1，这表明该公司的每 1 元流动负债都有大于 1 元的易变现流动资产来抵债。

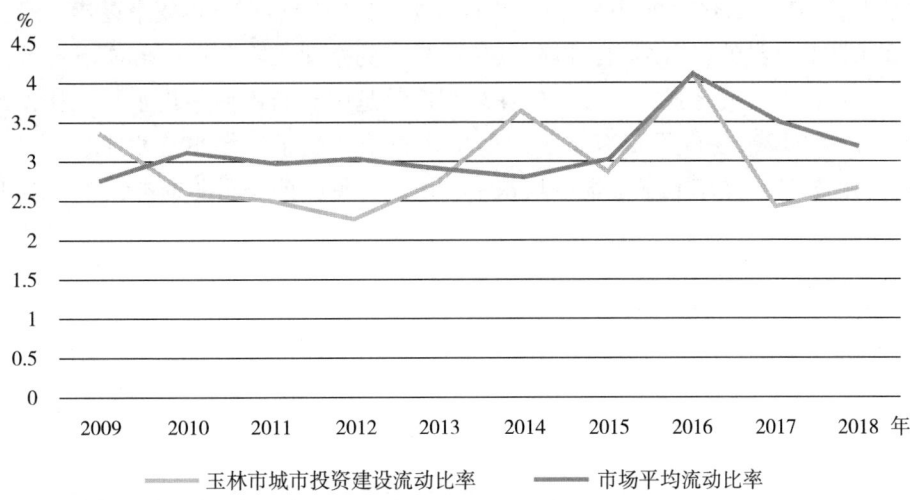

数据来源：Wind 资讯，课题组整理。

图 5-15　玉林市城市建设投资有限公司流动比率走势

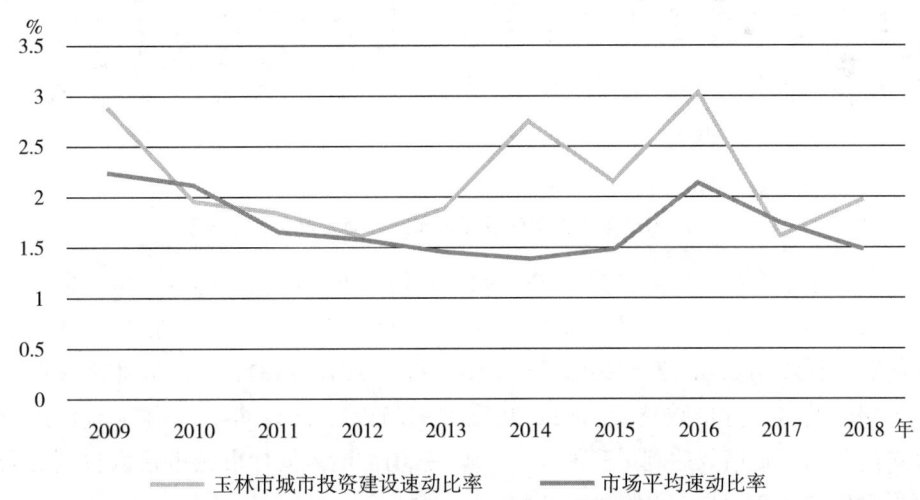

数据来源：Wind 资讯，课题组整理。

图 5-16　玉林市城市建设投资有限公司速动比率走势

2009—2018 年，该公司的整体速动比率大于市场平均水平。只有 2010 年和 2017 年，该公司的速动比率略低于市场平均水平，其余年份均高于平均水平。

短期偿债能力可以评定当前企业的财务能力，能够体现企业流动资产保障流动负债及时足额偿还的水平，特别是流动资产变现能力的重要标志。2016 年，玉林市城市建设投资有限公司的流动比率、速动比率均处于最高水平，这反映 2016 年公司整体短期偿债能力较强。2009—2018 年，该公司的流动比率、速动比率的整体水平均高于市场平均水平，所以该公司的流动资产变现能力强，企业短期债务偿还能力强，短期债务违约风险小。

(2) 长期偿债能力

第一,关于资产负债率。2009—2018 年,玉林市城市建设投资有限公司的资产负债率整体呈下降趋势。2009—2010 年上升 2.4467%,2010 年后资产负债率逐年下降,说明该企业开始调节自身的资本结构,以降低负债带来的企业风险,资产负债率越低,说明企业的长期偿债能力就越强,债券人的保证程度就越强。与市场平均水平相比,2009—2012 年,玉林市城市建设投资有限公司的资产负债率高于市场平均水平,2013—2018 年,该公司的资产负债率低于市场平均水平,由此可见,该公司的资本结构相对于市场平均水平较好。

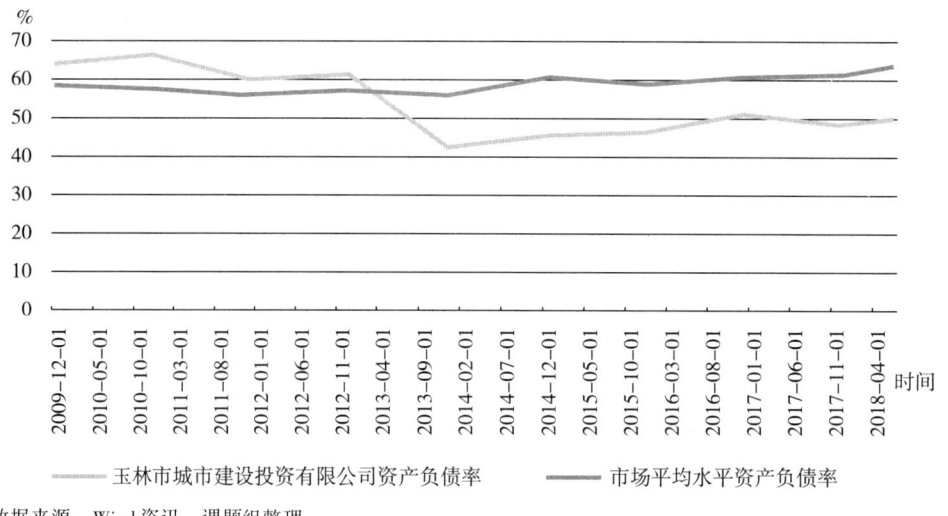

数据来源:Wind 资讯,课题组整理。

图 5-17 玉林市城市建设投资有限公司资产负债率走势

第二,关于已获利息保障倍数。2008—2018 年,玉林市城市建设投资有限公司的利息保障倍数整体呈下降趋势,且下降幅度很大。2009—2010 年,玉林市城市建设投资有限公司的利息保障倍数从 72.5896 下降到 50.6931,2010—2011 年,玉林市城市建设投资有限公司的利息保障倍数从 50.6931 上升到 95.5894,2012 年,玉林市城市建设投资有限公司的利息保障倍数达到最高水平,2012—2018 年,玉林市城市建设投资有限公司的利息保障倍数从 95.5894 下降到 1.8999。

2008—2018 年,玉林市城市建设投资有限公司的利息保障倍数整体呈下降趋势,且下降幅度很大。2009—2010 年,玉林市城市建设投资有限公司的利息保障倍数从 72.5896 下降到 50.6931,2010—2011 年,玉林市城市建设投资有限公司的利息保障倍数从 50.6931 上升到 95.5894,2012 年,玉林市城市投资建设有限公司的利息保障倍数达到最高水平,2012—2018 年,玉林市城市建设投资有限公司的利息保障倍数从 95.5894 下降到 1.8999。

玉林市城市建设投资有限公司的利息保障倍数越来越低,说明企业难以保证用经营所得来及时足额地支付负债利息,企业长期负债能力低,且该公司的获息保障倍数整体水平远低于市场平均水平。

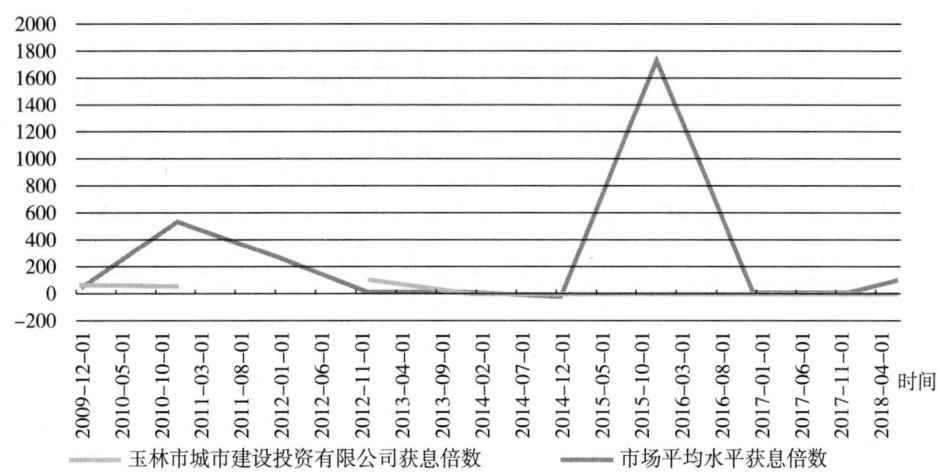

数据来源：Wind 资讯，课题组整理。

图 5-18　玉林市城市建设投资有限公司利息倍数走势

从资产负债率来看，资产负债率整体呈下降趋势，长期偿债能力应该增强，但从利息保障倍数来看，利息保障倍数降低，长期偿债能力应该降低，结合上文的资产负债比较分析，2014—2018 年，公司的总资产虽然在上升，但更多的是依靠负债增长，资本结构呈恶化趋势，且 2017—2018 年，该公司的资产负债率虽然没有较 2009 年更大但还是有上升趋势的，这说明该公司的债务占总资产的比率正在上升，该公司的长期偿债压力在增大，从获息倍数来看，2012—2013 年该公司的获息倍数急剧下降，可见该公司的生产经营所获得的息税前利润与利息费用的比率变低，该公司支付利息的能力变弱。这说明企业长期偿债能力较差。

4. 运营能力

2009—2018 年，玉林市城市建设投资有限公司的存货周转率整体呈下降趋势。另外，该公司的存货周转率远低于市场平均水平，这说明该企业的存货在逐年增加，或者说存货的增长速度高于主营业务收入的增长水平，不仅耗费存货成本，还影响企业的资金周转。

从运营能力分析，该公司的存货周转率整体呈下降趋势，且远低于市场平均水平，这说明该公司的存货在逐年增加，企业的运营能力较差。

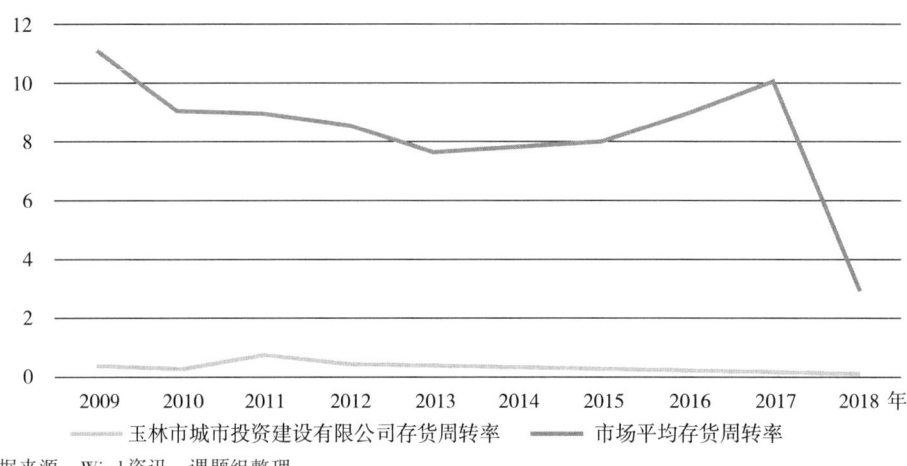

数据来源：Wind 资讯，课题组整理。

图 5-19 玉林市城市建设投资有限公司存货周转率走势

5. 获利能力

第一，关于主营业务利润率。2009—2018 年，相对于广西发债企业的市场平均水平，玉林市城市建设投资有限公司的主营业务利润率波动幅度不大，2009—2014 年，该公司的主营业务利润低于广西发债企业的市场平均水平，2014—2018 年，该公司的主营业务利润高于广西发债企业的市场平均水平，但该公司的主营业务利润并没有明显的上升趋势，是由于市场平均水平的下降，才导致该公司的主营业务利润率高于市场平均水平，该公司的获利水平并没有明显提高。

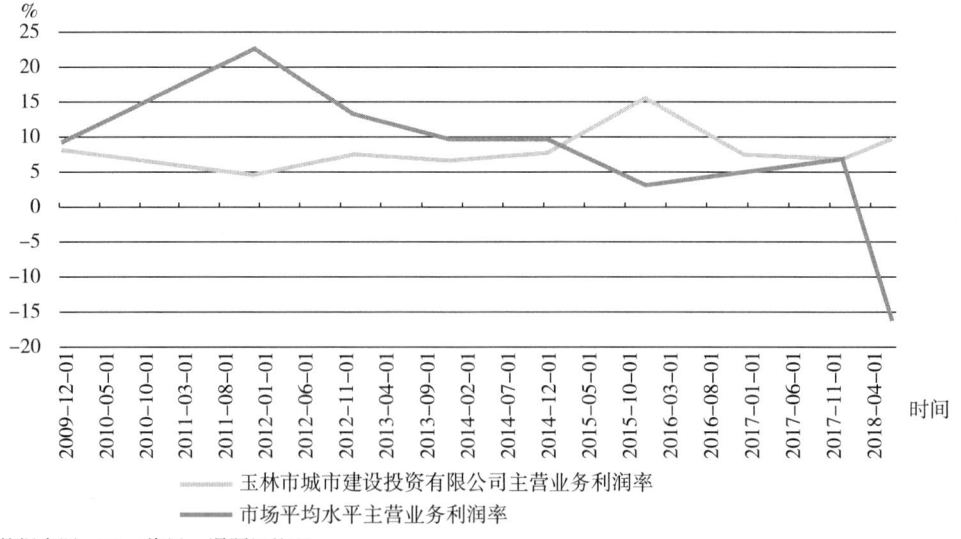

数据来源：Wind 资讯，课题组整理。

图 5-20 玉林市城市建设投资有限公司主营业务利润率走势

第二，关于净资产回报率。2009—2018 年，公司净资产回报率整体呈下降趋势，2009—2010 年，玉林市城市建设投资有限公司的净资产回报率从 6.81% 下降到 3.22%，2010—2011 年，净资产回报率上升到 10.50%，2011 年，玉林市城市建设投资有限公司的净资产回报率达到最高水平，2011—2018年，净资产回报率从10.50%下降到0.63%。2009—2018年，该企业的投资回报能力在不断下降。

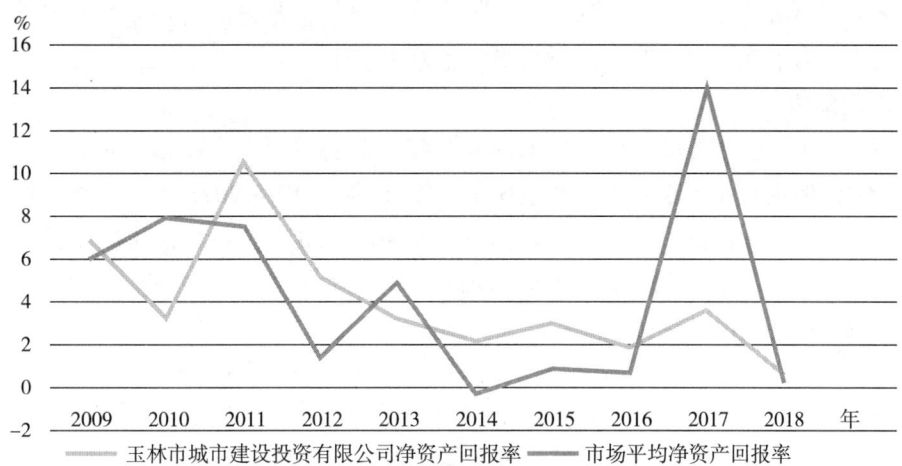

数据来源：Wind资讯，课题组整理。

图 5-21　玉林市城市建设投资有限公司净资产回报率走势

第三，关于总资产报酬率。2009—2012年，玉林市城市建设投资有限公司的总资产报酬率呈下降趋势，2009—2010年，总资产报酬率从2.59%下降到1.21%，2010—2011年，总资产报酬率从1.21%上升到4.00%，2011年玉林市城市建设投资有限公司的总资产报酬率达到最高水平，2011—2018年，玉林市城市建设投资有限公司的总资产报酬率从4.00%下降到0.93%，这说明企业2009—2018年获得的报酬总额与资产平均总额的比率在下降，企业资产的获利能力下降，企业支付利息的能力下降。且2009—2018年，玉林市城市建设投资有限公司的总资产报酬率一直低于市场平均水平，这说明该公司的总资产报酬率低于市场平均水平，该公司的获利能力低于市场平均水平。

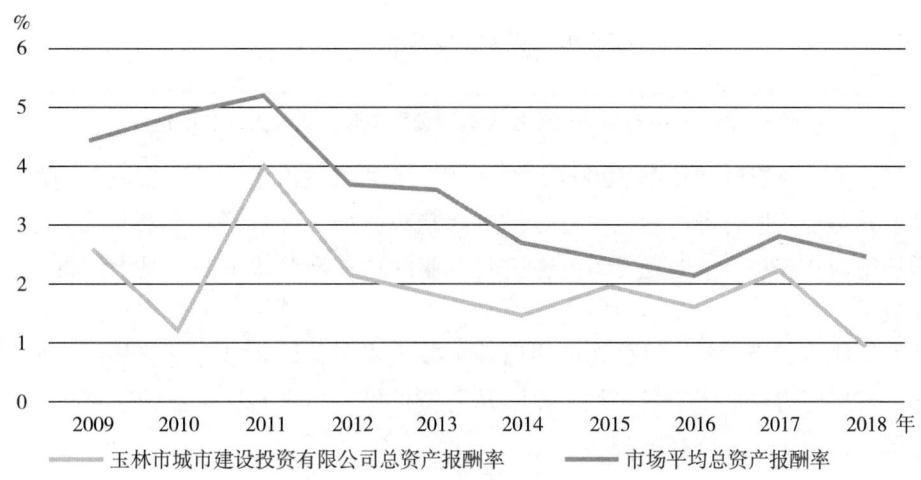

数据来源：Wind资讯，课题组整理。

图 5-22　玉林市城市建设投资有限公司总资产报酬率走势

从获利能力分析指标来看，2009—2018 年，该公司的主营业务利润并没有明显提高，公司净资产回报率整体呈下降趋势，该企业的投资回报能力在下降，从总资产报酬率看，该公司获得的报酬总额与资产平均总额的比率在下降，企业资产的获利能力下降，企业支付利息的能力下降。这说明该公司的获利能力在下降。

6. 发展能力

第一，关于主营业务增长率。2010—2012 年，该公司的主营业务收入增长率整体波动幅度较大，但主营业务收入增长率整体是大于 0 的。2010—2011 年，玉林市城市建设投资有限公司的主营业务收入增长率急剧上升，2011—2012 年，该公司的主营业务收入增长率急剧下降，2012 年的直营业务收入增长率甚至为负数。2013—2018 年，该公司的主营业务收入增长率的波动幅度较小。2010 年，该公司的主营业务收入增长率远低于市场平均水平，2011 年，该公司的主营业务收入增长率高于市场平均水平。2012—2018 年，该公司的主营业务收入增长率持续低于市场平均水平。这说明该公司的主营业务收入水平整体是呈上升趋势的，但增长速度较缓，发展能力略低于市场平均水平。

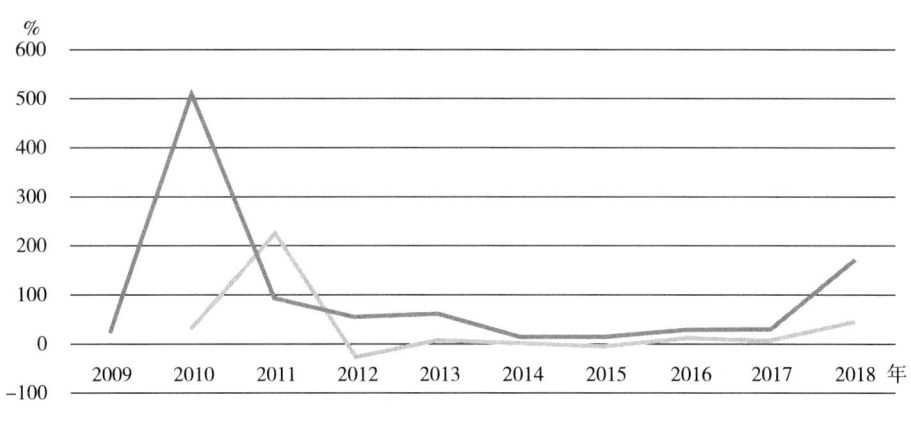

数据来源：Wind 资讯，课题组整理。

图 5-23 玉林市城市建设投资有限公司主营业务收入增长率走势

第二，关于总资产增长率。2009—2018 年，玉林市城市建设投资有限公司的总资产整体呈上升态势，但总资产增长率整体呈下降趋势，2015 年，增长率甚至为负数，2018 年，增长率为 0.5308%，接近于 0，这说明企业的总资产总体来看还是上涨的，但扩张速度在减缓。

从发展能力指标来看，该公司的主营业务收入水平整体是呈上升趋势的，但增长速度较缓，发展能力略低于市场平均水平；从总资产增长率来看，企业的总资产总体来看还是上涨的，但扩张速度在减缓。

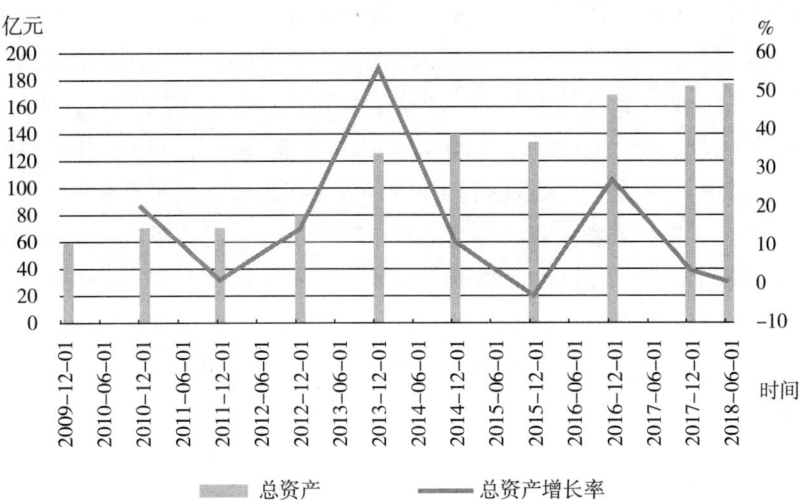

数据来源：Wind 资讯，课题组整理。

图 5-24　玉林市城市建设投资有限公司总资产增长率走势

7. 现金流量

该公司的现金流净流入多为筹资活动现金流，投资活动现金流一直是负数，这表明该公司可能在不断扩大再生产，但该公司的经营性现金流只在2009—2011年增长了1.4985亿元，2016—2017年甚至为负数，这说明该公司的经营性现金流的净流入无法覆盖投资性现金流的净流出，2018年总现金流为正值，说明企业只能靠筹资来暂时维持经营活动和投资活动对资金的需求，但这种方法并不能持久，所以该公司的现金流存在极大风险。

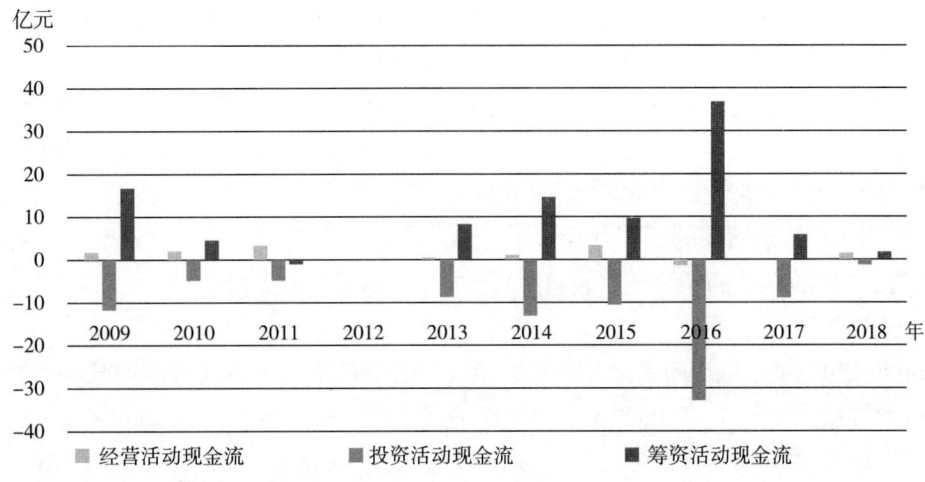

数据来源：Wind 资讯，课题组整理。

图 5-25　玉林市城市建设投资有限公司现金流量走势

从资产负债分析指标来看，玉林市城市建设投资有限公司总资产处于上升趋势，但资产的结构化呈恶化趋势。从短期偿债指标来看，该公司的流动资产变现能力强，企业短期债务偿还能力强，短期债务违约风险小，从长期偿债能力指标来看，该公司的生产经营所获得的息税前利润与利息费用的比率变低，该公司支付利息的能力变弱，且 2017—2018 年该公司资产负债率有上升趋势，资本结构逐渐恶化，这说明企业长期偿债能力较差。从运营能力分析，该公司的存货周转率整体呈下降趋势，且远低于市场平均水平，这说明该公司的存货在逐年增加，企业的运营能力较差。从获利能力分析指标来看，2009—2018 年，该公司的主营业务利润并没有明显提高，公司净资产回报率、总资产报酬率都在下降，该公司的获利能力在下降。从发展能力指标来看，该公司的主营业务收入水平整体是呈上升趋势的，但增长速度较缓，发展能力略低于市场平均水平；从总资产增长率来看，企业的总资产总体来看还是上涨的，但扩张速度在减缓，该公司的发展速度在减缓。从现金流量分析，该公司的现金流净流入多为筹资活动现金流，经营性活动现金流较小甚至为负数，这说明该公司的现金大多靠筹资活动获得的，所以该公司的现金流存在极大风险。

（二）广西柳州钢铁集团有限公司

1. 公司概况[①]

广西柳州钢铁集团有限公司（以下简称柳钢），始建于 1958 年，经过 50 多年的不断发展壮大，目前在岗职工 15000 多人，占地面积 13 平方公里，资产总额超 400 亿元，具备年综合产铁 1150 万吨、钢 1250 万吨、钢材 2000 万吨的能力，年主营业务收入 600 亿元以上，是立足钢铁主业、多元化经营的我国华南和西南地区最大、最先进的钢铁联合企业，跻身于中国 500 强企业之列。柳钢先后荣获"全国质量效益型先进企业""全国守合同重信用企业""全国和谐劳动关系优秀企业""中国循环经济科技进步奖""全国用户满意企业"等称号，2015 年在冶金工业规划研究院（MPI）发布的"中国钢铁企业综合竞争力测评结果"中，柳钢位列第 13 位。柳钢拥有 2650m³ 高炉、150 吨转炉、360m² 烧结机、6m 焦炉、1550mm 和 1250mm 冷轧板带生产线、2032mm 和 1450mm 热轧板带生产线、2800mm 中厚板生产线、高速线材及连轧棒材生产线、连轧中型生产线等一批先进工艺装备，集合成了以用户需求为导向的低成本、高效率、洁净钢生产服务平台。先进的集成平台，使柳钢可以根据客户的需求及时高效地为客户提供冷轧板、热轧板、中厚钢板、棒线材、中小型钢等节能、耐用型、易于回收的低碳环保钢材产品。产品广泛应用于汽车、家电、石油化工、机械制造、能源交通、桥梁建筑、金属制品、核电、电子仪表等行业。

2. 资产负债

2008—2017 年，总资产呈上升趋势，净资产的增长率小于总债务的增长率，2017 年比 2008 年净资产增长了 41.0829 亿元，增长率为 43.52%，2017 年比 2008 年总债务增长了 117.2925 亿元，增长率为 69.21%。这说明该公司在 2008—2017 年资金实力的增长依靠了较多的负债增长；说明该公司一方面利用负债扩大企业资产规模，另一方面增大了该企业的风险。整体来看，虽然 2008—2018 年该公司的总资产处于上升趋势，但资产的结构化呈恶化趋势。

[①] 《广西柳州钢铁集团有限公司》，新华网，http：//www.xinhuanet.com//city/2017-12/08/c_1122073627.htm。

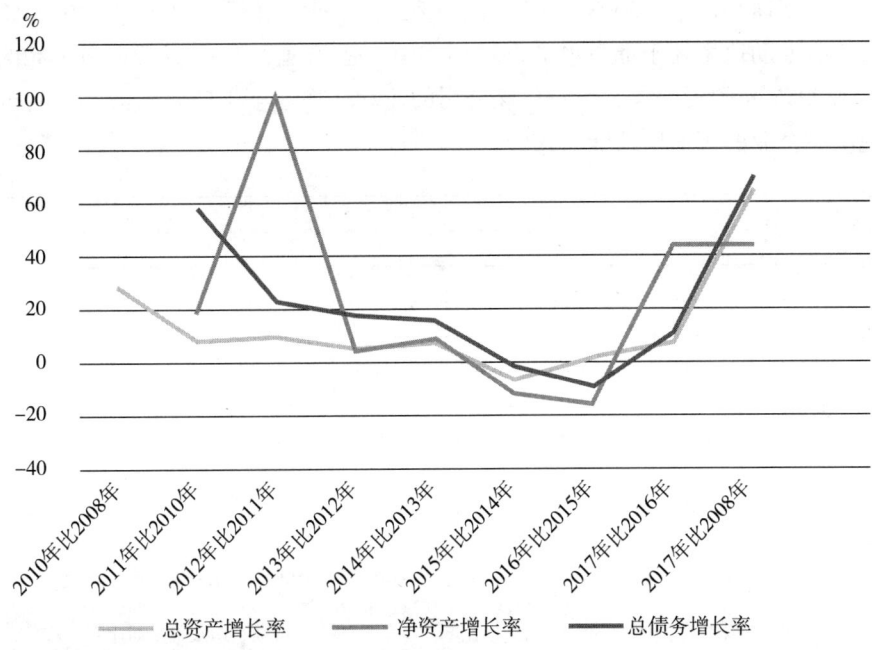

数据来源：Wind 资讯，课题组整理。

图 5-26　柳钢资产负债历史同比变动情况

3. 偿债能力

（1）短期偿债能力

第一，关于流动比率。2008—2017 年，广西柳州钢铁集团有限公司的流动比率整体维持在 0.6%~0.8%，整体波动幅度不大，2011 年，广西柳州钢铁集团有限公司的流动比率为 0.9066%，是 2008—2017 年广西柳州钢铁集团有限公司的最高水平，但仍小于 1，且该公司的流动比率始终小于广西发债公司的市场平均水平。这说明 1 元的负债约有 0.6~0.8 元的资产作为保障，说明企业的短期偿债能力不足。

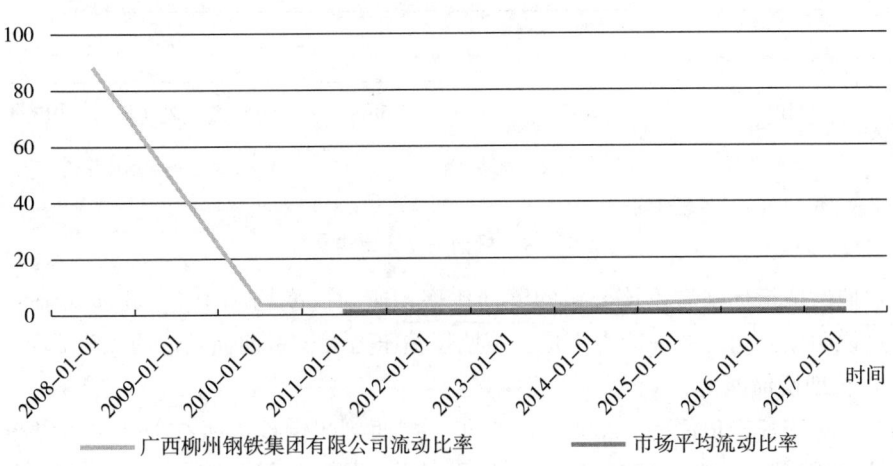

数据来源：Wind 资讯，课题组整理。

图 5-27　柳钢流动比率走势

第二，关于速动比率。2008—2017 年，该公司的速动比率为 0.35%～0.55%，2017 年，该公司的速动比率处于最高水平为 0.5448%，但仍远小于 1。这说明每一元的流动负债只有不到 0.55 元的资产作为保障，该公司的速动比率远小于广西发债企业的市场平均水平。说明该企业的短期偿债能力较弱。

数据来源：Wind 资讯，课题组整理。

图 5－28　柳钢速动比率走势一

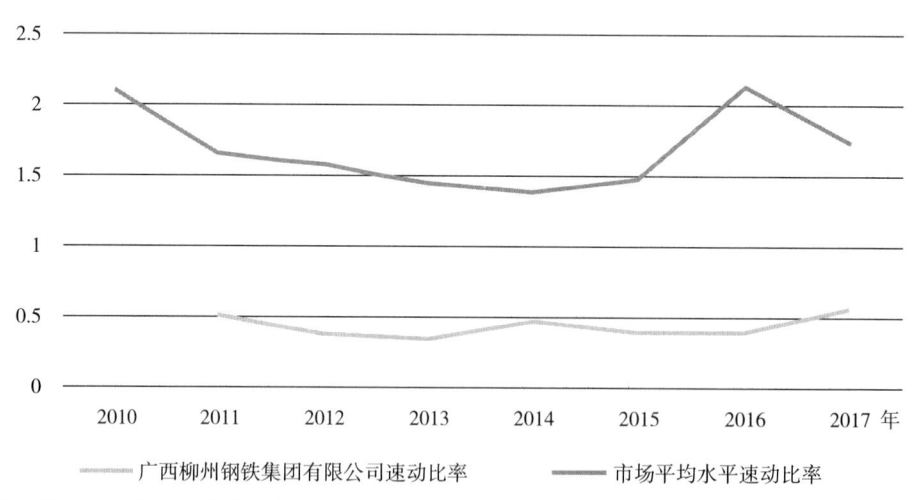

数据来源：Wind 资讯，课题组整理。

图 5－29　柳钢速动比率走势二

从短期偿债指标来看，该公司的流动比率、速动比率均小于 1，且远低于市场平均水平，这说明该公司的变现能力不足，短期偿债压力大，短期债务违约风险小。

（2）长期偿债能力

第一，关于资产负债率。2008—2017 年，广西柳州钢铁集团有限公司的资产负债率整体呈上升趋势，2008—2015 年，该公司的资产负债率在逐年上升，2015 年达到 74.8491%，处于最高水平，2015—2017 年，资产负债率在下降，但 2017 年的负债率仍高于2008年，这说明该公司的负债整体上升，负债带来的企业风险较大。与广西发债企业的市场平均水平相比，该公司的资产负债率持续高于市场平均水平，这说明该公司的负债风险高于市场平均水平，企业的长期负债能力较弱。

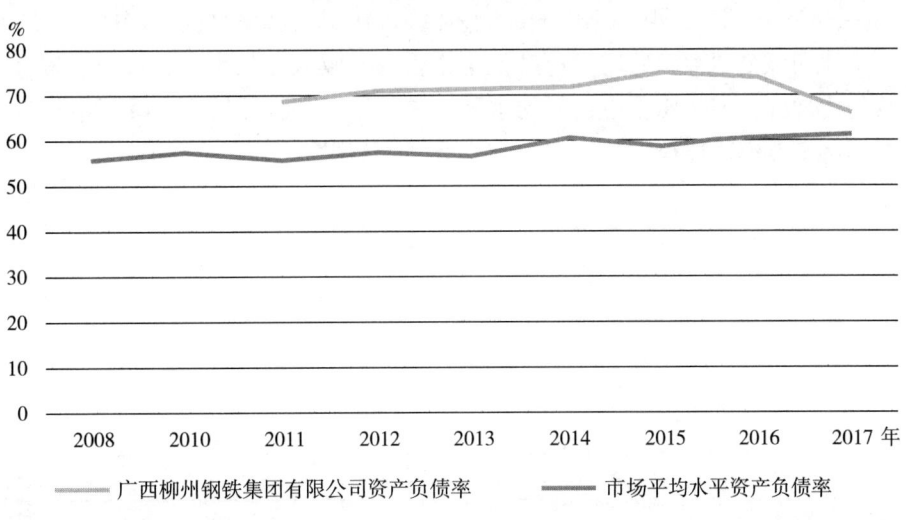

数据来源：Wind资讯，课题组整理。

图 5-30　柳钢资产负债率走势

第二，关于已获息保障倍数。2008—2017年，广西柳州钢铁集团有限公司的已获息保障倍数整体呈上升趋势，波动幅度较大，2015年，该公司的已获息保障倍数是 -2.3561，2017年该公司的已获息保障倍数是9.4477。这说明2015—2017年该公司的生产经营所获得的息税前利润与利息费用的比值增大，该公司支付利息费用的能力变强，企业长期偿债能力变强。

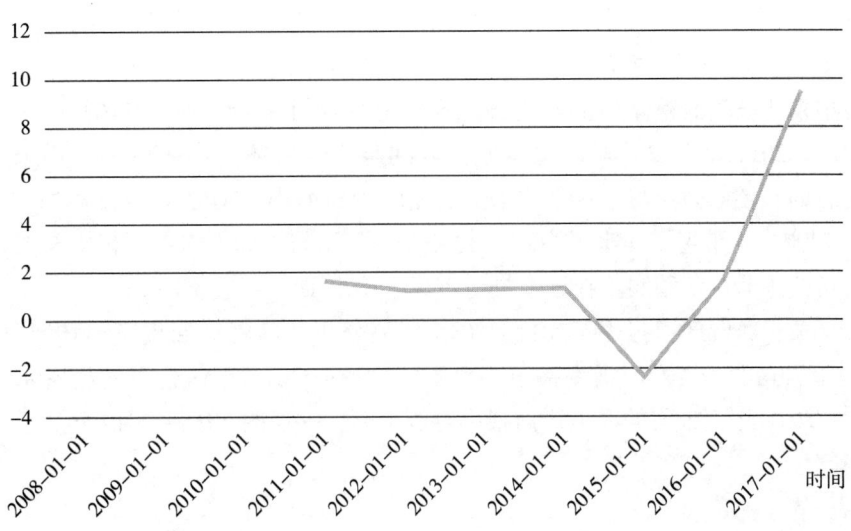

数据来源：Wind资讯，课题组整理。

图 5-31　柳钢已获息保障倍数走势

由资产负债率和获息倍数指标来看，2015—2017 年广西柳州钢铁集团有限公司的长期偿债能力变强。

4. 运营能力

2008—2017 年，该公司的存货周转率整体维持在 5%~8% 之间，2015—2017 年呈上升趋势，这说明该公司存货的增长速度低于主营业务收入增长水平，企业的资金占用降低，变现能力增强。但相比于市场平均水平，该公司的存货周转率持续低于市场平均水平，该公司的上升空间还很大。

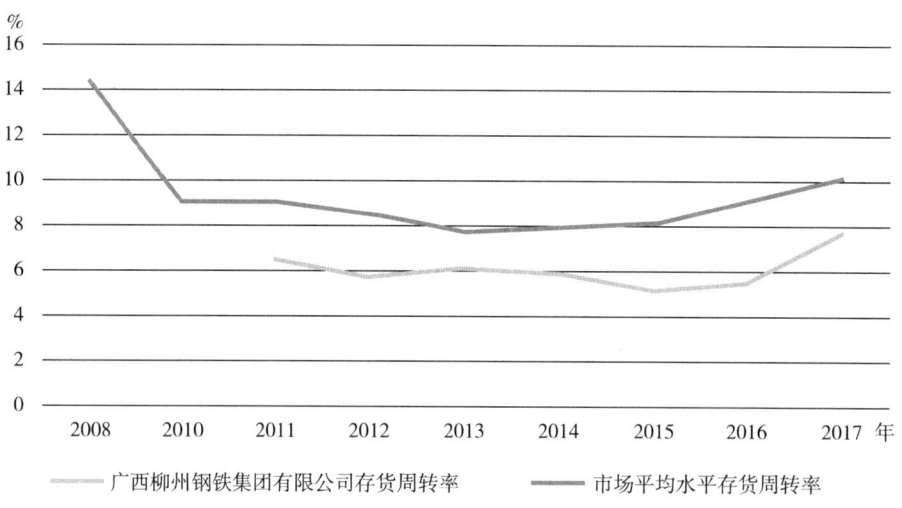

数据来源：Wind 资讯，课题组整理。

图 5-32 柳钢存货周转率走势

5. 获利能力

第一，关于主营业务利润率。2011—2015 年，该公司的主营业务利润呈下降趋势，2015—2017 年，该公司的主营业务利润率呈上升趋势，这说明该公司每单位主营业务收入带来的主营业务利润整体呈上升趋势，该公司在后期的主营业务市场竞争力增强，获利水平变高。2011 年，该公司的主营业务利润与广西发债企业的市场平均水平差距较大，但随后的几年该公司与市场平均水平的差距不断缩小，2017 年该公司的主营业务利润率为 6.7707%，市场平均水平为 6.9013%，该公司与市场平均水平相差 0.1306%，这说明该公司的主营业务利润正在逐渐赶上市场平均水平。

第二，关于净资产回报率。2011—2015 年该公司的净资产回报率整体呈下降趋势，2015 年，该公司的净资产回报率甚至为负数，这说明 2015 年该公司的投资带来了负收益，2015—2017 年，公司的净资产回报率直线上升，这说明 2015—2017 年该公司运用资本的效率高。

数据来源：Wind 资讯，课题组整理。

图 5-33　柳钢主营业务利润率走势

数据来源：Wind 资讯，课题组整理。

图 5-34　柳钢净资产回报率走势

第三，关于总资产报酬率。2011—2015 年该公司的总资产报酬率整体呈下降趋势，2015 年，该公司的总资产报酬率甚至为负数，这说明 2015 年该公司的全部资产的报酬为负数，2015—2017 年，公司的总资产报酬率直线上升，这说明 2015—2017 年该公司资产的获利能力增强，公司的支付利息能力增强。

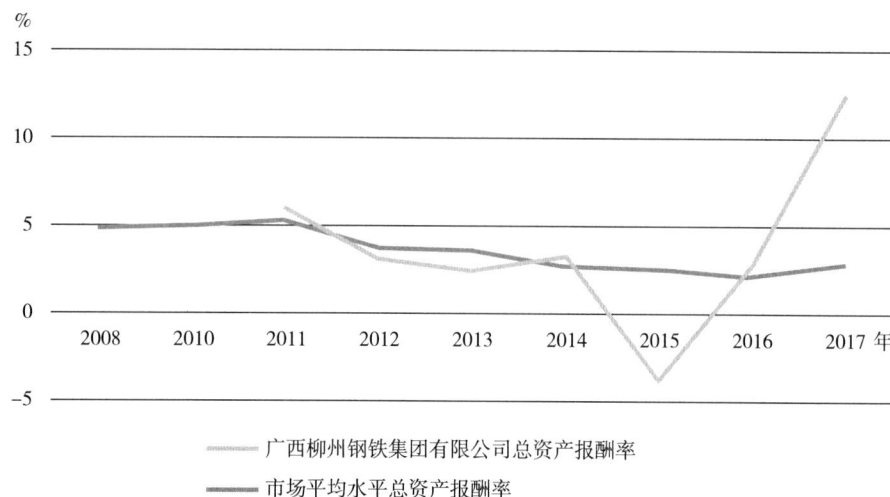

数据来源：Wind 资讯，课题组整理。

图 5-35　柳钢总资产报酬率走势

6. 发展能力

第一，关于主营业务收入增长率。2011—2015 年，该公司的主营业务收入增长率始终为正数，但增速缓慢，这说明该公司的主营业务收入有所增长，但增长的速度缓慢，2015—2017 年，该公司的主营业务收入增长率直线上升，甚至在 2017 年超过市场平均水平，这说明该公司的主营业务收入以加速度上升，企业发展前景大好。

数据来源：Wind 资讯，课题组整理。

图 5-36　柳钢主营业务收入增长率走势

第二，关于总资产增长率。2008—2017 年，该公司的总资产增长率呈下降趋势，但 2017 年该公司的总资产增长率是正值，这说明该公司的总资产仍在增加，只是增速放缓。

表 5-19　　　　　　　　　柳钢总资产增长率统计

名称	报告期	总资产（亿元）	总资产增长率（%）
广西柳州钢铁集团有限公司	2008-12-31	263.8685	
广西柳州钢铁集团有限公司	2010-12-31	336.6500	27.5825
广西柳州钢铁集团有限公司	2011-12-31	361.4056	7.3535
广西柳州钢铁集团有限公司	2012-12-31	392.7536	8.6739
广西柳州钢铁集团有限公司	2013-12-31	409.7307	4.3226
广西柳州钢铁集团有限公司	2014-12-31	435.5041	6.2903
广西柳州钢铁集团有限公司	2015-12-31	402.8888	-7.4891
广西柳州钢铁集团有限公司	2016-12-31	404.4355	0.3839
广西柳州钢铁集团有限公司	2017-12-31	433.3544	7.1504

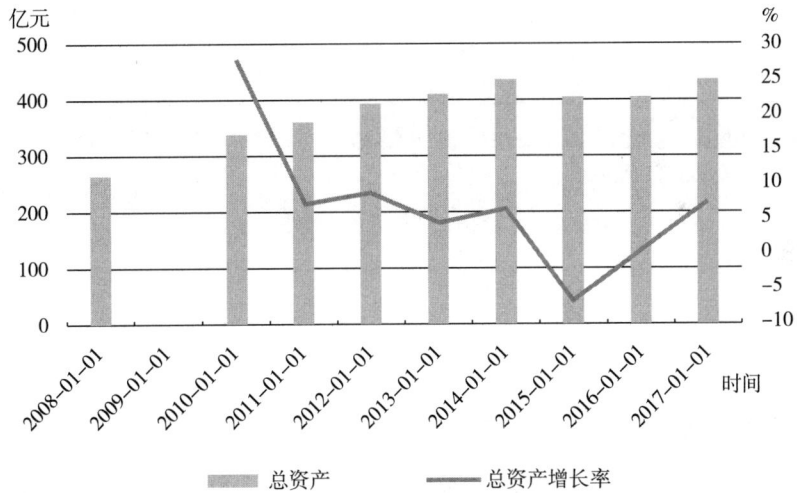

数据来源：Wind 资讯，课题组整理。

图 5-37　柳钢总资产增长率走势

第三，关于现金流量。2008—2017 年该公司投资活动现金流一直是负数，且该公司的经营性现金流整体呈上升趋势，这表明该公司可能在不断扩大再生产，如购建固定资产、无形资产和其他长期投资等，2008—2012 年及 2015 年，该公司的筹资活动现金流为正值，该公司可能通过筹资的方式来进行投资性活动，2013—2014 年及 2016—2017 年该公司的筹资活动为负值，该公司的经营性现金流较前两年增长较多，该公司可能利用经营性现金流入归还了前期的筹资额。

2008—2017 年，广西柳州钢铁集团有限公司从流动比率和速动比率来看，该公司的流动比率、速动比率较低，短期偿债能力较弱，短期债务偿还风险较大，从资产负债率和获息保障倍数来看，2015—2017 年，该公司的资产负债率变低，获息保障倍数变高，这说明该公司的长期还债能力变强，长期债务违约风险变小，从运营能力和获利能力来看，2015—2017 年，存货周转率提高，主营业务利润、总资产报酬率直线上升，这说明

2015—2017年该公司的运营能力和获利能力在提升,从发展能力看,2015—2017年,主营业务增长率和总资产增长率上升,这说明该公司的发展能力较好,从现金流量来看,2015—2017年,该公司的经营性现金流大多为正值,投资性活动现金流为负值,筹资性活动现金流为负值,该公司处于高速发展期。

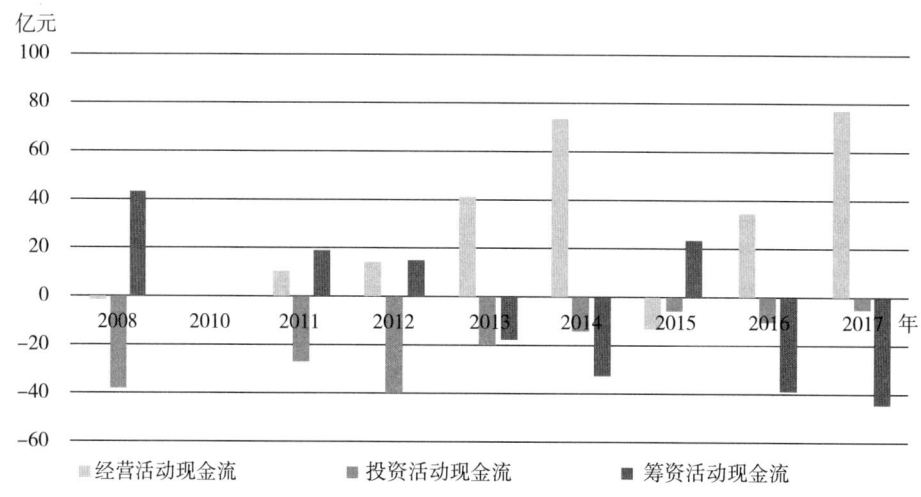

数据来源:Wind资讯,课题组整理。

图5-38 柳钢现金流量走势

四、违约预警

(一)全国市场

我国企业违约债券主要发生在民营企业,从债券类型看,私募债是违约高发的债券;从行业分布看,主要分布在煤炭与消费用燃料行业;从时间和数量上看,2018年违约量最高。

1. 违约数量

截至2018年,我国债券市场累计有206只企业债券出现违约,涉及违约主体单位86家,累计违约金额达到1762.98亿元。五年间,企业债券违约数量总体呈上升趋势,其中2018年企业债券违约最为严重,全年债券违约数达到109只,占总数的52.91%,比前四年累计总数还多12只,企业债券违约在2018年达到了新的高峰。

表5-20　　　　　　　　近年债券违约事件数量统计

年份	数量(只)	占比(%)
2014	5	2.43
2015	22	10.68

续表

年份	数量（只）	占比（%）
2016	43	20.87
2017	27	13.11
2018	109	52.91
合计	206	100

数据来源：Wind 资讯，课题组整理。

从图 5-39 可以看出，我国企业债券违约数量在 2014 年和 2015 年表现比较温和，从 2016 年起开始快速增长，虽然 2017 年的增速相对放缓，但企业违约债券仍有 27 只，达到了 2014 年和 2015 年两年的违约数总和。到了 2018 年，违约增速更惊人，以 303.70% 的增长速度快速增长，以至于其违约债券总量也达到了历史高峰。由此可见，企业债券违约增长趋势在 2018 年得到了延续。

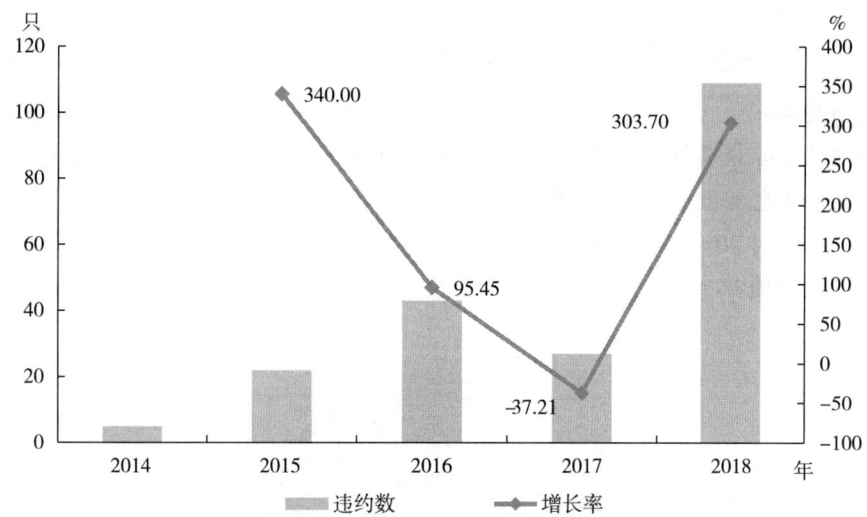

数据来源：Wind 资讯，课题组整理。

图 5-39 企业违约债券数量统计

2. 行业分布①

自 2014 年至 2018 年，我国企业债券违约数量总计 206 只，违约债券主要分布在煤炭与消费用燃料、建筑与工程、多领域控股等行业，除了煤炭与消费用燃料行业，其余九个行业违约债券数量差距并不明显，建筑与工程行业比电气部件与设备行业多 7 只债券，但煤炭与消费用燃料行业比建筑与工程多 6 只债券，从行业分布来看，企业违约债券相对集中在煤炭与消费用燃料行业。

---

① 按所属行业四级分类。

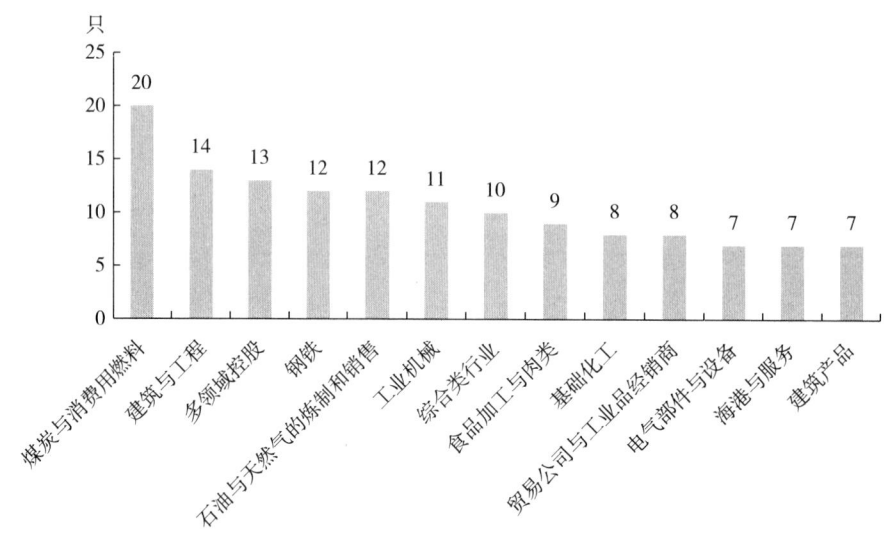

数据来源：Wind 资讯，课题组整理。

图 5-40　企业违约债券行业分布

3. 企业性质

在违约的 206 只债券里，其所属的企业性质主要是民营企业、国有企业、上市公司，其中民营企业占总数的 61.17%，将近总量的三分之二；其后是国有企业和上市公司，但两者占比均未超过 20%，且两者差距不大，国有企业比上市公司多 2.43%，从企业性质来看，企业违约债券主要发生在民营企业。

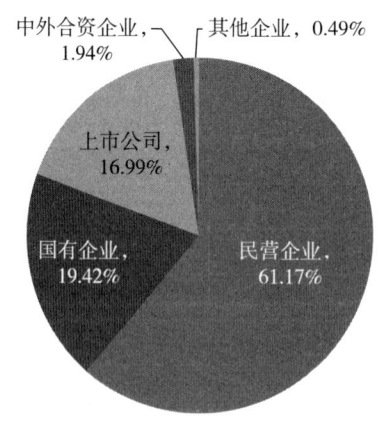

数据来源：Wind 资讯，课题组整理。

图 5-41　企业违约债券企业性质分布情况

4. 债券类型

企业违约债券类型主要是私募债、一般公司债和一般中期票据，排在首位的私募债总数达到 44 只，数量已经超过了一般短期融资券和超短期融资债券的总和。

5. 广西企业债务违约风险报告

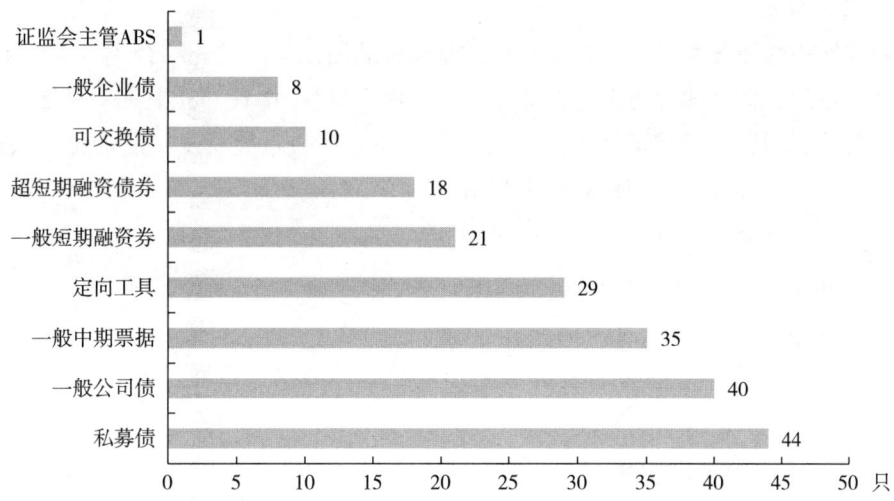

数据来源：Wind 资讯，课题组整理。

图 5-42　企业违约债券类型统计

5. 首次违约

统计 2014 年到 2018 年期间企业首次违约债券共 110 只，从企业性质、行业分布、违约债类型分布与同期间的所有企业违约债券比较，发现企业首次违约债券在企业性质和债券类型上与总体分布情况一致，在行业分布上有明显差别。

（1）企业性质

110 只债券里民营企业数量最多，其次是国有企业，结合图 5-43 的柱状图看，企业首次违约债券的企业性质分布情况与总体情况一致，主要集中在民营企业。

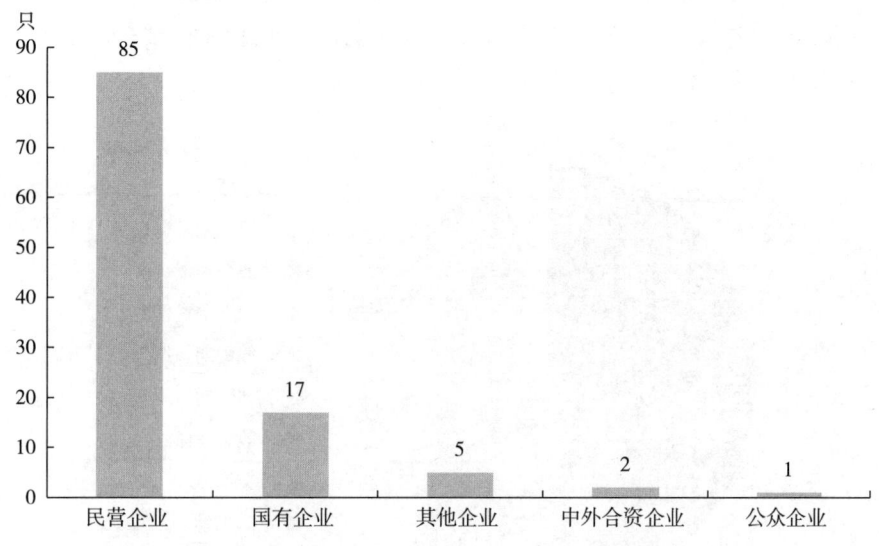

数据来源：Wind 资讯，课题组整理。

图 5-43　企业首次违约债券企业性质统计

(2) 行业分布

企业首次违约债券主要集中在综合类行业和食品加工与肉类,综合类行业的 10 只债券均是首次违约,食品加工与肉类行业企业违约债券总计 10 只,其中有 9 只是首次违约的;燃煤与消费用燃料、建筑与工程行业的企业债券违约总量较多,但企业首次债券违约主要是发生在综合类行业和食品加工与肉类这两个行业里。

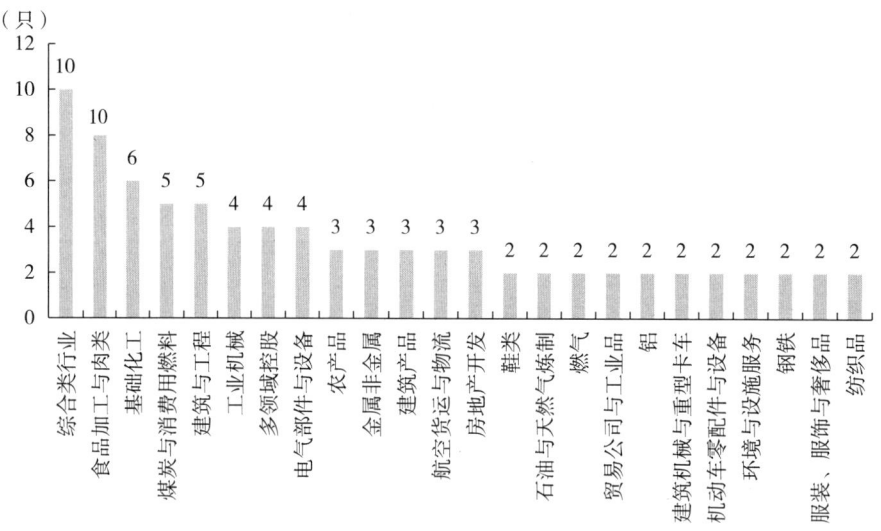

数据来源:Wind 资讯,课题组整理。

图 5-44　企业首次违约债券行业分布统计

(3) 债券类型

在企业首次违约债券的 110 只债券中,私募债、一般短期融资券和一般公司债三种类型占总数的 62.74%,与图 5-45 相比较可以发现,企业违约债券不管是不是首次违约,都主要集中在这三种类型,且私募债数量最多、占比最大。

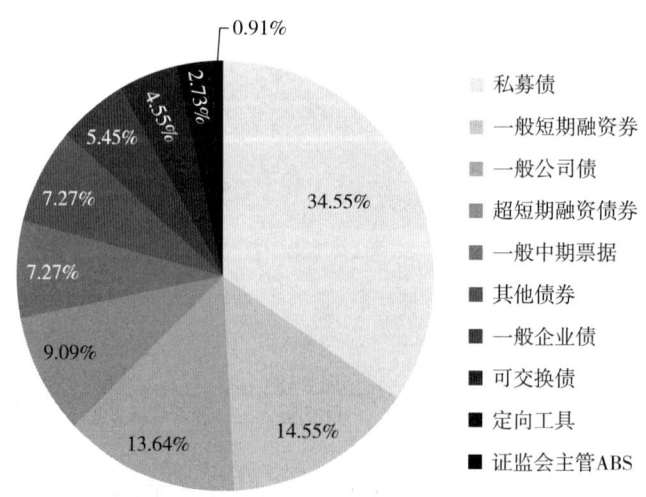

数据来源:Wind 资讯,课题组整理。

图 5-45　企业首次违约债券的债券类型占比

（二）广西市场

1. 事件类别

广西企业债券评级预警一共涉及 18 家企业，出现 5 种事件类别（截至 2018 年），分别是评级关注、评级展望下调为负面、发行人被列入评级观察名单、未按时兑付本息、推迟评级。评级预警中被评级关注的数量最多，共 11 家，比其他四个类别的总数还多 4 家，所以在广西企业债券评级预警的事件类别主要集中在评级关注。

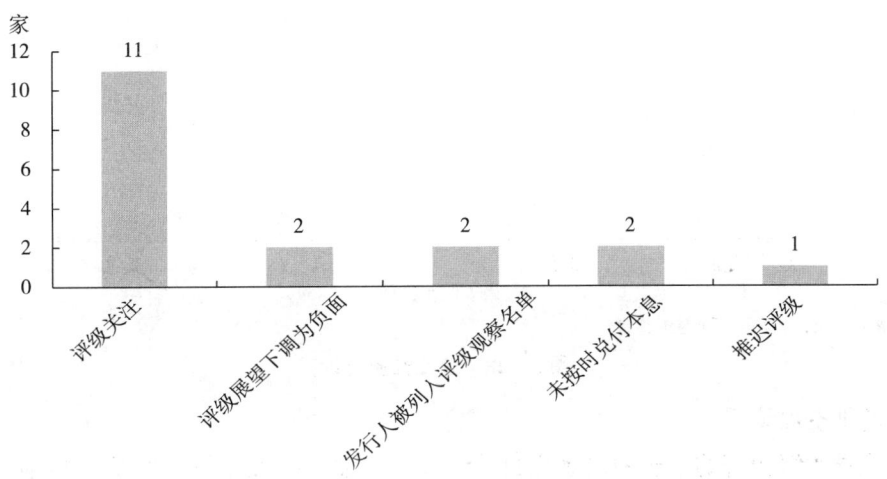

数据来源：Wind 资讯，课题组整理。

图 5-46　事件类别数量统计

信用预警事件类别中评级关注占比最大，达 61.11%，将近总数的三分之二；数量最少的推迟评级大约是总数的二十分之一，仅占到 5.56%；两者相差达到了 55.55%，数量差距比较明显；评级展望下调为负面、发行人被列入评级观察名单、未按时兑付本息三种事件类别占比相同，均为 11.11%。

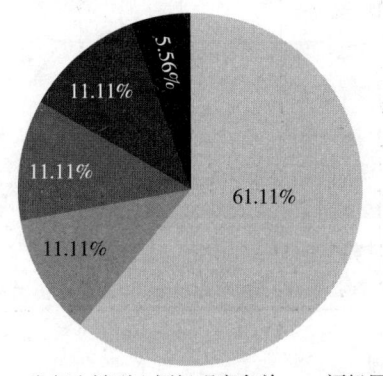

数据来源：Wind 资讯，课题组整理。

图 5-47　事件类别占比

2. 企业性质

按照企业第一大股东的性质来划分企业的性质，广西企业债券负面事件主要集中在地方国有企业。评级预警涉及的 18 家企业中，地方国有企业一共 15 家，是其他所有性质类别总数的 5 倍，已经占到总数的 83.33%。

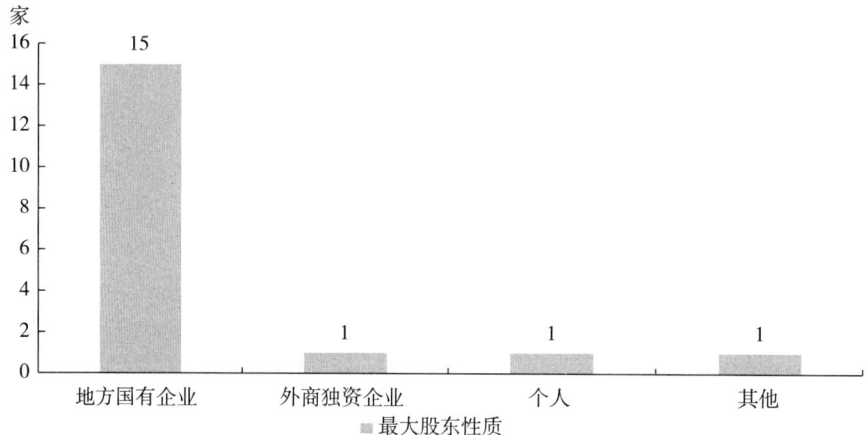

图 5-48　企业性质统计

3. 行业分布①

18 家被评级预警的企业中共涉及 11 个行业，主要集中在建筑与工程、食品加工与肉类、金属非金属、电力这四个行业，这 4 个行业企业数量总计 11 家，其余的 7 个行业均各 1 家企业。在主要的 4 个行业中，建筑与工程共 5 家，食品加工与肉类、金属非金属、电力各 2 家，所以在 18 家评级预警的企业中，从数量上看建筑与工程排在第一位。

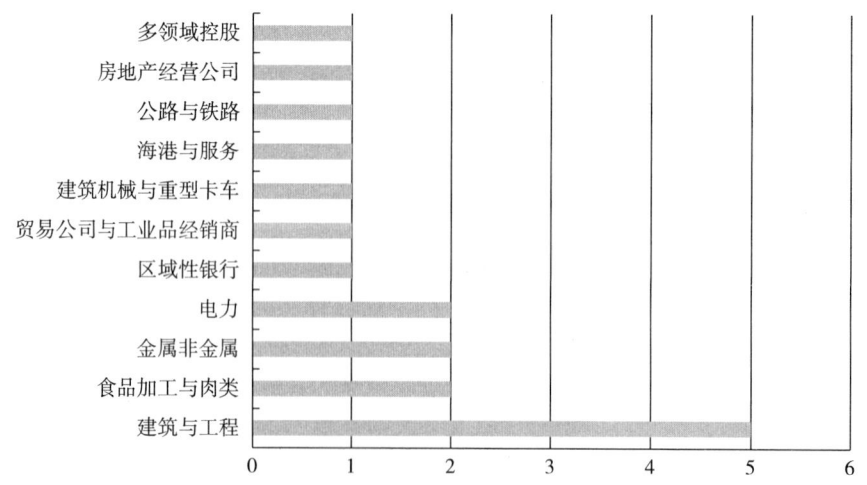

数据来源：Wind 资讯，课题组整理。

图 5-49　评级预警企业行业分布统计

---

① 按照所属行业四级分类。

11个行业分布比较分散,有7个行业均为5.56%,三个行业占比11.1%,而占比最大的建筑与工程,占总数的27.78%,占比最高。而在占比最高的建筑与工程中,5家企业均属于地方国有企业,且被评级的事件类别均为评级关注。

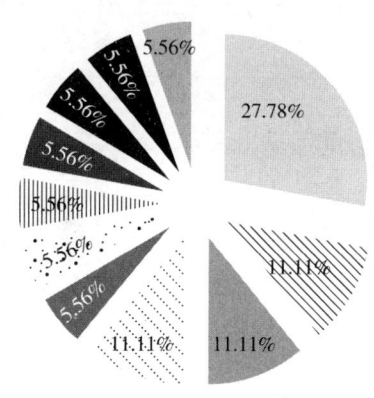

■建筑与工程　　■金属非金属　　■区域性银行　　■公路与铁路　　■建筑机械与重型卡车
■食品加工与肉类　■电力　　■贸易公司与工业品经销商　　■海港与服务

数据来源:Wind资讯,课题组整理。

图 5-50 评级预警企业行业分布占比

4. 违约事件

广西企业债券未按时兑付本息的两家企业是东兴金满堂商贸有限公司、广西有色金属集团有限公司,其中广西有色金属集团有限公司已实质违约3只债券,已实质违约债券余额达10亿元。

广西有色金属集团有限公司共有3只企业债券发生实质违约,分别是"13桂有色PPN001""13桂有色PPN002""14桂有色PPN003"。这三只企业债券均以私募方式发行,属于私募债,私募债是企业违约债券中数量最多的债券类型。该企业连续亏损,资不抵债,相继造成3只债券违约。"13桂有色PPN002"在被评定未按时兑付本息之前,评级机构对"13桂有色PPN002"这只债券进行风险警示,在4月18日评定兑付风险警示。

(1) 通过扩大融资规模缓解资金紧张,财务费用升高

有色金属企业收入下滑,资金压力增加,为了维持日常采选冶炼等业务运行并偿还到期债务,需加大融资杠杆以获得资金。从2008年至2010年有息债务总额均未超过100亿元,其增长速度较平缓;自2011年起,有息债务突破百亿元后开始加速增长,尤其在2012年,有息债务增长了58.85%,比2011年增长了19.86%;2012年起,有色金属企业有息债务开始超过200亿元,三年间有息债务总额高达640.3亿元,造成有息债务规模进一步扩大、受限资产占比提升、财务费用增加。

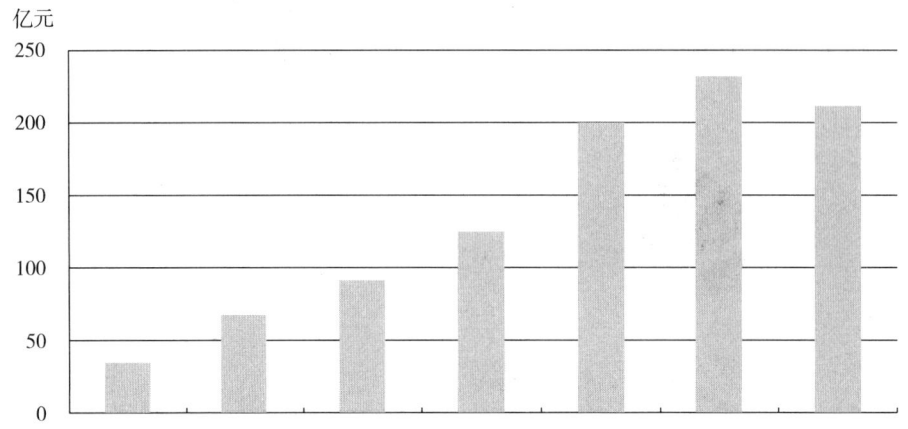

数据来源：Wind 资讯，课题组整理。

图 5-51　广西有色金属有息债务发展走势

（2）资产负债率较高，短期偿债压力较大

除 2010 年流动比率为 1.0335，其余年份的流动比率均未超过 1，有色金属集团的流动比率偏低，且较差的经营活动净现金流对债务无法形成保障，公司短期债务保障程度降低。从 2008 年至 2014 年有色金属企业的资产负债率总体呈上升趋势，资产负债率逐渐增大，说明其企业长期偿债风险变高。从流动比率和资产负债率来看，从 2012 年至 2014 年广西有色金属集团短期债务和长期债务保障能力均下降，偿债压力对资产状况、持续经营能力均产生相应影响；且企业偿债能力下降的同时也增加了财务负担，加剧了对利润空间的压缩。

表 5-21　　　　　　　　　广西有色金属流动比率和资产负债率

年份	流动比率	资产负债率（%）
2008	0.9617	65.8288
2009	0.8502	76.2382
2010	1.0335	76.4871
2011	0.8500	78.3385
2012	0.9181	88.2844
2013	0.7810	89.5149
2014	0.6561	92.1276

数据来源：Wind 资讯，课题组整理。

（3）业务逐步收缩，收入和利润降低

面对低迷的行业状况，广西有色金属通过减产来减少亏损，造成营业收入减少。2014 年主营业务收入较 2013 年下降 18.53% 至 211.36 亿元，自 2008 年至 2014 年，广西有色金属主营业务收入总体呈增长态势，但其收入增长率波动较大，从 2012 年至 2014 年收入增长逐年减小，到 2014 年出现了负增长，收入增长率为 -18.53%；相应地，

2012年至2014年这三年的主营业务利润为负，2008年至2014年，主营业务利润增长的幅度小于下降的幅度，2010年增长了3.52%，2012年下降了6.97%，2014年下降了7.05%，业务利润明显减少。由主营业务收入和利润可以看出，广西有色金属集团业务收入大幅度下降，盈利减小，财务压力增大。

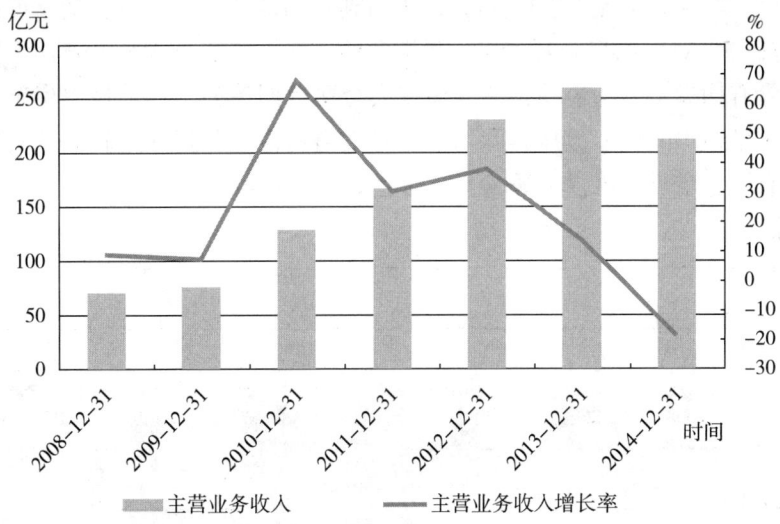

数据来源：Wind 资讯，课题组整理。

图 5-52　广西有色金属主营业务收入走势

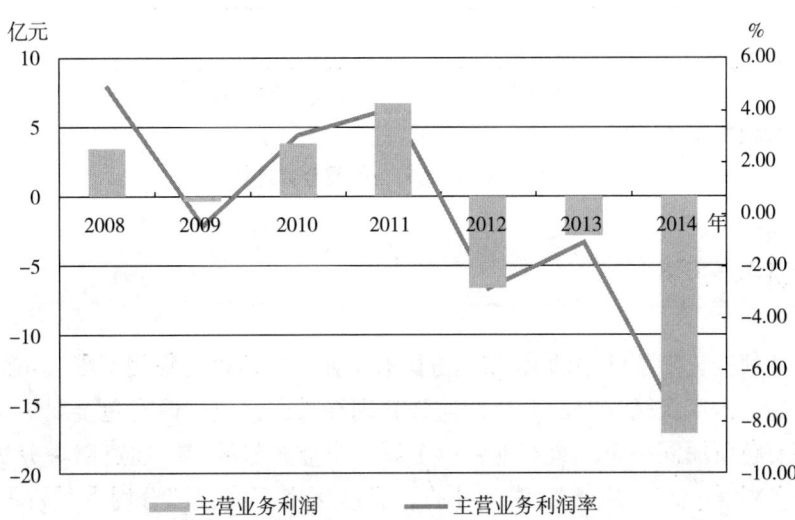

数据来源：Wind 资讯，课题组整理。

图 5-53　广西有色金属主营业务利润走势

（4）自有资金难以满足投资需求

从2008年至2014年，在七年经营活动中，前5年经营活动现金流均为负，2014年广西有色经营活动净现金流大幅下降至0.43亿元，虽然出售股权致使2014年投资活动净现金出现净流入大幅增加至6.95亿元，但股权处置可持续性较差。广西有色在建项目主要集中在房产建设和多金属矿采选工程等项目，投资金额较大，持续亏损，自有资金难以覆盖投资所需，资本支出压力较大，较大规模投资支出，使投资性现金流呈现净流出。广西有色自有资金难以满足投资需求，将依赖于外部筹资；广西有色已发行多项债，企业发行多项债时，当首期债券发生风险时，后期债券发生风险的概率将显著增加。尽管"12桂有色MTN1"最终如期兑付，但不断到期的债务令广西有色的情况恶化，在处理"12桂有色MTN1"时已经耗费了大量资源的广西国资委再次救助意愿会降低，而即使首次风险没有构成实质性违约，部分债权人会在后期债务到期前撤出资金以自保，使得广西有色本已枯竭的现金流压力骤增，同时极高的债务负担导致较大筹资压力。可见广西有色自有资金难以满足投资需求，经营活动受资金限制。

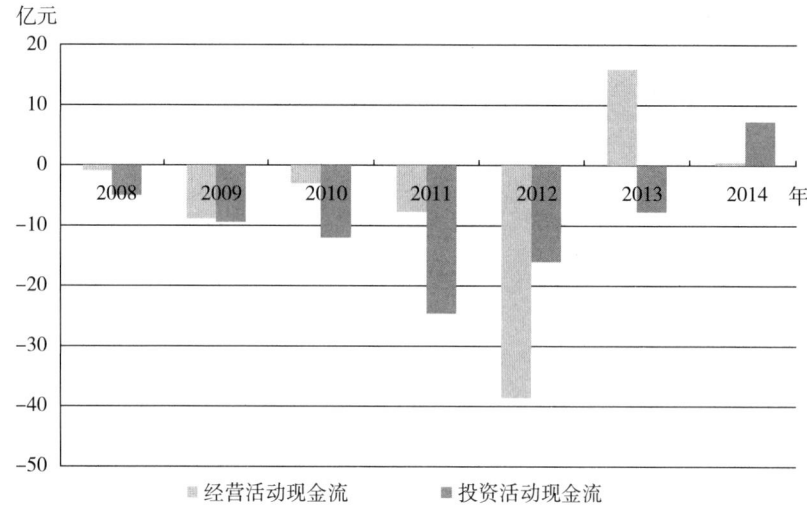

数据来源：Wind资讯，课题组整理。

图 5-54 广西有色的现金流走势

五、财务预警

广西企业债券负面事件中的15家地方国有企业，广西投资集团有限公司的第一大股东是广西壮族自治区人民政府国有资产监督管理委员会，与广西有色金属集团一样；且广投与广西有色所属同一个三级行业——金属、非金属与采矿。通过财务分析发现，广投的有息债务翻倍增长，资产负债率升高、流动比率下降，部分财务情况与广西有色类似。

广投的有息债务从2014年超过500亿元，到2015年更是超过了1500亿元，总额达到了2014年的三倍，2015年后广投的有息债务持续增加，到2017年已将近2500亿元。三年高额的有息债务造成企业债务规模进一步扩大、受限资产占比提升，企业资金压力增大，相应地会影响企业生产经营活动。

在2017年，广投主营业务收入增长率从2016年的46.31%下降至13.95%；主营业务利润为 2%，虽然比 2016 年上升了 0.2%，但广投自 2015 年开始利润率呈下降趋势，至 2017 年主营业务利润总额 26.42 亿元，企业盈利不强，同时还担负着高额的债务，广投正面临巨大的财务压力。

从 2013 年开始广投的流动比率呈下降趋势，资产负债率呈上升趋势，与广西有色的总体态势相同。流动比率在 2014 年开始低于 1，短期偿债风险逐渐明显；资产负债率在 2015 年已经超过 80，这与高额的债务密切相关，；广西有色在 2012 年至 2014 年资产负债超过 80，广投已连续三年资产负债率超过 80，预警了企业长期债务保障程度在下降，若债务压力继续增大，企业财务将增大。

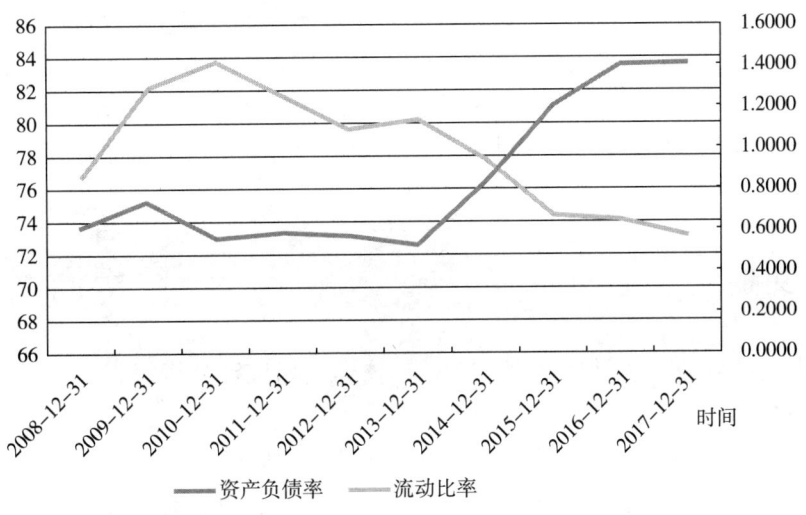

数据来源：Wind 资讯，课题组整理。

图 5-55　广投资产负债率和流动比率走势

广投经营性活动现金流在 2017 年下降至 -10.2 亿元，下降趋势在 2018 年持续，至 2018 年第二季度，广投经营性活动现金流为 -100.03 亿元，经营活动现金流大幅度下降。而投资活动现金流支出大幅度增大，到 2017 年总额达 265.35 亿元，高额的资金支出，使得企业自有资金难以满足日常生产活动的需求，融资规模极可能进一步扩大，导致债务继续增大，企业的债务越滚越大。企业有高额的债务会导致较大筹资压力，由此可见广投的债务压力是企业债券预警的关键，其有息债务总额是广西有色的十倍不止，基数庞大更易引起违约。

评级预警为评级关注的 11 家企业均为地方国有企业，除此之外，南宁糖业股份有限公司同时也是上市公司；结合图 5-55 的数据可以知道，广西区被评级预警的企业债券的发债主体主要是地方国有企业。

目前市场一般认为，国有企业在经营或融资等方面较民营企业可获得更多的外部支持，但通过广西有色的违约事件来看，尽管"12 桂有色 MTN1"最终如期兑付，但不断到期的债务令广西有色的情况恶化，在处理"12 桂有色 MTN1"时已经耗费了大量资源的广西国资委再次救助意愿会降低，国有企业债务安全性有所降低。广投虽暂时未被评级预警,但企业高额的债务以及持续增高的资产负债率,一定程度上预示了企业债务压力增大,财务风险增加。

六、结论

企业债券违约从企业性质看主要发生在民营企业,行业分布上看集中于煤炭与消费用燃料等行业,从债券类型上看主要是私募债;通过分析广西区企业债券负面事项,发现被评级预警的企业所属行业主要集中在建筑与工程行业。已经被评级预警的企业主要是地方国有企业,通过基本财务分析,企业高额的债务压力是评级预警的关键点,债务增加会导致融资规模进一步扩大,企业若长期亏损,极有可能不符合发行公募债的条件,却又急需外部融资来应对资金压力,那么企业会选择增加私募债的发行量,从企业的债务状况和后续发债的类型和规模帮助分析该企业的债务情况,也是企业债券评级预警的两个关键。

参考文献

[1] 中央结算公司统计监测部.2018年债券市场统计分析报告[J].债券,2019(1).

[2] 梁铁群.企业并购的协同效应研究[D].吉林财经大学,2016.

[3] 扬涛.供应链金融视角下江铃汽车集团融资模式创新研究[D].南昌大学,2016.

[4] 谢艳."十二五"期间广西企业债券融资工作成效、问题及政策建议[J].区域金融研究,2016(7).

[5] 肖晶晶.W企业的融资策略研究[D].大连理工大学,2017.

[6] 刘颖.华能国际价值评估案例分析[D].华中科技大学,2010.

[7] 肖爱晶,耿辉建.企业分拆上市的动因及绩效研究[J].财会通信,2019(11).

[8] 吴萌.基于财务指标的物流业上市公司竞争力评价研究[D].大连大学,2013.

[9] 杨明.可持续发展视野下煤炭企业财务管理评价指标体系研究[J].煤炭经济研究,2018(11).

[10] 李祖福.我国生物医药上市企业盈利能力评价研究[D].华南理工大学,2015.

[11] 晁静.天津市上市公司财务预警实证研究[D].天津科技大学,2011.

[12] 周军波.我国经济型酒店信用评级模型研究[D].上海大学,2014.

[13] 许耀东.控制权转移对我国上市公司经营绩效的影响研究[D].武汉理工大

学，2017.

［14］李伟，张志强．简捷分析现金流量表方法探讨［J］．商业会计，2010（16）.

［15］施沛润．坚持科技创新深化协同管控开创柳钢转型发展新局面——在2015年度科技工作总结表彰大会上的报告［J］．柳钢科技，2016（3）.

［16］叶李希．独角兽企业的特征分析［J］．皖西学院学报，2019（1）.

［17］田丽．基于因子分析法的资本结构评价指数构建［D］．西南财经大学，2009.

［18］华艾嘉．首例银行间债券市场发行人破产清算分析——广西有色金属集团有限公司信用风险分析及启示［J］．中国金属通报，2016（10）.

（执笔人：黄巍华）

6. 广西政府产业引导基金发展报告

党的十九大报告提出了六大战略举措，包括深化供给侧结构性改革以推动产业结构、产品结构转型升级；加快建设创新型国家，以自主创新的技术带动质量效益提高；实施乡村振兴战略和区域协调发展战略，以解决经济发展不平衡、不充分问题，释放经济发展新动能；加快完善社会主义市场经济体制，建立有利于提高经济发展质量和改善生态环境的体制机制，增强经济发展活力；推动形成全面开放新格局，更好地利用全球市场和资源。这就表明了，我国经济已由高速增长阶段转向高质量发展阶段，正处在转变发展方式、优化经济结构、转换增长动力的攻关期，建设现代化经济体系是跨越关口的迫切要求和我国发展的战略目标。以此来对标广西，我们清醒地看到，从转变发展方式、优化经济结构、转换增长动力来说，目前，广西工业化程度不高，中级阶段尚不充分，刚进入中期阶段就进入发展新常态，就进入中高阶段转型。产业规模不大、发展不足、结构不合理，中低端产业较多都是这几年下行压力大的根本原因。现在新产业、新技术、新业态、新模式发展很快，正处于加快发展的窗口期，能不能抓住这个窗口期、机遇期，推进新产业新项目发展，对于广西"十三五"的发展至关重要。突出的表现就是这几年的工业投资，百分之三点几的工业投资无法支撑以后7%至8%的工业增长，过去是20%~30%的投资才能够支撑百分之十几的增长，工业投资如果不能保持两位数增长是一个极大的隐患和问题，我们今后几年的发展会更加困难。主要原因是：一方面传统的产业不可能像过去那样高速增长，传统产业要转型升级，另一方面新产业发展得较慢，形不成支撑，这就是广西转变发展方式、优化经济结构、转换增长动力问题的严重性。广西"十三五"要全面建设小康社会、实现可持续发展，创造更多的就业岗位，就必须要大力发展新兴产业，而产业投资必将是其中重要一环，政府产业发展基金是新经济助推器，是观测产业政策风向标。在此背景下，政府产业发展基金被视为推动产业优化升级、调整经济结构的有力工具，据公开数据统计，2018年10月25日广西壮族自治区十三届人民政府第18次常务会议批准，直接股权投资26项项目，直接股权投资18.8亿元。这批项目带动企业投资292亿元，其中固定资产投资236亿元，项目建成达产后，预计可新增年销售收入1373亿元，实现利税161亿元，为我区"新经济"的发展以及新旧动能转换提供动力，加快形成新的经济增长点，能更好地满足人民群众日益增长的物质文化需求，促进资源节约型和环境友好型社会建设。

一、产业基金的发展现状

(一) 广西产业投资发展基金的历史变迁

广西产业投资引导基金的前身为广西壮族自治区创业投资引导基金（以下简称创投引导基金），创投引导基金最初成立于2012年，首期出资2亿元，总规模为10亿元。参与广西国企玉柴基金投资。创投引导基金在运作原则、管理模式、运营方式和投资规则等方面的设计与广西产业投资引导基金具有较强的关联性，为广西产业投资引导基金的诞生与运营积累了有益的经验，同时，也为广西产业投资引导基金的发展进行了有益的探索。2015年12月22日，广西产业投资引导基金正式成立，创投引导基金正式结束了她的历史使命，与其他相关国有资本经营预算收入、财政专项资金、财政存量资金等一同整合至广西产业投资引导基金。广西产业投资引导基金是目前广西区内唯一自治级的产业发展引导资金。

(二) 产业投资发展基金的探索起步阶段

从国家层面来看，20世纪80年代，国家科委等注资成立了中国新技术创业投资公司，这标志着我国风险投资行业迈出了第一步。但是由于当时我国风险投资政策环境不完善、运作管理经验匮乏等原因，中国新技术创业投资公司在运营13年后停业关闭。1999年上海创业投资有限公司成立，开始投资设立具有基金性质的机构。2002年，中关村管委会出资设立中关村创业投资引导基金，这意味着第一只由政府出资设立的具有引导性质的基金正式落地。而广西产业投资引导基金的探索起步阶段始于2016年10月，由自治区人民政府召开专题会议研究落实科技创新和推动新兴产业发展有关问题，根据《自治区人民政府关于设立广西政府投资引导基金的意见》（桂政发〔2015〕56号）、《广西政府投资引导基金产业类子基金操作指引》（桂政办发〔2016〕34号）等文件精神，决定成立广西壮族自治区新兴产业发展办公室（以下简称新兴办），由新兴办负责统筹提出新兴产业及传统优势产业转型升级重大项目专项资金安排计划、自治区政府投资引导基金（以下简称引导基金）产业类直接股权投资计划、产业类子基金设立意见。

(三) 产业投资发展基金的试点发展阶段

在这个阶段，从国家层面来看，在以自主创新为核心的"十一五"规划的引领以及我国股权私募基金等的发展带动下，政府引导基金进入了政策规范与试点推出的新阶段。2005年十部委出台《创业投资企业管理暂行办法》，第一次提出中央和地方政府可以设立创业投资引导基金。2007年两部委颁布《科技型中小企业创业投资引导基金管理暂行办法》，支持科技型中小企业自主创新。在此期间，苏州工业园区创业投资引导基金等相继成立。而广西产业投资引导基金试点发展阶段始于2016年10月20日，由自治区主席陈武在南宁主持召开会议，研究落实科技创新和推动新兴产业发展有关问题专题会议，会议指出，我区在工业化中期进入经济发展新常态，由于工业化水平较低、产业结构不合理，受国内外复杂多变经济环境影响，工业投资不断减速，经济下行仍未见底，稳增长压力持续加大。当前，新一轮科技革命和产业变革正在孕育兴起，正深刻改变着区域经济版图，这既是机遇也是挑战。我区要全力加快新产业、新技术、新项目发展，助力产业转型升级和经济结构调整，打造发展新引擎，形成新动力。为统筹推进自治区新兴产业发展和科技创新发展，决定成立自治区新兴产业发展办公室和自治区科技创新发展办公室。自治区新兴产业发展办公室由自治区工业和信息化委牵头设立，自治区发展改革委、财政厅、北部湾办等有关部门作为成员单位，办公室主任由自治区工业和信息化委主任兼任，副主任由自治区发展改革委、财政厅、北部湾办等部门负责人兼任。自治区新兴产业发展办公室主要职责是拟订新兴产业发展及传统优势产业转型升级重大政策、编制重大规划、统筹推进重大项目、研究提出专项产业基金的设立意见等。自治区科技创新发展办公室主要职责是拟订科技创新重大政策、编制重大规划、统筹重大科技项目攻关、重大研发中心（研发平台）建设、重大科技成果转化、研究提出创新驱动发展专项资金、政府投资引导基金科技创新类基金的设立意见等。2018 年广西产业投资引导基金母基金出资达 30 亿元，到 2020 年，计划出资规模达到 100 亿元以上。通过发起或配合发起设立、参与子基金及直接投资等方式，带动金融机构和社会资本投资总规模达 500 亿元以上。截至 2017 年 6 月底，广西产业投资引导基金获批设立的子基金共 8 只，出资 33.55 亿元，子基总规模 209.03 亿元，撬动资金综合杠杆率 5.88 倍。获批直投项目 13 个，共计出资 16.16 亿元。

（四）产业投资发展基金的快速扩张阶段

首先，国家层面产业投资引导基金快速扩张阶段表现为，2008 年发改委、财政部和商务部三部委联合发布《关于创业投资引导基金规范设立与运作的指导意见》，为政府引导基金设立和运作提供了法律依据和操作指南。2011 年财政部和发改委发布《新兴产业创投计划参股创业投资基金管理暂行办法》，明确中央参股基金的重点投资领域等。与此同时，财政部与国家税务总局、国资委、证监会和社保基金会等部委也相继出台了政府引导基金的相关税收优惠、豁免国有股转持义务等政策。一系列文件的出台以及国内创业投资环境的日趋改善，对促进政府引导基金发展发挥了积极作用。据统计，截至 2013 年底全国共设立政府引导基金 343 只，总规模约 2700 余亿元，政府引导基金的作用日益增强，运作模式日趋完善。直至 2014 年以来，政府引导基金的数量和规模急剧扩张，各级地方政府纷纷设立各种创投基金、产业基金和股权基金等。一方面，引导基金的快速扩张与中央规范财政补贴以及清理存量财政资金不无关系。在《关于清理规范税收等优惠政策的通知》等的要求下，地方政府将财政资金的使用方式从补贴转向股权。同时，为了防止存量资金被"清理"，地方政府也纷纷通过设立基金将其纳入财政预算。另一方面，2015 年 1 月，新预算法正式实施，融资平台不再具备政府融资职能。在经济新常态下，为了稳增长以及促进经济结构调整，一些地方政府将引导基金作为发行债券和运用 PPP 之外的新融资工具，掀起了一股设立政府引导基金的浪潮。据统计，截至 2016 年底，我国广义的政府引导基金总规模达 5.3 万亿元。在政府引导基金大规模增长的背景下，为进一步规范基金的设立、运作细节、提高市场化运作水平并防控相关风险，2015 年 11 月财政部印发了《政府投资基金暂行管理办法》，2016 年 12 月发改委发布了《政府出资产业投资基金暂行管理办法》，进一步完善了政府引导基金的政策体系。

（五）产业投资发展基金的完善与转型发展阶段

党的十九大报告提出，"加快建设制造强国，加快发展先进制造业"。落实这一要求，必须深入贯彻新发展理念，坚持质量第一、效益优先，以供给侧结构性改革为主线，大力实施"中国制造 2025"，着力加快建设实体经济、科技创新、现代金融、人力资源协同发展的产业体系。为深入贯彻落实党的十九大精神及自治区十一次党代会有关要求，进一步创新投融资方式，促进产融深度结合，推动我区新型工业化加快发展，自治区工业和信息化厅（以下简称自治区工信厅）建议以广西金融投资集团有限公司（以下简称广西金投集团）作为出资人组建广西工业投资发展有限责任公司。广西工业投资发展有限责任公司的企业类型为有限责任公司，是自治区人民政府直接股权投资的实施主体和广西工业投融资的重要平台。公司注册资本约为 10 亿元，其中，由广西金投集团以现金出资 1 亿元，其余以广西壮族自治区盐业公司改制后的净资产出资。公司的主要经营范围为政府直投资金运营管理，重大工业项目投资，资产经营管理，工业园区和产业基础设施开发建设，投资咨询服务等（最终以工商登记注册为准）。组建广西工业投资发展有限责任公司，充分发挥自治区工信厅和广西金投集团各自的优势，整合资源、共同发力，构建新型工业投融资平台，对于引导产业投资导向，提高财政资金使用效能，助推工业企业发展壮大和产业转型升级都有着重要的现实意义。一是加快推动我区工业转型升级的重要举措。当前，随着我区工业转型升级步伐的明显加快，一些因市场因素导致在我区相关重点发展领域和产业中出现的不能投、不敢投、不愿投难题也日益凸显，迫切需要打造一个政府性工业投融资平台，以加大对自治区战略性新兴产业、新兴先导产业、传统优势产业等二次创业及生产性服务业重大投资项目建设的支持力度，进一步发挥财政资金的导向带动作用，集中解决一些重点企业的融资难问题，从而做大做强我区工业骨干企业。组建广西工业投资发展有限责任公司，目的就是将其打造成为全区工业产业的投融资平台，充分发挥投资对优化工业领域供给结构的导向作用，加快推动我区工业转型升级。二是创新扶持工业发展方式和拓宽资金来源渠道的重要途径。通过组建广西工业投资发展有限责任公司，创新工业投资的方式手段，发挥政府直投资金的引导作用，由原来的主要依靠补助、奖励、贴息的单一手段转变为综合运用股权投资等多种方式，有利于进一步拓宽我区工业产业的融资渠道。同时，充分利用广西金投集团的综合金融优势，通过旗下的担保、应急资金贷款、金融租赁、基金、保险、创投等丰富的金融产品和手段，为被扶持企业提供全方位的综合金融服务，支持企业发展壮大。可以借助广西金投集团的专业化运作方式,通过发债、基金等形式向区内外金融机构融资,拓宽资金来源渠道,进一步扶持我区工业发展。三是进一步提高财政资金使用效率和增强工业投融资能力的重要手段。广西工业投资发展有限责任公司成立后,政府扶持资金通过广西工业投资发展有限责任公司按市场化模式投资入股被扶持企业,在被扶持企业做强做大、具有自我发展能力后,股权投资可以按市场化的方式退出,收回的资金及收益可以继续用于投资和扶持其他企业,从而实现财政扶持资金的循环利用,进一步提高财政资金的使用效能。同时将自治区工信厅受托管理的部分优质企业划转至广西工业投资发展有限责任公司,由广西金投集团利用其专业的人才队伍、成熟的市场经验和金融手段,通过商业化、市场化的资本运作,优化资产质量,实现资产增值,并运用资产融资,增强广西工业投资发展有限责任公司的资金实力,提升对区内工业企业的投资能力,实现盘活存量资产最大化支持工业发展的目标。

二、国内外政府产业基金发展特点

(一)国内部分地区政府产业基金发展情况

1. 我国政府产业基金的发展演变

政府产业引导基金在我国并没有一个标准的官方定义。综合财政部和发改委对政府引导基金的分类以及清科研究中心对产业引导基金的统计,所谓政府产业引导基金,是指由政府出资,吸引有关金融机构和社会资本联合设立,扶持特定阶段、行业、区域目标的引导性投资基金,是国家和地方政府为了引导新兴行业和创新性产业发展而专门设立的基金。

表6-1　　　　　　　　部分2018年新设政府产业引导基金

基金	成立时间	基金级别	目标规模	国有背景详情	目标投向
国家级战略性新兴产业基金	2018.06	国家级	3000亿元	中华人民共和国国家发展和改革委员会、中国建设银行	投向新一代信息技术、高端装备、新材料、生物、新能源汽车、新能源、节能环保和数字创新等战略性新兴产业领域
国家集成电路产业投资基金二期	2018.05	国家级	1500亿元	中华人民共和国财政部	主要投资于芯片制造等重点产业
山东省新旧功能转换基金	2018.01	省级	6000亿元	山东省政府、省国投	主要用于山东省新旧功能转换建设

6. 广西政府产业引导基金发展报告

续表

基金	成立时间	基金级别	目标规模	国有背景详情	目标投向
山东绿色发展基金	2018.06	省级	100亿元	山东发展投资控股集团有限公司	主要投资山东清洁能源、绿色交通、绿色建筑等节能环保绿色产业和新技术、新材料等低碳领域新兴产业
浙江省旅游产业基金	2018.03	省级	100亿元	浙江省旅游局	投向具有较高成长潜力、带动效应显著的旅游及相关新兴业态项目
西安市产业引导基金	2018.02	市级	1000亿元	西安市人民政府	用于西安市高新技术产业发展
日照市新旧动能转换基金	2018.05	市级	300亿元	日照市财金投资集团有限公司	投向海洋经济、医养健康、新能源、半导体、体育、航空等12个重点领域
东方明珠传媒产业基金	2018.01	区县级	50亿元	上海杨浦滨江投资开发有限公司	投资于传媒娱乐及相关的TMT和大消费等领域成熟期的优质项目

数据来源：国泰君安证券研究整理。

从2002年北京市政府派出机构中关村科技园区正式设立创业投资引导基金，并成立中关村创业引导发展中心作为实体运作部门开始，我国对政府产业引导基金这一产业支持方式的探索就在一直持续。2005年9月，国务院十部委联合发布《创业投资企业管理暂行办法》，其中明确提及地方政府可以设立创业引导基金，这是我国第一次在国家文件中出现政府引导基金这一概念。但值得注意的是，这里的引导基金的定义是指创业引导基金，与我们下文将要介绍的政府产业引导基金有一定的区别。2008年10月，国家发改委联合财政部、商务部共同出台的《关于创业引导基金规范设立与运作的指导意见》中明确了引导基金的定义：引导基金是指由政府设立并按照市场运作的政府性基金，主要扶持创业投资企业，引导社会资本进入创业投资领域。2015年11月，财政部印发《政府投资基金暂行管理办法》，其中将政府投资基金界定为由各级政府通过预算安排引导社会各类资本投资基金社会发展的重点领域和薄弱环节，支持相关领域和产业发展的基金。这里虽然没有直接点明产业引导基金的概念，但政府投资基金设立的主要目的是促进相关产业的发展，这与产业引导基金的功能有较大的重叠。随后2015年12月财政部在《关于财政资金注资政府投资基金支持产业发展的引导意见》中提出要针对产业重点领域和薄弱环节相机采取创业投资引导基金、产业投资基金等形式予以支持。引导意见对产业引导基金的定义比较明确，其中指出对集成电路等战略主导产业及行业龙头企业，可通过产业投资基金直接投资，实现产业重点突破和跨越式发展。

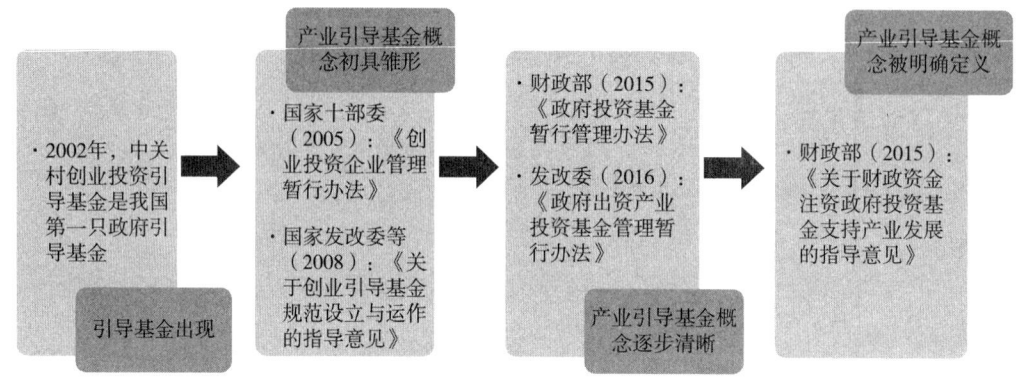

数据来源：国泰君安证券研究，各部委文件。

图 6-1 政府产业引导基金发展的关键时间节点及相关政策文件

2. 政府产业发展基金是不以营利为目的的非公开募集基金

政府产业发展基金又称产业引导基金，是指由政府出资，并吸引有关地方政府、金融、投资机构和社会资本，不以盈利为目的，以股权或债权等方式投资于创业风险投资机构或高新技术产业投资基金，以支持创业企业发展的专项资金。政府产业发展基金属于非公开募集基金，在本质上是私募基金。对于私募基金，目前仍没有明文的有效分类。根据 2014 年 12 月基金业协会发布的《私募投资基金登记和基金备案方法（试行）》以及 2016 年 9 月设立的私募基金备案系统"资产管理业务综合报送平台"中对私募基金的分类，私募基金资金来源：一般来源于财政资金和国家政策性银行，目前主要来源于财政资金。

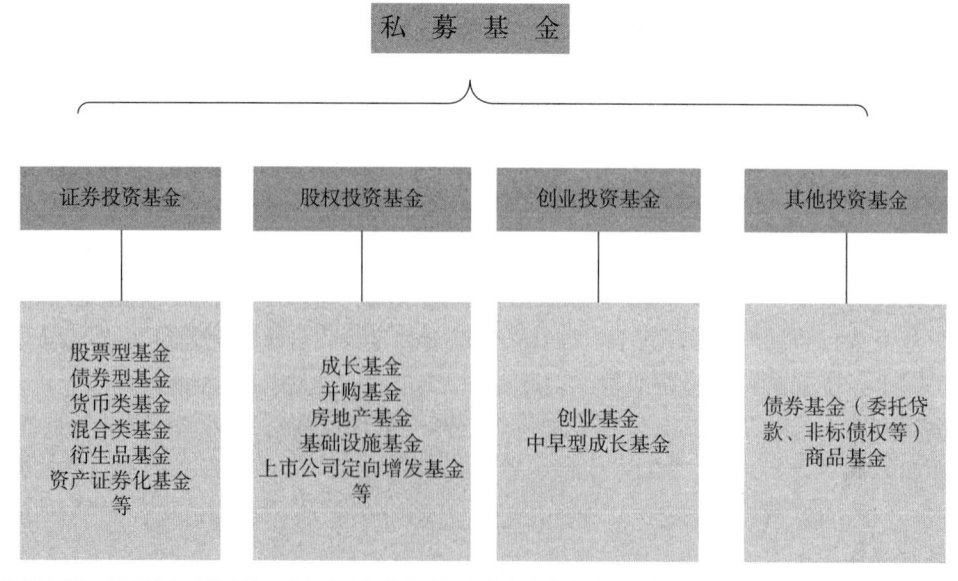

数据来源：国泰君安证券研究，《私募投资基金登记和基金备案方法（试行）》。

图 6-2 私募基金的分类

3. 注重区分政府产业发展基金与目前 PPP 基金的主要区别

政府产业发展基金是我国政府引导基金的重要组成部分。政府产业发展基金是指由政府出资设立的，通过股权或债券等方式吸引各类社会资本参与的政策性基金，该基金按照市场化方式管理运营，旨在重点扶持特定行业和特定地区。政府产业发展基金可以分为产业引导基金、创业基金以及其他类基金，其他类基金目前主要是指 PPP 基金。政府产业发展基金同创业基金以及 PPP 基金具有较大的相似性，但有本质上的区别。

表 6-2　　　　　　　　　政府产业引导基金和其他政府引导基金的异同

	创业投资引导基金		产业引导基金			PPP 基金	
共性	1. 由政府设立，不以营利为目的，具有政策导向性 2. 不直接干预基金的运作与使用，基本上为市场化操作 3. 发挥财政资金的杠杆效应，引导社会资本流向						
区别	主要投向创业投资企业，引导社会资本进入创业投资企业；对战略性新兴产业等新兴产业及中小企业，可通过创业投资引导基金，加强资金、技术和市场相融合		主要投向新兴、重点、战略性产业，推动产业结构优化升级；例如对集成电路等战略主导产业及行业龙头企业，可通过产业投资基金直接投资，实现产业重点突破和跨越式发展			中国政府和社会资本合作支持融资基金，主要作为资本重点支持公共服务领域 PPP 项目发展，提高项目融资的可获得性	
基本情况	设立情况	基金情况		设产时间	基金情况	设立情况	基金情况
	探索起步阶段（2002—2006 年）	全国共设立中关村、海淀区、苏州工业园区等 6 只创业投资引导基金，总规模近 40 亿元	国家层面	2014.09	国家集成电路产业投资基金	2015.05	中央引导示范性 PPP 基金
				2015.09	国家中小企业发展基金	2015.12	中国互联网教育混合母基金
	快速发展阶段（2007—2008 年）	全国共设立 33 只创业引导基金，规模近 200 亿元		2016.09	国投创合国家新兴产业创业投资引导基金	2016.06	京津冀协同发展基金
				2017.12	中国制造 2025 发展基金	2016.10	央企贫困地区基金
	规范化设立与运作阶段（2009 年至今）	2009—2016 年共设立创业投资引导基金 350 只，总规模接近 9000 亿元	地方层面	地方层面，重庆市、厦门市、山东省、上海市等多个省市均投身到产业引导基金的设立中，引导本省特定产业发展		2017.06	珠三角优化发展基金
						2017.09	中原丝路基金

数据来源：国泰君安证券研究整理。

从功能来看，创业投资引导基金设立的主要目的是弥补中小型企业在起步阶段资金不足等缺陷,加强资本和市场的融合,确保中小企业可以顺利发展;产业发展基金设立则是针对重点产业领域,主要作用是实现产业重点突破和跨越式发展;PPP 基金的运作则是为了解决 PPP 项目融资难的问题,PPP 基金可以加速 PPP 项目的最终落地。从投资领域来看,根据财政部发布的《关于财政资金注资政府投资基金支持产业发展的指导意见》,创业投资引导基金和产业发展基金应该根据问题定性,分类施策。针对不同领域需求定位,相机抉择使用不同基金。创业投资引导基金主要针对中小企业进行投资,产业发展基金则对战略性主导产业及行业龙头企业给予资金支持。PPP 基金则主要投资于公共服务领域 PPP 项目,包括交通领域、市政公共设施领域以及社会事业设施领域等。

4. 要继续健全和完善政府产业发展基金的行业管理和监督评价政策体系

目前,政府出资产业投资基金可直接适用的法律法规和相关政策主要有《公司法》《合伙企业法》《关于创业投资引导基金规范设立与运作的指导意见》(国办发〔2008〕116 号)、《创业投资企业管理暂行办法》(发改委 2005 年第 39 号令)、《私募投资基金管理办法》(证监会 2014 年第 105 号令),以及《政府投资基金暂行管理办法》(财预〔2015〕210 号)等。这些文件从不同层面和不同角度对政府出资产业投资基金资金募集、基金投向、基金监管等基金运作环节进行了规范和指导。地方政府也根据自己的实际情况,有针对性地出台了本地政府出资产业投资基金的管理办法。

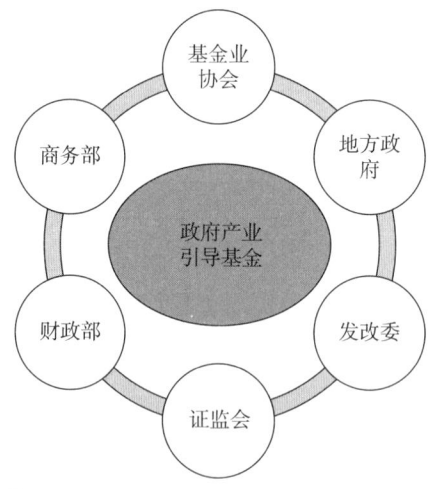

数据来源:国泰君安证券研究整理。

图 6-3 政府产业引导基金的监管部门

纵观各部门出台的各项文件,可以看出我国目前政府产业引导基金的监管形成了看似多头监管的混乱局面,但究其内部逻辑,各部门监管本质上遵循了符合本部门职能的监管职责。证监会负责基金具体操作层面的监管,即对基金管理人、基金募集程序、投资人保护等方面进行监管;财政部对政府产业引导基金的资金预算使用、会计处理、风险防范进行监督管理;发改委监管则突出对政府投融资行为的引导,从宏观层面发挥产业引导基金对产业升级改造的促进作用;地方政府主要针对本地的实际情况,决定地方政府产业引导基金的规模、投向以及后续监管等。

6. 广西政府产业引导基金发展报告

表6-3　　　　　各部门出台与政府产业引导基金相关的政策文件

发布部门	时间	政府文件	核心内容
国家层面	2001年	发改委制定《产业投资基金管理暂行办法》	产业投资基金相关政策的雏形，最后并未实施
	2005年	国务院十部委联合发布《创业投资企业管理暂行办法》（发展改革委等十部门第39号令）	引导基金的概念首次出现，但定义仍未明确
	2008年	国家发改委联合财政部、商务部共同出台《关于创业投资引导基金规范设立与运作的指导意见》（国办发〔2008〕116号）	对引导基金的定义有详细阐述，此处引导基金与文中所述产业引导基金的定义有重叠
	2013年	中央编办印发《关于私募股权基金管理职责分工的通知》	将私募基金划归到证监会管理
	2014年	国务院发布《国务院关于创新重点领域投融资机制鼓励社会投资的指导意见》（国发〔2014〕60号）	明确鼓励发展支持领域建设的投资基金
	2016年	财政部印发《政府投资基金暂行管理办法》（财预〔2015〕210号）	对政府投资基金的定义、主管部门、资金来源等进行规定，并规范了相关的基金的设立、运作、推出的全过程
	2015年	财政部发布《关于财政资金注资政府投资基金支持产业发展的指导意见》（财建〔2015〕1062号）	对暂行管理办法进一步作出相关指导，包括资金的投向、管理、禁止事项等
	2016年	发改委颁布《政府出资产业投资基金管理暂行办法》（发改财经规〔2016〕2800号）	对政府出资产业投资基金进行界定，并规定政府出资产业投资基金的资金来源、投资领域等
	2016年	国务院印发《中共中央　国务院关于深化投融资体制改革的意见》（中发〔2016〕18号）	强化政府出资产业投资基金的引导作用和放大效应
	2017年	发改委印发《政府出资产业投资基金新一轮信息登记指引（试行）》（发改办财规〔2017〕571号）	对政府出资产业投资基金信息进行登记，政府出资产业投资基金逐步走向规范监管
地方层面	2015年	浙江省印发《浙江省财政厅关于规范政府产业基金运作与管理的指导意见》（浙财企〔2015〕70号）	浙江省地方政府引导基金有明确的法规规范
	2016年	山东省财政厅发布《山东省新兴产业发展引导基金管理实施细则》（鲁财基金〔2016〕9号）	山东省设立总规模为500亿元省级新兴产业发展基金
	2017年	重庆市政府发布《重庆市产业引导股权投资基金管理暂行办法》（渝府发〔2017〕32号）	西南部省份开始规范政府产业引导基金
	2017年	贵州省人民政府印发《贵州省产业投资基金管理暂行办法》（黔府办发〔2017〕5号）	西南部省份规范政府产业引导基金脚步加快
	2017年	厦门市财政局发布《厦门市产业引导基金管理办法》（厦产业引导基金理事会〔2017〕）	市级政府大力发展政府引导基金

数据来源：国泰君安证券研究，各部委文件。

(二) 国外部分国家政府产业基金发展概况

1. 政府产业基金主要投资于新兴战略性产业

新兴战略性产业是经济社会发展的重要推动力量,也是世界各国博弈新一轮经济发展制高点和全球高端价值链的重要途径。以美国为例,战略性新兴产业是美国产业投资基金最为核心的投资领域。美国的产业引导基金主要集中在电子信息科技、生物医药与科技医疗服务和新兴消费服务三大新兴产业,三个领域的投资分别占总投资的50%、30%、10%。

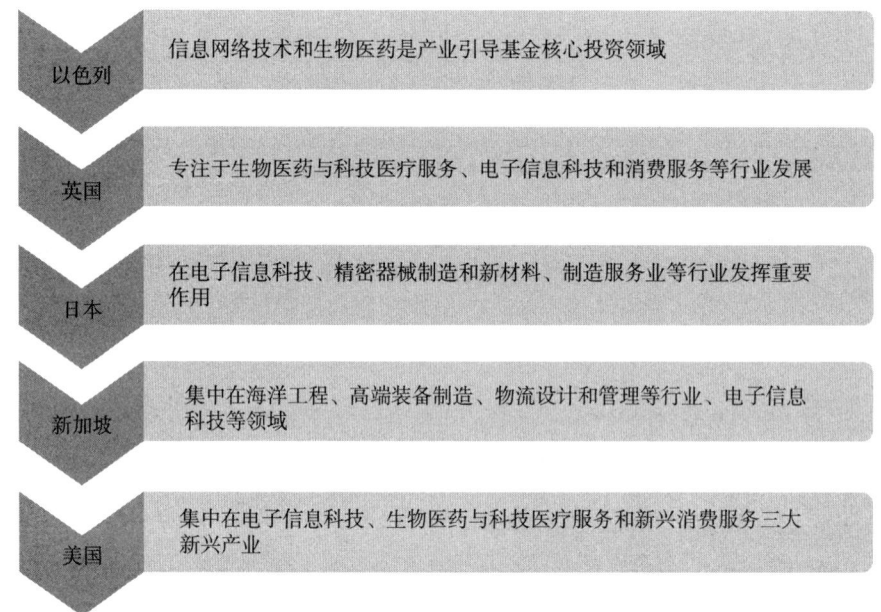

数据来源:国泰君安证券研究整理。

图 6-4 各国产业引导基金投资新兴战略性产业的情况

2. 政府产业发展是吸引社会资本的最有效方式之一

国外较为成熟的产业发展基金的主要特点之一就是对社会资本的撬动。以色列政府产业引导基金规章中要求产业引导基金至少吸引60%的社会资本参与。澳大利亚政府则规定政府产业引导基金中政府资金与社会资本的比例要在1∶1到1∶2之间。欧洲大陆和日本政府出资更低,只在5%~7%之间。而美国政府的出资在整体产业引导基金的占比不足3%。

表 6-4　　　　　　　　各国产业引导基金的社会参与度

国家	引导基金规模	社会资本占比	运行方式	组织形式	监管机制	绩效
美国	50年400亿美元	政府资本占比在3%以下	SBIC直接投资或提供信用担保	公司制为主	国会、SBIC	促进战略性新兴产业发展

续表

国家	引导基金规模	社会资本占比	运行方式	组织形式	监管机制	绩效
以色列	政府初始出资1亿美元	社会资本占比要在60%以上	引导基金与机构合作，母基金模式	合伙制	政府独资公司负责管理	促进通信、IT和医药医疗的发展
澳大利亚	政府出资2.21亿美元	政府资金和社会资本比在1∶1~1∶2之间	政府出资与民间资本逐渐引导基金	信托制、公司制等	产业研究与开发管理委员会	创业投资基金和新兴产业增速迅猛
德国	1亿欧元	欧洲大陆占比在5%~7%	产业政策和股权投资相结合	公司制	联邦金融监管局、地方政府	促进产业政策的实施和高科技、生物产业的发展

数据来源：国泰君安证券研究，《国外政府产业引导基金：特征、模式与启示》。

（三）国内部分地区政府产业基金快速发展阶段

1. 产业引导基金发展势头迅猛

2015年以来，我国政府引导基金呈现井喷式发展，从东到西，自上而下，各级各地政府均投身于政府引导基金的建设中。2008—2018年是我国政府引导基金迅速发展的十年。截至2018年6月，国内共成立政府引导基金1954只，总规模达到11.95万亿元。其中2018年新增政府引导基金156只，累计目标规模达到1.98万亿元，增长态势维持高位。

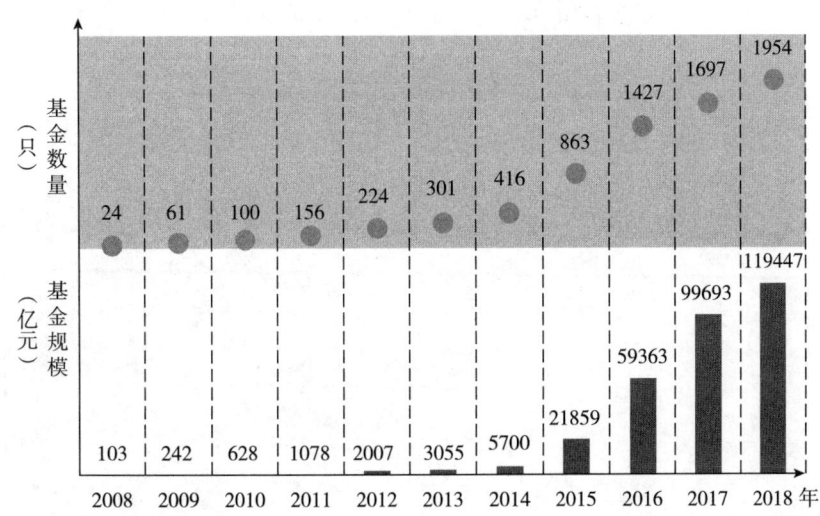

数据来源：国泰君安证券研究，私募通数据库。

图6-5 政府引导基金的累计规模、数量及趋势

作为政府引导基金的重要组成部分，政府产业引导基金在基金总数以及目标规模上都占有较大比重。2008年至2018年6月，我国共设立政府产业基金868只，总规模共计6.8万亿元，单只基金规模达到103.66亿元。产业引导基金在政府引导基金中数量最多，规模最大,占比分别为44.24%和55.28%。

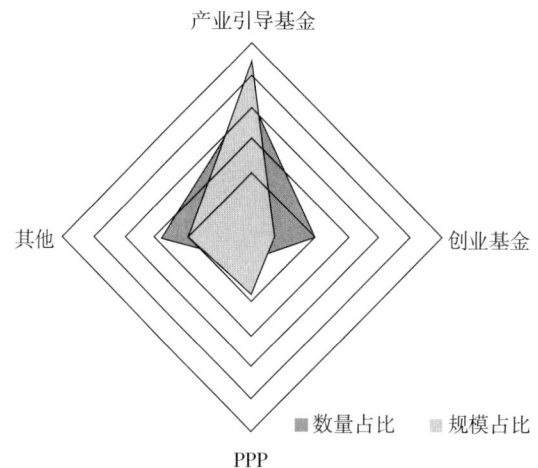

数据来源:国泰君安证券研究、私募通数据库。

图6-6 产业引导基金与其他引导基金的数量占比、规模占比

从时间序列上来看,2010年起政府产业引导基金的数量开始小幅增长,2015年后则进入高速发展阶段。2015年的新增数量增速为352.5%,目标规模增速为138.59%;2016年则分别为46.4%和344.5%。2017年、2018年新增数量有所回落,但总目标规模没有落后,仍在扩大;平均规模在2015年之后逐年上升,2016—2017年的平均规模增长率均在100%以上,分别为157.4%、103.9%。截至2018年6月,我国共新增产业引导基金122只,目标规模1.65万亿元,平均目标规模161.37亿元。

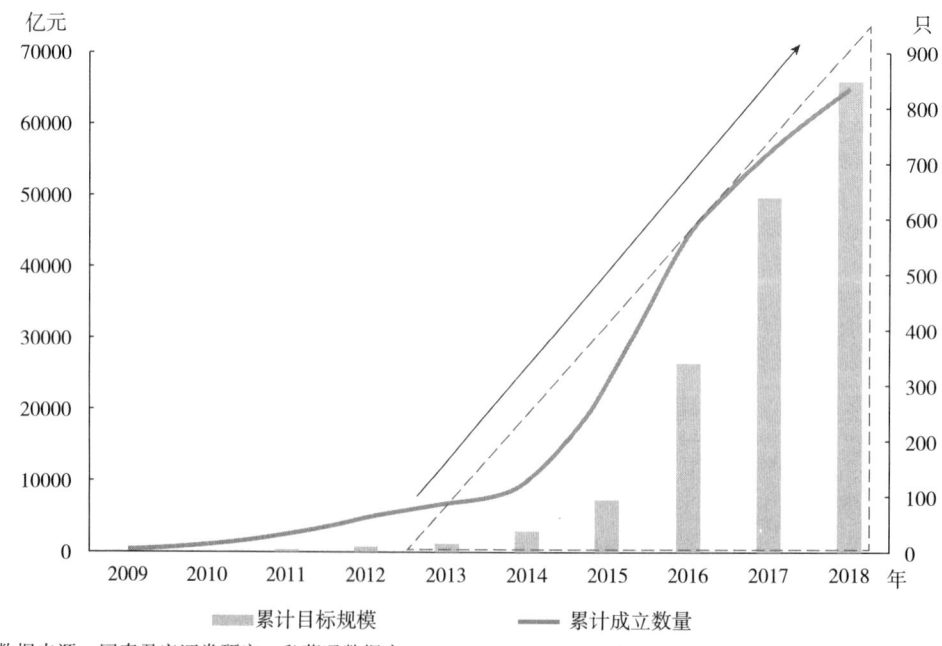

数据来源:国泰君安证券研究、私募通数据库。

图6-7 2009—2018年政府产业引导基金的累计规模

6. 广西政府产业引导基金发展报告

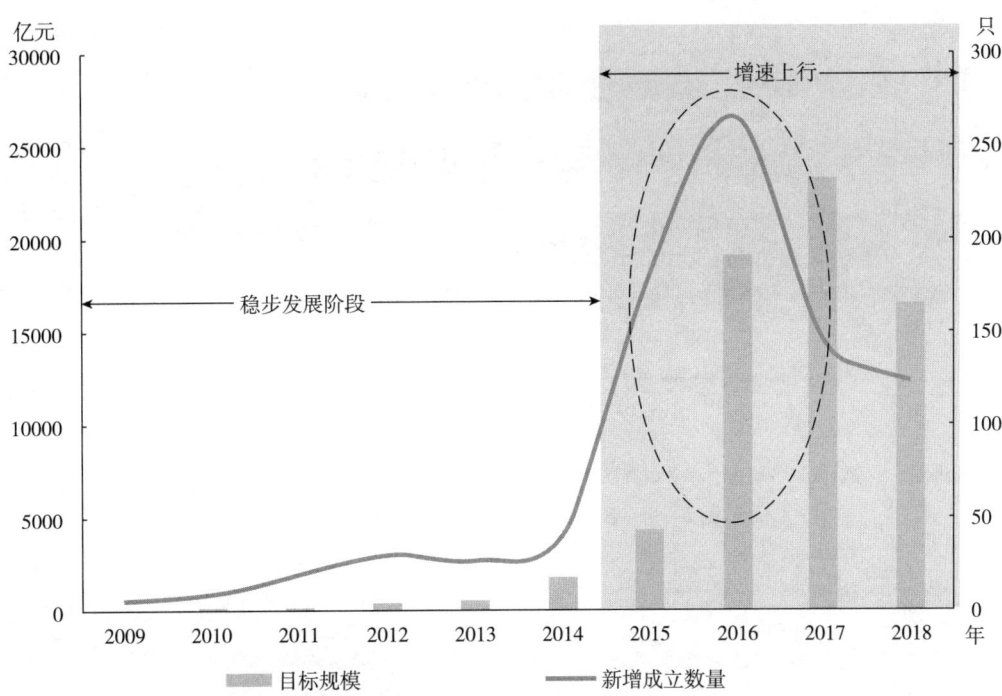

数据来源：国泰君安证券研究、私募通数据库。

图 6-8 不同发展阶段上的政府产业引导基金

2. 我国政府产业基金级别的分类情况

按基金级别来分，政府产业引导基金可以分为国家级基金、省级基金、地市级基金以及区县级基金。省级基金规模最大，地市级基金数量最多。具体来看，国家级基金仅 21 只，数目占比 2.24%。但由于其平均目标规模高达 973.07 亿元，远高于其他级别基金，因此国家级产业引导基金的总目标规模仍占有较大比重，共 1.46 万亿元，占 21.23%；地市级和省级基金各 356 只、220 只，分别占比 40.97%、25.32%；区县级基金由于区县政府财力有限等原因虽数量占比达到 31.19%，累计共 271 只，但规模位居末位，仅 12.02%。

从发展趋势来看，目前地市级和省级行政单位已经成为政府产业引导基金的设立主力。此外，区县级政府产业引导基金发展迅速，目标规模上升趋势明显，2016—2017 年分别新增基金数目 87 只、54 只，目标规模上涨 222.06 亿元、736.84 亿元。

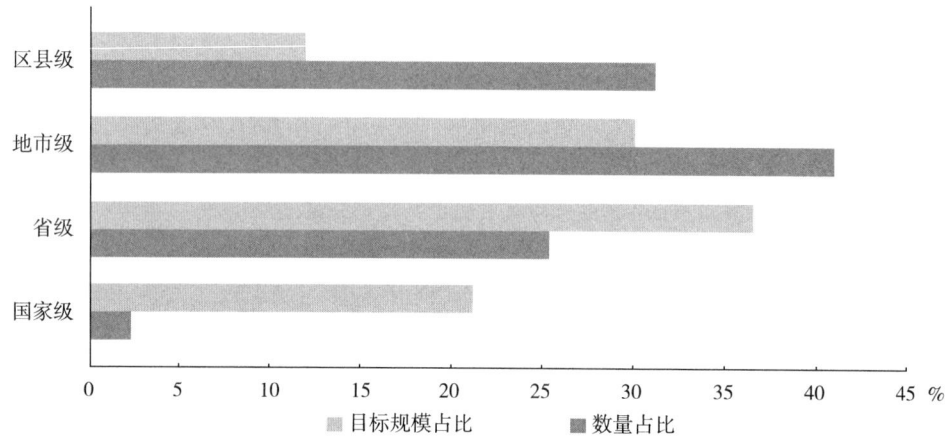

数据来源：国泰君安证券研究、私募通数据库。

图 6-9　各级别政府产业引导基金的占比

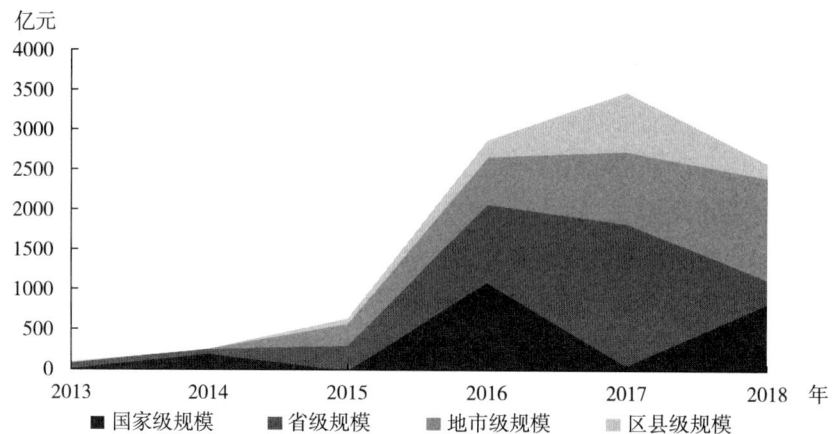

数据来源：国泰君安证券研究、私募通数据库。

图 6-10　2013—2018 年各级别政府产业引导基金的规模

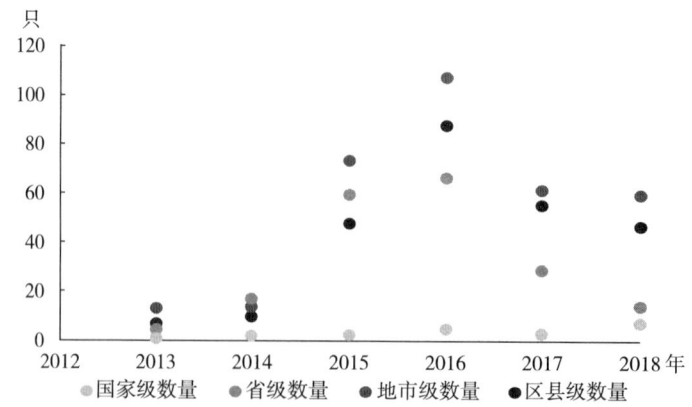

数据来源：国泰君安证券研究、私募通数据库。

图 6-11　2013—2018 年各级别政府产业引导基金的数量

3. 政府产业引导基金以大规模基金为主

政府产业引导基金主要用于发展新兴战略产业以及高科技产业，资金需求量大，因此就目标规模来看，政府产业引导基金的规模大多集中在大规模基金。其中 0~10 亿元规模的基金数量最少，仅 2 只基金，占比 0.23%；10 亿~100 亿元规模的基金共 57 只，占比 6.5%；100 亿~1000 亿元共 261 只，占比 30.03%；1000 亿元以上占比最高，达 39.59%，共 344 只基金。从时间序列上来看，2015 年是各规模基金实现突破式增长的重要年份。占比最高的 1000 亿元以上规模的产业基金在 2015 年新增基金 58 只，较 2014 年增速大幅提升；而占比第二位的 100 亿~1000 亿元规模的基金也在快速增长，2015 年、2016 年新增 100 亿~1000 亿元基金数量为 54 只、78 只，增速分别为 200%、44%。

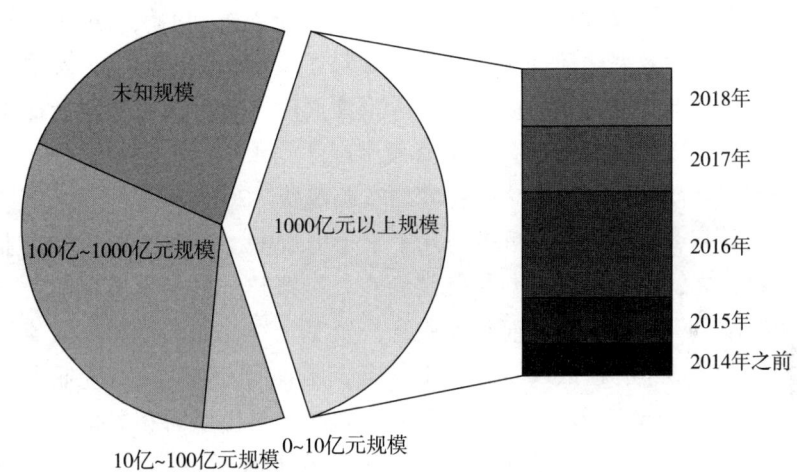

数据来源：国泰君安证券研究，私募通数据库。

图 6-12 不同规模的政府产业引导基金的占比

4. 东西部发展不均衡是现阶段的基本实情

从基金数量上来看，按注册地进行统计，政府产业引导基金设立主要集中在东部地区，西部地区则累计数量较少，仍处于发展阶段。目前我国政府产业引导基金注册最多的几个省份分别是山东省（91 只）、广东省（85 只）、江苏省（82 只）、四川省（49 只），其中山东省数量最多，占比达到 10.47%，主要系 2018 年的发展迅速所致。数据显示，山东省在 2018 年半年内共新设政府产业引导基金 26 只，是 2017 年全年新设数量的 2 倍；广东省在 2017 年总数量位居第一，2018 年则增速放缓，仅新设基金 11 只。值得注意的是，四川省作为西部地区的代表，目前产业引导基金的数量位列全国第四。截至 2017 年 6 月底，广西产业投资引导基金获批设立的子基金共 8 只，出资 33.55 亿元，子基金总规模 209.03 亿元。

三、广西产业基金发展存在的问题

经过近三年的发展，我区产业引导基金已经初具规模、政策体系也更加完善，对地方创业创新、产业结构调整以及园区基础设施建设等发挥着积极作用。但总体而言，还存在着资金分散、投向重复以及市场化运行水平不高等问题。

（一）产业引导基金在项目投资的整体运营中效率不高

首先是政府产业引导投资决策机制市场化程度不高。政府产业引导基金是政府设立，通过发挥财政资金的杠杆放大效应，吸引民间资本参与创业，不仅通过带动社会资本大大提高了财政资金使用效率，还在一定程度上弥补了市场失灵的问题，实现了产业引导扶持、企业发展、社会资本获利的多重目标。但在同时，政府投资基金在探索实践中也暴露出一些问题，一方面原因是社会化募资额难以达到预期，甚至有部分政府投资基金由于社会化募资不够而夭折，造成一定程度的资源浪费。2018年自治区工信厅新兴产业办的几只产业引导基金发现，通过审批的几十个子项目中，有80%以上因企业自身资金不足而无法按期设立，财政资金有数亿元滞留在托管账户。另一方面，即企业自身资本没有问题但由于项目资源有限，政府产业引导投资基金在标的选择和决策流程上又相对谨慎，实际投放非常缓慢，造成一定程度上的资金闲置。另外，政府产业引导投资基金的政府类项目决策需经自治区新兴产业办审核通过后，再由政府相关主管部门参加的基金管理委员会审批同意。而被投企业一般处于初创期和成长期，对资金需求比较急切，决策程序市场化程度不高，使得基金很容易错失投资项目机会。其次是运作监管程序复杂。国有资本参与投资的创业企业上市或挂牌，除须接受证监部门、财政部门的监督外，还有一些国资监管的审批要求，相对影响了运作效率。最后是退出周期长。根据《企业国有产权转让管理暂行办法》《企业国有资产评估管理暂行办法》的相关规定，国有产权有偿转让应当通过依法设立的产权交易机构公开进行，交易价格需经评估并核准或备案，运作效率较低，容易错失退出机会和风险补偿的机会，同时也增加了交易成本。

（二）政府产业引导基金运行趋同效应与退出不畅风险

首先引导基金大量结存是基金规模激增但管理能力不足的直接表现。在自治区示范、政策倒逼等因素作用下，各地级市纷纷设立各种名目的引导基金，但部分地级市或者还未对如何利用好引导基金做出翔实可行的规划，没有足够的专业投资能力；或者客观上优质项目储备不足，但引导基金又对投资地区有严格界定，暂时陷入无项目可投的情况等。需要警惕的是，部分地方政府借设立引导基金为名，将其变为政府融资工具，即采取财政资金劣后、甚至承诺对基金参与者保本最低收益的方式，吸引银行信贷或名股实债资金进入，从而达到财政资金放大的目的。这种做法容易导致国有资产流失，而且一旦基金在存续过程中出现问题，最终风险可能将全部转化为财政风险。其次，政府产业引导基金放大效应的实现，需要引导基金子基金的投资偏好、投资行为与纯市场基金要有显著差异，两者形成互补和"1+1>2"的协同效应。若引导基金子基金的最终投资偏好与社会基金、纯市场基金趋同，那引导基金的发展就会背离初心，对薄弱环节是叶公好龙，对热点领域是揠苗助长，对社会资金是与民争利。在此情形下，引导基金的规模越大，搅局作用和不利影响就越大，其回波效应可能导致引导基金自身也获得不了好的财务收益，甚至可能导致财政资金最终有较大的损失，要由政府买单。同化风险是引导基金发展中最大的系统性风险，必须制定相关政策予以妥善应对。最后是退出不畅风险。产业引导基金退出不畅，出现大面积亏损，引导基金就会失去后续发展的持续推动力。引导基金要顺利获利退出，根本保障是所投资产业，尤其是新兴产业的健康发展，IPO、并购等退出渠道顺畅。从我国以及美国等资本市场发展经验都表明，交易所市场至少从短期来看其容量是有限的，数以万亿计并且规模还在膨胀的引导基金，很难全部利用交易所市场退出，必须事先探索好、规划好多种退出路径，做到及时、有序、分阶段退出。否则短时间内集中设立的引导基金，要短时间内集中退出，无论对交易所市场还是私募市场，都是巨大的冲击。这势必会与其他社会资本在项目选择上产生冲突，无论如何妥协都会带来潜在风险。此外，商业银行理财资金期限大大短于政府投资基金，期限错配带来的管理风险也不容忽视。

（三）区内基金同质化现象，偏离了政府投资基金设立初衷

一方面，随着我区政府产业投资引导基金的快速发展，由于缺乏统筹规划，基金出现同质化现象，偏离政府投资基金设立初衷。例如，我区的南宁市、柳州市和北海市就分别成立了产业发展基金、创业投资引导基金和政府投资引导基金等。某些地级市仅为扶持战略性新兴产业发展就设置了"创业投资引导基金""政府引导基金""战略性新兴产业专项引导基金""战略性新兴产业发展引导基金""股权投资引导基金"等多只基金。另一方面，基金虽然具有同质化倾向，但多数都是各自运行，体系较为分散，并未进行统筹管理。例如，有的地方政府投资基金的运作模式基本相似，但主管部门却各不相同，信息不能共享，难以形成合力。这一方面导致政府无法有效整合资源为所投资企业提供更优质的服务，另一方面也使企业很难获得全面的政策信息，无法与基金有效对接。

（四）市场化专业人才缺乏，基金管理运营水平有待提高

我区政府产业投资引导基金从设立之初就要求市场化运作，当前基金在形式上基本都能满足交由专业基金管理机构和团队进行具体管理这一条件，但在实际运作过程中，部分基金的管理机制还存在一些问题，专业化管理水平有待提高。例如，2018年，政策规划组第一批人员大部分于6月底抽调期满都已回单位，现新增2名委属院校人员，所有业务得从头学习且工作能力参差不齐，严重影响工作效率和质量。另一方面工作人员缺乏金融、法律等专业知识和工作经验，对做好新兴产业政策工作有一定困难。一是体

制机制约束太多,决策程序较长。调研中有部分企业反映,我区政府产业投资引导基金决策程序较为复杂,过长的审批时间容易引发企业流动性风险,因此在寻找融资来源时政府投资基金是其劣后选择。二是部分基金还存在主动或被动的行政干预,基金运作市场化程度不高。比如,基金投放地域限制、投放产业限制,甚至还有股份多少的限制等,这些都限制了基金的正常发展。三是由于私募投资机构较少,很难选到优秀的管理机构,结果可能导致基金中大部分资金是财政出资,且这些资金被一个三流管理机构管理,很难做到真正的专业化运作及为企业提供增值服务,极端情况下,这类管理机构甚至并不关心项目本身,却为了获得成功率而人为地进行组合配对,没有真正地发挥市场机制的作用。四是当前的我区政府产业投资引导基金大多套用以前创业投资基金的管理模式,这对于政策目标设定为扶持高新技术产业的基金问题不大,但对于定位于传统产业转型、扶持传统弱势产业等的政府投资基金并不完全适用,需要加以调整。

(五)政企界限模糊,激励约束有待改革完善

我区政府产业投资引导基金尚未建立独立的管理团队,目前,委托自治区工信厅新兴产业办进行日常管理,而国资运营团队的市场竞争力不高。私募股权投资基金通常采用合伙制的组织形式,普通合伙人一般为基金管理人,但《合伙企业法》规定"国有独资公司、国有企业、上市公司以及公益性的事业单位、社会团体不得成为普通合伙人",这在一定程度上降低了国有私募股权管理公司的市场竞争力。同时,一般创投行业会以基金规模的1%~2%作为管理费,按基金净收益的10%~20%进行超额收益分配,以提高员工的积极性和责任心,但现有国有企业薪酬机制对高端人才缺乏吸引力,人才引进困难,不利于稳定管理团队。其运营团队跟投机制不健全。跟投制度将管理团队和投资项目的利益捆绑,收益共享,风险共担,降低项目投资运作风险和道德风险,而《国有企业领导人员廉洁从业若干规定》《关于规范国有企业职工持股、投资的意见》对国有从业人员投资入股有限制条款,这在一定程度上影响了跟投机制的落实,难以起到激励约束作用。

四、广西产业基金主要发展思路

我区设立政府产业投资引导基金是政府统筹用于竞争性领域和区域发展的财政资金,发起或参与设立,带动金融机构、国有企业及社会资本参与,以专业基金管理机构为平台,通过市场化运作的多元化投资基金,投资我区重点产业和国家区域发展战略。设立产业引导基金是贯彻落实党中央关于全面深化改革的重大部署,是政府创新政策扶持重大项目、重点产业和区域发展的重要举措,是财政资金使用方式的改革创新。设立引导基金有利于厘清政府和市场职能,使市场在资源配置中起决定性作用和更好地发挥政府作用,加快转变政府职能,促进经济更有效率、更加公平、更可持续发展;适应新产业、新技术、新项目发展,迫切需要加大资金投入和拓宽投融资渠道,打造新引擎,形成新

动力；有利于整合、优化、盘活财政资金，通过市场机制的作用，推动财政资金与金融资本结合，撬动社会资本，发挥财政资金杠杆放大作用和乘数效应，满足我区加快经济社会发展的资金需要。

（一）探索建立相应的管理体制，明确投资目标建立新成效

自治区人民政府发起设立产业引导基金作为母基金，引导基金首期财政出资规模30亿元，到2020年，产业引导基金财政出资规模争取达到100亿元以上，通过发起或配合发起设立、参与现有各类股权投资基金及直接股权投资等方式，带动金融机构和社会资本投资总规模达500亿元以上。建立完善1+N母子基金投资模式，并与直接股权投资方式统筹使用。产业引导基金出资与金融机构、社会资本、国有企业、市县财政性资金合作，配套国家专项资金，以专业基金管理公司为平台，共同发起或配合发起设立、参与现有各类投资基金（以下简称子基金），产业引导基金可委托自治区有资质的国有公司开展直接股权投资。建立规范化的产业引导基金要充分发挥政府部门职能作用，科学设置管理运营机构和制衡机制。运营方面，由自治区新兴产业办牵头，负责承担引导基金产业类项目管理具体工作，负责引导基金投资重大项目（包括直接股权投资重大项目、子基金投资重大项目）的征集和遴选。组织方面，建立项目投资安全审查机构，建立以项目部门为第一责任人的投资安全管理体系，制定项目审查与投资安全管理制度和措施，并严格审查落实。制度方面，自治区相应部门应建立健全产业引导基金管理制度以及更好地规范金融机构和社会资本统筹使用，并落实产业引导基金与金融机构、社会资本、国有企业、市县财政性资金合作制度。技术方面，设立项目投资安全管理部门，通过设立技术云平台，加强对投资项目技术、产品与营销等方面深入了解，落实基金投资的设计要求。投资领域方面，确保投资主要用于新材料、节能环保、高端装备制造、新一代信息技术、新能源汽车、大健康等战略性新兴产业，石墨烯、机器人、无人机、智能制造等新兴先导产业，铝业、糖业、机械、冶金等传统优势产业二次创业及现代仓储物流、工业设计、节能环保服务、现代电子商务等生产性服务业。激励方面，建立奖罚分明的制度和惩奖措施，实行基金投资绩效考核，以保证对引导基金具体绩效评价体系、考核指标及评价监管的主体部门进行了规范性说明，绩效评价结果也按照政府信息公开有关规定在一定范围内公开。支持战略性新兴产业、高新技术产业、先进制造业、生态环保产业、现代服务业等重点产业发展和港口、园区等交通、工业基础设施建设以及"一带一路"等国家区域发展战略。

（二）建立稳定的财政筹资机制，实现财政投资高效安排

根据《中华人民共和国预算法》《国务院关于深化预算管理制度改革的决定》（国发〔2014〕45号）、《国务院关于改革和完善中央对地方转移支付制度的意见》（国发〔2014〕71号）、《财政部关于印发政府和社会资本合作操作指南（试行）通知》（财金〔2014〕113号）和自治区人民政府《关于设立广西政府投资引导基金的意见》（桂政发

〔2015〕56号）等文件精神，大力做好自治区投资引导基金设立工作，进一步改进我区财政资金分配方式，减少行政性分配，探索财政资金投入产业引导基金等市场化方式投资改革，通过引入金融机构以及撬动社会资本，加大对我区重点产业和重要区域的投入力度，提高财政资金使用效益，每年从国有资本经营预算收入中划转一定比例安排；每年从投入到竞争性领域及用于支持区域发展的财政资金新增部分中统筹安排；每年从收回的部门预算结转结余资金等财政存量资金中统筹安排；其他适合投资基金的财政资金统筹安排；产业引导基金实现的收益等。按照现代企业制度的规范要求，建立公司各项管理制度。在国有独资阶段，区财政厅作为出资人行使股东会职权，决定公司重大事项，委派公司董事长。引入银行、保险机构以及国有企业、社会资本参与的多元化有限责任公司阶段，设立公司股东会。金融机构等参与股东会、董事会，作为区财政厅的一致行动人，参与公司的决策或表决。按照"统筹使用、分类管理"的原则，加强新兴产业发展资金和创新驱动发展专项资金的统筹管理工作，编制年度专项资金、引导基金统筹使用计划，建立分类管理制度。产业引导基金年度投资子基金和直接股权投资要同步推进、宏观调控、统筹平衡，做到合理有效地将子基金投资和直接股权投资相结合，财政专项资金与产业引导基金相结合。

（三）建立规范合理的投资模式，打造有效监管及风险防控体系

根据自治区党委、自治区人民政府的决策部署，结合项目特点，建立直接股权投资为主、以投资子基金为辅的投资模式。建立投资子基金方式。基金管理公司与金融机构、社会资本、国有企业、县（市）区政府投资机构等合作，发起设立若干只子基金或增资现有的相关基金。合理设定基金管理公司投资子基金的规模、方向和结构，分散投资风险，提高资金使用效益效率。基金管理公司对单只产业类子基金所占的投资比例不超过30%，对单只基础设施类子基金所占的投资比例不超过50%，不做子基金第一大出资人或普通合伙人，不控股子基金，不直接参与、干预子基金运营管理。对多级财政性资金（包括中央资金）参与设立的子基金，财政性资金共同出资比例不得超过子基金规模的50%。建立直接股权投资方式。自治区新兴产业办确定需要重点扶持或鼓励投资的特定项目，可采取直接股权投资方式对项目企业进行投资。直接股权投资原则上不得超过被投资企业注册资本的30%，且不为第一大股东。直接股权投资资金根据项目实施情况和协议约定分期到位。直接股权投资公司可开展直接股权投资经营活动，也可委托有资质的运营管理机构代理经营活动。直接股权投资主要支持自治区战略性新兴产业、新兴先导产业、传统优势产业二次创业及生产性服务业重大投资项目建设。自治区要求财政厅指导监督引导基金公司建立健全投资管理、内部控制等管理制度和风险防控体系，规范基金运作，防范和分散投资运营风险；定期对引导基金公司进行监督检查。引导基金公司完善委托运营管理制度，监督引导基金运营公司履行受托职责。引导基金运营公司按市场化要求，建立公司法人治理结构和现代企业制度，建立健全内部风险防控体系，定期向引导基金公司报告投资运营情况。引导基金公司、引导基金运营公司要定期聘请中介机构出具审计、评价报告,并向财政厅报告。自治区工信厅指导监督直接股权投资公司按照国有企业改革发展要求,建立公司法人治理结构和现代企业制度,建立健全决策管理运营架构和管理制度,完善风险防控体系,建立委托运营管理制度;定期对直接股权投资公司进行监督检查。直接股权投资公司要定期聘请中介机构出具审计、评价报告,并向自治区工信厅报告。

(四)运用市场化方式运营,围绕重大项目直接股权投资

自治区产业引导基金投资子基金和直接股权投资必须遵守《中华人民共和国公司法》《中华人民共和国合伙企业法》《中华人民共和国信托法》等法律规定,建立健全组织形式,发挥专业基金管理人作用,提高投资运营效益。被投资企业具备在广西行政辖区内依法登记注册、取得独立法人资格,符合投资方向,资本结构清晰,经营管理规范,风险可控,自愿接受国有股权投资等基本条件。科学界定并严格控制直接股权投资对象和范围。直接股权投资对象必须为自治区扶持的重点重大项目企业,而非一般企业项目。主要包括我区重点发展的战略性新兴产业、新兴先导产业、传统优势产业重大企业及科技创新成果产业转化重点项目企业。原则上鼓励采取设立子基金方式进行投资,以便吸引带动更多社会资本、金融机构参与投资,做大做强基金规模总量,同时对重点重大项目可采取直接股权投资方式。采取市场化方式独立运营。制定投资管理制度,建立内部控制体系,组织开展选项注资、委派决策管理人员、监督防控、利润分配、股权置换转让、清算退出等经营管理全过程工作。子基金要充分发挥市场决策机制作用,子基金管理人负责投资决策、经营管理;引导基金公司不干预子基金决策经营活动,与出资人风险共担、收益共享。

(五)发布服务指导目录(2018版),开展直投企业认定工作

2018年3月,经自治区工信厅、发改委组织认定106家企业为2017年新增战略性新兴产业企业。10月份,发布了《广西六大战略性新兴产业重点产品和服务指导目录(2018版)》,进一步把战略性新兴产业产品和服务内容细化到44个重点方向,218个子方向,近4000项细分。为我区战略性新兴产业企业的认定,提供了有力的依据。对引领产业转型升级、促进产业迈向中高端,有较强的指导性。2018年11月,新兴办、自治区发改委、工信厅和统计局等部门联合印发了《关于开展2018年战略性新兴产业企业认定工作的通知》(桂新兴政规通〔2018〕10号),组织开展2018年的战略性新兴产业企业认定工作。经过几年的发展,我区战略性新兴产业已经具有一定的规模,并且发展速度越来越快。广西规模以上工业战略性新兴产业企业数,从2014年的343家、2015年的361家,增加至2017年的638家。2017年,全区战略性新兴产业产值为2763.2亿元,占同期规模以上工业比重达到10.5%,总产值增速为24.35%,主营业务收入增长16.7%,利润总额增长40%。其中,新一代信息技术产业产品产值为756亿元,总产值增速达到15.92%,主营收入增长22.6%,新材料产业产品产值达到560亿元,总产值增速达到

68.46%，主营收入增长 20.7%，新能源汽车产业增速较快，总产值增速高达 196.2%，主营收入也增长了 24.8%。高技术产业产值为 2496.62 亿元，占地区生产总值比重达到 9.5%。2018 年上半年，我区工业战略性新兴产业增加值同比增长 8.7%，比规模以上工业快 2.0 个百分点，新一代信息技术产业年均增速超过 25%。

（六）开展新兴产业政策研究，实现投贷联动

为充分掌握我区新兴产业发展现状、存在困难、对策措施等，进一步加快我区新兴产业发展，根据领导工作布置，我们组织开展了《开展新兴产业办工作机制、工作职能以及金融财政支持调研》《广西新兴产业统计和评价指标体系研究》《推动组建我区新兴产业联盟和产学研联盟研究》《研究制定我区新兴产业实训基地建设工作方案》《编制广西六大新兴产业指导目录和产品年度培育计划工作方案》《广西新兴产业发展与地方高等院校专业调整和新设建议工作方案》《推动建立一批广西新兴产业高水平创新载体和创新服务平台工作方案》《提升广西新兴产业发展基金作用研究》等八个课题的研究工作，通过招投标，充分利用社会研究力量，从支持政策、创新平台、产业联盟、产业基金、人才队伍等方面进行高质量的研究。目前已完成《开展新兴产业办工作机制、工作职能以及金融财政支持调研》《广西新兴产业统计和评价指标体系研究》《推动组建我区新兴产业联盟和产学研联盟研究》《研究制定我区新兴产业实训基地建设工作方案》《编制广西六大新兴产业指导目录和产品年度培育计划工作方案》五个课题的编制工作。大大加快了第一批新兴产业直接股权投资项目实施，按进度加快资金投放，加强了第一批新兴产业直接股权投资项目的融资能力，为被投企业与建设银行、邮政储蓄银行、中诚信托、景行资本等金融机构牵线搭桥，构建立沟通机制，拓宽了被投企业的融资渠道。这一批 12 个项目，带动企业投资 206 亿元，其中固定资产投资 112 亿元。项目建成投产后，可新增年销售收入 1007 亿元，实现利税 146 亿元。

（七）改革投资主体，规范投后管理

原来各临时直接股权投资公司作为第一批新兴产业项目直接股权投资的临时实施主体，按照市场化的方式开展投资方案的编制和投资合同的谈判。在实际操作的过程中，由于各方对政策性扶持认识不到位、流程设计复杂烦琐等原因，导致资金拨付缓慢。为解决第一批新兴产业直投项目工作中出现的一些问题和《广西政府投资引导基金直接股权投资管理暂行办法》中自治区直接股权投资公司缺乏问题，自治区人民政府批准同意成立广西工业投资发展有限责任公司。新兴产业办项目组于 2018 年 5 月起协调第一批新兴产业直接股权投资资产划转至广西工业投资发展有限责任公司，用时 5 个月，共涉及 7 个地市政府，9 家平台公司，12 家被投企业，划转资产 15.66 亿元。新兴产业办项目组在第一批新兴产业直接股权投资资产划转的过程中，进一步完善了投资管理机制，一是建立协调机制，简化工作流程，划转后迅速改变了之前资金投放慢的情况。二是建立了投后管理机制，指导被投企业规范管理和经营。三是建立了金融服务机制，指导被投企

业按资金需求,向金融机构提出设立产业基金、融资担保、授信等增值业务。

(八)进一步推动直投项目落地,组建工业高质量发展基金

自治区新兴产业办项目组开始组织第三批直接股权投资项目申报,目前已收到各地市申报项目137项,将按照全区工业高质量发展大会提出的《关于推动工业高质量发展的决定》和《推动工业高质量发展行动计划2018—2020》的文件精神,聚焦"强龙头、补链条、聚集群"的工业发展思路,围绕培植"工业树"、打造"产业林"的工作部署,开展2019年第三批新兴产业直接股权投资项目前期工作,优选出一批能推动区内形成具有带动示范作用的龙头,补充完善产业链,培育发展新动能,实现产业集群的项目。2018年10月25日自治区十三届人民政府第18次常务会议批准,直接股权投资26项,直接股权投资18.8亿元。其中,着力培育广西玉柴机器集团有限公司玉柴纯电动商用车建设项目(玉柴新能源特种汽车建设项目)等龙头企业项目3项,抓好广西正润新材料科技有限公司电子铝箔一期工程项目等产业建链补链强链项目19项,打造中国电子北海产业园发展有限公司中国电子北部湾信息港(一期)优势特色产业集群4项,这批项目带动企业投资292亿元,其中固定资产投资236亿元,项目建成达产后,预计可新增年销售收入1373亿元,实现利税161亿元。2018年12月14日,自治区人民政府审议通过自治区新兴产业办与自治区财政厅、广西金融投资集团共同起草《广西工业高质量发展基金设立方案》,同意设立广西工业高质量发展基金,基金总规模1000亿元。为发挥财政资金的引导作用,积极引入国内外股权投资基金,社会保险、金融资本等各类社会资本,力争2019年规模达100亿元,2019年新兴产业办项目组将完善广西工业高质量发展基金运营机构设置,组织开展广西工业高质量发展基金项目申报及投资前期工作。

(九)产业引导基金升级,组建工业投资公司意义重大

为深入贯彻落实党的十九大精神和自治区十一次党代会的有关要求,进一步创新投融资方式,更好实现政府资源对实体经济发展的引导和培育,打造工业投融资平台,拓宽工业投融资渠道,促进产融深度结合,培育重点产业龙头企业,推动我区新型工业化跨越式发展,自治区工信厅建议以广西金融投资集团有限公司作为出资人组建广西工业投资发展有限责任公司,充分发挥自治区工信厅和广西金投集团各自的优势,整合资源、共同发力,构建新型工业投融资平台,对于引导产业投资导向,提高财政资金使用效能,助推工业企业发展壮大和产业转型升级都有着重要的现实意义。一是创新财政资金分配方式,提高财政资金使用效益。通过组建工业投资公司可以吸引和引导社会资本是财政治理理念的重大变革、是财政资金分配方式的重要创新。财政资金分配方式从过去分散、低效、行政性的财政补贴、税收优惠转向集中、高效、市场化的股权投资,变一次投入为滚动使用,有助于提高财政资金的使用效益、保障财政资金的保值增值。同时,有利于更好地发挥财政资金的杠杆放大效应,发挥"四两拨千斤"的作用,有效撬动和引导社会资本投向重点领域和产业,是政府发展经济和推进供给侧结构性改革的重要利器。二是助推产业转型升级和实现工业经济高质量发展,支持创新驱动的国家战略。一方面,投资于战略性新兴产业、先进制造业等领域的产业投资基金,有助于扶持重大关键技术产业化、有效解决产业发展投入大、风险大等问题,加快实现产业转型升级和实现工业经济高质量发展。另一方面,创投企业一般倾向于投资成长期、成熟期和重建期企业。通过财政资金的杠杆作用组建工业投资公司,可以投资重大项目建设任务,集中力量推进基础设施建设、推动产业转型升级、加强生态基础设施建设,激发企业创业创新的活力,缓解依靠市场配置投资资本的市场失灵问题。当前,加大对创新型企业的支持力度,加快培育一批具有较强自主研发能力的企业,推动高新技术产业发展,是提高我区自主创新能力、实践创新驱动发展的必然选择。三是有助于支持我区地方经济建设和公共服务供给,推动融资平台市场化转型。新预算法和国发43号文赋予了地方政府依法发行政府债券举债的权利,同时也鼓励采取PPP模式吸引社会资本参与城市基础设施等有一定收益的公益性事业投资和运营。当前,PPP模式下的产业投资基金已经成为地方政府基建融资的重要途径。产业投资基金以小撬大,具有运作形式灵活、汇集资本能力强等特点。投资于公共服务、生态环保等领域的产业投资资金,有助于优化公共设施投融资模式、改善公共服务供给机制、提高公共服务供给质量。此外,一些融资平台存量公共项目转型为PPP项目。产业投资资金入股PPP项目,不仅能够扩大项目资本金来源,而且通过引入社会资本参与建设运营,推动融资平台建立完善的公司治理结构和现代企业制度,助推融资平台的市场化转型。

产业引导基金发展展望,做强做优做大国有资本是理论飞跃,组建工业投资公司是我区实现高质量的新思路。

在十九大报告中,习近平总书记提出了从"做强做优做大国有企业"到"做强做优做大国有资本"的理论飞跃,主要可能集中在以下几个方面。首先在十九大报告中也提到了,经济体制改革要以完善产权制度和要素市场化配置为重点,作为一个提纲挈领的大方向。而国有企业在这样一个大方向下的具体落地,也要落实市场化的要素配置以及产权制度的清晰。从资本的角度来说,国有资产有两种实现形式,一种是叫作实物形态的企业,还有一种是叫作价值形态的资本。从表现形式来看,一种叫作国有企业,一种叫作国有资本。我们的改革应该从企业管理的方向转向资本价值管理的方向。其次,"做强做优做大"国有资本其实也是和我们监管方式的调整转变相关。在十九大报告中也提出了要继续落实改革,深化国有资本授权经营体制。十八大以来所提的授权经营体制的方式叫作"管资本为主的监管方式"。"管资本为主的监管方式"是指国资委作为国有企业的出资人所有权的代行者,要由直接的企业监管转变为资本的监管。推行投资运营公司,还有职业经理人制度,市场化选聘经营管理者,兼并重组,混改,都是在管资本为主监管方式下所进行的调整。再次,管资本为主也利于十九大所提出的以混合所有制改革作为国企改革的突破口。混改是以产权为基础的。以联通混改为例,联通原来是60%多绝对控股,现在通过混改,增资扩股,股权转让,调整到了30%多。如果用资本的概念来看，2016年我们所推出的国有资产监管交易管理办法明确规定，如果资本比例即使低于50%，但只要是第一大股东，同时是实际控制人，那企业还是属于国有性质的。国企在混改中即使股权在50%以下，但只要还是第一大股东，还是实际控制人，那在整个公司治理的话语权中还是有话语权的，就实现了用国有资本来撬动社会资本，实现国有资本的保值增值和国有资产的放大功能。最后，十九大文件中也提出了国有企业未来的方向，要培育具有全球竞争力的世界一流企业。如果要培育具有全球竞争力的世界一流企业，肯定要打入全球价值链的中高端，要打造世界先进的制造业集群，央企要走出去。如果我们还是原来的企业化运作，真金白银去进行境外投资，不仅费力、费钱可能还会有风险。未来如果我们用资本这种概念去进行股权投资，去进行产权投资，通过资本方式进行收购，相关的技术专利我来吸收，那同样可以控制境外一些好的企业。包括一些政治风险性比较大的国家，如果进行股权多元化投资，可以让当地的政府，当地的家族企业来参股，那中国企业的政治风险、经济风险可能就会降低。央企去打造先进制造业价值链的中高端，最后做强做大国有资本，这都可以起到推动作用。2018年12月14日，广西召开自治区十三届人民政府第21次常务会议，根据本次常务会议审议通过的《创新预算管理支持补短板实施方案（2019—2021年）》系列文件明确，为创新财政投入方式，自治区人民政府决定统筹安排100亿元自治区本级财政资金，注资广西金融投资集团，其中2019年注入30亿元、2020年注入30亿元、2021年注入40亿元，进一步增强广西金融投资集团的资金实力，通过基金市场化方式运作投资我区重点产业，充分发挥财政资金的引导效应，由广西金融投资集团作为主发起人及出资代表，发起设立预计总规模为1000亿元的广西工业高质量发展基金。该基金由广西金融投资集团下属广西产业发展基金管理公司作为管理人，在政府引导的基础上，按照市场化原则运营，带动国有企业、金融机构，撬动社会资本，设立私募股权投资基金，投资自治区重点重大工业企业项目。一是加快推动我区工业转型升级的重要举措。当前，随着我区工业转型升级步伐的明显加快，一些因市场因素导致在我区相关重点发展领域和产业中出现的不能投、不敢投、不愿投难题也日益凸显，迫切需要打造一个政府性工业投融资平台，以加大对自治区战略性新兴产业、新兴先导产业、传统优势产业等二次创业及生产性服务业重大投资项目建设的支持力度，进一步发挥财政资金的导向带动作用，集中解决一些重点企业的融资难问题，从而做大做强我区工业骨干企业。组建广西工业投资发展有限责任公司，目的就是将其打造成为全区工业产业的投融资平台，充分发挥投资对优化工业领域供给结构的导向作用，加快推动我区工业转型升级。二是创新扶持工业发展方式和拓宽资金来源渠道的重要途径。通过组建广西工业投资发展有限责任公司，创新工业投资的方式手段，发挥政府直投资金的引导作用，由原来的主要依靠补助、奖励、贴息的单一手段转变为综合运用股权投资等多种方式，有利于进一步拓宽我区工业产业的融资渠道。同时，充分利用广西金投集团的综合金融优势，通过旗下的担保、应急资金贷款、金融租赁、基金、保险、创投等丰富的金融产品和手段，为被扶持企业提供全方位的综合金融服务，支持企业发展壮大。可以借助广西金投集团的专业化运作方式，通过发债、基金等形式向区内外金融机构融资，拓宽资金来源渠道，进一步扶持我区工业发展。三是进一步提高财政资金使用效率和增强工业投融资能力的重要手段。广西工业投资发展有限责任公司成立后，政府扶持资金通过广西工业投资发展有限责任公司按市场化模式投资入股被扶持企业，在被扶持企业做强做大、具有自我发展能力后，股权投资可以按市场化的方式退出，收回的资金及收益可以继续用于投资和扶持其他企业，从而实现财政扶持资金的循环利用，进一步提高财政资金的使用效能。同时将自治区工信厅受托管理的部分优质企业划转至广西工业投资发展有限责任公司，由广西金投集团利用其专业的人才队伍、成熟的市场经验和金融手段，通过商业化、市场化的资本运作，优化资产质量，实现资产增值，并运用资产融资，增强广西工业投资发展有限责任公司的资金实力，提升对区内工业企业的投资能力，实现盘活存量资产最大化支持工业发展的目标。

五、广西产业基金发展的对策与建议

政府产业引导基金的良性运作对撬动社会资本、促进相关产业和领域发展具有重要作用。在当前形势下，要着力从合理规划投资战略、管理规范与优化、合理构建激励约束机制、扩大资金来源、建立海外分支机构和监管部门及征信机制的建立以及发挥政府在产业投资基金发展中的作用和风险防范等多维度发力，用好并促进各类基金的健康可持续发展，更好地发挥其功能和政策引导效果。

（一）进一步完善产业引导基金的管理制度创新

一是要加强对引导基金的组织领导。建议自治区新兴产业办根据授权代行出资人职责，牵头负责对拟参股子基金开展尽职调查、入股谈判、签订章程或合伙协议以及基金投资监督、收益收缴、清算退出等相关工作，拟订新兴产业发展及传统优势产业转型升级重大政策、编制重大规划、统筹推进重大项目、研究提出专项产业基金的设立意见等。自治区科技创新发展办公室主要职责是拟订科技创新重大政策、编制重大规划，统筹重大科技项目攻关、重大研发中心（研发平台）建设、重大科技成果转化、研究提出创新驱动发展专项资金、政府投资引导基金科技创新类基金的设立意见等。资金使用围绕电子信息产业、生物医药产业、先进制造业、大健康产业等重点产业，梳理出一批重大项目，针对项目性质和特点，采取适当的资金和基金配置方式给予扶持。转变现有政府投资引导基金子基金设立方式，先落实重大产业项目再发起设立子基金，争取在重点产业率先实现新突破。将财政资金的分配与基金市场化投资综合使用，实行分类管理，资金不局限于各主管部门自主安排，着力提高资金集中使用效率和效益。两个办公室要统筹研究提出新兴产业和科技创新重大项目，探索引进专家和第三方评估，加强项目评估，对于重大项目，送自治区决策咨询委员会论证、评审后，再报自治区政府常务会议审定。参股子基金企业的管理架构包括参股子基金出资人（合伙人）、基金管理机构和基金托管金融机构，三方按约定各司其职，各负其责。二是要不断完善服务于引导基金运作的中介服务体系。建议自治区新兴产业办根据授权搭建由创业企业、投融资双方、基金团队、会计师事务所、律师事务所等创业投资机构参与的新兴产业创业投资服务平台，开展项目对接、技术分享、市场拓展等活动，充分发挥协同优势，搭建业界与企业、政府间的桥梁纽带；以广西产业引导投资基金协会为依托，加强行业自律，积极为产业投资机构和会员单位提供高质量服务。三是要加快构建产业引导投资基金的退出机制。引导基金公司要依据合同章程、合伙协议及契约约定，及时退出子基金。子基金存续期满或达到约定退出条件时，引导基金公司及时开展清算、评估工作，通过股权转让、股票减持、股权回购等方式收回投资资金。引导基金公司向财政厅提交子基金收益分析及评价报告。对子基金未按合同章程、合伙协议及契约的约定投资，或子基金闲置时间较长的，引导基金公司应及时中止合同或协议。直接股权投资公司依据合同章程、入股协议约定，在合同期满或达到约定退出条件时，应及时开展清算、评估工作，通过股权转让、股票减持、股权回购等方式收回投资资金，并向自治区新兴产业办、工业和信息化委提交收益分析及评价报告，向引导基金公司备案。对被投资企业违反合同章程、协议约定，直接股权投资公司应及时按照合同及有关规定进行处置。

（二）构建产业投资基金加快发展的政策支持体系

一是切实推动产业投资与金融信贷相结合。建立产业创业投资管理部门与银行的合作机制，鼓励银行加大对产业创业企业的信贷投放力度，创新发展产业融资担保体系和金融服务体系。二是不断加强场外市场建设。争取中国证监会的支持，建设广西股权托管交易中心，加强交易中心专业人才队伍建设，吸引自治区内外企业进行股权托管和挂牌转让，促进股权与资本对接，推进企业股权与资本双向流转；推行股权集中登记托管，规范公司股权管理，保护股东合法权益，为股权交易和质押融资创造条件。三是强化实施财政激励政策。针对产业投资机构的发展规模，鼓励实施差异化的所得税政策，不断完善个人所得税优惠政策，强化实施财政激励政策，引导产业投资机构参与自治区内企业的混合所有制改革，积极参与骨干企业的并购重组，加大对初创期、种子期创业企业的投资力度。

（三）建立健全相应的产业投资基金管理体系

为深化投融资体制改革，促进我区产业升级和经济结构调整，规范产业投资基金的设立、运作与监管，保护基金当事人的合法权益，建立一个多层次的产业投资基金管理体系势在必行。一是投资范围的界定。引导基金通过直接股权投资方式，支持我区战略性新兴产业、新兴先导产业、传统优势产业二次创业及生产性服务业重大投资项目建设，特别是列入自治区工业和信息化发展规划、重大工业项目推进计划的重大工业技术改造和招商引资签约项目。按当年重大项目情况，确定年度引导基金用于产业类直接股权投资的额度，原则上不低于30亿元。二是投资方式的界定。参照国家专项建设基金支持重大项目方式，引导基金主要采取名股实债的模式，以股权形式出资，但不参与企业经营管理和利润分配,而收取固定回报,约定期满后主要通过股权回购方式收回资金退出股权。三是投资收益界定。引导基金按不高于同期银行贷款基准利率确定收益,在投资期限内,被投资企业以引导基金实际投资额为基数按约定比例定期支付引导基金投资收益。引导基金不再参与被投资企业现金等方式的利润分配。四是投后管理界定。引导基金不向被投资企业委派董事、监事和高级管理人员,不参与企业经营管理。但被投资企业应及时报告股权变动、注册资本变动、并购重组等重大事项,引导基金可据此调整投资方案。五是风险管控界定。引导基金以所出资额为限承担有限责任,防止债务连带风险。并建立有关部门、机构及被投资企业间的信息沟通机制,及时发现和防范存在的问题和风险。也可在投资合同中约定被投资企业提供担保承诺,或引进银行征信系统加强被投资企业履约责任意识。被投资企业应按照投资合同的规定履行投资收益、回购本金的支付义务,如不能按时足额支付,则按一定比率支付违约金。六是股权退出界定。引导基金主要采取合同约定投资期限、被投资企业原有股东分期回购的方式退出,回购总价款为引导基金出资额。引导基金也可以采用股权转让、资产证券化等市场化方式退出。

(四) 加强产业投资基金人才队伍建设

以设立产业投资基金为契机,支持政府相关部门牵头、联合社会资本发起设立产业投资基金,支持、鼓励行业龙头企业、有资金实力的企业发起设立成长型企业股权投资基金,主要投资中后期成长型企业特别是未上市公司股权,扶持成长型企业加快发展。一是运用市场化手段精准引才。拓宽产业投资基金人才引进渠道,发挥人才中介机构在产业投资基金人才引进方面的作用,借助公开招聘、专业猎头、举办产业投资基金企事业单位人才交流会等形式,引进急需紧缺人才和高端人才。同时,在更大的范围选拔我区产业投资基金急需的政府特殊津贴专家、百千万人才工程人选以及在举办专业产业投资基金技术人才高级研修班时,对产业投资基金人才给予倾斜。加强与国内外一流产业投资基金同行和科研机构合作,鼓励产业投资基金机构与高校合作开展人才培养,打造理论学习与实际投资平衡发展的"双师型"人才。二是积极引导鼓励区外、境外知名投资基金管理机构来自治区设立法人机构,发起设立私募股权基金。鼓励、支持证券经营机构、基金管理公司、投资银行等金融机构在自治区开展业务、加强服务,充分发挥其资本市场主体的作用,服务自治区私募股权投资基金市场发展。大力开展培养、引进熟悉财政金融、企业管理以及基金投资的复合型高端人才工作,活跃我区资本投资市场氛围,积极发挥各类基金管理公司和专业中介机构在基金运营、管理等方面的积极作用。三是积极研究制订股权投资人才培养专项计划。通过在自治区有条件的高等院校开设创业投资、股权投资专业课程,以及与国内外知名院校合作办学等多种形式,加强股权投资人才队伍的培养,建立一批人才培训基地,对自治区产业投资基金发展急需的各类高管人员、专业人才进行培训,提高其管理水平和专业技能。四是实行基金管理人市场准入制度,建立经理人员市场,加强人力资本市场工具的创新,培养、吸引高层次人才。现代市场经济的竞争关键是人才的竞争,产业投资基金的发展也不例外。经验表明,基金管理人的整体素质是产业投资基金业发展的关键之一。只有基金管理人中的整体素质提高，把基金经营好，才能赢得更多的投资者，产业投资基金的发展才有活力和前途。因此，现在急需的是加快培育大量专门人才，为产业投资基金的健康顺利发展创造前提条件。五是打造有利于自治区产业投资基金人才发展的长效机制。建议自治区积极引导建立自治区产业投资基资行业协会，为产业投资人才队伍建设提供有力的组织保障，自治区人力资源和社会保障厅可设立产业投资机构和从业人员准入要求，从业人员通过全国从业考试方能取得从业资格，产业投资机构必须有一定数量的固定专业从业人员才能持续经营。

（五）构建有效监管及风险防控和投资容错容亏机制

尽管产业投资基金的风险体现在投资决策、投资筹措、投资使用与投资收益各个阶段，但投资决策风险控制是整个投资风险控制的核心与关键。努力避免投资决策失误，是强化产业基金投资风险控制的中心环节。产业投资基金在设立之初，就应该建立完善的投资风险管理过程，形成从风险分析（包括风险的辨识、衡量和评价）到风险措施管理（包括风险的处理和控制）的有效循环。自治区财政厅指导监督引导基金公司建立健全投资管理、内部控制等管理制度和风险防控体系，规范基金运作，防范和分散投资运营风险，定期对引导基金公司进行监督检查。引导基金公司完善委托运营管理制度，监督引导基金运营公司履行受托职责。引导基金运营公司按市场化要求，建立公司法人治理结构和现代企业制度，建立健全内部风险防控体系，定期向引导基金公司报告投资运营情况。引导基金公司、引导基金运营公司要定期聘请中介机构出具审计、评价报告，并向财政厅报告。自治区工信厅指导监督直接股权投资公司按照国有企业改革发展要求，建立公司法人治理结构和现代企业制度，建立健全决策管理运营架构和管理制度，完善风险防控体系，建立委托运营管理制度；定期对直接股权投资公司进行监督检查。直接股权投资公司要定期聘请中介机构出具审计、评价报告，并向自治区工信厅报告。审计厅依法对财政投资进行审计监督。鼓励政府各部门及引导基金改革创新，提高投资效率效益，建立政府部门行政管理和引导基金公司、直接股权投资公司投资绩效评价机制和投资容错容亏机制，科学公正评价引导基金的投资拉动作用，对市场客观不可控因素或条件限制等造成的引导基金投资失败或亏损允许免予追究责任。

（六）构建产业投资基金信用绩效评价体系建设

一个完整、有效的产业投资基金绩效评估体系可有效促进产业投资基金公司建立和完善独立董事制度、建立有效的激励与约束机制、强化基金托管人的职责、强化基金公司的自律行为，从而有利于提高基金公司的治理结构与运营水平，要构建一个全方位的基金绩效评价体系，设立涵盖政策目标实现程度、投资运营情况以及投资效益效果等多维度的考核指标，并赋予相应的权重，以实现内部控制与外部监管的有效结合。一方面，通过委派相关专业人员旁听投资决策委员会或咨询委员会，及时地发现、反映和评价相关问题，进一步完善内控制度。另一方面，建立人大汇报制度，将基金运作相关情况及时向人大汇报。引入独立的第三方评价机构，提高评价的公正性和公平性并完善年度绩效考核标准，加强行业信用体系建设，提升政府出资产业投资基金服务实体经济的质效，构建行业守信联合激励和失信联合惩戒机制，促进行业高质量持续健康发展。根据政府出资产业投资基金设立目的、基金定位，在坚持市场化运作、专业化管理原则的基础上，通过对政府出资产业投资基金进行绩效评价，推动基金贯彻国家区域规划、区域政策、产业政策、投资政策及其他国家宏观管理政策，加强行业信用体系建设。对评价结果较好的引导基金，可通过增加以后年度预算安排规模、对基金管理机构给予额外业绩奖励等措施予以激励；对评价结果较差的引导基金，则可相应减少其预算安排规模，并要求其限期整改。对于存在问题的机构和个人，按照相关法律法规予以严肃处理。推进政府引导基金信用体系建设，建立健全政府出资产业投资基金行业信用体系。建议自治区委托第三方信用服务机构开展政府出资产业投资基金及基金管理人信用评价工作。实施守信联合激励和失信联合惩戒制度，褒扬和激励诚信行为，惩戒和约束失信行为。如果基金管理人未按规定及时、准确、完整填报相关信用信息数据或未按要求进行信用信息更新的，自治区主管部门将提醒改正；情节严重的，发展改革部门将会同有关部门实施失信联合惩戒，并及时将有关情况抄告有关部门或地方政府。自治区主管部门将会同有关部门研究政府出资产业投资基金及基金管理人守信联合激励措施。引导基金领域加强信用信息应用，实行信用承诺制度，建立参股基金信用档案，建立信用考核评价机制、信用预警机制、信用"红黑名单"制度、信用联合奖惩制度，推动行业自律，加强宣传培训等九项工作举措，构建以信息归集共享为基础，以信息公示为手段，以信用监管为核心的监管制度，引导企业加强自身信用建设。同时，将基金及高级管理人员的信用记录纳入全国统一的社会信用信息共享交换平台，加强对基金及高级管理人员的约束和监督，着力打造政府引导基金信用体系，充分发挥政府引导基金示范作用，推动参股基金健康有序发展，营造诚信自律的良好市场环境。

（七）明确政府产业基金的功能定位

产业基金按照"政府引导、市场运作、分类管理、防范风险"的原则进行运作，应体现以下功能定位。一是投资领域界定性。公共财政运用政府投资基金方式支持产业，限定于具有一定竞争性、存在市场失灵、外溢性明显的关键领域和薄弱环节。具体按照《政府投资基金暂行管理办法》有关规定，限定支持领域。推动产业发展方面，主要支持外部性强、基础性、带动性、战略性特征明显的产业领域及中小企业创业成长。各地应当结合上述定位，以及国家、地方产业布局和发展规划聚焦作用的特定领域。二是特定产业和重点领域结合性。我区产业投资基金的投资方向是，主要投资新材料、节能环保、高端装备制造、新一代信息技术、新能源汽车、大健康等战略性新兴产业，石墨烯、机器人、无人机、智能制造等新兴先导产业，铝业、糖业、机械、冶金等传统优势产业二次创业及现代仓储物流、工业设计、节能环保服务、现代电子商务等生产性服务业，可通过产业投资基金直接投资，实现产业重点突破和跨越式发展。三是基金实体的市场化。结合政府投资基金定位、社会出资人意愿等，设立公司制、合伙制等市场化基金实体，坚持所有权、管理权、托管权分离。政府相关部门负责产业基金的监督管理，指导产业基金开展投资并做好对接服务，不干预产业基金具体管理和运作，充分发挥基金专业化管理团队的独立决策作用，按市场化原则规范运作。四是多元化出资结构与专业化投资运营。结合政府投资基金政策目标，广泛吸引社会出资，形成多元化出资结构，优化基金内部治理结构、形成各方出资合理制衡，促进协同发展。结合基金定位、募资难度等确定财政资金注资上限，并根据有关章程、协议及基金投资进度等分期到位。财政资金注资设立的政府投资基金，原则上委托市场化基金管理公司管理，并通过委托管理协议等约定主要投资领域和投资阶段。按照财税改革和构建现代财政制度的要求，结合经济发展规划、产业基础、资源禀赋及科技优势等实际情况，积极探索完善保险补偿、PPP、融资担保等市场化支持方式，形成政策合力共同支持产业发展，推动重点产业发展和产业转型升级。

（八）完善政府产业基金的组织架构

我区政府产业基金组织架构原则上包括基金管理委员会、基金法人机构、基金运营机构三个层次，按照基金组建方案和管理办法各司其职，各负其责。根据基金实际运作需要，基金管理委员会由自治区主要领导牵头统筹，为统筹推进自治区新兴产业发展和科技创新发展，决定成立自治区新兴产业发展办公室和自治区科技创新发展办公室。自治区分管领导负责推进自治区新兴产业发展办公室组建工作，自治区另一位分管领导负责推进自治区科技创新发展办公室组建工作，其他各位分管领导根据职责分工，全力支持配合，协同推进相关工作。基金法人机构由自治区工信厅建议以广西金融投资集团有限公司（以下简称广西金投集团）作为出资人组建广西工业投资发展有限责任公司。组建广西工业投资发展有限责任公司，充分发挥自治区工信厅和广西金投集团各自的优势，整合资源、共同发力，构建新型工业投融资平台，对于引导产业投资导向，提高财政资金使用效能，助推工业企业发展壮大和产业转型升级都有着重要的现实意义。一是将自治区人民政府常务会审议通过的第一批直接股权投资16.16亿元形成的资产，从各临时直接股权投资公司和广西投资引导基金有限责任公司无偿划转到广西工业投资发展有限责任公司，由广西工业投资发展有限责任公司管理。二是把自治区新兴产业直接股权投资资金列入自治区工信厅专项资金，专项管理，列入自治区财政预算，预算部门为自治区工信厅。经自治区人民政府审议通过后，由自治区工信厅和财政厅正式下达直接股权投资项目计划，自治区财政厅根据直接股权投资项目计划将出资额划拨到广西金投集团，再由广西金投集团注入广西工业投资发展有限责任公司，作为广西工业投资发展有限责任公司的运营资金，按照直接股权投资项目计划投到被投企业。三是将自治区工信厅受托管理的广西壮族自治区盐业公司无偿划转给广西金投集团，由广西金投集团注入广西工业投资发展有限责任公司，作为广西工业投资发展有限责任公司第二期注册资本。自治区工业和信息化委受托管理的其他企业经过资产评估后，根据情况无偿划转至广西金投集团，注入广西工业投资发展有限责任公司。基金运营机构由自治区新兴产业发展办公室和自治区工信厅牵头设立，自治区发展改革委、财政厅、北部湾办等有关部门作为成员单位，办公室主任由自治区工信厅主任兼任，副主任由自治区发展改革委、财政厅、北部湾办等部门负责人兼任。主要职责是拟订新兴产业发展及传统优势产业转型升级重大政策、编制重大规划、统筹推进重大项目、研究提出专项产业基金的设立意见等。自治区科技创新发展办公室主要职责是拟订科技创新重大政策、编制重大规划，统筹重大科技项目攻关、重大研发中心（研发平台）建设、重大科技成果转化、研究提出创新驱动发展专项资金、政府投资引导基金科技创新类基金的设立意见等。同时，按照基金投资计划对拟投资合作项目进行尽职调查、入股谈判、拟定章程或合伙协议、投后管理、基金退出等专业化运作，定期向基金管理委员会报送基金运作情况。

（九）多措并举发展壮大基金的组织规模

首先是大力培育和发展合格投资者。一是确立股权投资范围。参照国家专项建设基金支持重大项目方式，引导基金主要采取名股实债的模式，以股权形式出资，但不参与企业经营管理和利润分配，而收取固定回报，约定期满后主要通过股权回购方式收回资金退出股权。引导基金对被投资企业进行增资，并持有相应股权。股权比例根据被投资企业的净资产及注册资本确定，原则上不超过被投资企业总股本的30%，且不为第一大股东。引导基金增资款项由被投资企业用于其承担的重大项目建设。二是确立子基金投资范围。子基金的规模和投资人数符合国家相关法律法规规定，金融机构、社会资本等投资者参与投资；募集规模不低于1亿元人民币；引导基金对单只子基金投资比例不超过子基金的30%，为作为子基金第一大出资人或普通合伙人，不控股子基金；财政性资金出资比例不超过子基金规模的50%等。

其次是建立和完善股权债权等联动机制。按照依法合规、风险可控、商业可持续的原则，建立创业投资企业与各类金融机构长期性、市场化合作机制，鼓励商业保险资金加大对创业投资的投入，推动发展投贷联动、投保联动、投债联动等新模式，不断加大对创业投资企业的投融资支持。支持银行业金融机构积极稳妥开展并购贷款业务，提高对创业企业兼并重组的金融服务水平。完善银行业金融机构投贷联动机制，稳妥有序推进投贷联动业务试点，推动投贷联动金融服务模式创新。推荐、支持创业投资企业及其股东依法依规发行专项企业债券和其他债务融资工具融资，增强创业投资能力。最后是政府引导基金借助发挥财政资金杠杆放大效应，以少量财政资金撬动更大规模的社会资本参与到相关产业的投资之中，将政府补贴、资金扶持等方式替换为股权投资形式，与企业共同成长。

（十）构建创新、开放、包容的社会环境和投资意识

社会环境是一个综合的体系，它包括一个社会的政治环境、经济环境、民族习惯、文化背景、思想观念等各个方面。正是因为如此，社会环境对产业投资基金或多或少都会有影响。在我区产业投资基金还处于起步阶段，社会环境对它的影响主要体现在投资

意识、风险意识、创新精神、包容意识等方面，我区在构建创新、开放、包容的社会环境和投资意识等方面，应当以当地的实际情况为依据，通过一定的实践探索，逐步形成产业引导基金的设立方案，并建立完善风险防范机制。主要包括基金组织形式的选择、基金规模、经营期限、基金募集对象、基金管理团队的选择、基金投资方向、基金运作模式、权力利益分配、基金退出方案等。鼓励创业投资引导基金注资市场化母基金，由专业化创业投资管理机构受委托管理引导基金。综合运用参股基金、联合投资、融资担保、政府出资适当让利于社会出资等多种方式，进一步引导社会资本增加对实体经济的投入，建立健全创业投资引导基金中政府出资的绩效评价制度，不断提升政府性创业投资绩效。近年来，我区民众的投资意识有了一定程度的提高，但其投资渠道仍然较为单一，国债、储蓄、股市、房市依然是最主流的途径。由于民众对创业投资基金的认识不够，过度高估了风险，低估了收益，再加上对创业者失败的包容度不够，对创业投资的注资仅限于少数人。同时，创新精神对于投融资活动也比较重要，全社会应该形成一种鼓励和支持创新的风气。产业投资基金作为一种金融创新，它是我区开放市场的产物，在其发展过程中，我们需要开放的观念和兼容并蓄的精神，提高对企业家精神的认识和对失败的包容。

参考文献

[1] 柏笑寒，郭普松. 陕西政府产业引导基金发展对策研究 [J]. 新西部，2016 (8).

[2] 张云帆. 分析政府产业引导基金发展问题及对策 [J]. 经济管理，2017 (7).

[3] 沈谦，曾秋霞，黎益嘉. 欠发达地区政府产业引导基金运作难点及对策——以九江市为例 [J]. 武汉金融，2017 (11).

[4] 张晋莲. 财政在产业投资基金发展中的作用研究及政策建议 [D]. 财政部财政科学研究所，2013.

[5] 李晗韬. 政府主导的产业投资基金研究 [D]. 中国财政科学研究院，2016.

[6] 钟明秀. 广西地方政府参与产业投资基金的风险研究 [D]. 广西师范大学，2017.

[7] 孙晶. 政府在我国产业投资基金发展中的作用研究 [D]. 天津财经大学，2017.

[8] 赵灵. 我国产业投资基金运作与发展研究 [D]. 西南财经大学，2013.

[9] 李超，范玉贞. 政府与产业投资基金关系研究 [J] 中外企业家，2009 (14).

[10] 邓彦，苏砚心. 政府引导基金支持战略性新兴产业发展的运行模式研究 [J]. 科技创业月刊，2017 (3).

[11] 闫琳. 引导基金支持战略性新兴产业发展的运行模式研究 [J]. 金融与经济，2017 (4).

[12] 杨林,李思赟.政府引导基金促进战略性新兴产业发展运作机制的研究综述[J].公共财政研究,2015(8).

[13] 梁曦.我国商业银行投资价值分析[D].首都经济贸易大学,2013.

[14] 田娟娟.产业导向型政府引导基金绩效评价研究——以战略性新兴产业为例[D].西南财经大学,2018.

[15] 李江涛.转型与跨越:"十三五"时期提高我国产能合作研究[M].北京:中国发展出版社,2015.

[16] 周慕冰.关于银行业服务实体经济的实践与思考[J].金融监管研究,2016(2).

[17] 佘镜怀.中国产业协作竞争力研究:基于经济全球化的视角[J].统计与决策,2016(13).

[18] 张其仔等."一带一路"国家产业合作研究分析[N].证券时报,2017-11-15.

[19] 罗辑,张其春.区域产业竞争力研究:理论与实践[M].北京:科学出版社,2008.

(执笔人:洪忠诚)

7. 广西地方政府债务风险防范报告

近年来，我国地方政府债务偿债进入集中阶段，各级地方政府既面临地方建设需要，又要承担日益增长的偿债压力，对地方政府债务的举借、使用、管理和偿还等环节需要建立科学的管理制度和程序。广西在发展过程中面临着经济增速及财政收入增速下滑与财政支出刚性增长之间的矛盾。如何管控自治区地方政府债务风险，尤其是地方隐性债务风险，完善广西地方政府债务风险管控的相关制度，值得深入研究。

一、关于地方政府债务与风险

（一）地方政府债务

1. 地方政府债务定义

我国政府按层级结构划分为中央政府和地方政府，中央政府在我国为"国务院"，是最高的国家行政机关，负责统一领导全国行政工作；地方政府是指省级及省级以下的政府单位。关于地方债务的定义，本文采用审计署2013年所公布的地方政府债务审计报告的权威定义，即"地方政府（含政府部门和机构）、经费补助事业单位、公用事业单位、融资平台公司等为公益性（基础性）项目建设直接借入、拖欠或因提供担保、回购等信用支持形成的债务"。

2. 地方政府债务分类

（1）国外的分类

对政府债务类别的划分，多数学者采用 Hana Polackova Brixi（1998）提出财政风险矩阵的方法，具体见表7-1。在政府债务风险矩阵中，隐性债务和或有负债并不由政府直接发起，而或有债务可划分为潜在义务和现时义务两种，两者转化成负债的可能性不同。

表7-1　　　　　　　　　　　财务风险矩阵

负债类型	直接债务	或有负债
显性债务	直接显性债务是法律明确规定的在任何情况下政府都必须承担的债务［包括：国家预算（中央政府借款和发行的债券）；预算涵盖的开支（非随意性支出）；法律规定的长期性支出（公务员工资和养老金）］	或有显性债务指某一特定事件发生后政府应承担的法律或合同的偿债义务（包括：国家对非主权借款、地方政府与公共部门的债务担保；对各种贷款的保护性担保；国家对贸易和外汇的承诺和担保；国家对于个人投资的承诺担保等）

续表

负债类型	直接债务	或有负债
隐性债务	直接隐性债务是法律没有明确但政府无法回避的支出责任（包括：养老保险基金缺口、失业保险基金缺口、未来保健融资计划、公共投资项目的未来日常维护成本等）	或有隐性债务是某一极端事件发生后政府应承担的道义上的责任（包括：国债项目配套资金、下级政府的财政收支缺口、地方金融机构不良资产、其他紧急财政援助、改善环境、灾害救济、军事拨款等）

资料来源：*Contingent Government Liabilities*: *A Hidden Risk for Fiscal Stability*.

在我国地方政府债务中，隐性债务和或有债务依然并存，只不过隐性债务并未公开，公开资料暂没有明确定义，至少包括政府提供的隐性担保、为公益性或准公益性项目举借的债务、约定固定收益支出 PPP 及产业引导基金项目等。

（2）审计署对地方债务的划分

审计署根据责任形式具体又划分为政府负有偿还责任的债务、政府负有担保责任的债务和政府可能承担一定救济责任的债务。

表 7-2 债务类型与定义

债务类型	定义
政府负有偿还责任的债务	地方政府（含政府部门和机构，下同）、经费补助事业单位、公用事业单位、政府融资平台公司和其他相关单位举借，确定由财政资金偿还的债务，又称"一类债务"
政府负有担保责任的债务	指因地方政府提供直接或间接担保，当债务人无法偿还债务时，政府负有连带偿债责任的债务，又称"二类债务"
政府可能承担一定救济责任的债务	指政府融资平台公司、经费补助事业单位和公用事业单位为公益性项目举借，由非财政资金偿还，且地方政府未提供担保的债务（不含拖欠其他单位和个人的债务）

2016 年 10 月国务院办公厅发布《地方政府性债务风险应急处置预案》，表示存量担保债务和存量救助债务不属于政府债务。

（3）一般债务与专项债务

为将地方政府债务分类纳入预算管理，财政部将地方债划分为一般债务和专项债务。一般债务针对没有收益的公益性事业发展举借，统一发行一般债券，筹集资金安排的支出纳入一般公共预算管理。对一般债券中到期需偿还的部分，主要以一般公共预算收入偿还，当赤字不能减少时可采取借新还旧的办法。专项债务针对土地储备、收费公路等有一定收益的公益性事业发展举借，按照对应的政府性基金项目发行专项债券，筹集资金安排的支出纳入政府性基金预算管理。对专项债券中到期需偿还的部分，应通过对应的政府性基金或专项收入偿还；政府性基金或专项收入暂时难以实现，如收储土地未能按计划出让的，可先通过借新还旧周转，政府性基金或专项收入实现后立即归还。

(二) 地方政府债务对经济的影响

从理论上看，政府债务对经济既有正面效应又有负面效应。传统经济学理论告诉我们，政府扩张性的财政政策和货币政策会导致均衡产出的增加和利率的上升。也就是说在合理的债务范围内，政府债务对经济增长具有促进作用。这是因为扩张性的财政政策和货币政策，通常是通过增加政府购买或者减少税收的方式来实施，这有利于扩大社会总体需求，增加经济产出。比如大萧条时期，经济发生严重衰退，此时政府就是通过大量的基础建设投资，来拉动社会总需求。在利率水平较低时，扩张性的财政政策对投资的挤出效应较小，此时增加政府债务支出有利于经济增长。

但是当政府债务水平失衡时，过高的债务水平和财政赤字水平，会导致利率上升，对投资产生较大的挤出效应，不利于经济的增长。原因主要有以下四点：

第一，如果投资者和消费者是理性预期的，那么政府债务的增加，会增加他们对政府未来增加税收的预期，这会使消费者减少消费而投资者减少投资，抵消部分政府财政扩张带来的正效应。而且还会使消费者可支配收入减少，进而减少了需求，对经济造成负面影响。

第二，政府债务水平过高，会增加政府发生债务危机的可行性，给投资者带来不确定性风险，抑制境外投资者对本国的投资，减少了资本流入。同时国内投资者也面临着政策的不确定性，会减少国内投资，增加资本流出。

第三，过高政府债务水平带来的政策不确定性还会影响投资者的长期投资决策，投资周期越长，面临的风险也就越高，使得投资者减少长期投资，倾向于短期低风险投资。而长期投资是一个国家全要素生产率提高的一个非常重要的影响因素，所以政府债务高企会降低社会的全要素生产率。

第四，政府债务融资会侵占私人部门的储蓄，导致实际利率上升，投资成本加大，挤出私人部门投资，进而对经济产生负面影响。因此，政府债务对经济的影响要看政府债务对经济负面效应和正面效应之间的大小关系。如果在进行政府债务融资时，正面效应大于负面效应，则政府可以进行适当的债务扩张，拉动经济的增长；如果负面效应超过正面效应，则政府需要进行更加科学的债务管理，以免对经济造成不必要的负面冲击。关于政府债务问题的相关理论也有很多，比较常见的有：公共产品理论、公债与代际公平理论、凯恩斯经济周期理论、财政分权理论等。

政府有义务提高民众的生活水平，针对一些特定的公共物品进行投资来改善人民生活的条件。但是，在进行公共物品的投资时，由于大部分公共物品的投资工程量巨大，耗资显著，施工周期长，如果直接利用当代人的资源进行投资，非但不能提高当代人的生活水平，而且还会降低其生活水平，这就使得当代人明显感受到代际分配的不公。这时候政府需要发挥其政府职能，作为当代人和后代人的代理人，调节代际分配的矛盾，通过发行政府债务来为其公共物品的生产进行投资，由当代人自愿购买公债，并通过后代人的税收来平衡政府的公债。这样政府既可以获得投资公共项目所需要的资金，又避免了当代人生活水平受到不利影响，还实现了投资收益的代际公平分配。由此可见，当政府缺乏资金为公共物品投融资时，通过债务融资是一个非常好的选择。

（三）地方政府债务风险问题

20世纪70年代以来，国际上出现了几次影响较大的政府债务危机，1975年，纽约市因多年的财政赤字和财政收支巨大缺口而爆发债务危机。1987年到1998年，巴西爆发严重的地方债务危机，各州债务从占GDP的7%急剧增长到14%，翻了整整一番。1994年，美国加州橙县因高昂的财政赤字和巨大的亏损而导致债务危机并宣告政府破产。2006年日本夕张市遭遇政府财政危机宣布失去了债务偿还的能力，并在一年后宣布破产。2013年，美国底特律市债务规模超过180亿美元，经历了从申请破产保护到被法院裁决破产及裁决破产许可退出计划。

地方政府融资举债在世界上多个国家都十分盛行。由于政府负有供给公共用品和建设基础设施的义务需要大量的资金，并且财政收入的不足使得政府难以通过财政投资的方式筹集资金，因此发行债务成为大多数政府的首要选择。与此同时，举债带来的风险也是不容小觑的，因此政府需要在经济建设和债务风险中做出选择。当地方政府的财政收入遇到瓶颈，而地方政府债务又随着时间推移有增无减，这将给地方乃至整个区域和国家带来债务危机的风险。当政府无力用财政收入维持支出时，将被迫增加通胀税或财政赤字来弥补陡增的债务。导致财政危机产生的财政赤字持续扩张，主要表现在政府债务的不断累积，其风险具有较强的传导性、较大的隐蔽性和危害性。地方政府债务风险有可能逐步演变为中央财政风险，进而给金融体系带来系统性风险。

二、我国地方政府债务的现状

（一）地方政府债务的发展历程

1. 从初始探索阶段到放开阶段

自新中国成立以来，我国对于地方政府的举债措施和政策进行不断地摸索。新中国成立初期，地方政府分别进行"人民胜利折实公债"和"地方经济建设公债"的发行尝试，主要为了支援解放战争的胜利和维持国家经济建设的需要。随着"大跃进"运动的开展，我国经济受到极大的冲击，各地的地方债券基本停发，1969年我国宣布既无内债也无外债。而到了70年代末改革开放之初，为了提高地方政府的自主性，中央政府提出"分级管理"的思路，不过当时并没有批准地方政府发行债券，但地方政府有举债创收，促进经济发展的诉求，1992年在上海成立了第一家平台公司参与城市建设，并在全国范围内得到逐步推广，这种拓展在2008年金融危机后愈演愈烈，仅2009年全国新增融资平台2000家，这些城投公司同地方政府债务又联系紧密。2009年地方政府被允许由财政部代理发行地方政府债券，到2014年国务院才批准上海、浙江、广东、深圳等10省市试点地方政府债券自发自还，地方政府债券发行才正式朝着市场化方向迈出前进的步伐。地方政府允许发行债券之前，主要靠城投公司变相举债的方式来筹集资金。从2011年审计署对地方政府债务审计的报告来看，1979年有8个县区开始举借了政府负有偿还责任的债务，地方需要大量的基础设施建设来配套地方经济发展，各省、市、县纷纷开始举债（见表7-3）来促进地方经济社会发展和人民生活条件改善。

表7-3　　　　　　　　　　1979—1996年地方政府债务情况

年度区间	省级 当期开始举债个数	市级 当期开始举债个数	县级 当期开始举债个数	合计
1979—1980	0	4	51	55
1981—1985	28	56	300	384
1986—1990	5	121	833	959
1991—1996	3	172	1221	1396
合计	36	353	2405	2794

数据来源：审计署2011年《全国地方政府性债务审计结果》。

2. 从逐步放开到规范管理阶段

1993年我国推行分税制改革，刺激着地方政府不断加快经济发展和基础设施的建设，改革虽然带来地方政府税收收入的大幅增加（见表7-4），但财权与事权匹配差异较大，地方政府不得不依赖中央财政的转移支付和变相举债来满足地方基础建设与发展。从表7-4可知地方政府的财政支出和财政收入虽然逐年增加，但财政收入的增速却远跟不上财政支出的增速，由此导致地方政府逐年的财政赤字增大，而分税制改革后的中央政府的财政收入则远超过财政支出。

表7-4　　　　　1992—2018年我国中央及地方财政收支情况　　　　　单位：亿元

年份	财政收入 中央	财政收入 地方	财政支出 中央	财政支出 地方	财政赤字 中央	财政赤字 地方
1992	979.53	2503.86	1170.44	2571.76	190.91	67.90
1993	957.52	3391.44	1312.06	3330.24	354.54	-61.20
1994	2906.50	2311.60	1754.43	4038.21	-1152.07	1726.61
1995	3256.62	2985.58	1995.39	4828.33	-1261.23	1842.75
1996	3661.07	3746.92	2151.27	5786.28	-1509.80	2039.36
1997	4226.92	4424.22	2532.50	6701.06	-1694.42	2276.84
1998	4892.00	4983.95	3125.60	7672.58	-1766.40	2688.63
1999	5849.21	5594.87	4152.33	9035.34	-1696.88	3440.47
2000	6989.17	6406.06	5519.85	10366.65	-1469.32	3960.59
2001	8582.74	7803.30	5768.02	13134.56	-2814.72	5331.26
2002	10388.64	8515.00	6771.70	15281.45	-3616.94	6766.45

续表

年份	财政收入		财政支出		财政赤字	
	中央	地方	中央	地方	中央	地方
2003	11865.27	9849.98	7420.10	17229.85	-4445.17	7379.87
2004	14503.10	11893.37	7894.08	20592.81	-6609.02	8699.44
2005	16548.53	15100.76	8775.97	25154.31	-7772.56	10053.55
2006	20456.62	18303.58	9991.40	30431.33	-10465.22	12127.75
2007	27749.16	23572.62	11442.06	38339.29	-16307.10	14766.67
2008	32680.56	28649.79	13344.17	49248.49	-19336.39	20598.70
2009	35915.71	32602.59	15255.79	61044.14	-20659.92	28441.55
2010	42488.47	40613.04	15989.73	73884.43	-26498.74	33271.39
2011	51327.32	52547.11	16514.11	92733.68	-34813.21	40186.57
2012	56175.23	61078.29	18764.63	107188.34	-37410.60	46110.05
2013	60198.48	69011.16	20471.76	119740.34	-39726.72	50729.18
2014	64493.45	75876.58	22570.07	129215.49	-41923.38	53338.91
2015	69267.19	83002.04	25542.15	150335.62	-43725.04	67333.58
2016	72365.62	87239.35	27403.85	160351.36	-44961.77	73112.01
2017	81123.36	91469.41	29857.15	173228.34	-51266.21	81758.93
2018	85447.00	98905.00	32708.00	188198.00	-52739.00	89293.00

数据来源：Wind 资讯。

与分税制改革配套的《预算法》规定地方政府不得直接举债，而地方政府又有投资建设的需求，这就为地方城投公司的兴起埋下伏笔，地方政府初期举债融资多为银行贷款和信托投资等方式，融资成本高，并且不够公开、透明，也加剧了债务不断累积的风险。2014 年 8 月，全国人大常委会通过了新修订的《预算法》，规定省级政府可以自行举借债务，但需要通过国务院报全国人大常委会批准，而且举债资金只能用于公益性资本支出。随后国务院又颁布 43 号文规定，赋予地方政府适度举债的权限，明确地方政府债券是地方政府的唯一融资渠道，并且规定了发债限额，对地方政府负有偿还责任由城投公司所举债务存量可以发行地方政府债券置换，融资平台公司不得新增政府债务。2017 年 5 月，财政部、发改委等六部委联合又发布了 50 号文，禁止地方政府对城投公司提供各种隐性担保，禁止名股实债项目。

（二）地方政府债务所带来的风险问题

1. 地方政府债务规模不断扩大

自 1994 年的分税制改革以来，我国经历着 1997 年东南亚金融危机和 2008 年美国的"次贷危机"等两大危机席卷的考验，地方政府债务的规模近年来不断扩大，但是具体的债务规模数据在统计口径和计算并不确切，特别是隐性债务的数字规模更是含混不清。

各个研究机构对地方债务的统计和分析经常引用审计署的两次审计结果,从两次审计结果中可以看到,截至2011年末和2013年6月末,我国地方政府债务的总量分别为10.72万亿元和17.90万亿元,其中负有偿还义务的债务规模分别为6.72万亿元和10.89万亿元,两次审计期间相隔一年半,债务总量增长66.98%,负有偿还义务的债务增长62.05%。而在2015年8月24日第十二届人民代表大会常务委员会第十六次会议上财政部《关于提请审议批准2015年地方政府债务限额的议案的说明》中显示地方政府性债务余额为24万亿元,其中地方政府负有偿还责任的债务(地方政府债务)规模为15.4万亿元,地方政府或有债务规模为8.6万亿元,债务规模增长速度较快。

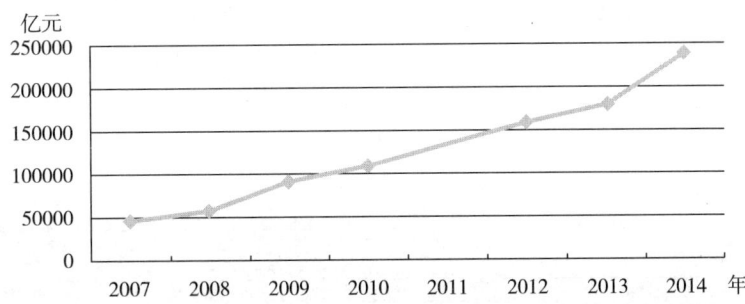

数据来源:2011年和2013年审计署报告。其中2011年末有确切数据,2013年数据为审计报告期间2013年6月30日数据。

图7-1　2007—2014年地方政府债务总量增长情况

根据2016年《地方政府性债务风险应急处置预案》,存量担保债务和存量救助债务认定仅限于2014年12月31日以前形成的债务,2015年以后,理论上不再新增地方政府负有担保责任债务和救助责任的债务。所以2015年以后对地方债务的统计数据不再出现地方政府负有担保责任的债务和地方政府负有救助责任的债务。

图7-2　2010—2018年政府负有偿还责任的债务余额

从图7-2中可以看到,截至2018年末我国地方政府负有偿还责任的债务为18.38万亿元,2010—2014年,地方政府负有责任的债务增速较快,但是自2015年中央政府加强了对地方政府债务的管理和规范,使得2015年后增速平缓,甚至在2017年出现小幅度的下降,虽然债务规模增长趋缓,但是总体规模仍然偏大,而且由于近年来地方政府或有负债（负有偿还责任和可能承担救助责任）的数据无法获得，其存在的隐性风险依然值得政府部门的关注和警惕。

2. 偿债资金过于依靠土地出让收入

1993 年的分税制改革带来了地方政府的财权与事权之间的不平衡，单单依靠财政收入很难满足地方快速发展建设需要而引致的财政支出，在经历过 1997 年东南亚金融危机后，地方政府面临更大的财政困境压力，其本身不能向银行借贷或发行债券，又不能违背《预算法》规定列赤字，正是这种环境约束下，地方政府通过土地资产划拨的方式来成立融资平台公司，通过平台公司举债来为政府融资服务，在 2008 年金融危机后地方政府平台公司得到进一步扩张。而且当前土地制度为地方政府举债提供了便利，因土地出让而产生的土地出让金收入和土地相关税费规模相当之大，2018 年全国土地收入达到了 6.51 万亿元，增速为 25%，而 2017 年全国土地收入的增速竟接近 40%。

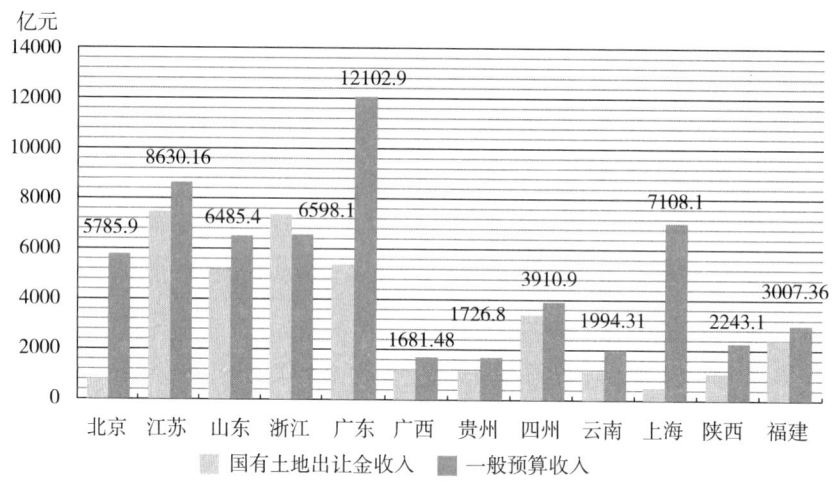

图 7-3　2018 年部分省级地区土地出让金收入与一般预算收入情况

从图 7-3 可知，北京、上海和广东等经济发达地区，在 2018 年期间国有土地出让金收入与一般预算收入相比并不高，而多数省级地区国有土地出让收入接近甚至超过一般预算收入。而地方政府融资平台又以"土地财政"为基础，借道平台公司通过土地质押来获得融资，若土财政收入保持稳定，那么地方政府通过平台公司借贷或其他形式的隐性债务就能得到偿还保障；但若经济出现严重下滑，土地出让收入出现大幅度下降，地方政府则将面临巨额债务无法及时偿还的挑战。

在图 7-4 和图 7-5 中可以看到，各省级地区的债务与一般预算收入正相关，如江苏省的债务规模最高，但江苏的一般预算收入和地方政府基金收入也较高，而一些地区出现了财政收入增长缓慢甚至出现倒退的现象，另外各地区经济增长并非总能保持较高的增长率，财务杠杆居高不下会加大地方政府的债务风险。

土地收入属于政府性基金收入的主要组成部分之一，在一般预算收入增长有限的情况下，土地收入则成为地方政府债务重要还款来源之一，在一定程度上也促进地方政府基础设施完善和发展，但也容易助推地方政府通过"激进"的投资方式发展地方经济，投资要考虑边际生产力递减的影响,并非投资就能持续的经济增长,土地收入也容易让地方政府产生路径依赖,地方的投资建设与财政支出如不加以约束,也存在类似个人消费的"棘轮效应",即易升不易降。土地收入作为缓解债务压力方式之一,能持续多久是很难预料的,房地产行业的风险累积也从未得到过有效的释放,房地产的兴衰则影响着土地的出让价格,也影响着未来的土地收入。

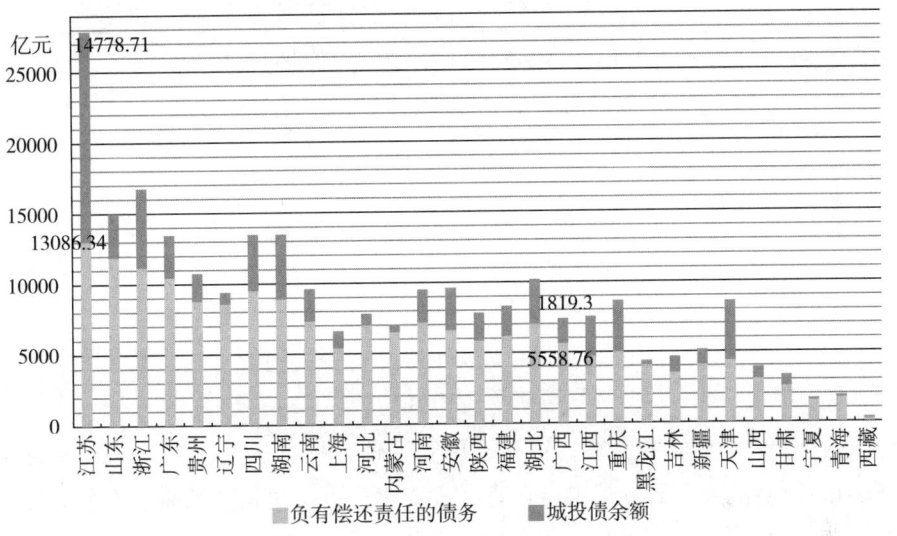

图 7-4　2018 年省级地方政府债务余额情况

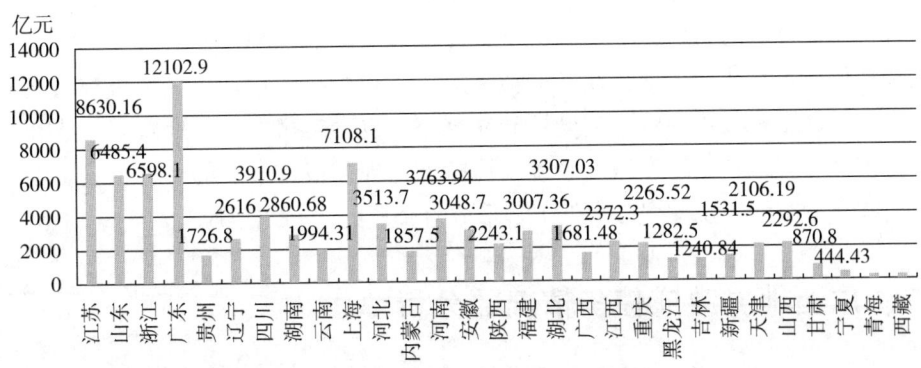

图 7-5　2018 年省级地区一般预算收入

3. 银行贷款为筹资主要来源

地方政府债务无论是以债券形式,还是以"非标"资产形式,融资的主要渠道还是依赖于商业银行,特别是地方隐性债务主要以银行贷款和"非标"形式存在,由于该数据获得的有限,我们这里引用了 2013 年 6 月末的审计署关于地方政府债务资金来源的统计数据来分析。

表7-5　　　　　　　　2013年6月末地方政府债务资金来源分布

融资方式	政府负有偿还责任的债务		政府或有债务	
	规模（亿元）	占比（%）	规模（亿元）	占比（%）
银行贷款	55252.45	50.76	45934.00	65.57
BT融资	12146.30	11.16	2617.21	3.74
发行债券	11658.67	10.71	6798.24	9.70
应付未付款项	7781.90	7.15	792.87	1.13
信托融资	7620.33	7.00	6632.00	9.47
其他借款、垫资及延期	9948.82	9.14	2201.56	3.14
证券等金融机构融资	2000.29	1.84	1365.84	1.95
国债、外债等	1326.21	1.22	1707.52	2.44
融资租赁	751.17	0.69	1567.77	2.24
集资	373.23	0.34	431.54	0.62
合计	108859.37	100.00	70049.49	100.00

数据来源：审计署2013年《全国地方政府性债务审计结果》。

地方政府债务的资金主要来自银行、保险、信托、证券等金融机构，实际上信托、证券等机构的资金很大一部分是银行自有资金或资管资金对信托计划和资管计划的投资。从2013年的审计结果可以看出银行贷款的占比超过了50%，是地方政府的主要筹资来源，虽然这些年对地方债务管理出台一系列严格措施，但地方政府举债发展经济的势头仍猛，且每年地方政府财政赤字居高不下，对银行贷款的依赖并不会降低，一旦地方政府无法按期偿还本息或者出现预期外的债务危机，将会导致银行等金融机构大量的不良资产，影响地区金融机构的资金流动性和充足率，也会对房地产、批发零售业和其他实体经济带来冲击，带来金融领域的系统性风险。此外，银行过多的将资金放贷给地方政府，也引起金融市场资源配置效率低下，形成对企业的"挤出效应"。

三、广西地方政府债务情况的分析

（一）广西的经济与财政

广西位于中国华南地区，东连广东，南临北部湾并与海南隔海相望，西与云南毗邻，东北接湖南，西北靠贵州，西南与越南接壤，是连接粤港澳与西部地区的重要通道，也是连接东盟的枢纽，拥有丰富的水、矿产、旅游和港口岸线等资源。广西下辖14个地级市，首府南宁市，与其他城市（除了桂林市）主要以工业为支柱产业，桂林市以旅游业为主。

2018年广西GDP总量为20352亿元，人均GDP为4.13万元，同比增长6.8%，固定资产投资增长10.8%。一般公共预算收入1681.48亿元，转移性收入（上级补助及返回）4327.12亿元，政府性基金收入2226.33亿元，国有资本经营总收入27.97亿元，地方综合财力为8262.9亿元，一般公共预算支出5310.89亿元，对上一级补助具有很强的依赖。广西目前经济不断处于调整变化，2019年第一季度经济数据显示经济增长并不理想，同比上一年第一季度生产总值增长 -1.07%，即出现了负增长，地方经济发展并不稳定，人口外流严重，贵港和玉林人口净流出超过了100万，甚至作为首府的南宁净流出人口41.5万，人口净流出对一个地区经济的持续发展并不是有利的现象。

（二）广西地方政府债务总体规模

2018年末，广西地方债务余额5488.96亿元，同比增长13.5%，其中一般债务余额3398.81亿元，专项债务余额2090.15亿元。负债率（债务余额/GDP）为27%，债务率（债务余额/地方综合财力）为66.43%，在全国范围内数据属于中等偏上。如果考虑发债城投的有息债务作为隐性债务的替代变量，则广义的"（地方债务余额+城投有息负债）/GDP"为72%，广义"（地方债务余额+城投有息负债）/地方综合财力"为178%。[①] 表7-6则为2010—2018年广西地方政府债务规模详情，该数据统计为地方负有偿还责任的债务。由于2015年中央政府加强了对地方政府债务的管理和规范，2014年国务院颁布的43号文及2017年财政部、发改委等六部委联合发布的50号文，严格规定了地方政府的债务形式只能是发行债券，并禁止地方政府对城投公司提供各种隐性担保，要求对负有担保责任的债务和地方政府负有救助责任的债务进行债券置换和新老债务划断。

表7-6　　　　2010—2018年广西地方债余额和限额情况表　　　　单位：亿元

年份	2010	2012	2013	2014	2015	2016	2017	2018
地方债务余额	2756.13	3922.09	4329.3	6393.19	5819.51	4566.63	4836.72	5488.96
地方债务限额	—	—	—	—	4464.8	4805.8	5312.8	5875.8

2015年末，财政部对地方政府债务余额实行限额管理，省级地方政府要考虑到债务余额不应越过债务余额限额。从表7-6中我们可以看出2010—2018年广西地区债务余额不断增加，所以在2015年和2016年广西的债务规模出现少有的下降，这就说明了中央实行地方政府债务余额限额管理政策是有效的，很大程度上限制了地方政府债务余额的攀升。虽然债规模增长趋缓，但这一期间的债务余额变化也并不能说明地方政府有意控制债务规模，而更多的是应对监管要求的需要而进行结构调整的结果。

（三）广西地方政府债务的主要来源与用途

1. 通过成立新的融资平台公司进行举债

广西现有融资平台公司282家，其中自治区级和区首府级平台公司55家，占

[①] 国泰君安证券研究报告，走进八桂——广西城投梳理与比较，2019.04.

19.5%，地级市平台公司176家，占62.4%。这些平台公司受到严厉的监管，按规定要剥离其融资功能，进行市场化转型和融资。过去平台公司是地方政府债务融资的主要渠道，见表7-7。地方融资平台公司已经在很长一段时期内承担着替地方政府融资的职责，既可以从商业银行获得银行贷款，或以"非标"和融资租赁形式获得银行自营资金或资管资金，也可以利用自己的主体地位发行债券来获得资金。近两年来，地方政府为了能够顺利融资，不再依靠传统的融资平台，而是相继成立了新的平台公司进行融资。2018年1月广西发布《关于进一步加强政府性债务管理防范化解政府性债务风险的意见》要求厘清政府与企业的关系，加快融资平台公司从单纯的融资工具向市场经营主体的转型。虽然多数平台已开始市场化转型，部分平台也在推进业务的多样化，但平台公司短期内仍然对政府依赖性较强，转型的步伐较为缓慢。从平台公司的实际经营情况看，存在着几个问题：一是平台的盈利能力较弱，利润总额对政府补贴的依赖程度较高，平台依然在与政府关联较大但利润率较低的项目上投入大量资金。二是由于业务收入主要来自政府回购款，而政府的回购款一般都是在第四季度才支付，同时经营成本也在此时结转，造成在部分平台的财报中，每到第四季度时营业收入和成本就会有一个大幅度的增长。三是部分平台的发展计划与投资计划由政府统筹安排，融资成本亦需政府认可，平台经营的自主性比较低。当前，多数平台尚未完成市场化转型，其经营依然与政府关联度较高，部分平台自身的盈利能力和业务拓展能力较弱，难以在较大程度上自主经营，其转型也是一个渐进的过程。

表7-7　　　　　　　　2013年6月末广西举债主体情况　　　　　　单位：亿元，%

举债主体类别	政府负有偿还责任的债务	政府负有担保责任的债务	政府可能承担一定救济责任的债务	地方性债务	比重
融资平台公司	943.12	1039.05	583.6	2565.77	59.27
政府部门和机构	634.47	118.34	0	752.81	17.39
经费补助事业单位	346.1	26.22	280.08	652.4	15.07
国有独资或控股企业	113.54	26.32	155.76	295.62	6.83
自收自支事业单位	5.28	0.3	0.95	6.53	0.15
公用事业单位	3.67	4.04	7.19	14.9	0.34
其他单位	24.6	16.62	0	41.22	0.95
合计	2070.78	1230.89	1027.58	4329.25	100

2. 债务融资渠道

地方政府债务来源于多个渠道，包括地方政府债券、银行贷款、BT（Build - Transfer）融资、企业债券、信托融资、短期融资融券等。由于我国《预算法》规定只能采取发行地方政府债券的方式，不得采取其他方式筹措。那么地方债务只能通过发行一般债券和专项债券来获得融资，一般债券和专项债券发行信息披露时均要将债券资金安排明确到具体项目，并且债券发行需严格的条件和程序，不能超过所定限额。2014年国务院下发43号文，开启规范地方政府举债行为大幕，由于2015年经济下行压力不断加大，后续又出台松动的监管政策。对地方政府而言，受到发债限额和预算管理与经济稳增长目标之间目标平衡的需要，又通过金融机构的层层嵌套进行金融创新，增加监管层对底层资产识别的难度，形成了更为隐蔽、政府可能承担一定救助责任的债务。这些债务的资金主要来源于银行贷款、债券、非标和融资租赁四类。据联讯证券研究报告估计，我国银行贷款约14%~15%流向城投平台公司，形成隐性负债规模约19万亿~20万亿元，非标融资规模约7万亿元，融资租赁规模约2.4万亿元，城投债余额为7.6万亿元，2018年末上述融资来源形成我国地方隐性债务规模大约34万亿~37万亿元。

对于广西地方政府隐性债务在统计方面要存在一些困难，所以这里仅以2013年6月末广西地方融资结构的数据进行分析，大体估算出广西政府债券的融资比重。从表中可以看出2013年6月底地方政府债券所占债务融资的比重为3.42%，不过从2014年5月21日，财政部印发《2014年地方政府债券自发自还办法》之后，允许地方政府发行债券，地方政府债券发行规模的融资比重势必增加，如广西在2018年就发行一般债券849.87亿元，专项债券553.2亿元。因此在未来债券的融资比例有一定幅度的增加，但由于地方债务的限额管理，其他融资渠道仍会成为地方政府依赖的主要方式。

表7-8　2013年6月广西地方政府债务的融资结构　　　　单位：亿元,%

融资方式	政府负有偿还责任的债务	政府负有担保责任的债务	政府可能承担一定救济责任的债务	地方性债务	比重
银行贷款	1103.9	984.18	575.77	2663.85	61.53
BT融资	512.84	0.89	86.85	600.58	13.87
信托融资	94.1	73.09	184.32	351.51	8.12
企业债券	40	42	96	178	4.11
地方政府债券	148	0	0	148	3.42
短期融资融券	0	12	52	64	1.48
证券、保险及其他金融机构融资	16.68	10.05	5	31.73	0.73
其他	155.26	108.68	27.64	291.56	6.73
合计	2070.78	1230.89	1027.58	4329.23	100

（四）广西及各地级市财政缺口

1. 财政缺口不断加大

地方因发展经济的需要，通过增加政府投资来刺激经济发展，而加大投入相应带来一定的财政缺口，财政缺口的存在也是地方政府举债的重要原因，地方财政缺口越大，举债的规模也就相应增加，从而发行地方债券的规模也随之增加。通过图7-6我们可以看出，广西地区财政缺口逐年增加，从 2009 年的 1000.84 亿元增加到 2018 年的 3629.41 亿元，十年间增加了 3.6 倍左右，可见债务压力也逐年攀升。

图 7-6 2009—2018 年广西财政缺口情况

2. 地级市之间的经济总量与财政收入差异较大

广西下辖 14 个地级市，各地级市发展并不均衡，南宁和柳州的 GDP 都在 3000 亿元以上，桂林和玉林的 GDP 在 1500 亿～2000 亿元区间，梧州、百色、钦州、北海、崇左、贵港的 GDP 在 1000 亿元以上，而防城港、来宾、河池、贺州等市经济体量相对较小，GDP 不足千亿元。2018 年各市经济增长差异较大，崇左、贵港、百色实际 GDP 增速位居前三位，分别达 10.8%、10% 和 9%，南宁也仅 5.4%，广西 2018 年数据变化差异主要是纠正数据，挤出水分。各地级市的财政收入也差异较大，而且增速也极不平衡。南宁市财政实力远超其他城市，2018 年一般财政收入 358.96 亿元，而崇左、河池、防城港、来宾及贺州地方财力较弱，并且崇左和防城港出现较大幅度下滑，各市的财政支出增加较快，财政缺口不断扩大，对上一级转移支付依赖较大。

表 7-9   2018 年广西各地级市经济总量和财政收支情况表

地级市	GDP		公共财政收入		公共财政支出		财政缺口
	体量（亿元）	增速	体量（亿元）	增速	体量（亿元）	增速	（亿元）
南宁	4009	5.40%	358.96	8.07%	697.93	7.98%	338.97
柳州	3054	6.40%	193.78	7.78%	424.38	13.30%	230.6
桂林	2001	7%	150.85	4.64%	455.71	4.83%	304.86
梧州	1030	1.80%	79.96	-5.43%	261.82	8.06%	181.86
北海	1215	8.30%	71.64	11.35%	175.55	11.43%	103.91
防城港	711	7.40%	43.98	-7.61%	127.20	5.59%	83.22
钦州	1293	6.00%	54.1	2.44%	222.08	7.83%	167.98
贵港	1170	10%	57.22	13.51%	263.92	12.82%	206.7
玉林	1615	7.20%	106.13	0.55%	367.96	4.65%	261.83
百色	1177	9%	84.72	2.69%	393.33	4.46%	308.61

续表

地级市	GDP		公共财政收入		公共财政支出		财政缺口（亿元）
	体量（亿元）	增速	体量（亿元）	增速	体量（亿元）	增速	
贺州	603	8.90%	32.5	5.21%	194.77	8.21%	162.27
河池	788	7%	39.93	10.23%	352.09	7.04%	312.16
来宾	710	7.20%	28.04	1.45%	183.33	2.89%	155.29
崇左	1017	10.80%	31.05	−8.87%	258.12	16.47%	227.07
全自治区	20352	6.80%	1681.48	4.11%	5310.9	8.10%	3629.41

3. 财政缺口指标对风险反映的有限性

通过负债率及地方综合财力对地方债务风险反映是有限的，全国各地区经济发展并不平衡，一些沿边省和自治区又承载着国防建设的需要，中央财政通过转移支付来调节各地区发展建设的不平衡，而财政困难系数对地方债务压力反映也是有限的，比如江苏的地方债务规模也是全国最大的。另外，它并没有反映政府性基金收入情况，一些地区的转移支付已经可以覆盖该地的标准财政收支缺口了。财政困难系数无法代表政府性基金收入，也没有考量债务规模，因而对地方债务压力参考意义并不大，但多数省财政困难系数较高，依靠中央政府财力进行转移支付调节也是有限的，还得靠各省加大改革力度，促进发展创新，提高内部创造力，逐步改进地区收入水平。

表7−10　　　　　各省（直辖市）财政困难系数情况表

排序	省份	财政困难系数
1	青海	90
2	宁夏	88.06
3	西藏	86.08
4	甘肃	84.84
5	广西	78.54
6	新疆	77.81
7	黑龙江	77.72
8	贵州	76.35
9	海南	75.67
10	吉林	75.38
11	云南	73.4
12	河南	73.4
13	湖南	73.15
14	江西	72.97
…	…	…
29	江苏	40.45

续表

排序	省份	财政困难系数
30	上海	24.14
31	北京	20

(五) 地方债务存在风险

1. 广西各地级市债务率情况

从表7-11可以看出，广西的地方负债率在27%，各地级市都在27%以下，主要是自治区本级负债情况没有考虑在内，百色、来宾与河池的地方负债率相对较高。从地方债务率角度出发，桂林、钦州和来宾都在73%以上。而从"地方债务余额/一般预算收入"这一最狭义口径来看，来宾、河池与钦州都超过了500%。来宾市在这三个指标中都显得过高，而钦州与河池在两个指标中都属于较高者。

表7-11　　　　　　　　广西14个地级市地方债务余额及债务率对比

地级市	地方债务余额（亿元）	一般预算收入（亿元）	地方综合财力（亿元）	GDP（亿元）	地方负债率（债务余额/GDP）	地方债务率（债务余额/地方综合财力）	债务余额/一般预算收入
南宁	1016.89	358.96	1495	4009	25%	68%	283%
柳州	561.66	193.78	794	3054	18%	71%	290%
桂林	419.67	150.85	519	2001	21%	81%	278%
梧州	221.83	79.96	389	1030	22%	57%	277%
北海	182.95	71.64	293	1215	15%	62%	255%
防城港	152.99	43.98	208	711	22%	74%	348%
钦州	270.45	54.1	357	1293	21%	76%	500%
贵港	153.38	57.22	388	1170	13%	40%	268%
玉林	201.47	106.13	482	1615	12%	42%	190%
百色	322.08	84.72	515	1177	27%	63%	380%
贺州	141.78	32.5	310	603	24%	46%	436%
河池	201.05	39.93	394	788	26%	51%	504%
来宾	187.24	28.04	257	710	26%	73%	668%
崇左	156.12	31.05	388	1017	15%	40%	503%
全自治区	5488.96	1681.48	8235	20352	27%	67%	326%

2. 债务指标的拓展

地方债务余额考虑的是显性的政府债务，政府也责无旁贷对其承担还本付息的承诺。但一些城投平台公司，在地方经济建设过程中肩负地方政府的融资平台功能，其债务也需要考虑和估计，地方政府的隐性债务正是通过平台公司渠道形成，我们这里将城投公

7. 广西地方政府债务风险防范报告

司带有债息性质的负债作为广义的政府债务来拓展对指标的估算，2018年广西城投有息债务余额9527亿元①，城投有息债务主要集中在省级城投平台，余额约5811.5亿元。省级城投平台公司资产和运营状况较好，风险也较低，主要从事基建、民生、公共事业运营为主，如广投集团、广西建工集团、广西交投集团和广西铁投资集团等。这里将城投有息债务作为隐性债务的替代变量进行估算，从表7-12可以看出，柳州、钦州、南宁以及来宾的隐性负债规模和比例较高，从拓展的广义负债率和债务率指标来看，柳州、来宾、钦州等相对指标仍处高位。

表7-12 广西14个地级市广义负债率情况对比

地级市	地方债务余额（亿元）	城投有息债务（亿元）	广义地方债务（亿元）	广义地方负债率（%）	广义地方债务率（%）	广义债务余额/一般预算收入（%）
南宁	1016.89	873	1889.89	47	126	526
柳州	561.66	1463	2024.66	66	255	1045
桂林	419.67	185	604.67	30	117	401
梧州	221.83	83	304.83	30	78	381
北海	182.95	38	220.95	18	75	308
防城港	152.99	62	214.99	30	103	489
钦州	270.45	287	557.45	43	156	1030
贵港	153.38	0	153.38	13	40	268
玉林	201.47	62	263.47	16	55	248
百色	322.08	68	390.08	33	76	460
贺州	141.78	36	177.78	29	57	547
河池	201.05	31	232.05	29	59	581
来宾	187.24	161	348.24	49	136	1242
崇左	156.12	29	185.12	18	48	596
全自治区	5488.96	9527	15015.96	74	182	893

数据来源：2018年广西预决算执行情况及国泰君安证券研究报告。

2018年8月，中央两个相关文件《中共中央 国务院关于防范化解地方政府隐性债务风险的意见》（中发〔2018〕27号）、《中共中央办公厅 国务院办公厅关于印发〈地方政府隐性债务问责办法〉的通知》（中办发〔2018〕46号）下发标志着地方隐性债务清理进入新阶段，我们简要梳理了目前融资平台整体债务存量情况以及偿债压力信息。2018年整体债务存量仍有增加，2019年偿债压力不小。

---

① 来自国泰君安证券研究报告。

四、对策建议

(一)健全地方债务机制体系

1. 规范地方债务用途

地方政府债务是地方财政支出的重要组成部分,要依法纳入地方的预算管理,对地方政府举债行为进行规范,并实现对地方债务"举借、使用、偿还"的全过程监督,增强地方债务透明度。要严格地方各级政府债务限额的确定依据和程序,做好限额管理与预算管理的衔接,保障地方债务余额可控。

对没有收益的公益性事业发展却需地方政府举债的,是由地方政府发行一般债券融资,遵循按照一般公共预算收入偿还;而对有一定收益的公益性事业发展确需政府举借债务的,则由政府基金性收入或专项收入对应偿还的专项债券来融资。

2. 充分利用专项债融资

2019年3月末全国地方政府余额19.62万亿元,其中专项债务8.06万亿元,同比增加30.6%。此外,2019年国家下达地方政府新增一般债务限额5800亿元和新增专项债务限额8100亿元。由此判断,国家对地方政府发行专项债券规模占比增加是有意鼓励引导的,随着专项债限额的提高,地方政府也要充分利用专项债增加承债能力。

对于专项债方面,从一些地方政府的文件中可以体现出对于专项债的依赖程度逐步增加。地方政府也正在推动发行项目收益与融资自求平衡专项债券。对土地储备等收益能覆盖融资本息公益性项目,涉及项目主管部门要积极争取申报专项债券,缓解融资压力。自治区应鼓励建立专项债券与项目资产、收益对应的制度,进一步丰富专项债券品种。优先在重大区域发展以及乡村振兴、生态环保、保障性住房、公立医院、交通、水利、林业、市政基础设施等领域选择符合条件的项目,争取项目收益专项债券。同时,专项债资金可以部分承接隐性债务化解作用背景下,或将对基建投资形成一定掣肘。

3. 规范地方平台公司的融资行为

地方政府要理顺与平台公司权责关系,摆脱以往对融资平台公司日常运营干预的习惯,建立现代企业制度,鼓励市场化运行管理,除符合国家有关规定的在建项目后续融资外,融资平台公司不得新增政府债务。防止部分地方将公立学校、公立医院等公益性事业单位演变为融资平台,公立学校、公立医院等公益性事业单位不得为建设项目融资或提供担保。

4. 健全考核监督问责机制

部分地方政府尚存违规方式举债,为地方经济建设,通过违规的方式进行融资,对惩罚和风险总抱以侥幸心理,所以要明确对政府及其所属部门违法违规举债或担保的,依法依规追究金融机构及其相关负责人和授信审批人员的责任。

落实政府性债务将作为政绩考核指标,并将债务审计列入党政主要领导干部经济责任审计。明确政府性债务管理属地责任和主体责任,各级政府是本地区政府性债务管理的责任主体,政府主要负责人为本地区政府性债务管理和风险防范的第一责任人。财政部门作为政府性债务管理归口部门,要完善政府性债务管理制度,做好规模控制、预算管理、统计分析和风险防控等工作。

(二)建立地方债务风险管理机制体系

1. 完善地方债务风险管理

国家对现有地方政债务的风险重视不断加强,近些年来国家陆续出台一些针对地方债务的监管政策就已说明,尤其是对地方隐性债务的管理和控制,从2011年和2013年审计署对地方债务的两次审计可以看出,债务规模的扩张有些惊人,另外一个重要的原因是地方政府隐性负债不明确以及其隐性风险的不确定性。由于之前债务制度的不健全性,地方融资平台的融资行为被视为公司行为,忽视背后的政府担保问题,使得其举借了大量的债务。2014年中央政府重新修订了《预算法》,给予了地方政府一定的发债空间,目的是堵住偏门,一切依照规范从正门出发,随之相应的43号文也明确切断了地方政府通过地方融资平台举债融资的方式,但大开大合的"一刀切"严管模式并不能很好解决地方政府因财政不足而进行必要的投资拉动问题,经济的突然下滑,让原本的持续严厉政策有些动摇,造成了变相举债现象依然方兴未艾,而且举债方式更为隐蔽和不易监管,由此导致地方政府债务的风险不断积压。

2. 严控政府融资渠道

地方政府在市场上筹集资金的正式渠道主要依靠发行债券,融资的成本相比其他渠道也低得多,而且也更为便捷和快速,但地方政府债券受到严格的限额要求,而实际地方政府举债的需求远超过债券限额,只能通过其他融资渠道获得地方建设所需资金,我国资本市场的融资工具是非常丰富的,融资的交易结构设计也日趋复杂,地方政府通过利用当前的创新金融工具、新方式、新渠道等来为政府投资创造更多筹资方式,这样造成了地方政府的隐性负债规模更加不确定。所以划清地方政府和地方城投公司的债务责任,划清地方债务与企业债务边界,政府债务不得通过企业举借,企业债务也不得推给政府偿还,落实做到"谁借谁还、责任自担"。政府与社会资本合作(PPP)项目,要按合同约定依法承担各自责任,剥离融资平台公司政府融资职能。

3. 完善政府债务风险预警机制

地方政府财政局要全面掌握政府资产负债,政府债务还本付息和本地经济财政运行等情况,要与地方金融监管局和地方"一行两局"进行监管协调,共同建立地方金融信息共享系统,及时了解城投公司金融负债数据,完善政府债务风险预警机制,建立狭义与广义结合的债务率、新增债务率、偿债率、逾期债务率、债务代偿率等指标的实时数据分析系统,及时分析和评估政府债务风险情况,并做好流动性的管理。要强化预算约束,健全管理制度,将政府及所属部门与其他主体签署协议承诺用以后年度财务资金支付的事项纳入监测范围;建立地方政府性债务风险评估和预警机制,定期评估政府性债务风险情况并做出预警。

4. 做好债务风险防范和化解工作

有了实时地方金融数据系统,就可以依据数据变化需要,动态掌握债务风险信息,制定中长期债务风险化解规划。明确降低债务率的目标和任务,细化时间表,努力降低债务率,政府出现偿债困难时,可以通过控制项目规模,进行适时调整,压缩一般性支出,盘活存量资金,引入社会资本,处理政府存量资产等方式,多渠道筹措偿债资金。

5. 建立健全债务风险应急处置机制

地方政府要抓紧制定政府性债务风险应急处置预案,当前地方债务规模庞大,债务风险之所以引起国家的高度重视,不仅是规模加速扩张问题,更有地方政府对债务风险管理能力欠缺,没有建立如商业银行一般常态的风险管理机制,对风险的应对能力也就显得十分不足。所以要完善地方政府的应急处置工作机制,当政府难以自行偿还政府债务,发生债务风险事件时,要及时启动应急处置预案,切实化解债务风险。

(三) 地方隐性债务问题处理

1. 对平台公司的混改

地方平台公司进行混合所有制改革,重要的一点是在市场经济条件下,是否有助于培育和发挥企业家精神,使企业生产经营摆脱对政府的依赖。目前多数地方政府平台公司混改主要依靠两种方式,一是社会资本增资入股,二是以资产类型整合为集团。这些平台公司转型未来更多将集中于城市土地开发与基础设施投资领域。

对地方平台公司先推行混合所有制,若此种方式并不行得通,就可能让民营资本控股或收购。当然国有资本和民营资本融合的混合所有制并不是一成不变的,也只是阶段性的改革成果罢了。最终混改的目的是成为股份制公司或上市公司,这种经济形态的混合所有制企业是有持续生命力的。

当前混改面临的困难是,不少政府平台公司之间业务高度重合,互相竞争,必须根据区域发展战略调整的要求,适时进行整合,同时及时从房地产等依存度高的产业等具体经营项目中转身出来,逐步转型为基础设施综合投资运营商和功能类国有资本投资公司。而当平台公司做政府的公益性事业时,政府该补偿的要给予必要的补偿。组建市城发集团,主要是将经营范围类同的公司进行集中整合,组成一个核心集团,如整合组建成城投集团、交通投资集团、旅游集团等。集团公司对各子公司人事、财务、重大经营决策等进行集中管理、集团化运作,推动融资公司实体化、规模化发展。

2. 明确公司与政府的债务主体责任

地方政府尤其是市县级政府要对现有融资平台公司资产进行全面清理,分类将政府隐性债务形成的经营性资产注入融资平台公司,由公司负责运营维护,同时由公司自行筹资负责偿还该资产所对应的债务,此外地方政府可以将区域内有一定收益性的经营性资产项目注入融资平台公司,赋予平台公司的造血功能。比如经营性物业,平台公司可据此发行房地产投资信托(REITs)、商业地产贷款抵押证券(CMBS)等金融产品,实现资产保值增值,获得项目收益,有效筹措偿债资金。地方政府对融资平台公司注资要依法合规,不能将公益性资产注入融资平台公司,也不能将储备土地作为资产注入融资平台公司。

通过资产注资厘清地方政府与平台公司之间债权债务责任。对平台公司依法清理和注资后,地方审计系统要及时跟进加强对地方政府性债务的审计监督,对涉及违法违规举债的,依法依规追究相关责任人,促进债务规范管理。巡察机关要加强对违法违规举债行为的监督检查力度,严肃追究相关责任人的责任。

3. PPP 模式

2017 年下半年以来,财政部加强对 PPP 模式的规范发展,融资平台公司转型发展将更多的依靠 PPP 模式发挥作用,但在防风险的前提下,可行性缺口补助预计将成为更重要的 PPP 项目回款方式之一。在当前举债融资机制不断健全规范的情况下,对自治区要加大力度,进一步科学合理、积极稳妥推进运用 PPP 模式和其他融资方式,拓宽融资渠道,支持和引导民营经济和社会资本投入到市政建设、基础设施、教育、文化、健康养老等领域,多渠道保障重大项目建设资金。一是科学稳妥推进 PPP 等融资模式。二是鼓励设立政府投资引导基金。通过与金融机构成立政府投资引导基金,支持产业转型升级发展、基础设施和公共服务等领域。

此外,债转股或将为地方政府融资平台公司转型提供一个新的途径,也为化解地方政府存量隐患债务风险提供新的途径。

4. 债务置换

当前地方政府隐性债务规模依然十分庞大,短期内迅速化解的渠道和方式也很有限。地方政府在当前减税降费、土地出让收入大幅回落的宏观环境中,依靠地方财政收入资金自然而然地化解债务能力十分有限,在平台公司转型以及化解隐性债务的过程中,政府或将开启新一轮债务置换,置换将针对可以转化为政府债务的或有负债。但继续全面推行债务置换或带来预算软约束和政府兜底的信号提示,并且与债务追责有一定的冲突,影响后续政府举债行为,因此置换的推行或将集中于部分偿债压力高、违约风险较大的地区。对于隐性债务的化解,广西的整体债务负债率无论是狭义指标还是广义指标都处于较高的状态,地方对上一级政府财政的补贴依赖性较大,隐性债务的偿还需要多方助力,国家新一轮"自上而下"的对隐性债务处置已经不远。隐性债务化解过程中将过往高利率债置换为低利率债,政策性银行利用长期贷款进行债务展期,以及资产管理公司接管部分平台均将成为可能。

(四)加强债务信息披露制度

当前地方政府对于债务的信息披露比较迟钝,从每年各省、自治区和直辖市的财政预决算报告中,就可以看出一些数据提供的含混晦涩,市县级政府报告数据更是"缺斤少两"。一些地方政府不情愿面对自己的债务现状,提供的数据也往往只是一个笼统的数值,很少有详解说明。企业的财务报告,报表只是一部分内容,篇幅很大一部分为附注部分,作为报表中列示项目的文字描述或明细资料,以及对未能在这些报表中列示项目的说明等,可以使报表使用者全面了解企业的财务状况、经营成果和现金流量,而政府信息披露就很少有类似附注之类的信息详解。

我国对于债务信息的披露细节并没有一个非常明确和具体的规定，地方政府也就理所当然的不会主动履行这样的职责，一些地方政府网站主页仍显示十年前的新闻信息，社会公众很难获得真正有效的政府信息，至于地方政府债务信息披露更是"千呼万唤不出来"，投资者和社会公众也很难对地方政府债务的规模、实时变化和风险状况进行观测和监督，目前对于地方政府债务最详细表述仍然是审计署 2013 年 6 月末进行的债务审计结果，地方政府的债务公布详细程度与之相差甚远，而审计署之后也没有对地方债进行类似的审计。这种地方债数据公布的遮遮掩掩，容易引起国际、国内投资机构的负面导向猜测，那就是地方隐性债务的规模巨大。实际这种债务信息的不透明不利于中央和地方解决债务风险问题，中央应对地方政府债务建立严格的信息披露制度，特别是对或有债务发布明确的披露要求和准则，对债务的规模、期限、利率、用途等要素进行详细的披露，同时要求地方政府及时公布或有负债的规模，并对或有债务规模的控制及采取措施情况及时公布，提高地方政府债务的管理水平和信息公开度，对债务管理做到公开化、信息化和数字化，给予市场投资者、社会公众更多的信心，提高对政府债务的科学管理水平。

参考文献

[1] 刘尚希，赵全厚. 政府债务：风险状况的初步分析 [J]. 管理世界，2002（5）.

[2] Hana Polackova Brixi，马骏. 财政风险管理：新理念与国际经验 [M]. 北京：中国财政经济出版社，2003.

[3] 李萍. 地方政府债务管理：国际比较与借鉴 [M]. 北京：中国财政经济出版社，2009.

[4] 王丽英，胡尹燕. 我国推进地方债自主发行问题研究 [J]. 现代财经，2012（5）.

[5] 袁洁. 广西地方政府债务的结构分析 [J]. 广西社会科学，2016（6）.

[6] 王婷婷，范卫国. 财政责任视角下的地方债务治理：域外经验与中国路径 [J]. 经济体制改革，2016（11）.

[7] 姜浩. 我国地方政府债务风险评估 [D]. 南京大学，2017.

[8] 邓凯. 地方政府债务对经济增长的影响 [D]. 浙江大学，2017.

[9] 赵磊. 省级地方政府债券发行规模问题研究 [D]. 广西大学，2018.

[10] 毛捷，徐军伟. 中国地方政府债务问题研究的现实基础——制度变迁、统计方法与重要事实 [J]. 财政研究，2019（1）.

[11] 杨海静，任佩珍. 地方政府融资平台向何处去 [J]. 产权导刊，2019（1）.

（执笔人：田长海）

广西资本市场前沿报告2019

第三部分 附录

(1) 中国GDP增长贡献率（工业）

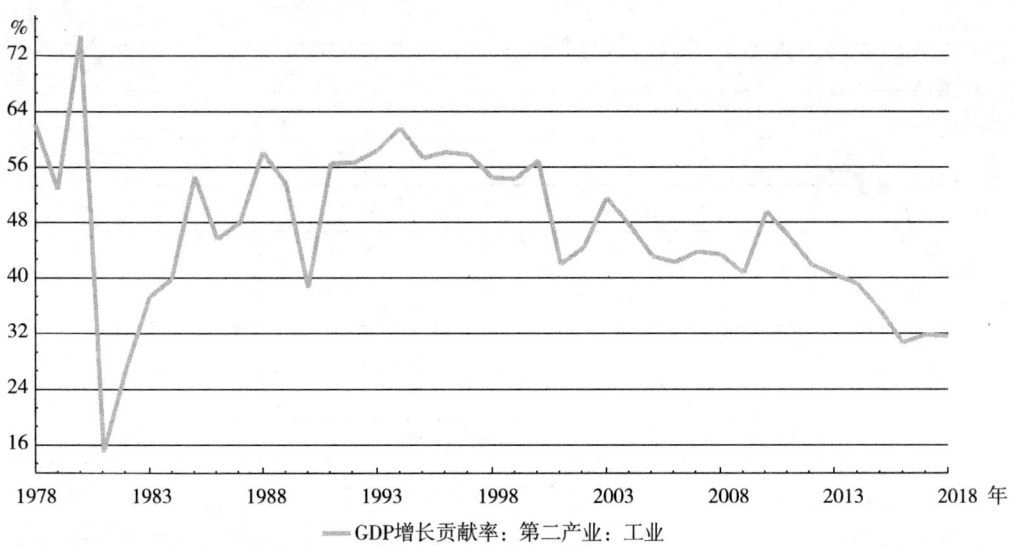

数据来源：Wind资讯。

(2) 广西工业经济增长率

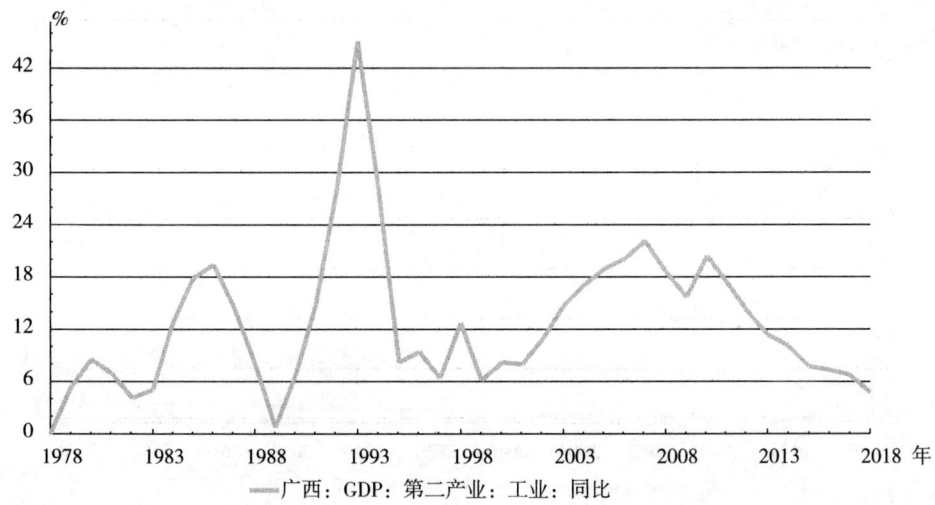

数据来源：Wind资讯。

(3) 广西海洋生产总值占地区生产总值的比重

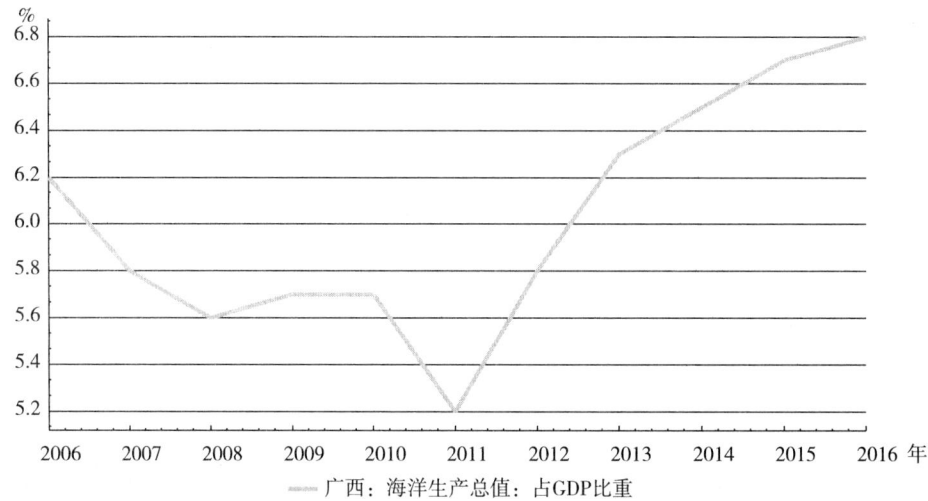

数据来源：Wind 资讯。

(4) 中国国际收支的资本账户差额

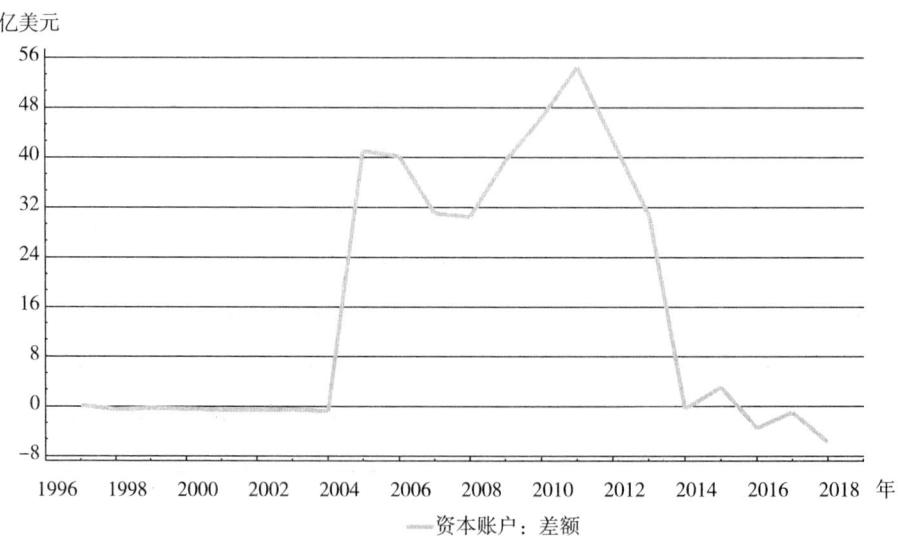

数据来源：Wind 资讯。

（5）全国国有企业净资产收益率

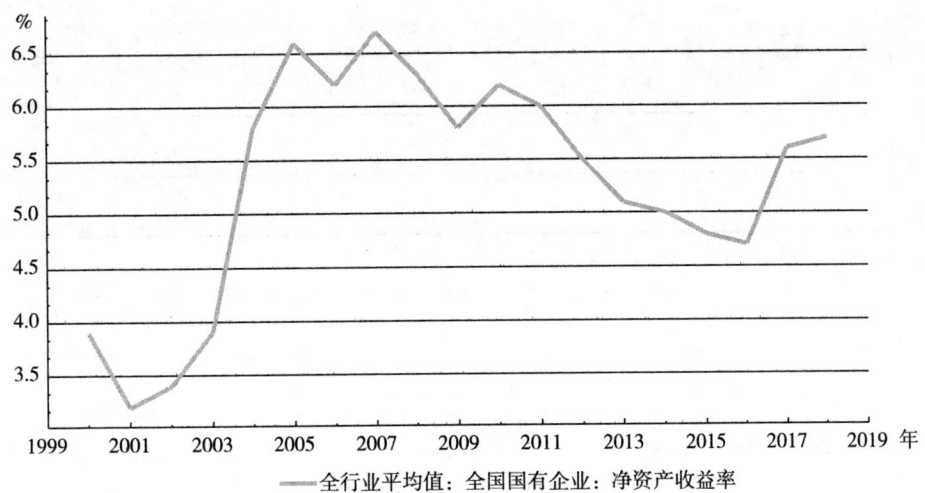

数据来源：Wind 资讯。

（6）广西国有企业年末从业人员数

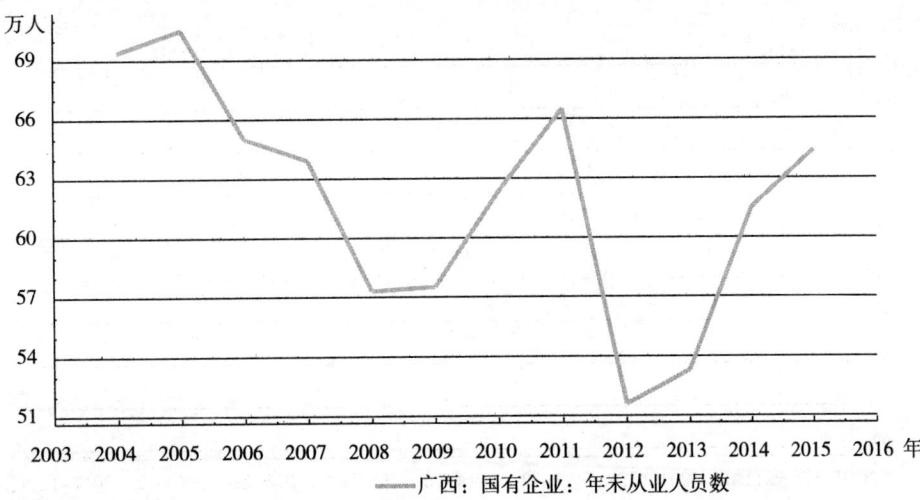

数据来源：Wind 资讯。

(7) 全国规模以上工业增加值同比增长率

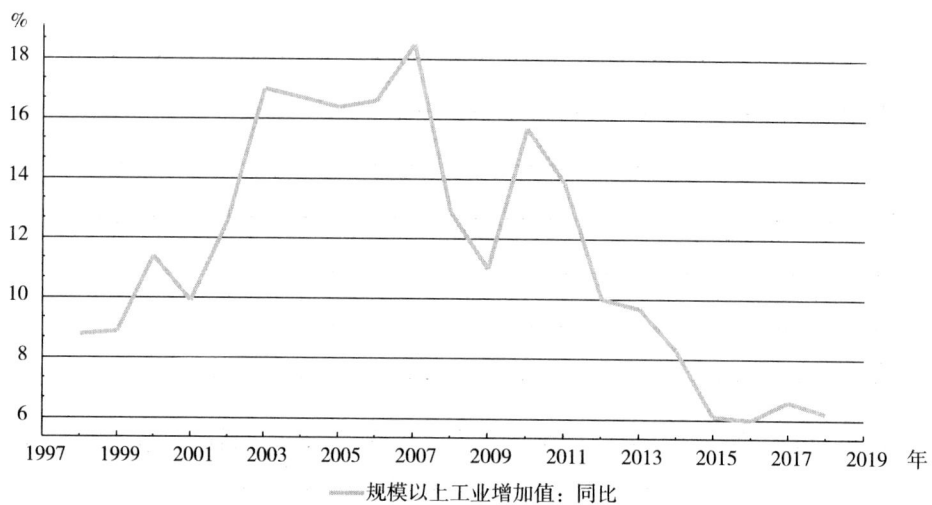

数据来源：Wind 资讯。

(8) PPI 定基指数（2015 年 = 100）

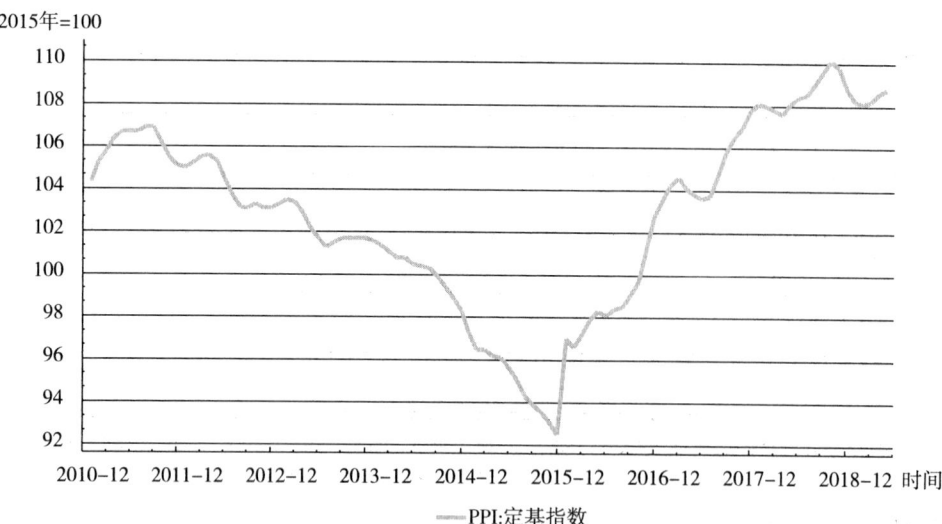

数据来源：Wind 资讯。

(9) 中国进出口金额

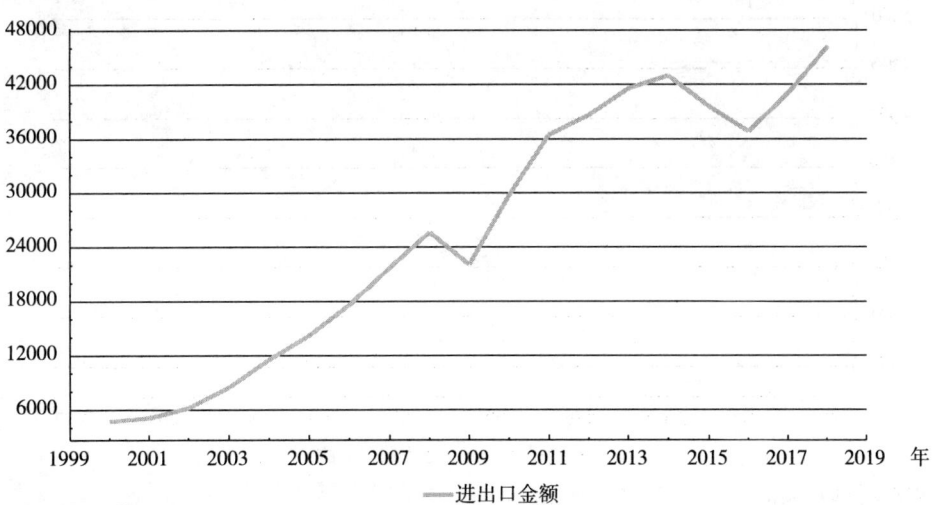

数据来源：Wind 资讯。

(10) 广西高新技术产品出口金额占全国比重

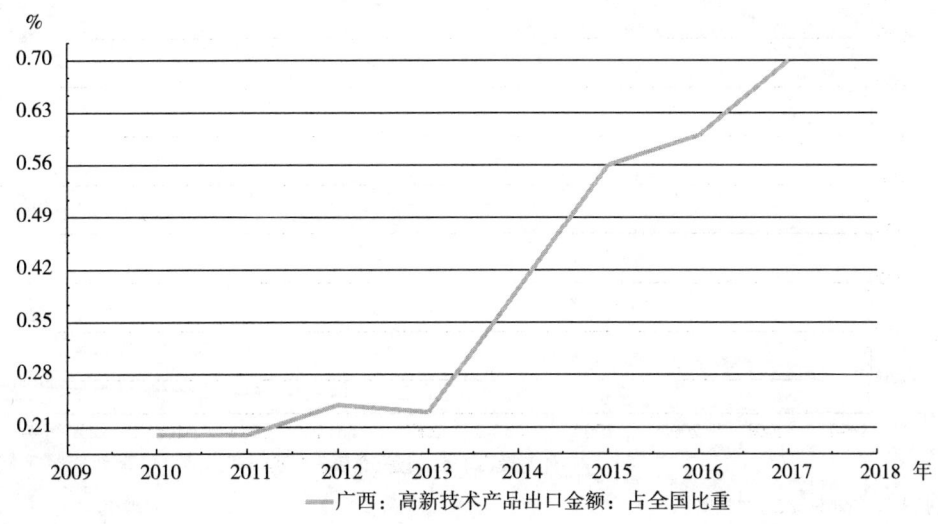

数据来源：Wind 资讯。

(11) 广西外商投资企业数

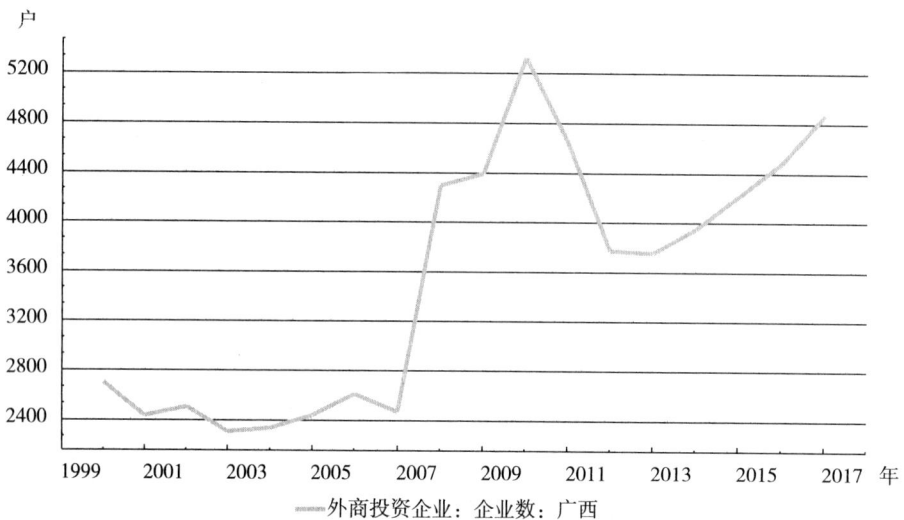

数据来源：Wind 资讯。

(12) 广西外商投资企业的投资额

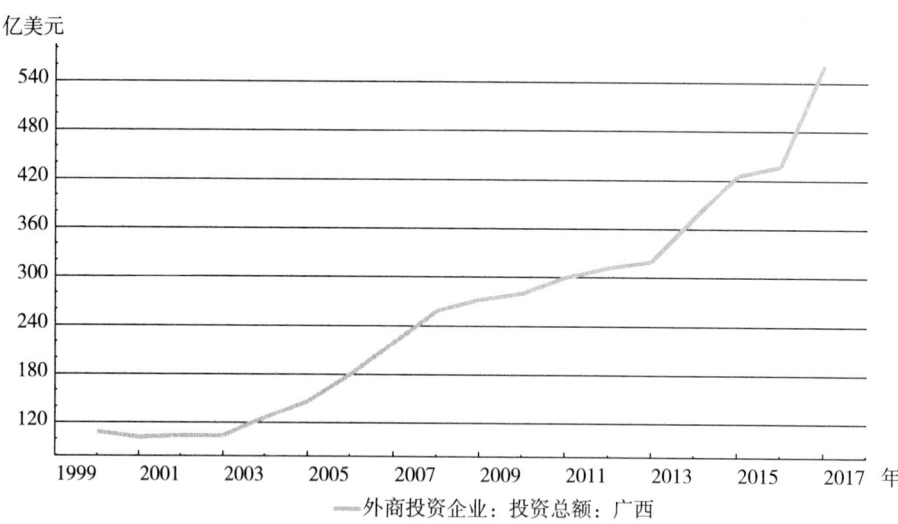

数据来源：Wind 资讯。

（13）中国服务外包的新增从业人员

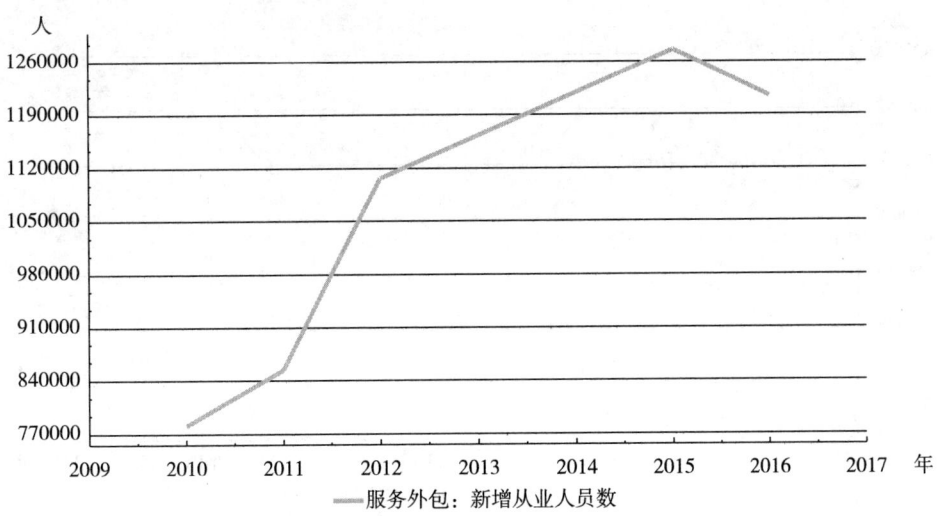

数据来源：Wind 资讯。

（14）广西实际利用外商直接投资额

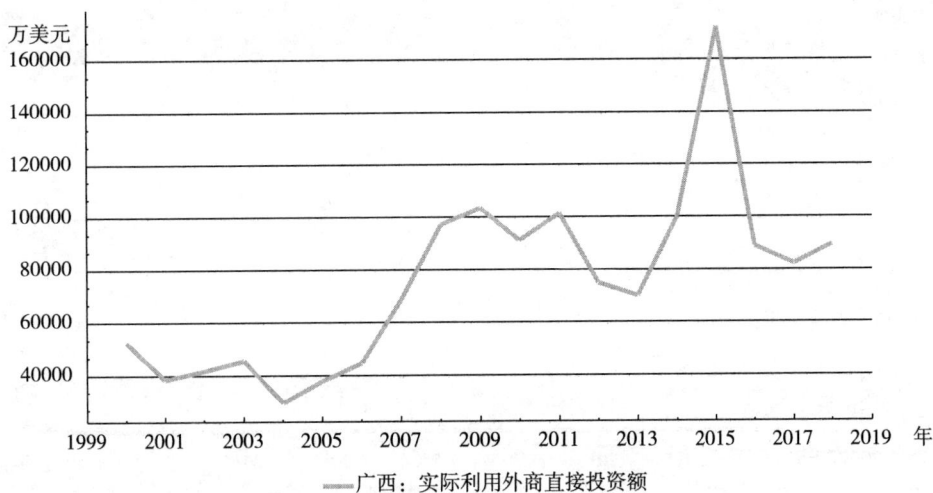

数据来源：Wind 资讯。

（15）广西非金融类对外直接投资流量

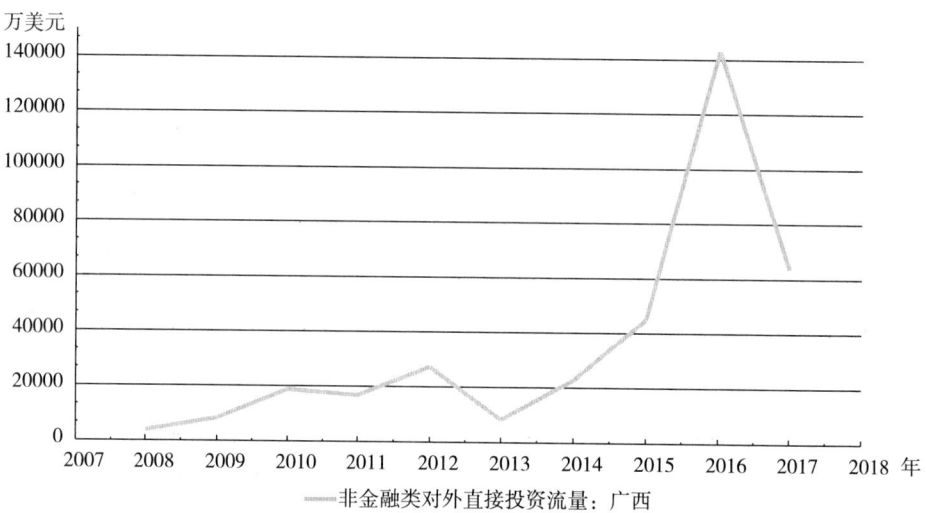

数据来源：Wind 资讯。

（16）广西对外承包工程合同金额

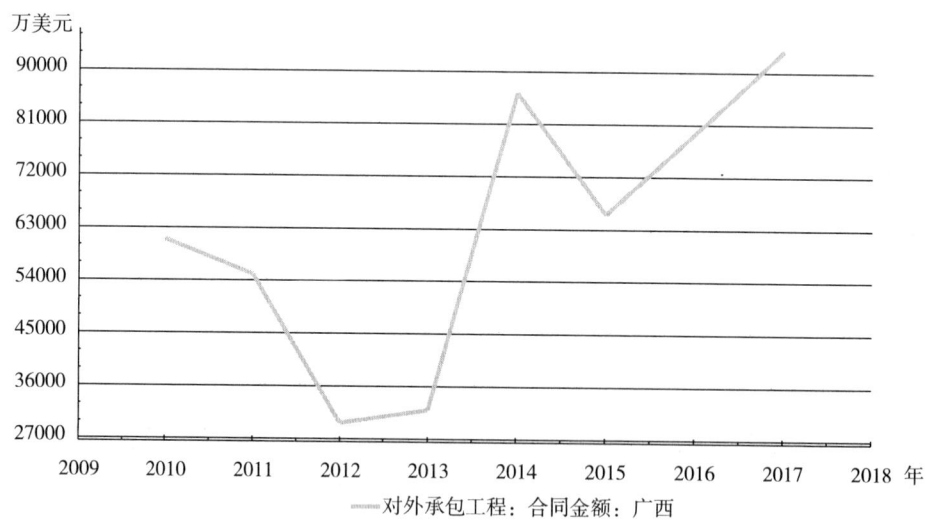

数据来源：Wind 资讯。

(17) 广西 PPP（政府与社会资本合作）项目数

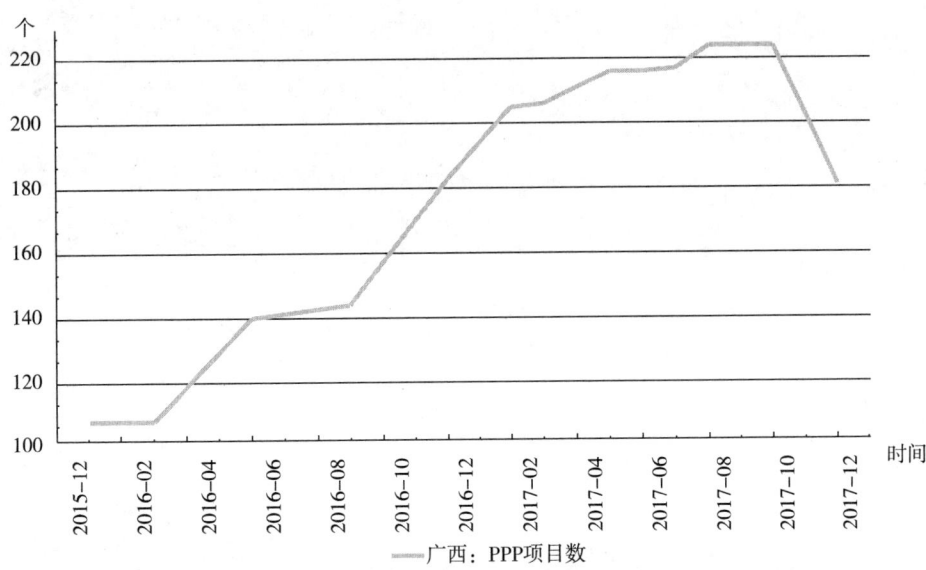

数据来源：Wind 资讯。

(18) 广西零售业法人企业数

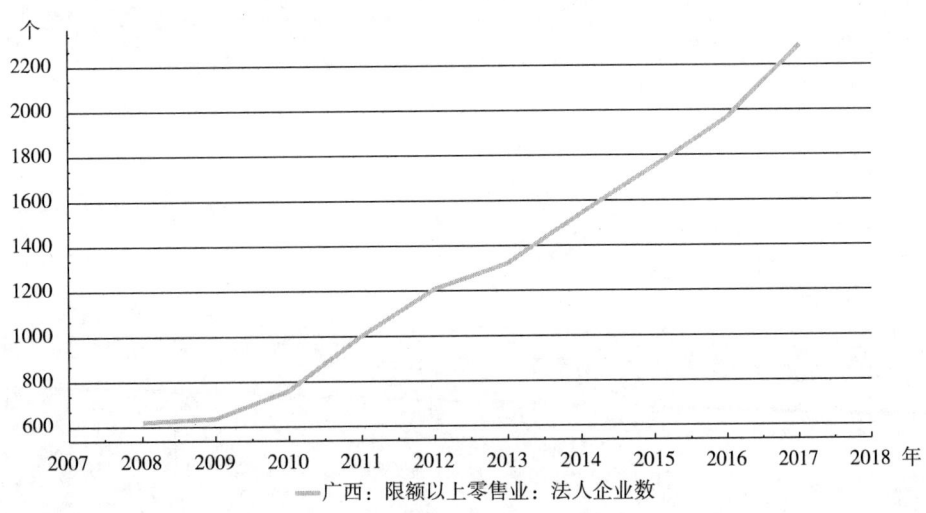

数据来源：Wind 资讯。